AF527128

आलोचक और आलोचना-सिद्धान्त

आलोचक और आलोचना-सिद्धान्त

डॉ. रतनकुमार पाण्डेय

वाणी प्रकाशन

प्रकाशन के उत्कृष्टतम 62 वर्ष

vaniprakashan.com

सजिल्द प्रथम संस्करण : 2008
सजिल्द द्वितीय संस्करण : 2025

वाणी प्रकाशन

4695, 21-ए, दरियागंज, नयी दिल्ली-110 002

फ़ोन : + 91 11 23273167, 23275710

शाखाएँ

अशोक राजपथ, पटना-800 004, बिहार

कॉफ़ी हाउस कैम्पस, महात्मा गांधी मार्ग, प्रयागराज-211 001, उत्तर प्रदेश

महात्मा गांधी अन्तरराष्ट्रीय हिन्दी विश्वविद्यालय, वर्धा-442 001, महाराष्ट्र

sales@vaniprakashan.in
vaniprakashan@gmail.com

Aalochak Aur Aalochana-Siddhant
by Dr. Ratan Kumar Pandey

ISBN : 978-81-8143-850-8
Criticism

© लेखकाधीन

मूल्य : ₹ 495

इस पुस्तक के किसी भी अंश का किसी भी माध्यम में उपयोग
करने के लिए प्रकाशक से लिखित अनुमति लेना अनिवार्य है।

जी.एस. ऑफ़सेट, दिल्ली-110 095 में मुद्रित

वाणी प्रकाशन का लोगो मक़बूल फ़िदा हुसैन की कूची से

अनुक्रम

खंड - तीन

दृष्टियों का संवाद ही आलोचना है

आलोचना अपने समय और परिवेश के सन्दर्भ में किसी रचना के मर्म बिन्दु तक पहुँचने की अन्तर्दृष्टि है। आलोचना को गम्भीरता और धैर्यपूर्वक, अनुशासन का पालन करते हुए, रचना के जटिल विन्यास में पैठ कर, उस रचना में निहित विभिन्न कारक-तत्वों की भूमिका तथा अन्तर्सम्बन्धों की खोज कर रचना में विद्यमान मार्मिक तत्व और सत्य को उद्घाटित करना होता है। आलोचना की निर्मिति में विद्यमान 'लुच्' धातु से ही 'लोचन' शब्द बना है और इसका अर्थ ही आँख (देखना) है। यानि रचना को सामाजिक, सांस्कृतिक परिवेश में देखना। यह कार्य ठीक से तभी सम्भव हो सकता है जब दृष्टि-दोष न हो। अन्यथा 'कहीं पर निगाहें, कहीं पर निशाना' वाली स्थिति हो सकती है। कोई भी अच्छी एवं सफल रचना अपने परिवेश की यान्त्रिकता, कृत्रिमता, अमानवीयता तथा अर्थहीनता के विरुद्ध इन्सानियत की आवाज़ होती है। ताकि वह जीवन को ऊब, अकेलेपन तथा अवसाद से मुक्त कर पाठक के भीतर परिवर्तन की आकांक्षा तथा संघर्ष का माद्दा पैदा कर सके, इसलिए आलोचना को केवल साहित्यिक परिधि तक सीमित नहीं रहना होगा वरन् समय के बुनियादी सवालों से टकराना होगा, पारंपरिक मान्यताओं, कुण्डली मार कर बैठी कूढ़ मिजाज, ठस मानसिकता और खोखले दंभ तथा अहंकार से फुफकारते हीरक-महोत्सव और अमृत-महोत्सवों का आयोजन करानेवाले, सत्ता के ठेकेदार आलोचकों की चुनौतियों को स्वीकार करना होगा। समकालीन अवधारणाओं को आलोचनात्मक विवेक के साथ खँगालना होगा। उसे महज़

साहित्यिक या सांस्कृतिक विमर्श बन कर नहीं रहना होगा वरन् संस्कृति के मानचित्र से बेदखल कर दिये गये वर्ग के संघर्ष का हथियार बनना होगा। अगर मुक्तिबोध की शब्दावली में कहें तो – *'अभिव्यक्ति के ख़तरे उठाने ही होंगे अब/ तोड़ने होंगे मठ और गढ़ सब।'* आलोचना के मठ और मठाधीश, गढ़ और उन गढ़ों के रीढ़-विहीन पहरेदारों की मक्कारी को सामने लाना होगा। क्योंकि हमारा आज का समय अत्यन्त भयावह है। इसके एक मोड़ पर सम्मोहन है तो दूसरे छोर पर पराधीनता; एक ओर भय है तो दूसरी ओर प्रलोभन भी कम आकर्षित नहीं कर रहा है। यह मायावी जाल है। ऐसे में आलोचक अपनी सीमाओं-त्रुटियों को छिपा कर अपने को कुछ इस ढंग से दिखाता है कि मैं कुछ हूँ। छोटी-छोटी बातों के लिए संघर्ष को बहादुरी मानता है। पेट पालने के लिए छीना-झपटी को कर्म मानता है, झूठी प्रशंसा पाने के लिए स्वांग रचता है और इसी को सफलता मानता है। किसी बड़े लक्ष्य के लिए समर्पित नहीं हो सकता। सारा जीवन केवल दिखावा, केवल भोंडा अभिनय। तुलसीदास स्मरण आते हैं– 'कोऊ भल कहउ, देव कछु असि, वासना न मन से जाई।' यह आत्म-कथन नहीं पर-कथन भी है। आलोचक को विद्यापति की बात भी याद रखनी होगी– 'माधव हम परिनाम निराशा'। इस समय में 'अनभै' होने की सबसे अधिक दरकार है। अनभै रहकर ही आलोचना को संसार की ज्ञानात्मक-सम्पदा तथा उपलब्धियों को चेतना और विचार के धरातल पर रचा-पचा कर, समकालीन यथार्थ और यथार्थ के विश्लेषण में उस दृष्टि का सार्थक उपयोग, सम्भव हो सकेगा। आज का बड़ा संकट है कि सत्ता-लोलुप आलोचकों की एक जमात पैदा हो गयी है। जो प्रतिष्ठानों के उच्च पदों को सुशोभित करनेवाले अधिकारियों, सेठों, प्रशासकों और पूँजीपतियों के दलाल की भूमिका में यह कार्यकर रहे हैं। ऐसा प्रायः अकादमिक संस्थानों में बैठे प्राध्यापकों और निर्देशकों की ओर से हो रहा है। कभी इन्हीं संस्थानों ने आचार्य शुक्ल, आचार्य द्विवेदी, आचार्य वाजपेयी, रामविलास शर्मा, नामवर सिंह, शिवकुमार मिश्र रमेश कुन्तल मेघ, बच्चन सिंह सरीखे आलोचक हिन्दी साहित्य को दिये थे। आज स्थिति यह है कि जिन प्राध्यापकों पर एक स्वस्थ साहित्यिक वातावरण के निर्माण का गुरुतर दायित्व है, वे क्या करते हैं? क्या

लिखते हैं? क्या पुस्तकें खरीदकर पढ़ते हैं? क्या अपने समकाल की कुछ साहित्यिक पत्रिकाओं को पढ़ते हैं। (कुछ तो पत्रिकाओं का नाम तक नहीं जानते हैं) ऐसे प्राध्यापक शोधार्थी और विद्यार्थी को कितना साहित्यिक माहौल प्रदान कर सकते हैं। यह सारी परिस्थिति स्वस्थ साहित्यिक आलोचना के विकास न होने के लिए ज़िम्मेदार है। प्राध्यापक तो प्रायः नौकरी लग जाने के बाद पढ़ना-लिखना बन्द कर, अखाड़ेबाजी, गुटबाजी, आक्रमण, प्रत्याक्रमण, लाभ-लोभ, गाइड-कुंजी पाठ्यक्रम बनाने और उसमें पुस्तकें लगाने के जुगाड़ में लग गये हैं। अब तो स्थिति और भी भयावह है कि इन संस्थानों में नियुक्ति के लिए लिखा-पढ़ा होना ज़रूरी नहीं है। ज़रूरी है तो सगे सम्बन्धी का उच्च-कुर्सी पर बैठे होना, जाति-बिरादरी, भाषा एवं प्रान्तीयता। ऐसी सतयुगी-बेला में नयी सूझ-बूझ वाले, नयी दिशा देनेवाले, नये ढंग से छात्रों को प्रेरित करनेवाले प्राध्यापक कहाँ से आयेंगे? तो आलोचक कहाँ से पैदा होंगे? मेरा यह दम्भ न माना जाय किन्तु आज प्रायः देश के विश्वविद्यालयों में दो दर्जन नये और तेजस्वी आलोचक-प्राध्यापक कहाँ हैं? आगे की आलोचना क्या पुरानी पीढ़ी की विरासत को सँभाल पायेगी, यह सोचने का विषय है।

आज की आलोचना में एक खतरा यह भी है कि आलोचक होने का ढोंग रचता व्यक्ति अकेले पढ़ जाने से भयभीत है। वह किसी की निंदा या प्रशंसा अकेले कर सकता है। चाहे वह व्यक्ति उसका गुरु, मार्ग-दर्शक, शुभचिन्तक कुछ भी हो। उसे गालियाँ भी दे सकता है किन्तु उन पर शोध-कार्य भी कराता है। आलोचना-कर्म में दत्त-चित्त ऐसे 'साधकों' के लिए 'भजन-कीर्तन मण्डली' नहीं तो उन्हें अपना सम्पूर्ण जीवन और रचनाकर्म निरर्थक लगता है। कुछ तो आजीवन बिना किसी लेखन-कर्म के 'भजन-कीर्तन मण्डली' बनाने और उसकी शक्ति बढ़ाने के ही व्रती हैं। ऐसे में लगता है कि हमारी आवाज 'नक्क़ारख़ाने की तूती' बन जायेगी किन्तु ऐसा नहीं है। *'कालो ह्य निरवधि विपुलाच धरती।'* हमें याद रखना होगा कि अकेलेपन का साहस ही बड़ा आलोचक या रचनाकार बनाता है। शेर के झुण्ड और लेहड़े नहीं होते, झुण्ड और लेहड़े होते हैं भेड़-बकरियों के आलोचना में नत-सिर हो कर, आज्ञाकारी-सेवकों का षड्यन्त्र बख़ूबी चल रहा है। चेले-चाटों को जो मूर्खता की पराकाष्ठा पर हैं, रिझाने-ललचाने के हथकण्डे भी ख़ूब हैं। उन्हें नियुक्ति देने,

प्रोन्नति देने का प्रसाद भी इन्हीं के पास सुरक्षित है। उनकी वे ही उबाऊ, उबकाई पैदा करनेवाली बातें, वही जलेबी-मार्का शैली, वही आत्ममुग्धता की स्थिति, वही चापलूस पसन्दगी और आपके धैर्य की बलिहारी! उनका कमेटियों में मनोनयन, उनकी सेमीनारों में अध्यक्षता तथा मुख्य-अतिथि का सुरक्षित अधिकार तथा आपका 'आह! और वाह! का दादुर शोर'। कुछ चिकने-चुपड़े चेहरे, चिकनी-चिकनी रस बरसाती वाणी तथा पाखण्ड की सीमा पार करती बेशर्मी और अपनी विशिष्ट शैली द्वारा यह कार्य बख़ूबी सम्पन्न कर रहे हैं। हम जानते हैं कि ये झूठे और मक्कार हैं, पाखण्डी हैं, सत्ता और कुर्सी के लोलुप हैं। फिर भी उनको प्रतिह्वित किए जा रहे हैं। इस समय बहुत ही कम लोगों के असली कितु साफ-सुथरे चेहरे हैं, बाकी तो मुखौटे हैं। कुछ चेहरे तो इतने धुंधले और मामैले हैं कि इनकी असल पहचान ही असम्भव हो गयी है। ऐसे समय में सिर्फ इन्हें देखते रहना नहीं है बल्कि - *'इनकी असल समझना साथी/ अपनी समझ बदलना साथी* (वीरेन डंगवाल)। अगर मगन-मन, मुग्ध-भाव से, पूज्य-भाव से आदर-सम्मान-भाव से या अनासक्त-भाव से हम देखते रहे तो हमारी बौद्धिकता का, चेतना का, विचार-शक्ति का क्या होगा। ऐसी दशा में आलोचना का क्या रुप बनता है या बन सकता है, यह स्पष्ट दिखाई पड़ रहा है।

आज दृक-श्रव्य माध्यमों के चलते शब्दों की दुनिया हाशिये पर ढकेल दी गयी है। आलोचना के लिए इन्हीं शब्दों की पहचान ज़रूरी है। साहित्य की आलोचना के पूर्व इस बात का ज्ञान भी अनिवार्य है कि साहित्य क्या है? साहित्य का प्रयोजन क्या है? समाज क्या है तथा समाज के मध्य जन-जीवन की दिशा क्या है? क्योंकि कई बार साहित्य ने जन-जीवन की दिशा बदली है। यदि रूस में टॉल्सटॉय, गोर्की, चेखव आदि न होते तो क्रूर जारशाही का नशा सम्भव होता? यह भी होता है कि साहित्य के अध्ययन द्वारा तत्कालीन जनता की बाह्य और आभ्यान्तर मनोदशा का पता भी चलता है। इस कारण साहित्य मनोस्थिति का सूचक और उसमें होनेवाले परिवर्तनों के दोहरे दायित्व का निर्वाह करता है। इसी कारण यह माना गया है कि आलोचना सिर्फ साहित्य की नहीं होती वरन् सभ्यता से जुड़ी होती है। हमारे यहाँ आचार्य शुक्ल को

जातीय-समीक्षक की संज्ञा दी गयी है। मुक्तिबोध ने ऐसी समीक्षा को सभ्यता की समीक्षा कहा। आज हम अनुभव कर रहे हैं कि एक युग समाप्त हुआ है और नया युग अपने प्रथम चरण में, सामने है। हमें साहित्य में विचार करते समय अपनी सोच को स्पष्ट रखना होगा कि साहित्य से हम क्या समझते हैं तथा उससे हमारी अपेक्षायें क्या हैं? आज विभिन्न दृष्टियों, विचारों वाले आलोचक बाज़ारवाद, बहुराष्ट्रीय विनिवेश तथा भूमण्डलीकरण के परिणाम के विरोध में खड़े दिखायी पड़ रहे हैं, वहीं जातिवाद, धर्मान्धता, कट्टरता, साम्प्रदायिकता, अलगाववाद, क्षेत्रीयतावाद, विखण्डन का स्वर आदि के विरोध में रचनाकार एकजुटता का अहसास करा रहे हैं। ऐसे में आलोचना की दरकार दृष्टियों-विचारों के बीच सम्वाद, असहमति और बहुवाचिकता की होनी चाहिए, किन्तु दुर्भाग्य से हमारे अन्तःकरण का आयतन बहुत छोटा हो चला है, जो हमें निरन्तर और छोटा तथा बौना बनाता जा रहा है। व्यक्ति और समाज, दोनों की हार्दिकता कमतर होती जा रही है। संवेदना क्षीण हो रही है; वहीं भीतर की हवस, चाह और 'नाजायज सपनों' की वृद्धि होती जा रही है। क्योंकि हमारे चारों ओर चीज़ों का, सुविधाओं का, बिना योग्यता के पदों एवं अवसरों की रेल-पेल बढ़ी है। बिना समय और आवश्यकता के हम उन्हें बटोर रहे हैं। इसी खरीद-फरोख्त ने ईर्ष्या और जलन, द्वेष, छल, प्रपंच, धोखा, फरेब, झूठ, झाँसे की नयी दुनिया को जन्म दिया है। ऐसा नहीं है कि यह सब पहले नहीं था। या चीज़ें पहले नहीं थीं, अब अचानक इनका अवतार हुआ है। पहले भी यह सब कुछ था परन्तु इनके प्रति बृहत्तर समाज में संशयप्रद घृणा थी, और इनसे अपने दामन को साफ-पाक बचाये रखने की प्रवृत्ति थी, आकांक्षा थी। इनका अस्तित्व 'दाल में नमक' के बराबर था। अब तो सारी दाल ही काली है। अब तो हर दिन इनमें से एक के शिकार न हो जायें तो आश्चर्य होता है। इसी कारण हमारे बीच समाज में, राष्ट्र में चारों ओर विघटन हो रहा है। यही प्रवृत्ति रचनाकारों-आलोचकों के मध्य भी विद्यमान है। हिन्दी-विभागों, संस्थानों में यह प्रवृत्ति अपनी चरम स्थिति में विद्यमान है। इसी के चलते विभागों-संस्थानों को मटियामेट करना या कुछ समय तक उस कुर्सी पर बैठकर राज करना, यही इच्छा शेष रह गयी है। मनुष्य, समाज और रचना या आलोचना में तेजी से

क्षरण हो रहा है। आज 'मनुष्य होना' आवश्यक नहीं रहा वरन् 'दिखना' आवश्यक है। एक तुच्छीकरण और उसी का विस्तार हो रहा है। बहुतायत आलोचक माल गोदामों में कुतरने वाले चूहे हो गये हैं।

आज इस सत्य से आँखें नहीं चुरायी जा सकती कि साहित्य से आम आदमी धीरे-धीरे का-सा गया है तथा आलोचना लिखी हुई भाषा तक सीमित रह गयी है। वह जनता और उसके सरोकारों से जुट नहीं पा रही है। किसी रचनाशीलता के विषय में कुछ नया सोचना और कहना, आलोचक के लिए असम्भव क्यों है? पुरानी-से-पुरानी लिखी कविता, कहानी या उपन्यास को अपने समय और परिवेश के साथ जोड़ कर, उसमें अपने काल की समस्याओं का निदान क्यों नहीं तलाश पा रहे हैं? रचना और आलोचना के बीच आज इतनी विषम खाई क्यों है? आलोचना पथ से भटकी, अन्तर्विरोधों से ग्रसित तथा सन्दिग्ध क्यों हो गयी है? ऐसे अनेक सवाल हैं जो बार-बार सोचने पर विवश करते हैं। आलोचना को सृजनात्मकता और संवेदनशीलता से युक्त कैसे बनायें? तथा इसे 'कोरी लठभाँजी' से कैसे दूर रखें। सृजनात्मक तथा आत्मिक संवेदनशीलता के बिना उसमें पठनीयता और रोचकता नहीं आ सकती है। इसके साथ ही उसमें तार्किकता और वैचारिकता का अदृश्य सम्मिश्रण यदि नहीं जुड़ा तो सम्मोहन की शक्ति के अभाव में वह पाठक को बाँध कर अपने साथ नहीं रख सकती। यदि इन सबको हम साध सकें तभी आलोचना में रचनात्मक साहित्य की तरह बार-बार पढ़ने की उत्सुकता जगेगी। आचार्य शुक्ल की 'भ्रमरगीतसार' की भूमिका या 'जायसी ग्रन्थावली' की लम्बी भूमिका तथा आचार्य द्विवेदी की सूर साहित्य की भूमिका इसका प्रत्यक्ष प्रमाण हैं।

आलोचना में जनतान्त्रिक भावना को दृढ़ करने की आवश्यकता है, जहाँ रचना और रचनाकार की गरिमा का ख़याल रखते हुए अपनी असहमति दर्ज करानी होगी तथा अपना दृष्टिकोण भी साथ-साथ रखना होगा। मात्र असहमति के लिए असहमति का कोई अर्थ नहीं होता। ऐसा करते समय आज के आलोचक को अकेले पढ़ने के भय से घबराने की ज़रूरत नहीं है। वैसे अब ऐसे लोग कम होते जा रहे हैं। असहमति दर्ज कराने का साहस लोकतन्त्र का बड़ा मूल्य है और जो लोग इस मूल्य की रक्षा का जोखिम उठाते हैं, उनके साथ

अनभै खड़ा होना होगा। वॉल्तेयर का कथन इस सन्दर्भ में याद आता है- "मैं तुमसे घोर असहमत हूँ , लेकिन मरते दम तक तुम्हारी असहमति के अधिकार के लिए लड़ने को तैयार हूँ।" जनतान्त्रिक रचनाशीलता में विभिन्न दृष्टियों के बीच संवाद तथा सतत् वाद-विवाद और संवाद की स्थिति बनाये रखना ही सच्ची आलोचना है। आलोचना रचना पर नज़र रखती है, इसीलिए इसे 'तीसरी आँख' भी कहा गया है परन्तु यह तीसरी आँख ठीक देखती है या नहीं इसको देखनेवाली दृष्टि को विकसित करना भी आलोचना का धर्म है। आज की स्थिति में आलोचना और रचना के बीच की दूरी इतनी बढ़ी है कि रचनाकार को न तो आलोचक पर विश्वास है, न आलोचक को रचनाकार से कोई संवेदनात्मक सरोकार। इससे आलोचना सन्दिग्ध, अपठनीय तथा अस्पृश्य हो चुकी है। यदि आलोचना ही 'रक्त-रंजित' है तो रचना पर उसका नियन्त्रण भला कैसे हो सकता है। आलोचना में असहमति और विरोध, मूल्यों की शर्त पर हो, सत्ता या कुर्सी के लिए नहीं तो आलोचना का विकास होगा, वरना आज की स्थिति को देखते हुए यही कहा जा सकता है कि-

जिन्हें अपनी ख़बर नहीं अब तक वे मेरे दिल का हाल क्या जानें?
जो गुज़रते हैं दाग़ पर सदमे आप बन्दा-नवाज़ क्या जानें।

विगत दो दशक से आलोचना-अध्यापन एवं सम्पादन-कार्य में जुड़े होने के कारण कुछ आपबीती कुछ जगबीती कहने की आदत हो गयी है। इसी के चलते इच्छा हुई कि आलोचक, आलोचना और आलोचना-सिद्धान्त को कुछ निकट से समझा जाय। उसी समझ की परिणति यह पुस्तक है। आगे का निर्णय विद्वान पाठक, समाज का है।

अस्तु।

रतनकुमार पाण्डेय

खंड - एक

परंपरा समीक्षा : व्यावहारिक समीक्षा

मनुष्य की सर्जनात्मक प्रवृत्ति की सहज और महत्वपूर्ण देन 'कृति' होती है। अत: कृति की व्याख्या, उसका रूप निर्धारण, परिभाषा तथा उसमें निहित विधानों आदि के उद्घाटन की आवश्यकता प्रतीत हुई। यहीं से रचना और समीक्षा का साहचर्य विधान हुआ। कृति की रचना तथा उसके विवेचन-विश्लेषण के लिए सिद्धांतों की निर्मिति और उसके वास्तविक केंद्र में जो सार्वजनिकता है, काव्य-चिंतन की परंपरा में उसकी अति आवश्यकता होती है। किसी भी स्थान पर वहां के रहने वालों का जीवन और रचनात्मक साहित्य ही समीक्षा-सिद्धांत को जन्म देता है। इसी कारण साहित्य के स्वरूप के विकास के साथ ही साथ समीक्षा का उत्तरोत्तर विकास होता आ रहा है। काव्यशास्त्रीय समीक्षा उसका एक सबल आधार है। इस प्रकार युग-परिवर्तन के अनुसार साहित्य-चिंतन का स्वरूप भी परिवर्तित होता है। इस परिवर्तित साहित्य के लिए जब परंपरागत समीक्षा अपर्याप्त या अनुपयुक्त हो जाती है, तब समीक्षा के नए मानदंड और प्रणालियों की आवश्यकता होती है। इस प्रकार नए और पुराने का द्वंद्व भी कुछ काल तक चलता रहता है और नए मानदंडों के स्थापना में काफी वक्त भी गुजर जाता है। जब भरत के 'नाट्यशास्त्र' में प्रतिपादित रस-विषयक चिंतन भारतीय काव्यशास्त्र का प्रथम सिद्धांत माना गया था तब रस-सिद्धांत द्वारा नीति-तत्वों को प्रतिष्ठित करने का प्रयास हुआ था। उनका मानना था कि आनंद की प्राप्ति रसानुभूति द्वारा संभव होती है। अत: सुखांत रचनाएं ही यहां महत्वपूर्ण मानी गयी थी किंतु भवभूति के 'उत्तररामचरितम्' का अंगीरस करुण है। कालिदास के पहले नाटक 'अभिज्ञानशाकुंतलम्' में भी करुण रस की सघन अभिव्यक्ति हुई है। एक प्रकार से इस नाटक की आत्मा ही करुण रस है। दुष्यंत और

शकुंतला का मिलन तो औपचारिक वर्णन मात्र है हम जानते कि संस्कृत में साहित्यशास्त्र की सुदीर्घ परंपरा रही है। यहां आचार्यों ने काव्य पर विविध दृष्टिकोण से, गंभीरतापूर्वक विचार किया था। संस्कृत समीक्षा-पद्धति काव्यशास्त्रीय समीक्षा-पद्धति के नाम से जानी गयी, जिसमें सैद्धांतिक और व्यावहारिक दोनों पक्ष सम्मिलत हैं। संस्कृत के काव्यशास्त्रीय समीक्षा-ग्रंथों में काव्य का सौंदर्य, लक्षण, काव्यात्मा आदि की तलाश तथा स्थापनाओं के रूप में रस, अलंकार, रीति, वक्रोक्ति, ध्वनि एवं औचित्य-सिद्धांत आदि को प्रतिष्ठित करने का प्रयास दिखाई पड़ता है जहां काव्य के अंगोपांगों को रेखांकित करते हुए इन्हें मान्य-मूल्य बनाने की चेष्टा हुई। आरंभिक प्रयत्नों में काव्य-सर्जन-सिद्धांत को केंद्र में रखकर काव्य की परिभाषा, स्वरूप, तत्व, वर्ण्य-विषय, काव्यास्वाद तथा काव्य के प्रयोजन का सम्यक विवेचन प्रस्तुत किया गया। काव्य-सर्जन के सभी सिद्धांत, समीक्षा-सिद्धांत के रूप में मान्य हुए। अत: काव्य की समीक्षा हेतु ये परंपरागत काव्यशास्त्रीय सिद्धांत हैं जिनसे काव्य के विवेचन-विश्लेषण का श्रीगणेश हुआ। काव्य के समग्र रूपों का उद्‌घाटन के करने के लिए उसके रूपों को विश्लेषित करना ही पर्याप्त नहीं होता, वरन् काव्यशास्त्रीय ढंग से उनकी व्याख्या, उनके गुण दोषों के निर्धारण भी अनिवार्य है। इस बिंदु पर समीक्षक को प्रतिभा-संपन्न, पांडित्यपूर्ण एवं मर्मस्पर्शी विद्वान होना चाहिए। इसी कारण शायद शक्ति, निपुणता एवं अभ्यास की बात काव्य-हेतु के लिए कही गयी है।

'समीक्षा' शब्द अत्यंत प्राचीन काल से विभिन्न अर्थों में प्रयुक्त किया जा रहा है। इसमें किसी कृति को देखने, समझने या मीमांसा करने का भाव निहित है। संस्कृत-काल में यह कर्म तार्किक, वैज्ञानिक और परिपुष्ट आधार पर स्थित था। इसी कारण कालिदास जैसे विद्वान ने लिखा- 'तेजसां हि न वय: समीक्ष्यते' अर्थात तेजस्वी की उम्र का उतना महत्व नहीं है जितना की उसकी विवेचना-शक्ति और ज्ञान का महत्त्व है। संस्कृत साहित्य में समीक्षा-कर्म के संदर्भ में कहा गया है कि 'अंतर्भाष्यं समीक्षा, अवांतरार्थ विच्छेद च सा' अर्थात कृति की व्याख्या के अनंतर उसका विवेचन-विश्लेषण करते हुए उसमें निहित गूढ़ अर्थ को व्यक्त करना ही समीक्षा कार्य है। संस्कृत-काल में समीक्ष्य कृति के भीतर जो तत्व एवं तथ्य मौजूद हैं उनका विवेचन-विश्लेषण ही समीक्षा माना गया। रचना की प्रक्रिया एवं परिवेश को उसके भीतर समाहित कर दृष्टिपात करना इसमें सम्मिलित न था। यहां समीक्षकों ने रचना-विधान के तत्वों पर गंभीर

चिंतन-मनन किया किंतु रचनाकार किन विभिन्न मानसिक दशाओं से गुजरता हुआ, कैसे भाव तथा भाषा के आंतरिक द्वंद्व से मार्ग तलाशता हुआ, रचनाकर्म को पूर्णता प्रदान करता है, यह सब प्राय: उपेक्षित रह गया। समीक्षा-कर्म में विवेचन-विश्लेषण के साथ ही साथ संश्लेषण का कार्य भी जुड़ा हुआ है। इसी पर किसी रचना-विशेष की सच्ची कसौटी संभव होती है। समीक्षक अपनी अनुभूत संवेदना को सुरुचि संपन्न पाठक तक संप्रेषित करता है या उसकी अनुभूति को सघन बनाता है। कृति की अनुभूति एवं अभिप्राय दोनों पक्षों का विवेचन एवं मूल्यांकन समीक्षा का उद्देश्य है। आज की समीक्षा कृति की व्याख्या, विवेचन-विश्लेषण से आगे बढ़कर उसके निहित अंत: सत्यों का उद्घाटन करती है, भावों विचारों का परिमार्जन एवं परिष्करण करती है, रचना और जीवन की परस्पर संबद्धता के मूल्यांकन का आधार तैयार करती है, रचना-प्रक्रिया का उद्घाटन करती है, रचना में विद्यमान मर्मस्पर्शी प्रसंगों-विशिष्टताओं को उजागर करती है, मानवीय संवेदना की अनुभूति को सघन एवं तीक्ष्ण करती है।

प्राचीन भारतीय समीक्षा-दृष्टि काव्य में पूर्णत्व की चेतना से युक्त वाली दृष्टि रही है। जिसके चलते हमारी परंपरा में नैतिकता तथा आनंद, धर्म और काव्य का वैसा द्वंद्व नहीं है जैसा पाश्चात्य समीक्षा में रहा है। हमारी परंपरा जीवन के लिए चार पुरुषार्थ-अर्थ, धर्म, काम और मोक्ष को आवश्यक मानती रही हैं। काव्य के लिए भी ये ही लक्ष्य माने गए थे। आचार्य भामह ने लिखा-

धर्मार्थ काम मोक्षेषु वैचक्षण्यं कलासु च ।
करोति कीर्ति प्रीतिंच साधु काव्य निबंधनम् ।

अर्थात् श्रेष्ठ काव्य धर्म, अर्थ, काम, मोक्ष एवं कलाओं से निपुणता प्रदान करता है तथा कीर्ति और आनंद की उपलब्धि कराता है। अत: हमारी काव्यशास्त्रीय परंपरा में काव्य का प्रयोजन आनंद और उपदेश दोनों रहे हैं। उपदेश तो नैतिकता का दूसरा रूप है। अत: आनंद और नैतिकता दोनों ही जीवन की पूर्णता के लिए अनिवार्य पक्ष स्वीकृत होते हैं। मम्मट इसी कारण काव्य को 'कान्तासम्मतिउपदेशयुजे' मानते हैं। नैतिकता पर जिस काल में आघात होगा वहां रसानुभूति नहीं होगी, वरना रसाभास होगा। रस की महत्ता स्थापित हो जाने के बाद चतुर्वर्ग वाला चिंतन ओझल हो गया। काव्य जो पूर्ण रूप से

सामाजिक आधार पर टिका था, वह पार्श्व में चला गया। भारतीय काव्यशास्त्र की अध्ययन-परंपरा में काव्य को लोक से संबद्ध कर देखा गया था, जिससे लोक का महत्व स्थापित हुआ था। भारतीय काव्य शास्त्रीय परंपरा में काव्य-शिल्प और लोक-जीवन को सम्यक् और विस्तृत रूप में स्वीकार किया गया है। इस क्रम में एक ओर वर्णों से लेकर महाकाव्य तक उसके सूक्ष्मतम अंगों-अपांगों की विवेचना हुई तो दूसरी ओर समस्त जीवन को लौकिक और अलौकिक दोनों रूपों में रस के साथ जोड़कर देखा गया। प्राचीन विद्वानों की यह चिंतन-प्रक्रिया उनकी कुशल मेघा का परिचायक है।

भरतमुनि का 'नाट्यशास्त्र' रस-सिद्धांत के सबसे प्राचीन ग्रंथों में माना जाता है। भरत की मान्यता है कि चारों वेदों के आधार पर ही उन्होंने इसका प्रणयन किया है। क्योंकि वेद भारतीय जीवन के प्रतिनिधि प्रतीक ग्रंथ हैं। इससे यह प्रतिपादित होता है कि मनुष्य जीवन से नाटक पूर्ण रूप से जुड़ा है। अत: नाटक लोकजीवन से अभिन्न है। उन्होंने रस को नाटक की आत्मा माना और रस-सिद्धांत का विस्तृत तथा व्यवस्थित विवेचन किया गया है। भरत से पूर्व भी रस का उल्लेख हुआ है। जहां इस बात पर विचार-वैभिन्य था कि रस भाव से उत्पन्न होता है या भाव रस से पैदा होता है। भरत ने कहा- 'विभावानुभाव संचारी भाव संयोगात रस-निष्पत्ति:' अर्थात् भाव, विभाव, अनुभाव तथा संचारी भाव रस निष्पत्ति के हेतु है। रस के लौकिक सामाजिक तथा नैतिक स्वरूप की जैसी स्थापना भरत ने की, वही आगे चलकर स्वीकार की गयी तथा उसी का विकास हुआ। भरत ने रस की व्याख्या लौकिक भूमि पर की है। उनकी मान्यता है कि भाव, स्थान-भेद से रस को जन्म देते हैं तथा रस से उत्पन्न भी होते हैं। रस की सामाजिकता पर उनका विशेष आग्रह था। रस एक स्थिति में ब्रह्मानंदसहोदर भले ही हो, किंतु सहृदय के माध्यम से लोक से जुड़कर वह जीवन को आस्थावान करता है। इसी कारण वह लोक-हृदय की व्यंजना करता है, उसका पोषण करता है। आचार्य शुक्ल की रस-संबंधी मान्यता इसी पर टिकी है।

भरत ने जिस 'नाट्यशास्त्र' के प्रणयन द्वारा रस, अलंकार, ध्वनि आदि का संकेत किया था बाद में आचार्यों ने उन्हें आधार मानकर अपने नवीन सिद्धांतों को स्थापित किया जिनमें शास्त्र को उद्धृत करत हुए सिद्धांतों का विवेचन

तथा निरूपण हुआ। भामह का 'काव्यालंकार' अथवा दण्डी का 'काव्यादर्श' इसके प्रमाण हैं। इन आचार्यों ने शास्त्र के व्यवहार-पक्ष को सामने लाने का महत्वपूर्ण कार्य किया। यहीं से व्यावहारिक समीक्षा के सूत्र सामने आते हैं।

आचार्य भामह ने सर्वप्रथम रस-सिद्धांत का विरोध करते हुए अलंकार को काव्य की आत्मा स्वीकार किया था। इन्होंने रस के महत्व को कम करते हुए उसे अलंकार के भीतर समेटने की चेष्टा की। यहाँ काव्य के भाव-पक्ष की अपेक्षा कला-पक्ष को अधिक महत्व मिला। आचार्य दण्डी रस को भामह की तुलना में कुछ अधिक महत्व देते हैं। रस को अलंकार के साथ ही गुण से भी जोड़कर उन्होंने देखा। उनका विचार है- 'मधुरम् रसवद् वाचि वस्तुन्यऽपि रसस्थितिः।' (काव्यादर्श) अर्थात् रसवत् रचना में माधुर्यगुण विद्यमान रहता है। आचार्य उदभट ने भी रस का विरोध किया किंतु उसे पूर्णतया निरस्त नहीं कर सके। आचार्य वामन का विचार था कि 'दीप्तरसतत्वं कान्तिः' (काव्यालंकार-सूत्र) अर्थात् कान्ति-गुणों में रस का समावेश है। वे रस को दोनों पूववर्ती आचार्यों से कुछ अधिक महत्व की वस्तु मानते हैं।

आचार्य उद्भट के बाद भट्ट लोल्लट का आगमन हुआ। इन्होंने भरत के सूत्र की व्याख्या की। रस के महत्व को स्थापित करते हुए उनका कहना था कि जिस प्रकार पुरोहित के माध्यम से यज्ञ आदि का फल यजमान को होता है उसी प्रकार अभिनेता के माध्यम से दर्शकों को रस की प्राप्ति होती है। यहां रस विषयगत हो गया। उनकी दृष्टि में रस प्रथमतः नायक या नायिका में उत्पन्न होता है। इसी रस को दर्शक अपनी सहानुभूति के चलते, अभिनय-कौशल के चलते अभिनेता या अभिनेत्री में प्राप्त करता है। इनके अभिनय के माध्यम से सामाजिक के हृदय में रस का जन्म होता है। यहां रस वाच्य है व्यंग्य नहीं।

भट्ट लोल्लट ने अनुकृति तथा अनुभूति को एक ही चीज मान लिया। उनकी मान्यतानुसार स्थायी-भाव की स्थिति केवल नायक में विद्यमान होती है। सहृदय में स्थायी-भाव की स्थिति नहीं होती। भट्ट लोल्लट के सिद्धांत पर यदि विचार करें तो ज्ञात होता है कि यदि स्थायी-भाव अनुकार्य में होता है तो अभिनेता में आरोप करने से दर्शक में रसानुभूति कैसे और किस प्रकार होती है- पता नहीं चलता। यदि दर्शक को केवल रस की प्रतीति होती है

तो क्या रसानुभूति और रस प्रतीति दोनों एक है या रसानुभूति विशिष्ट हार्दिक अनुभूति होती है। भट्ट लोल्लट ने कहा कि जो स्थायी-भाव को जन्म देकर घनीभूत कर सके वही रस के लिए उपयुक्त विषय है। रस की स्थिति अनुकार्य में होती है, अर्थात् रस विषयगत है। इस तरह काव्य-विषय महत्वपूर्ण हो जाता है।

भट्ट लोल्लट के बाद शंकुक ने अपनी नैयायिक दृष्टि द्वारा रस-शास्त्र का मूल्यांकन किया। न्याय का प्रसिद्ध- 'अनुमान की प्रक्रिया' द्वारा रस की व्याख्या प्रस्तुत हुई। इनका मानना है कि नायक आदि के अनुकार्य में स्थायी-भाव अवश्य रहता है, जो कुशल अभिनेता के अभिनय द्वारा अनुकृत होकर रस बन जाता है। यहां रस को प्रतीति न मानकर दर्शकों के आनंद के रूप में उसे माना गया है, जिसका आधार अनुमान है। शंकुक ने अनुमान पर आधारित ज्ञान को अनुभवजन्य ज्ञान से अधिक महत्व दिया और उसे आनंद प्रदायी मान लिया। यद्यपि अनुभव और प्रमाण दोनों दृष्टियों से यह उचित प्रतीत नहीं होता। रसानुभूति हृदय की वस्तु है और हृदय की वस्तु का अनुमान कैसे संभव है? उसकी तो अनुभूति ही हो सकती है। यदि अपनी ही अनुभूति स्वयं को अनुमिती के द्वारा प्रकट होने लगे, तो वह प्रत्यक्ष कैसे होगी ?

शंकुक के बाद रूद्रभट्ट का काल आता है। इन्होंने रस के महत्व को काव्य के प्रसंग में व्यापक धरातल पर पहली बार मान्यता प्रदान की। इन्होंने रस से रहित काव्य को वैसे ही अरमणीय माना है, जैसे चंद्रमा से रहित रात्रि होती है।

रूद्रभट्ट के उपरांत ध्वन्याचार्य आनंदवर्धन का आगमन हुआ। ध्वनिवादी होते हुए भी इन्होंने रस की महत्ता को स्वीकार किया। इन्होंने रस की आस्वाद-प्रक्रिया व्याप्ति एवं स्वरूप आदि का विवेचन करते हुए उसके सैद्धांतिक विकास में अपना योग दिया। अपने प्रसिद्ध ग्रंथ 'ध्वन्यालोक' में रस को काव्य के अन्य तत्वों- अलंकार रीति, गुण, औचित्य, वक्रोक्ति आदि से जोड़ते हुए सबको विस्तार से समझाया। इस समन्वय के प्रयास में रस ने धुरी का कार्य किया। अतः काव्य के अन्य तत्व रस से एकमेव हो उठे। ध्वनि और रस को एक में मिलाकर रस को महत्व देने का इन्होंने प्रशंसनीय कार्य किया। रस-सिद्धांत के विकास में अभिनवगुत का नाम बड़े सम्मान से लिया जाता है। भट्टनायक

द्वारा स्थापित रस-सिद्धांत को इन्होंने और अधिक स्पष्ट, तात्विक और मनोवैज्ञानिक बनाया। भट्टनायक के भावकत्व एवं भोजकत्व व्यापार को निराधार बताते हुए व्यंजना-शक्ति द्वारा रस-निष्पत्ति की प्रक्रिया को स्पष्ट करने का प्रयास यहां दिखाई पड़ता है। इन्होंने जिस रस-निष्पत्ति को जन्म दिया, उसे 'अभिव्यक्तिवाद' के नाम से जाना जाता है। इनकी मान्यता है कि सहृदय नायक में आरोपित रस से न आनंद प्राप्त करता है, न ही अनुमित होता है, न तो वह नायक के साधारणीकृत भाव का उपयोग कर आनंदित होता है। वह तो अपने ही स्वयं के भावों को निर्वैयक्तिक रूप में आस्वादन करके आनंदित होता है। इन्होंने रस और ध्वनि-सिद्धांत को एक में समन्वित कर दिया तथा रसास्वादन के लिए अनिवार्य कवि, वस्तु और सहृदय की सम्यक् व्याख्या करके रस-सिद्धांत को व्यवस्थित एवं सुस्पष्ट कर दिया। अभिनवगुप्त ने रस-भोक्ता की शक्तियों, विशेषताओं, गुणों आदि का जितना व्यापक एवं स्पष्ट विवेचन प्रस्तुत किया वह 'मील का पत्थर' सिद्ध हुआ।

राजशेखर ने भी अपनी पुस्तक 'काव्य-मीमांसा' में रस को काव्य की आत्मा स्वीकार किया है। रसवादी आचार्यों में भट्टनायक ने रसानुभूति की प्रक्रिया की तीन अवस्थाएं मानी हैं- अभिधा, भावकत्व एवं भोजकत्व भट्टनायक ने रस के साधारणीकारण के सिद्धांत की स्थापना की। इसके द्वारा विभावादि को साधारणीकृत सिद्ध करके रसास्वादन में व्यक्तिगत भावना के विरोध को हमेशा के लिए समाप्त कर दिया। इन्होंने रस-स्वरूप को विस्तार देकर सर्वमान्य और सर्वकालिक बनाने की चेष्टा की। इन्होंने बताया कि रीति, गुण, वृत्ति, अलंकार आदि रसानुभूति में सहायक की भूमिका निभाते हैं। इनका मत है कि रस-निष्पत्ति की शक्ति काव्य तथा सहृदय दोनों में विद्यमान होती है। आधुनिक युग में आचार्य शुक्ल और डॉ. नगेंद्र ने भी रस-सिद्धांत का नया स्वरूप विकसित करने की कोशिश की। शुक्लजी का रस-सिद्धांत मनोवैज्ञानिकता के साथ सामाजिकता की जमीन पर स्थित है। इस प्रकार सामाजिक की अनुभूति ही अंततः रस में परिणित हो जाती है। रस के बाद अलंकार और रीति-सिद्धांतों की प्रतिष्ठा की गई। रस की अति में भावुकता की बाढ़ आ जाने पर काव्य के प्रत्यक्ष लक्षणों का अभाव हो गया। अलंकार का संबंध काव्य के मौलिक स्वरूप से होता है न कि वह काव्य का और भी सुंदर बनाने का उपकरण

मात्र होता है। काव्य को यदि अभिव्यंजना माना जाय तो अलंकार को उसकी अभिव्यक्ति स्वरूप के लक्षण के रूप में देखना उचित होगा। इससे काव्य में वास्तविक कलात्मकता का जन्म होता है।

रीति-सिद्धांत में विशिष्ट पद-रचना को काव्य की आत्मा स्वीकार किया गया। साधारण पद-रचना काव्य नहीं हो सकती। रीति का संबंध काव्य के नितांत वाह्य और स्थूल पक्ष से जुड़ता है। अलंकार, रस आदि को इसका अंग रूप मानते हुए रीति के भीतर समाहित करने का प्रयास हुआ। रसवादी समीक्षा में काव्य की परिभाषा सूक्ष्माति- सूक्ष्म होकर आकर विहीन हुई तो रीति-सिद्धांत अति स्थूल होकर शरीर मात्र रह गया। आत्मा से छुआव भी नहीं हो पाया। प्राचीन समीक्षा इन्हीं के बीच से अपनी यात्रा करती रही। काव्य में अलंकार प्रयोग द्वारा बौद्धिक और कलात्मक तत्वों का समावेश करते हुए उसकी मूर्तिमत्ता का प्रयास हुआ। आगे चलकर रीति-सिद्धांत के अतिशय आग्रह के चलते ध्वनि-सिद्धांत का जन्म हुआ। इसमें रस को नाट्यशास्त्र की सीमाओं से बाहर करते हुए निरी भावुकता से अलग करके नए रूपों में प्रतिष्ठित किया गया। विभाव, अनुभाव के साथ रस का संबंध 'व्यंजक-व्यंग्य' के रूप में माना गया।

काव्यशास्त्रोय-समीक्षा में रस, अलंकार, रीति, जैसे सिद्धांतों को काव्य की आत्मा घोषित करते हुए आचार्यों ने काव्य-सिद्धांतों का निर्माण किया। अपने द्वारा स्थापित सिद्धांत को महत्व देते हुए शेष को उसके भीतर समाहित करने का प्रयास खूब हुआ। इसी कारण समीक्षा के अनेक संप्रदाय समय-समय पर बनते गए। आगे चलकर आचार्य मम्मट ने सभी को एक में मिलाकर अपने समीक्षा-ग्रंथ 'कांव्य प्रकाश' में समान महत्व देने का सराहनीय कार्य किया।

मैं पहले कह चुका हूं कि समीक्षा का लक्ष्य किसी भी रचना के भीतर सन्निहित समस्त सौंदर्य और विशेषताओं को खोलते हुए अनुभवगम्य करना है। जिसके चलते समीक्षा के अनेक सिद्धांत और मानदंड निर्धारित किए जाते रहे। कोई एक सिद्धांत इस पर खरा नहीं उतरा। अत: व्यावाहारिक समीक्षा की बात सामने आई। इस धरती का मनुष्य अलग-अलग रुचि और मनोवृत्तियों का संवाहक है। साथ-ही-साथ प्रत्येक युग की जीवन-पद्धति एवं मूल्यगत आदर्श निरंतर विकासमान प्रक्रिया से गुजरते हुए, परिवर्तित होकर गुजरते हुए, परिवर्तित होते रहते हैं। इस कारण भी कोई सर्वकालिक समीक्षा-पद्धति निश्चित कर पाना

दुष्कर कार्य है। साथ ही समीक्षक जब सिद्धांतों का विशेष आग्रही हो जाता है तब समीक्षा-कर्म एक बंधी सीमाओं के भीतर ही संभव होता है जिससे उसके विकास की संभावनाएं भी अवरुद्ध हो जाती हैं। इस प्रकार व्यावहारिक समीक्षा की बात चली, जो संभावनाओं के अनंत द्वार खोलती है। युगीन चेतना और अनुभूति द्वारा रचनाकार जो नई सृष्टि करता है उसके द्वारा ही रचनाकार का जीवन-दर्शन और अनुभव का ज्ञान होता है। मानव-संस्कृति और समाज का सतत विकास होता है, जिससे वह अपने प्राचीन रूपों से भिन्न हो जाया करते हैं। इसी कारण रचनात्मक सृष्टि भी अपने पूर्व की सृष्टि से भिन्न हो जाती हैं। इसकी समीक्षा के लिए पूर्व में निर्धारित मानदण्ड या सिद्धांत अपर्याप्त सिद्ध होते हैं। इसी काण व्यावहारिक समीक्षा रूपगत आग्रहों से अलग हो जाती है। यह विचारगत या संप्रदायगत सिद्धांतों या आग्रहों से भी स्वतंत्र हो जाती है। यही जीवन की और समीक्षा की भी प्रगतिशील चेतना हो सकती है। जीवन में नए अनुसंधान एवं प्रयोग, नए सत्य, सिद्धांतों को समझने लगते हैं और यही प्रगतिशील जीवन की पहली शर्त है। इसी कारण व्यावहारिक समीक्षा एक मुक्त समीक्षा-कर्म बन जाती है।

व्यावहारिक समीक्षा में चार तत्वों को निर्णायक माना जाता है- अर्थ, भावानुभूति, ध्वन्यार्थ तथा लक्ष्य। कविता में शब्द केवल अर्थ-द्योतन के लिए नहीं प्रयुक्त होते वरन् उनकी एक विशिष्ट पहचान होती है। वे अनायास पाठक को अपनी ओर आकर्षित करते रहते हैं। उनमें मणि-माणिक्य की भांति एक कांति और आभा का समावेश होता है। यदि उसमें यह विद्यमान न हो तो वे साधारण पत्थर की भांति हैं। आलोचक में शब्दों के अर्थ-ग्रहण करने हेतु उसी प्रकार के बौद्धिक-हार्दिक एवं कल्पना-जगत् के विकास की आवश्यकता होती है। प्रंसग, परंपरा, और प्रयोग को अवलोकन बिंदु मानकर काव्य में अभिव्यक्त सौंदर्य को समझ पाते हैं। प्रयुक्त शब्द की गति, ध्वनि लोच से कल्पना के समक्ष व्यक्त चित्रमयता द्वारा तथा अनुभूति पर पड़ने वाले प्रभावों द्वारा हमारे विवेक पर जो असर होता है, जिस प्रकार के संस्कारों की निर्मिति होती है, वह अत्यंत महनीय है। व्यक्तिगत प्रतिक्रिया समीक्षा नहीं होती वरन् उसे वस्तुगत निर्णय के साथ समन्वित होकर इसका दायित्व निर्वाह करना होता है। ऐसी समीक्षा रचना की विवेचना करती हुई, अपने अनुभव-समंवित निष्कर्षों के माध्यम

से पाठकीय-दृष्टि को व्यक्तिगत प्रतिक्रिया से अलग करते हुए वस्तुपरकता द्वारा व्यापकत्व-बोध से संवलित करती है। इसी बिंदु पर रचना का पाठक समस्त चेतना का विस्तार करने वाले गुण-धर्मों से जुड़ जाता है। व्यावहारिक समीक्षा में इतना कुछ होने के बावजूद उसकी सीमाएं भी हैं। प्रथमत: इसमें रचना का वास्तविक अर्थ ग्रहण कर पाना संभव नहीं होता, क्योंकि इसमें अभिधार्थ पर विशेष आग्रह होने कारण उसमें अभिव्यक्त भावानुभूति, लक्षणा और व्यंजना का ठीक पता नहीं हो पाता। अत: रचना का सही अर्थ ग्रहण नहीं हो पाता। रचना का मात्र अर्थ-बोध करना, यह तो समझने की प्राथमिक स्थिति है। दूसरे काव्य-गुण में शब्दों का चयन एवं उपयोग गद्य की तुलना में अलग होता है, जिससे उसमें काव्य-गुण-ध्वन्यात्मकता, लयात्मकता, लालित्य, चारूता आदि-विकसित होते हैं। इन सबका रसास्वादन करने के लिए पाठक के भीतर सारी बारीकियों की जानकारी आवश्यक है। मात्र व्यावहारिक समीक्षा से यह संभव नहीं है। व्यावहारिक समीक्षा में अपने विचारों और भावों का अरोपण समीक्षक करता है। कवि या रचनाकार के भाव कभी-कभी बहुत अपने लगते हैं। इससे एकमेव होकर समीक्षक पक्षपात का दोषी भी हो जाता है। इस पद्धति में भावुकता का खतरा भी रहता है जिससे भटकन के होने का गहरा संकट होता है। यहां अरसिकता का भी संकट उठ खड़ा होता है, जिससे गुणों के होते हुए भी उदासीन भाव दिखाते हैं। यहां पर काल्पनिक और अवास्तविक के भी महिमा-मंडन का संकट है।

आज के दौर में समीक्षक का कार्य अधिक कठिन तथा चुनौतियों से भरा है। वह केवल रचना की विवेचना, काव्यशास्त्रीय सिद्धांतों द्वारा करके, अपने दायित्व से मुक्त नहीं होगा। उसे अनेकानेक ज्ञानानुशासनों से परिचित होकर ज्ञान-विज्ञान की अनेक शाखाओं, प्रशाखाओं विशेषत: सामाजिक-विज्ञान की अनिवार्य परख और प्रविधियों से परिचित होकर समीक्षा-कर्म में लगना है। रचना की निगूढ़ गहराई में उतरकर सर्जनात्मक अनुभूति का साक्षात्कार करते हुए विश्लेषण करने के लिए समीक्षक के पास सक्षम अंतर्दृष्टि की आवश्यकता है। यह अंतर्दृष्टि और अधिक पैनी तथा सघन हो इसके लिए उसे ज्ञान की अद्यतन प्रविधियों, शाखाओं का अध्ययन और प्रयोग करना होगा। अंतर्दृष्टि की प्रकृति-प्रदत्त प्रतिभा को संपन्न करने का कार्य समीक्षक करता रहता है।

आज जब रचनाकार समीक्षक की भूमिका को ही नकार रहा हो, इनके संबंध अत्यंत पेंचीदे हो चुके हो, तब काल की अनंता और अत्यंत व्यापक संसार में विश्वास व्यक्त करने वाले भवभूति के उस कथन की याद आ रही है, जहां उन्होंने समानधर्मा की आशा नहीं छोड़ी थी। उसी प्रतीक्षा और खोज की चेतना से युक्त होकर उन्होंने लिखा था-

उत्पत्स्यते च मम कोऽपि समानधर्मा ।
कालोऽह्यं निरवधि विपुलाच धरती ।।

आचार्य रामचंद्र शुक्ल

समकालीन हिंदी आलोचना का यह सौभाग्य रहा कि उसे आचार्य शुक्ल जैसा दूरदर्शी, विद्वान, समीक्षक मिला। उन्होंने हिंदी आलोचना को न केवल एक आधार प्रदान किया बल्कि आलोचना का एक मानक स्वरूप भी प्रस्तुत किया। आचार्य शुक्ल का प्रादुर्भाव समीक्षा में उस मील के पत्थर के समान है, जिससे 'दो-चार हुए ' बिना आगे बढ़ना मुश्किल है। स्थिति यह है कि आचार्य शुक्ल को छोड़कर समकालीन हिंदी आलोचना पर विचार-विमर्श करना कठिन है। आज भी आचार्य शुक्ल इस क्षेत्र में एक चुनौती तथा आदर्श हैं। उन्होंने आलोचना को एक सकारात्मक दृष्टि प्रदान की। आज भी आलोचना की गौरवशाली स्वरूप प्रदान करने वाली पांत में उनका स्थान सबसे आगे है। महावीर प्रसाद द्विवेदी ने हिंदी आलोचना को ऐतिहासिक विवेक और व्यापक सामाजिक सरोकारों से जोड़ा तो आचार्य शुक्ल ने उसे वैज्ञानिक दृष्टिकोण और दार्शनिक गहराई दी। आचार्य शुक्ल ने अपनी समीक्षा द्वारा न केवल पूर्ववर्ती समीक्षा की शिथिल आकृति को एक ठोस स्वरूप प्रदान किया बल्कि अपने समय के साहित्यिक बुद्धिजीवियों को वह दृष्टि भी प्रदान की जिसका उपयोग करते हुए वे अच्छे-बुरे साहित्य में भेद कर सकें तथा श्रेष्ठ साहित्य की सच्ची प्रभाव क्षमता को पहचानते हुए पाठकों को भी उससे परिचित करा सकें।

आलोचना के विकास में, हिंदी भाषा के विकास के लिए स्थापित 'काशी नागरी-प्रचारिणी सभा' का महत्वपूर्ण योगदान है। इस सभा ने जहां एक तरफ प्राचीन साहित्य को खोज निकालने में सार्थक पहल की वहीं दूसरी तरफ व्याकरण, साहित्य का इतिहास तथा शब्दकोश इत्यादि लिखने-लिखवाने में महत्वपूर्ण भूमिका अदा की। आचार्य शुक्ल इसी सभा से जुड़े थे, जिससे उनकी अमिट पहचान बनी। सभा के प्रकाशित ग्रंथ 'हिंदी साहित्य के इतिहास'

में आचार्य शुक्ल ने हिंदी आलोचना की परंपरा की संक्षिप्त रूपरेखा प्रस्तुत की है। आचार्य शुक्ल द्वारा स्थापित मान्यताएं आज भी मापदंड का कार्य कर रही हैं। साहित्य के उद्भव, उसके प्रभाव तथा प्रयोजन के विषय में आचार्य शुक्ल की दृष्टि काफी हद तक वैज्ञानिक तथा साफ थी। साहित्य के उद्भव के संबंध में विज्ञापित अनेक प्रकार की अस्पष्ट तथा अलौकिक धारणाओं का खंडन करते हुए बड़े ही स्पष्ट शब्दों में उन्होंने कहा कि "मनुष्य लोकबद्ध प्राणी है, उसका अपनी सत्ता का ज्ञान तक लोकबद्ध है। लोक के भीतर ही कविता क्या किसी भी कला का प्रयोजन और विकास होता है"[1] इसी तरह से साहित्य के प्रभाव तथा प्रयोजन के संबंध में भी आचार्य शुक्ल के विचार बिल्कुल अलग थे। उन्होंने साहित्य को लोकमंगल से जोड़ा। उनकी दृष्टि में साहित्य काव्य-रस की सृष्टि के द्वारा सहृदय को आनंद तो प्रदान करता है परंतु आनंद ही साध्य नहीं है। यह तो मात्र काव्य के सच्चे प्रयोजन तक पहुंचाने का मार्ग है। काव्य की सच्ची सार्थकता आनंद के पश्चात सहृदय को कर्म के लिए उत्तेजित कर देने में है, निष्क्रिय कर देने में नहीं। प्रकारान्तर से वे मानते थे कि काव्य का असली प्रयोजन लोकमंगल के साधन के लिए मानव को सक्रिय कर देना है। इसी प्रकार आचार्य शुक्ल ने साहित्य के प्रभाव पक्ष पर भी अपने विचार प्रस्तुत करते हुए उसका संबंध रस से जोड़ा।

आचार्य शुक्ल ने आलोचना में मौलिक दृष्टि का परिचय दिया। अनेक स्थानों पर उन्होंने भारतीय काव्यशास्त्र की मान्यताओं को नकार दिया, तो कई जगह पर उन्होंने अंधानुकरण तथा रुढ़िवाद की भर्त्सना की। आचार्य शुक्ल ने हिंदी आलोचना को तुलना तथा सामान्य गुण-दोष निरूपण से ऊपर उठाकर विचार और विश्लेषण प्रधान बौद्धिक स्वरूप प्रदान किया। इसमें कोई अतिशयोक्ति नहीं होगी अगर कहा जाए कि आचार्य शुक्ल ने अपने युग की साहित्यिक अराजकता को दूर कर साहित्य को एक संतुलित आयाम प्रदान किया। आचार्य शुक्ल ने साहित्य के हर पक्ष पर अपनी दृष्टि डाली। यही नहीं, समीक्षा के क्षेत्र में मात्र दिखावा तथा चमत्कार उन्हें पसंद नहीं था। शुक्ल जी के समय में एक-एक पद्यों के अनेक अर्थ निकालकर चमत्कार दिखाने की प्रवृति थी। इसकी चर्चा करते हुए उन्होंने कहा- "हमारे यहां के पुराने व्याख्याताओं और टीकाकारों की अर्थ-क्रीड़ा प्रसिद्ध है। किसी पद्य का और का और अर्थ करना उनके बाएं हाथ का खेल है। तुलसीदासजी की चौपाइयों के बीस-बीस अर्थ

करने वाले अभी मौजूद हैं। अभी थोड़े दिन हुए, हमारे एक मित्र ने सारी 'बिहारी-सतसई' का शांतपरक अर्थ करने की धमकी दी थी।''[2]

आचार्य शुक्ल लोकमंगल को ही काव्य का मुख्य गुणधर्म मानते थे इसी कारण न केवल वे काव्य की स्थिति लोक के भीतर मानते हैं बल्कि अनंत रूपात्मक जगत से संबंध रखने वाले काव्य या साहित्य को ही असली काव्य या साहित्य मानने के लिए तैयार हैं। 'काव्य में रहस्यवाद' निबंध में लोकजीवन से काव्य या साहित्य का संबंध अलग करने वालों का वे कड़ा विरोध करते हैं। लोक-मंगल की साधना करने वाले तुलसीदास आचार्य शुक्ल के प्रिय कवि हैं, प्रिय ही नहीं बल्कि आदर्श कवि हैं। कहीं-कहीं तो आचार्य शुक्ल ने 'तुलसी' को आलोचना के मानदण्ड के रूप में भी प्रयुक्त किया है। इसी स्थिति को देखते हुए डॉ. विश्वनाथ त्रिपाठी ने कहा था कि ''तुलसीदास शुक्लजी के प्रिय क्या आदर्श कवि हैं। यह निर्णय कर पाना कठिन है कि तुलसी ने अनेक आलोचनात्मक मानदण्ड के निर्माण में सहयोग दिया है या तुलसी इस मानदण्ड पर खरे उतरे हैं।''[3] यह सच है कि शुक्ल जी की आलोचना में तुलसी का एक महत्वपूर्ण स्थान है परंतु यह सच नहीं है कि तुलसी साहित्य से ही शुक्ल जी की आलोचना के मानदण्ड निश्चित हुए हैं। आचार्य शुक्ल साहित्य में लोकजीवन की भूमिका को महत्वपूवर्ण मानते थे। उन्होंने लोकमंगल के साधक काव्य को ही समर्थकाव्य की संज्ञा-प्रदान की थी। चूंकि तुलसी का काव्य इसी भूमि पर खड़ा था इसलिए तुलसी उनके प्रिय कवि थे।

हिंदी समीक्षा में आचार्य शुक्ल की भूमिका को रेखांकित करते हुए विद्वान समीक्षक शिवकुमार मिश्र लिखते हैं- ''आचार्य शुक्ल द्विवेदी-युग के अंतिम आचार्य थे, जिन्होंने लोकमंगल के रूप में हिंदी-समीक्षा तथा सर्जना को एक ऐसा प्रतिमान दिया जो असामाजिक भूमिका के समस्त व्यक्तिवादी बवंडरों के बीच भी समीक्षा तथा साहित्य को जीवन्त, विकासशील स्वरूप, समाजचेता तथा जागरूक बनाए रख सके, गतिशील जीवन के प्रशस्त पथ से कटकर उन्हें सीमित तथा संकीर्ण पगडण्डियों में निर्जीव न होने दे। वे पहले व्यक्ति थे जिन्होंने कविता तथा कला की सही तथा सच्ची आकृति पर युगों से पड़े हुए समस्त प्रकार के रहस्यवादी अध्यात्मवादी आवरणों को हटाते हुए उन्हें इसी वस्तुजगत से उत्पन्न, इसी लोक की वस्तु घोषित किया।''[4]

शुक्ल जी ने प्रभाववादी आलोचना की भी कठोर शब्दों में आलोचना

की। द्रष्टव्य है की इस तरह की आलोचना का प्रादुर्भाव छायावादी कविता के साथ ही हो चुका था। आचार्य शुक्ल ने इस तरह की आलोचना पर निशाना साधते हुए कहा- "प्रभावाभिव्यंजक समीक्षा कोई ठीक-ठिकाने की वस्तु ही नहीं। न ज्ञान के क्षेत्र में उसका कोई मूल्य है, न भाव के क्षेत्र में। किसी कवि की आलोचना कोई इसलिए पढ़ने बैठता है कि इस कवि के लक्ष्य को, उसके भाव को ठीक-ठाक हृदयंगम करने में सहारा मिले, इसलिए नहीं, कि आलोचक की भाव-भंगी और सजीले पद-विन्यास द्वारा अपना मनोरंजन करे।"[5]

शुक्ल जी की आलोचना-पद्धति आज के आलोचना-कर्म से भिन्न थी। उन्होंने पूर्ववर्ती साहित्य और उसकी गौरवशाली परंपरा को पचाया था फिर इनमें जहां पर भी उन्हें कोई बात खटकी, उसमें उन्होंने सुधार किया। उनका उद्देश्य मात्र दूसरों की कमियां खोजना या कृतियों का गुण-दोष विवेचन नहीं था, जैसा कि मलयज ने साफ शब्दों में कहा है- "आज यह खुलेपन से कहा जा सकता है कि आचार्य शुक्ल के पहले साहित्य को 'शास्त्र' करके दिखाने वाली आंखें ही थीं, साहित्य को मर्म कहकर बताने वाली आंखें नहीं थी।"[6] आलोचना के दौरान आचार्य शुक्ल अपना समय किसी मत का खंडन करने में अधिक नहीं गंवाते। उन्हें जहां भी कोई बात अपने विचारों के विपरीत लगती थी, संक्षेप में ही उसका खंडन कर तुरंत उसपर अपनी सकारात्मक मान्यता उपस्थित कर देते थे। यह विशिष्टता उन्हें आज भी हिंदी आलोचना में सबसे अलग कोटि प्रदान करती है।

आचार्य शुक्ल कविता में अनुभूति को सर्वोपरि मानते थे, इसी कारण कबीर के भक्ति भावयुक्त पदों में काव्य-गुण को स्वीकार किया परंतु शुक्ल जी कविता में रहस्यवाद के विरोधी थे। जिससे कबीर के शेष कृतित्व में उन्होंने कोई उत्साह नहीं दिखाया। उनका मानना था कि 'जगत अव्यक्त की अभिव्यक्ति है। इसका अर्थ है कि शुक्ल जी यह तो मानते हैं कि अव्यक्त सत्ता तो है परंतु वे कविता का सरोकार अव्यक्त से नहीं बल्कि व्यक्त से ही रखना स्वीकार करते हैं। फलतः कविता में रहस्यवाद, धार्मिक उन्माद तथा आध्यात्मिकता का विरोध करते हैं। उनकी स्पष्ट धारणा थी- "भारतीय ब्रह्मज्ञान और योग-साधना को लेकर चलनेवाली ज्ञानाश्रयी-शाखा की रचनाएं साहित्यिक नहीं है, क्योंकि उनमें भक्ति रस में मग्न करने वाली सरसता भी बहुत कम पाई जाती है। अव्यक्त सत्ता के बारे में वे विचार व्यक्त करते हुए कहते हैं कि 'अज्ञेय और अव्यक्त'

ब्रह्म होता ही नहीं, होता है (होता होगा), लेकिन उसका संबंध काव्य से नहीं होता। इसलिए रहस्यवादी कविता में भावों की सच्चाई का अभाव होता है।"[7] छायावाद के रहस्यवाद की भी उन्होंने आलोचना की। रहस्यवाद ही क्या आचार्य शुक्ल तो सामान्यत: छायावाद के ही विरोधी समझे जाते हैं। छायावाद के बारे मे आचार्य शुक्ल के विचार थे कि छायावादी कवियों का ध्यान जगत-जीवन के द्वन्द्वों, संघर्षों तथा मार्मिक-पक्षों की ओर गया ही नहीं बल्कि छायावाद के इस पक्ष में उन्हें रीति कालीन कविता का ही विस्तार नजर आया। यद्यपि काव्य-भाषा की दृष्टि से छायावादी पदावली ही नहीं, पूरी भाषा-व्यंजना उन्हें स्वीकार थी। शुक्ल जी कविता में भावानुभूति को सर्वोपरि मानते थे यह ऊपर कहा जा चुका है और इस संबंध में चिंतामणि भाग-2 में उन्होंने स्पष्ट कहा है, जैसे- "सारांश यह है कि भाव या मनोविकार की नींव पर ही कविता की इमारत खड़ी हो सकती है या अनूठी से अनूठी उक्ति काव्य में तभी हो सकती है जबकि उसका संबंध कुछ ही दूर का सही-हृदय के किसी भाव या वृत्ति से होगा या जब भाव की उमंग ही कल्पना को प्रेरित करती है तब कवि का मूल गुण भावुकता अर्थात अनुभूति की तीव्रता की कल्पना उसकी सहयोगिनी है।"[8] भाव को कविता का सम्राट तथा कल्पना को उसकी दासी स्वीकार करने वाले शुक्लजी को छायावाद में भावानुभूति तक कल्पित नजर आती है इसीलिए वे छायावादी कविता का विरोध करते हैं। उन्होंने कहा- "जिस प्रकार अनेक प्रकार की रमणीय वस्तुओं की कल्पना की जाती है, उसी प्रकार अनेक प्रकार की विचित्र भावानुभूतियों की कल्पना भी, बहुत कुछ होने लगी है। काव्य की प्रकृत पद्धति तो यह है कि वस्तु-योजना चाहे लोकोत्तर हो, पर भावानुभूति का स्वरूप सच्चा अर्थात स्वाभाविक वासना जन्य हो। भावानुभूति का स्वरूप भी यदि कल्पित होगा तो हृदय से उसका संबंध क्या रहेगा? भावानुभूति भी यदि ऐसी होगी जैसी नहीं हुआ करती तो सच्चाई (Sincerity) कहां रहेगी।"[9] यहीं छायावादी कविता जब प्रगतिवाद की तरफ बढ़ती है, आम जन जीवन के संघर्षों को मूर्त करते हुए उनसे टकराती है तो आचार्य शुक्ल उसका स्वागत करते हैं- "हर्ष की बात है कि अब कई कवि उस संकीर्ण क्षेत्र से बाहर निकलकर जगत और जीवन के मार्मिक पक्षों की ओर बढ़ते दिखाई दे रहे हैं। इसी के साथ-ही-साथ काव्यशैली में प्रतिक्रिया के प्रदर्शन और नयेपन की नुमाइश का शौक भी घट रहा है।"[10]

खैर! छायावाद के विरोधी आचार्य शुक्ल के बारे में डॉ. नामवर सिंह का विचार है कि वे छायावाद से प्रभावित भी थे-- "छायावाद युग के पुरोधा समीक्षक आचार्य शुक्ल के समीक्षा सिद्धातों के निर्माण में भी छायावाद का बहुत अधिक हाथ है।"[11] डॉ सिंह ने शुक्ल जी के प्रथम निबंध से लेकर उनके रस-सिद्धांत आदि तक को इस प्रभाव क्षेत्र के अंदर माना। उनका पहला आलोचनात्मक निबंध 'कविता क्या है' छायावादी विचारों का समर्थक है। कविता की परिभाषा में उन्होंने शेष सृष्टि के साथ रागात्मक संबंध की रक्षा और निर्वाह की जिस बात पर जोर दिया है वही तो छायावादी भी कहते हैं- रीतिवादी अलंकृति के विपरीत रसवाद की प्रतिष्ठा करना आलोचना के क्षेत्र में वही कार्य था, जो कविता के क्षेत्र में छायावाद कर रहा था। शुक्ल जी का रस-सिद्धांत वस्तुत: छायावादी कविता की आवश्यकता से उत्पन्न हुआ था''... रसात्मक बोध के विविध रूप में उन्होंने जिस प्रत्यक्ष रूप-विधान, स्मृत-रूप-विधान, और काल्पनिक-रूप-विधान का समावेश किया है वह क्रमश: छायावाद का प्रकृति प्रेम, अतीत प्रेम और कल्पना-सृष्टि ही है।"[12] तात्पर्य यह है कि आचार्य शुक्ल ने भले ही छायावद का भावना के स्तर पर विरोध किया परंतु छायावाद ने उनके मूल्यांकन में सहयोग अवश्य किया और इस काव्य दृष्टि का प्रभाव छायावाद से इतर कविता के मूल्यांकन में साफ दिखाई पड़ता है। रीति कालीन, विशेषकर रीतिमुक्त कवि धनानंद को जहां 'साक्षात् रसमूर्ति' कहकर तारीफ की, वहीं केशवदास के बारे में स्पष्ट निर्णय दिया कि उन्हें कवि-हृदय नहीं मिला था। उनमें वह सहृदयता और भावुकता न थी जो एक कवि में होनी चाहिए। इसी संबंध में आचार्य शुक्ल की कबीर, दादू, और सुंदरदास के संबंध में की गई टिप्पणियों का निष्कर्ष निकालते हुए डॉ. नामवर सिंह ने इनके मूल्यांकन में भी शुक्ल जी की दृष्टि पर छायावादी प्रभाव आरोपित किया है- "कबीर, दादू और सुंदरदास की रचनाओं पर आचार्य शुक्ल की सम्मतियों की तारताम्यिक विवेचना अनगढ़ किंतु सीधी-भाषा में कही गई खंडनात्मक रचनाओं में कवित्व न देखकर शिक्षित-जनोपयुक्त सुसंस्कृतभाषा में काव्य-पद्धति के अनुरूप रचित रचनाओं में कवित्व समझते थे अथवा सीधे-सादे प्रेम-भाव को सरस और गंभीर मानते थे। कहना न होगा कि कविता के मामले में यहां तरजीह या तो रीतिवादी काव्य-मूल्यों पर है या फिर कुछ-कुछ छायावादी।"[13]

आचार्य शुक्ल ने 'हिंदी साहित्य का इतिहास' के अलावा 'गोस्वामी

तुलसीदास', 'जायसी-ग्रंथावली' 'भ्रमरगीत सार' चिंतामणि (तीन-भाग) एवं रस-मीमांसा आदि के माध्यम से अपने समीक्षात्मक विचार व्यक्त किए। जायसी और 'भ्रमरगीत-सार' की विस्तृत भूमिकाओं के माध्यम से उनकी काव्यगत विशेषताओं का विश्लेषण किया। इतनी विस्तृत भूमिकाएं शायद ही किसी अन्य आलोचक ने लिखी हो। रस-मीमांसा तथा चिंतामणि के द्वारा उन्होंने प्राचीन भारतीय काव्यशास्त्र को खंगालकर मोती ढूंढ़ने का उपक्रम किया। आचार्य शुक्ल ने केवल भारतीय-साहित्य-चिंतन को ही नहीं प्रभावित किया बल्कि यूरोपीय साहित्य-चिंतन की भी आलोचना की। क्रोचे के अभिव्यंजनावाद की आलोचना करते हुए उसे विदेशी मुलम्मा की उपाधि दी, तथा एक समय कलाओं की उपादेयता को लेकर उठे प्रश्न के बीच कला का संबंध जीवन से निश्चित कर 'कला कला के लिए' जैसे विचारों की कड़ी आलोचना की। आचार्य शुक्ल ने अर्न्स्ट हैकले की पुस्तक 'रिडल्स आफ यूनिवर्स' का अनुवाद कर उसकी लंबी भूमिका, जिसे उन्होंने 'विश्व-प्रपंच' नाम दिया, में विकासवादी वैज्ञानिक दृष्टिकोण का परिचय दिया है। सूर के 'भ्रमरगीत-सार' की उन्होंने भावात्मक आलोचना प्रस्तुत कर सूरदास को एक महान कवि के सिंहासन पर बैठाया। पद्मावत की उत्कृष्टता तथा उदात्तता पर मोहित हो, उसे महाकाव्य पद का अधिकारी घोषित किया।

आचार्य शुक्ल ने कविता की परिभाषा चिंतामणि में 'कविता क्या है' शीर्षक निबंध में दी, जो निर्विविदित है। "हृदय की इसी मुक्ति की साधना के लिए मनुष्य की वाणी जो शब्द-विधान करती है उसे कविता कहते हैं।"[14] यानी कविता का संबंध मनुष्य के हृदय और उसके मनोविकारों से है। इन्हीं मनोविकारों के परिशमन का कार्य कविता करती है। कविता के उद्देश्य को स्पष्ट करते हुए आचार्य शुक्ल ने इस बात की तरफ संकेत स्पष्ट किया है।

शुक्ल जी की मान्यताओं पर आगे चलकर काफी विवाद भी हुए। मनुष्य के भावों का परिष्कार आखिर क्यों आवश्यक है, प्रकृति के साथ मनुष्य के हृदय के रागात्मक संबंधों की क्या जरूरत है। यहां तक कि आचार्य नंद दुलारे वाजपेयी जैसे समीक्षकों को उनकी इस धारणा में कविता की नैतिक व्याख्या की गंध दिखाई दी। इस संबंध में डॉ. रामवक्ष के विचार द्रष्टव्य हैं - "शुक्ल जी उस भाव के समर्थन में कविता-संबंधी अपने सिद्धांत का ढांचा खड़ा करते हैं जिसके अभाव में कविता ही नहीं मनुष्य भी निर्जीव हो जाता है। भावहीन

बुद्धि, मनुष्य को छल-प्रपंच की ओर ले जाती है, पाशविक स्वार्थपरता की ओर ले जाती है। वे आधुनिक पूंजीवादी-संस्कृति द्वारा मनुष्य के हृदय पर सभ्यता के अनेकानेक आवरण चढ़ाए जाने का जिक्र करते हुए मनुष्य के भाव-क्षेत्र की पवित्रता की रक्षा करने का आह्वान करते हैं। कविता की आवश्यकता इस भाव की रक्षा और उसके परिष्कार के लिए।''[15] हर बड़े आलोचक-समीक्षक की अपनी शक्ति और सीमा होती है। आचार्य शुक्ल के साथ भी अंतर्विरोध तथा विसंगतियां जुड़ी हुई हैं। उनकी सारी मान्यताएं निर्विवादित हैं, ऐसा भी नहीं है। एक ओर आलोचक के रूप में उनकी उपलब्धियों के शिखर हैं तो दूसरी ओर उसकी उतनी ही महत्तम सीमाएं। आचार्य शुक्ल ने अपनी आलोचना द्वारा न केवल आगामी पीढ़ियों को सच्ची आलोचना का महामंत्र दिया बल्कि रचना के साथ आलोचकीय व्यवहार की मर्यादा भी निरूपित की। उनकी विसंगतियां तथा अंतर्विरोध और उसकी सीमाएं आने वाली समीक्षक पीढ़ी को सजग करती है कि व्यक्तिगत अभिरुचि तथा आग्रह का दायरा इतना विस्तृत तथा प्रभावी नहीं होना चाहिए कि किसी रचना के मूल्यांकन के समय वह आड़े आए। इससे आलोचना-कर्म तो दूषित होगा ही, रचना के साथ भी अन्याय होगा।

सीमाएं चाहे जो हो आलोचना के क्षेत्र में आचार्य शुक्ल के अवदान को वे कम नहीं कर सकतीं। उनके द्वारा स्थापित कविता के प्रतिमान कभी भी धुंधले नहीं पड़ सकते। भले ही कविता के नए प्रतिमानों की खोज कर आलोचना की दूसरी पीढ़ी का नेतृत्व डॉ. नामवर सिंह कर रहे हैं परंतु इस क्षेत्र में आचार्य शुक्ल से टकराए बिना नया मार्ग मिलना असंभव है।

शुक्ल जी के अवदान का आकलन करते हुए उनके कट्टर विरोधी आचार्य नंददुलारे वाजपेयी लिखते हैं- ''वे हमारी साहित्य-समीक्षा के बालारूण है किंतु अब दिन चढ़ चुका है और नए प्रकाश तथा नई उष्मा का अनुभव हिंदी साहित्य समीक्षा कर रही है।''[16] शुक्ल जी के निधन पर उनके प्रदेय का आलकन करते हुए नंददुलारे वाजपेयी जी ने कहा था- '' अपने युग के लिए शुक्ल जी की साहित्यिक देन कितनी जबर्दस्त है इसका अनुमान इतने ही से किया जा सकता है कि यद्यपि ये प्राचीन दार्शनिक मान्यताओं के विपरीत निर्देश करते आए हैं, किंतु आज भी वे उस काल के काव्य के प्रामाणिक विवेचक माने जाते है।''

आचार्य शुक्ल आलोचनाकाश के वह सूर्य हैं, जिसका प्रकाश पीढ़ी-दर-पीढ़ी समीक्षा को आलोकित करता रहेगा तथा उसे नई दृष्टि देता रहेगा। प्रसिद्ध आलोचक डॉ. शिवकुमार मिश्र के शब्दों में यह अतिशयोक्ति नहीं कि ज्ञान की इतनी शाखाओं को समेटने और आत्मसात् करते हुए, साहित्य के सिद्धांत और व्यवहार दोनों पक्षों में उस ज्ञान का विनियोग करते हुए, समीक्षा के सारे अंगों पर समान रूप से ध्यान देते हुए, साहित्य-समीक्षा की जमीन पर उतरने वाला और उस जमीन पर लंबे फासले तय करते हुए, कीर्तिमान बनाने वाला इनते बड़े कद और हैसियत का दूजा कोई समीक्षक किसी अन्य भारतीय भाषा में नही हैं।''[17]

आचार्य हजारीप्रसाद द्विवेदी

आचार्य हजारीप्रसाद द्विवेदी का व्यक्तित्व सर्जनात्मक एवं आलोचनात्मक दोनों प्रकार की प्रतिभाओं से मिलकर बना था। आलोचना की अपेक्षा उनका सर्जनात्मक चिंतन विशद है परंतु आलोचना को उन्होंने द्वितीयक-कर्म के रूप में नहीं देखा। उनके सृजनशील अनुभव ने साहित्य-चिंतन को एक गतिशील दिशा प्रदान की। समीक्षा के मूल्यों तथा प्रतिमानों का उपयोग उन्होंने तैयार माल की तरह नहीं किया बल्कि अपनी प्रज्ञा और नवोन्मेषशालिनी प्रतिभा के आधार पर हिंदी-समीक्षा को एक दिशा प्रदान की। डॉ. नामवर सिंह ने उन्हें शुक्ल की परंपरा से भिन्न 'दूसरी परंपरा' का आलोचक ठहराया। इसमें कोई अतिवाद नहीं कि आचार्य द्विवेदी ने समीक्षा में एक नया प्रतिमान स्थापित किया परंतु खेद इस बात का है कि दूसरी परंपरा से आते हुए भी उनकी कोई परंपरा नहीं बनी। शिष्यों की लंबी जमात होने के बावजूद कोई भी शिष्य उनकी इस परंपरा का उत्तराधिकारी नहीं बन सका।

आचार्य द्विवेदी के साहित्यिक जीवन की शुरुआत 1930 के आसपास हुई। यह वही समय है जब आचार्य शुक्ल अपनी आलोचना का परचम फहरा रहे थे तथा दूसरी तरफ आचार्य वाजपेयी और नगेंद्र का लेखन-कर्म भी चल रहा था। राष्ट्रीय घटना क्रम काफी उथल-पुथल भरा था। गांधी के महिमामयी व्यक्तित्व से अप्रभावित रहना लगभग असंभव था। हजारीप्रसाद द्विवेदी जी की भी गांधी के प्रति अपार श्रद्धा थी। यह अलग बात है कि आचार्य वाजपेयी जैसा आग्रह उन्होंने नहीं किया। गांधी की मौत पर उन्होंने लिखा- "वह जिधर मुड़ा जीवन लहरा उठा, वह जिधर झुका प्रेम बरस पड़ा, वह जिधर चला जमाना ढरक पड़ा, वह शक्ति का भंडार था क्योंकि सच्चे अर्थों में वह भक्त था।"[18] यही नहीं उन्होंने गांधी जी के चरित्र का अनुसरण भी कई बार करना चाहा पर नहीं कर सके। वे लिखते हैं- "मैंने महात्माजी के अनेक गुणों को अपने भीतर ले आने का संकल्प कई

बार किया। संकल्पों पर मुझे रत्ती भर भी संदेह नहीं है पर बहुत जल्दी मैं विचलित हो गया हूं।''[19] द्विवेदी जी ने अपने जीवन की शुरुआत एक अध्यापक के रूप में शांति निकेतन से की। इस तरह महात्मा गांधी के बाद अगर उन्हें किसी ने प्रभावित किया तो वे गुरुदेव रविंद्रनाथ टैगोर थे। द्विवेदी जी लिखते हैं- ''रवींद्र नाथ के सम्मान में देशवासियों में नवीन अपराजेय आत्मबल का संचार किया था। महात्मा गांधी के सिवा और कोई दूसरा नेता नहीं है जिसने देश में आत्मगरिमा का संचार किया हो, परंतु रवींद्रनाथ की साहित्यिक कृतियां तो महत्वपूर्ण थीं ही उनका व्यक्तिगत जीवन भी उसी प्रकार महान और प्रेरक था।''[20] आचार्य द्विवेदी जी के व्यक्तित्व को स्पष्ट करते हुए डॉ. रामवक्ष लिखते हैं- ''पं. हजारीप्रसाद द्विवेदी के (लेखक व्यक्तित्व) दो रूप हैं एक तो ज्योतिष के आचार्य, भारतीय सभ्यता एवं संस्कृति के जानकार, ज्ञानी, खोजी, संस्कृत के प्रकाण्ड पंडित हजारी प्रसाद द्विवेदी हैं और दूसरे हिंदी साहित्य के आलोचक, निबंधकार, उपन्यासकार द्विवेदी जी हैं। उन्होंने पांडित्य में लालित्य मिलाकर उसे सर्जनात्मक रूप दे दिया। अत: कई बार पं. हजारी प्रसाद द्विवेदी का रूप ललित निबंधों में, उपन्यासों में घुलमिल कर आता है। हमें लगता ही नहीं कि वे पंडिताई दिखा रहे हैं।''[21]इस बात का इशारा उन्होंने अपने एक निबंध में किया है-- ''पंडिताई भी एक बोझ है- जितनी ही भारी होती है, उतनी ही तेजी से डुबाती है। जब वह जीवन का अंग बन जाती है तो सहज हो जाती है। तब वह बोझ नहीं रहती।''[22] द्विवेदी जी में पंडिताई होने के बावजूद सहजता भी थी। इसमें कोई संदेह नहीं। संस्कृत साहित्य का गहरा ज्ञान था तथा भारतीय संस्कृति पर भी उनकी पकड़ मौजूद थी। सहज सूत्रों के माध्यम से वे अपनी बात को पाठकों के जेहन में उतारते चलते हैं और वह भी एक कुशल गाइड की तरह भारतीय संस्कृति और साहित्य के प्राचीन भंडार में एक बार जो घुसे तो पहले तो वे पाठक में जिज्ञासा उत्पन्न करते हैं फिर उस जिज्ञासा को शांत करते हैं।

आचार्य द्विवेदी की टकराहट आचार्य शुक्ल से कई स्थानों पर हुई। आचार्य द्विवेदी साहित्य की परिभाषा की ऐतिहासिक सीमा मानते हैं। उनका विचार था कि साहित्य की प्रत्येक परिभाषा चाहे वह जितनी सार्वभौम और शाश्वत प्रतीत हो वस्तुत: एक विशेष देश और काल की आवश्यकता की पूर्ति के लिए ही रची गयी होती है। प्रत्येक परिभाषा का एक विशेष ऐतिहासिक संदर्भ होता है और यह संदर्भ ही प्रत्येक साहित्यिक मान्यता का वास्तविक अर्थ स्पष्ट करता है। अपनी

इस धारणा की पुष्टि वे 'हिंदी साहित्य का आदिकाल' में करते हैं। शुक्ल जी की मान्यता का सहारा लेकर उस समय बहुत सारी साहित्यिक सामग्री को खारिज किया जा रहा था। शुक्ल जी ने यह बात सिद्धों और नाथों के संबंध में कही थी। "सिद्धों और योगियों का इतना वर्णन करके इस बात की ओर ध्यान दिलाना हम आवश्यक समझते हैं कि उनकी रचनाएं तांत्रिक-विधान, योग-साधना, आत्मनिग्रह, श्वांस-निरोध, भीतरी चक्रों और नाड़ियों की स्थिति, अंतर्मुख-साधना के महत्व इत्यादि की सांप्रदायिक शिक्षा मात्र हैं, जीवन की स्वाभाविक अनुभूतियों और दशाओं से इनका कोई संबंध नहीं है। अत: वे शुद्ध साहित्य के अंतर्गत नहीं आती। उनको उसी रूप में ग्रहण करना चाहिए जिस रूप में ज्योतिष, आयुर्वेद आदि के ग्रंथ।"[23] इतना ही नहीं, आगे चलकर आचार्य शुक्ल ने ज्ञानाश्रयी-शाखा की रचनाओं को अव्यवस्थित भाषा और उटपटांग शैली के आधार पर असाहित्यिक करार दिया है। "इस शाखा की रचनाएं साहित्यिक नहीं है, फुटकर दोहों या पदों में हैं जिनकी भाषा और शैली अधिकतर अव्यवस्थित और उटपटांग है।"[24] शुक्ल जी ने यद्यपि ज्ञानाश्रयी शाखा की रचनाओं को असाहित्यिक कहकर उनको अस्वीकार किया तथापि इस शाखा के मुखिया कबीर का नामोल्लेख उन्होंने स्पष्ट रूप से नहीं किया। शुक्ल जी उनकी प्रतिभा के कायल होते हुए भी उन्हें समाज-सुधारक ही मानते रहे, शुद्ध कवि नहीं। इन सबका खंडन आचार्य द्विवेदी ने प्रबल तर्कों के आधार पर किया है। शुक्ल जी के धार्मिकता का प्रत्याख्यान करते हुए वे कहते हैं- "इधर कुछ ऐसी मनोभावना दिखाई पड़ने लगी है, धार्मिक-रचनाएं साहित्य में विवेच्य नहीं हैं। कभी-कभी शुक्ल जी के मत को भी इस मत के समर्थन में उद्धृत किया जाता है। मुझे यह बात उचित नहीं मालूम होती। धार्मिक प्रेरणा या आध्यात्मिक उपदेश होना काव्यत्व में बाधक नहीं समझा जाना चाहिए। इधर 'जैन-अपभ्रंश चरित-काव्य' की जो विपुल सामग्री उपलब्ध हुई है, वह सिर्फ धार्मिक-संप्रदाय के मुहर लगाने मात्र से अलग कर दी जाने योग्य नहीं है। स्वयंभू चतुर्मख, पुष्यदंत और धनपाल जैसे कवि केवल जैन होने के कारण ही काव्यक्षेत्र से बाहर नहीं चले जाते। धार्मिक साहित्य होने मात्र से कोई रचना साहित्यिक कोटि से अलग नहीं की जा सकती। यदि ऐसा समझा जाने लगे तो तुलसीदास का 'रामचरितमानस' भी साहित्य-क्षेत्र में अविवेच्य हो जाएगा और जायसी का पद्मावत भी साहित्य सीमा के भीतर नहीं घुस सकेगा।"[25]

आचार्य शुक्ल ने सिद्धों, योगियों और ज्ञानाश्रयी संतों के संबंध में केवल

भाषा का ही प्रश्न नहीं उठाया बल्कि और एक बात की तरफ वे संकेत करते हैं- "संस्कृत-बुद्धि, संस्कृत-हृदय और संस्कृत-वाणी का यह विकास इस शाखा में नहीं पाया जाता जो शिक्षित समाज को अपनी ओर आकर्षित करता।" ये वे प्रतिमान हैं जिनकी अपेक्षा आचार्य शुक्ल साहित्य में करते हैं, परतु जैसे ही इस सूत्र से सिद्धो, योगियों और संतों को नापा चाहेंगे आचार्य शुक्ल का यह कथन सामने आएगा- "यह बात ध्यान में रखना आवश्यक है कि 'चौरासी सिद्धों' में बहुत से महुए, चमार, धोबी, डोम, कहार लकड़हारे, दरजी तथा और बहुत से शूद्र कहे जानेवाले लोग थे। नाथ संप्रदाय भी जब फैला तब उसमें भी जनता की नीची और अशिक्षित श्रेणियों के बहुत से लोग आए जो शास्त्र ज्ञान संपन्न न थे जिनकी बुद्धि का विकास बहुत सामान्य कोटि का था पर अपने को रहस्यदर्शी प्रदर्शित करने के लिए शास्त्रज्ञ पंडितों और विद्वानों को फटकारना भी वे जरूरी समझते थे।"[26] इस संबंध में डॉ. नामवर सिंह की टिप्पणी काफी मार्मिक है- स्पष्ट है कि साहित्यिकता का प्रश्न अंततः सुसंस्कृत से जुड़ा है। जो सुसंस्कृत माना जाता है उसकी गाली भी साहित्यिक है, लेकिन जो असंस्कृत है उसका तेज़ तर्रार वचन असाहित्यिक है। तुलसीदास यदि अलख जगाने वालों को नीच कहें तो वह काव्य है, कबीर का वचन काव्य नहीं। यदि वे कहें कि 'पांडे कौन कुमति तोहे लागी। तू राम नाम न जपहि अभागी।' इसी मान्यता के चलते कविता में एक के दार्शनिक कथन काव्य माने जाते हैं और दूसरे के सांप्रदायिक, क्योंकि वह स्थापित संस्कृति के विरोध में बोलता है।"[27]

आचार्य द्विवेदी ने कबीर के कवित्व की प्रतिष्ठा की वे कहते हैं- "यद्यपि कबीर ने कहीं काव्य लिखने की प्रतिज्ञा नहीं की तथापि उनकी आध्यात्मिक रस की गगरी से छलके हुए रस से काव्य की कटोरी में भी कम रस इकट्ठा नहीं हुआ।"[28] उनकी काव्य शक्ति की विवेचना करते हुए वे कहते हैं- "वाणी द्वारा उन्होंने उस निगूढ़ अनुभवैकगम्य तत्व की ओर इशारा किया है, उसे 'ध्वनित' किया है। ऐसा करने के लिए उन्हें भाषा के द्वारा रूप खड़ा करना पड़ा है और अरूप को रूप के द्वारा अभिव्यक्त करने की साधना करनी पड़ी है। काव्यशास्त्र के आचार्य इसे ही कवि की सबसे बड़ी शक्ति बताते हैं। रूप के द्वारा अरूप की व्यंजना कथन के जरिए अकथ्य का ध्वनन, काव्य-शक्ति का चरम निदर्शन नहीं तो काव्य है?"[29] एक अन्य स्थान पर कबीर-काव्य की प्रशंसा करते हुए कहते हैं कि- "असली बात यह होती है कि नया मनुष्य नया प्राण लेकर, नवीन आवेगों

से भाषा को झंकृत करता है और उनसे अपने हृदयगत भावों की कहलवा लेता है। कबीरदास इसलिए नहीं रुके कि उन्हे छंद और अलंकार पढ़ लेने चाहिए। उन्होंने उस महारस का पान कर लिया था, उनका अंतर उससे परिपूर्ण हो गया था। उन्होंने समूचे काल को निचोड़ कर उसकी छाक पी ली थी। वे कहने को व्याकुल थे और इसीलिए कह गए। जिस शैली में कह गए, जिस भाषा में कह गए, वह सब नई है। साहित्य का आलोचक मूड़-मारकर उसका हिसाब-किताब संभालता रहे, कहने वाले को उसकी परवाह नहीं। आचार्य द्विवेदी ने कबीर के काव्य को काफी सम्मान दिया जिन चीजों की दुहाई देकर आचार्य शुक्ल ने कबीर-काव्य की अवहेलना की, उन्हीं काव्यगत सौंदर्यों की स्थापना करते हुए कबीर को एक महान कवि के रूप में देखा। जिस भाषा की आलोचना आचार्य शुक्ल ने की, आचार्य द्विवेदी ने उसी भाषा में उन्हें 'वाणी का डिक्टेक्टर कहा।''

रीति काल पर विचार करते हुए आचार्य द्विवेदी ने उसके पतनशीलता का कारण निम्न शब्दों में स्पष्ट किया है- ''इस समय आर्थिक दृष्टि से समाज में स्पष्ट रूप से दो श्रेणियों हो गई। एक तो उत्पादक-वर्ग जिसमें प्रधान रूप से किसान और किसानों से संबंध रखने वाली जातियां बढ़ई, लोहार, कहार, जुलाहा इत्यादि थीं और दूसरा दल भोक्ता (राजा, रईस, नवाब आदि) या भोक्तृत्व का मददगार था। मुगल शासन के अंतिम दिनों में भारतीय समाज के ये ही दो आर्थिक-वर्ग थे- राजा, सामंत, मनसबदार आदि भोक्ता-वर्ग और कृषक, और श्रतिकों का उत्पादन वर्ग। इन दो वर्गों के मध्य में कवियों, चित्रकारों, संगीतज्ञों आदि कलावंतों का वर्ग था जो प्राय: उत्पादन-वर्ग से उत्पन्न होता था किंतु भोक्ता-वर्ग की स्तुति और मनोविनोद करके जीविका निर्वाह करता था।''[30]

द्विवेदी जी मनुष्य को ही सर्वोपरि सत्य मानते थे और उसकी श्रेष्ठता का उद्घोष उन्होंने कई पर किया है- ''मनुष्य समाज ऊपरी विमेदों के अतंराल में एक ओर अखंड है। तथाकथित धर्ममत, राष्ट्रीयता और जाति-तत्व उसकी अखंडता में किसी प्रकार की बांधा नहीं पहुंचा सकते''[31] मनुष्य के विकास के बारे में उनका विचार है कि वह निरंतर विकास की प्रक्रिया से गुजर रहा है- ''मुझे यह विश्वास करने में उल्लास अनुभव होता है कि मनुष्य उसी प्रकार विकसित हो रहा है जिस प्रकार कली पुष्प के रूप में विकसित होती है। जिस प्रकार पुष्प का सौंदर्य और सुगंधि, उसका अंतर्निहित सत्य है जो यथा समय उसे अवश्य प्राप्त होता है। उसी प्रकार मनुष्य की धर्म-बुद्धि और उसकी सजह सौंदर्य-प्रेरणा उसका अंतर्निहित

सत्य है। वह एक न एक दिन अवश्य प्राप्त होगी।"[32] मनुष्य वही है जिसमें मनुष्यत्व का गुण हो। मनुष्य के विकास की प्रक्रिया ही उसे मनुष्यत्व तक ले जाती है। आचार्य द्विवेदी मनुष्य को मनुष्य इसलिए मानते हैं कि उसमें मनुष्यत्व-धर्म है। इसी कारण मनुष्य को वे ईश्वर तक मानते है- "मानवतां की सेवा करना ही वस्तुतः पूजा और उपासना है। मनुष्य के सिवा और कोई ईश्वर नहीं है।"[33] भारतीय संस्कृति की अति प्राचीनता में द्विवेदी जी का विश्वास है, परंतु वे इसे परिवर्तनशील मानते हैं। भारतीय संस्कृति में उन्हें मानव की दुर्दम-निर्मम धारा के हजारों वर्ष का रूप दिखाई पड़ता है-- "मुझे मानव जाति की दुर्दम-निर्मम धारा के हजारों वर्ष का रूप साफ दिखाई दे रहा है। मनुष्य की जीवन-शक्ति बड़ी निर्मम है। वह सभ्यता और संस्कृति के कृपा मोहों को रौंदती चली आ रही है। न जाने कितने धर्माचारों-विश्वासों, उत्सवों और व्रतों को धोती-बहाती यह जीवनधारा आगे बढ़ी है। संघर्षों से मनुष्य ने नयी शक्ति पाई है। हमारे सामने समाज का जो रूप है, वह न जाने कितने ग्रहण और त्याग का रूप है। देश और जाति की विशुद्ध संस्कृति केवल बाद की बात है। सब कुछ में मिलावट है, सब कुछ अविशुद्ध है, शुद्ध है केवल मनुष्य की दुर्दम जिजीविषा (जीने की इच्छा)"[34]

हजारीप्रसाद द्विवेदी के चिंतन के केंद्र में मध्यकाल है। मध्यकालीन कवि, मध्यकालीन साधना, मध्यकालीन साहित्य यहां तक कि ललित निबंधों में भी वे मध्यकाल में पहुंच जाते हैं और मध्य काल से तुरंत भारतीय संस्कृति में उनका पदापर्ण होता है। बात 'अशोक के फूल' से शुरू होती है और अंत उसका भारतीय संस्कृति के साथ होता है। वे कहते हैं- "अशोक को जो सम्मान कालिदास से मिला वह अपूर्व था। सुंदरियों के आसिजनकारी नूपुर वाले चरणों के मृदु आघात से वह फूलता था, कोमल कपोलों पर कर्णावतंस के रूप में झूलता था और चंचल नील अलकों की अचंचल शोभा को सौगुना बढ़ा देता था।"[35] माना हुआ मिथक है कि कालिदास में भारतीय संस्कृति का गौरव अभिव्यक्त हुआ परंतु अशोक तो मात्र आर्यों का देन नहीं है इसीलिए वे भारतीय संस्कृति को मात्र आर्य तक सीमित नहीं करते बल्कि वे बताते हैं- "केवल आर्य, द्रविड़, कोल और मुण्डा तथा किरात जातियां ही इसमें नहीं आयीं, कितनी ही ऐसी जातियां यहां आयीं जिन्हें निश्चित रूप से किसी श्रेणी में नहीं रखा जा सकता। फिर उत्तर-पश्चिम से नाना जातियां राजनीतिक और आर्थिक कारणों से आती रही हैं। उन सबके सम्मिलित प्रयत्न से वह महिमाशालिनी संस्कृति उत्पन्न हुई हैं, जिसे हम भारतीय

संस्कृति कहते हैं। भारत वर्ष संबंधी द्विवेदी जी की अवधारणा भी काफी मार्मिक है। भारत वर्ष में अनेक जाति-धर्म के लोग हैं। इतनी विभिन्नता शायद ही कहीं देखने को मिले। शताब्दियों से दबे-कुचले मनुष्यों को वे भाषा का प्रश्न तथा संस्कृति व साहित्य की कसौटी के रूप में देखते हैं- नगरों और गांवों में फैला हुआ, सैकड़ों जातियों और संप्रदायों में विभक्त, अशिक्षा, दारिद्र्य और रोग से पीड़ित मानव समाज आपके सामने उपस्थित है। भाषा और साहित्य की समस्या वस्तुतः उन्हीं की समस्या है। क्यों ये इतने दीन-दलित हैं? शताब्दियों की सामाजिक, मानसिक और आध्यात्मिक गुलामी के भार से दबे हुए ये मनुष्य ही भाषा के प्रश्न हैं और संस्कृति तथा साहित्य की कसौटी है।''[36] हजारीप्रसाद द्विवेदी जी स्पष्ट करते हैं कि इस देश में हिंदू, मुसलमान, ईसाई तथा अन्य अनेक धर्मों के माननेवाले लोग हैं परंतु उनमें मुख्य रूप से हिंदू हैं, तथा हिंदुओं में भी जातियों की कई तहें हैं। जो उत्तरोत्तर श्रेष्ठ होती हैं। इस तरह भारत वर्ष के विषय में उनका आशय है- ''इस प्रकार की जातियों से ही भारतीय जन-समूह का संगठन हुआ है। ये ही लोग 'भारतवर्ष' हैं। इन्हीं की प्रतीकात्मक संघमूर्ति का नाम भारत माता है। भारत माता की जय जयकार वस्तुतः इन तहों को नष्ट कर देने का संकल्प है। संभवतः थोड़े लोग ही यह बात महसूस करते हैं।'' हजारीप्रसाद द्विवेदी दलित चेतना को हिंदुओं के बंटवारे के रूप में देख रहे थे। हिंदू-मुसलमान-मिलन की समस्या तो भयंकर थी ही, अब अगर हिंदू भी दलित और इसी तरह के संप्रदाय के आधार पर टूटना शुरू हुआ तो स्थिति काफी विस्फोटक होगी। वे लिखते हैं- ''आज कल हम लोग हिंदू-मुसलमानों की मिलन-समस्या से बुरी तरह चिंतित हैं। निस्संदेह यह बहुत ही महत्वपूर्ण प्रश्न है। इस महान प्रश्न ने हमारे समस्त जीवन को गंभीरतापूर्वक विचारने के लिए चुनौती दी है। हम अपनी भाषा के क्षेत्र में भी इस कठिन समस्या से हतबुद्धि हो रहे हैं। हमारे बड़े-बड़े विचारकों ने प्रत्येक क्षेत्र में सुलह का व्रत लिया है। परंतु मुझे ऐसा लगता है कि इससे भी कठोर समस्या का सामना हमें हिंदू-हिंदू मिलन के लिए ही करना है। अशांति के चिन्ह अभी से प्रकट होने लगे हैं।''[37] और द्विवेदी जी मात्र समस्या की तरफ ही संकेत नहीं करते बल्कि उसके समाधान के बारे में भी बताते हैं- ''हिंदुओं की अपनी भीतरी समस्याएं भी हैं और उन भीतरी समस्याओं के लिए जो विचार-विनिमय हुए हैं या हो रहे हैं वे नाना कारणों से संस्कृत साहित्य से अधिक प्रभावित हुए हैं। वे किसी के प्रति घृणा या अदूरदर्शिता के कारण नहीं हुए हैं। छोटी कही

जानेवाली जातियों में ऊपर उठने की आकांक्षा स्वाभाविक है और उसके लिए उनका संस्कृत-साहित्य की ओर झुकना अस्वाभाविक नहीं है। यदि संस्कृत-बहुल-भाषा के व्यवहार से और समस्त जातियों के ब्राह्मण या क्षत्रिय कहे जाने से साठ करोड़ आदमियों में अपने को हीन समझने की मनोवृत्ति कुछ कम होती है, तो ऐसा वांछनीय है या नहीं यह मैं देश के नेताओं के विचारने के लिए छोड़ देता हूं।''[38] यहां यह ध्यान देना आवश्यक है, हजारीप्रसाद द्विवेदी इस जाति समस्या का समाधान खोजते हैं। उसका अंत वर्ण व्यवस्था में होता है वही वर्ण व्यवस्था जिसका समर्थन तुलसी का रामराज्य करता है। वे 'जाति-धर्म निर्विशेष मनुष्य' में इसका समाधान नहीं खोजते। संस्कृतिकरण की तरफ झुकाव इस समस्या को कितना खत्म करेगा यह सोचनीय है।

डॉ. विश्वनाथ त्रिपाठी ने आचार्य द्विवेदी की समीक्षा-दृष्टि को ऐतिहासिक सामाजिक कहा है- ''आचार्य द्विवेदी की समीक्षा दृष्टि मुख्यत: ऐतिहासिक-सामाजिक है। यद्यपि सूर-साहित्य की रचना भी इसी दृष्टि से की गयी थी किंतु इस दृष्टि से लिखी गयी महत्वपूर्ण पुस्तक कबीर है।''[39] हजारी प्रसाद द्विवेदी रचना को देशकाल और परिवेश से पृथक करके नहीं देखते और उनकी सामाजिक-ऐतिहासिक दृष्टि उन्हें मानवतावाद की तरफ ले जाती है। उनका यह मानवतावाद उनके सर्जनात्मक साहित्य से लेकर आलोचक सबमें दृष्टिगत होता है। 'मनुष्य ही साहित्य का लक्ष्य', साहित्य का प्रयोजन, लोक-कल्याण, मानव-धर्म, प्रायश्चित की घड़ी आदि निबंध उनके मानवतावाद को ही स्पष्ट करते हैं। द्विवेदी जी ने मनुष्य को एक तथा मानव धर्म को एक माना है। फिर ऊपर विवेचित उनका सुसंस्कृतिकरण में जातिवाद का समाधान, क्या उनके मानववाद पर प्रश्नचिह्न नहीं लगाता। ध्यान से देखा जाय तो उनके मानववाद में हिंदी, हिंदू और भारत वर्ष है। मुसलमान तथा ईसाई व अन्य धर्म इससे बाहर हैं। यह कैसा मानवतावाद है। इस तरह का आरोप द्विवेदी जी पर लगाया जाता है। पर द्विवेदी जी का मानवतावाद इससे अलग की चीज है। उन्होंने मानवतावाद को स्पष्ट करते हुए लिखा है-- ''मानवतावाद ठीक है, पर मुक्ति किसकी? क्या व्यक्तिगत मानव की? सामाजिक मानवतावाद ही उत्तम समाधान है। मनुष्य को, व्यक्ति-मनुष्य को नहीं, बल्कि समष्टि-मनुष्य को, आर्थिक, सामाजिक और राजनीतिक शोषण से मुक्त करना होगा- नान्य: पन्था विद्यते अयनाय।''[40] द्विवेदी जी ने इतिहास को मनुष्य की जय यात्रा की कहानी कहा है। यही कारण है कि साहित्य, इतिहास, राजनीति अर्थशास्त्र सभी के केंद्र में मनुष्य की प्रतिष्ठा

है-- "वास्तव में हमारे अध्ययन की सामग्री प्रत्यक्ष मनुष्य है। आपने इतिहास में इसी मनुष्य की धारावाहिक जय यात्रा की कहानी पढ़ी है। साहित्य में इसी के आवेगों, उद्वेगों और उल्लासों का स्पंदन देखा है। राजनीति में इसकी लुकाछिपी के खेल का दर्शन किया है। अर्थशास्त्र में इसकी रीढ़ की शक्ति का अध्ययन किया है। यह मनुष्य ही वास्तविक लक्ष्य है।"[41]

आचार्य द्विवेदी की समीक्षा-दृष्टि को लेकर विद्वानों में पर्याप्त मतभेद है। किसी ने उनकी दृष्टि को स्वच्छंदतावादी एवं ऐतिहासिक कहा है, तो कोई सौंदर्य और उसके विधायक तत्वों का उद्‌घाटन करने वाली रचनात्मक मानता है, कोई उनकी इस दृष्टि में प्रगतिशीलता के दर्शन करता है तो किसी को उनकी समीक्षा-दृष्टि ऐतिहासिक-सामाजिक लगती है। इन सबसे हटकर द्विवेदी जी को डॉ. नामवर सिंह ने देखा है उनके अनुसार- "आचार्य द्विवेदी ने कबीर के माध्यम से जाति, धर्म निरपेक्ष मानव की प्रतिष्ठा करके अपनी संतुलित सत्यान्वेषी दृष्टि का परिचय दिया है और हिंदी साहित्य की लोकोन्मुखी प्रगतिशील परंपरा का विकास किया है।"[42]

अगर वृहत रूप से देखा जाए तो आचार्य द्विवेदी की समीक्षा दृष्टि का निर्माण इन सबके सम्मिलित सहयोग से हुआ है। द्विवेदी जी के संपूर्ण चिंतन में जो मानवतावाद केंद्र में है, वस्तुतः उसी का विकास स्वच्छंदतावाद है। इसलिए उनकी इस दृष्टि को स्वच्छंदतावादी कहा जा सकता है। मनुष्य की जय यात्रा की कहानी को इतिहास के रूप में देखने वाली उनकी दृष्टि ऐतिहासिक भी कही जा सकती है और रचना में मानव की जयगाथा देखने के कारण उनकी यही दृष्टि रचनात्मक भी है और प्रगतिशील भी। इसलिए कि संघर्ष और द्वंद्व में मानव की प्रशस्ति और सामूहिक कल्याण भी उन्होंने देखा तथा हीन, उपेक्षितों, दलितों, पीड़ितों की इच्छाओं-आकांक्षाओं को समझने और वाणी देने का उन्होंने प्रयत्न किया। इस संबंध में डॉ. रामचंद्र तिवारी के विचार उल्लेखनीय है- "इसमें संदेह नहीं कि जिस युग में द्विवेदी जी के काव्य-संस्कार का विकास हुआ था वह स्वच्छंदतावाद के उत्कर्ष का काल था। किंतु जिस प्रकार बंगला में स्वच्छंदतावादी युग के रचनाकार होने पर भी रवींद्रनाथ टैगोर का अपना अलग रंग है उसी प्रकार हिंदी में स्वच्छंदतावादी युग की विभूति होने पर भी द्विवेदी जी की रचना और समीक्षा-दृष्टि की अपनी अलग पहचान है। उसे मात्र स्वच्छंदतावादी कहकर संतुष्ट नहीं हुआ जा सकता। वह मनुष्य को उसकी समग्रता में देखने-परखने और स्वीकार करनेवाली संतुलित

दृष्टि है।''[43]

आचार्य द्विवेदी की सौंदर्य-चेतना पर भी दृष्टिपात करना आवश्यक है। वे सौंदर्य को सामंजस्य आधारित बताते हैं और यह भेदभाव के मिटे बिना संभव नहीं है। इस संबंध में उनके विचारों पर ध्यान देना आवश्यक है ''साहित्य के उपासक अपने पैर के नीचे की मिट्टी की उपेक्षा नहीं कर सकते। हम सारे वाहृय जगत को असुंदर छोड़कर सौंदर्य की सृष्टि नहीं कर सकते। सुंदरता सामंजस्य का नाम है। जिस दुनिया में छोटाई और बड़ाई में, धनी और निर्धन में, ज्ञानी और अज्ञानी में, आकाश-पाताल का अंतर हो वह दुनिया बाह्य सामंजस्यमय नहीं कही जा सकती और इसीलिए वह सुंदर भी नहीं है।''[44] इसी क्रम में वे आगे कहते हैं ''यदि किसी देश का वाह्य रूप सम्मान योग्य तथा सुंदर नहीं बन सका है तो समझना चाहिए कि उस राष्ट्र की आत्मा में एक उच्च जगत का निर्माण किया जाना शुरू नहीं हुआ है। अर्थात् वहां सच्चे साहित्य के निर्माण का श्रीगणेश नहीं हुआ है। साहित्य ही मनुष्य को भीतर से सुसंकृत और उन्नत बनाता है और तभी उसका वाह्य रूप भी साफ और स्वस्थ दिखाई पड़ता है।''[45]

आचार्य हजारीप्रसाद द्विवेदी ने प्रगतिवाद पर भी गहराई से विचार किया है। पहले उन्होंने मार्क्सवादियों द्वारा बताए गए रूप पर विचार किया है ''प्रगतिवादी साहित्य मार्क्स के प्रचारित तत्व दर्शन पर आधारित है। इस विचारधारा के अनुसार संसार का स्वरूप भौतिक है। यह किसी चेतन सर्व समर्थ सत्ता का विर्वत या परिणाम नहीं है। उसकी प्रत्येक अवस्था रहस्यमयी या उलझनदार नहीं है। इस मत में समाज निरंतर विकासशील संस्था है। आर्थिक विधानों के साथ-साथ समाज में भी परिवर्तन होता है।''[46] मार्क्सवाद वर्ग-संघर्ष में विश्वास करता है। वह शोषक तथा शोषित दो स्पष्ट वर्ग मानता है और इनके बीच हमेशा संघर्ष की स्थिति स्वीकार करता है। परंतु द्विवेदी जी स्वयं वर्ग-संघर्ष में विश्वास नहीं करते। ''प्रगति आंदोलन के नेताओं ने हरदम क्लास, वर्ग और श्रेणी का नाम लेकर भी अपना वक्तव्य धूमिल बना दिया है। वे ऐसी बहुत सी बातें कहते हैं जो वर्ग भावना के बिना भी समझाई जा सकती थी। परंतु उनका उद्देश्य उस बात को समझाना शायद कम होता है, और वर्ग-संघर्ष की भावना से परिचित कराना अधिक।''[47] इसके बावजूद वे मार्क्सवादी साहित्य का विरोध नहीं करते है। उन्हें मार्क्सवादी साहित्य की यह बात अच्छी लगती है कि ''वह मनुष्य को दृढ़चित्त बनाने का कार्य करता है और उसे केवल नियति का गुलाम नहीं मानता।''[48]

आचार्य द्विवेदी ने परंपरा तथा आधुनिकता पर भी अपने विचार स्पष्ट किए हैं। परंपरा रुढ़ि से भिन्न है, वह जड़ नहीं बल्कि गतिशील है। इस संबंध में वे कहते है "एक का दूसरे को, दूसरे का तीसरे को दिया जाने वाला क्रम। वह अतीत का समानार्थक नहीं है। परंपरा जीवंत प्रक्रिया है, जो अपने परिवेश के संग्रह- त्याग की आवश्यकताओं के अनुरूप निरंतर क्रियाशील रहती है। कभी-कभी इसे गलत ढंग से अतीत के सभी आचार-विचारों का बोधक मान लिया जाता है।"[49] अपने इस रूप को स्पष्ट करने के लिए वे भाषा की परंपरा का उदाहरण प्रस्तुत करते है "भाषा हमें परंपरा से प्राप्त हुई। वह वैदिक युग की भाषा नहीं है। अपभ्रंश युग की नहीं है। यहां तक कि वह आज से 25 वर्ष पूर्व की भी नहीं है। काल- प्रवाह में बहती हुई, समकालीन संदर्भ से निखरती हुई, अनावश्यक बातों की घटती करती हुई, नए उपादानों में बढ़ती और बदलती हुई वह जिस रूप में इस पीढ़ी को प्राप्त हुई, वही आज का परंपरा-प्राप्त रूप है।"[50] आधुनिकता के संबंध में भी द्विवेदी जी के विचार बड़े स्पष्ट और ग्राह्य है "आधुनिकता अपने आप में कोई मूल्य नहीं है। मनुष्यों ने अनुभवों द्वारा जिन महनीय मूल्यों को उपलब्ध किया है उन्हें नए संदर्भ में देखने की दृष्टि आधुनिकता है।"[51] यही बड़े सरल शब्दों में परंपरा और आधुनिकता के मध्य अंतर को भी वे स्पष्ट करते है "खड़ा पैर परंपरा है चलता पैर आधुनिकता"[52]

इस तरह आचार्य द्विवेदी ने हिंदी-समीक्षा की एक ऐसी दृष्टि दी जिसके चिंतन के केंद्र में मानव है। आचार्य द्विवेदी की यह दृष्टि अपनी जातीय परंपरा के भीतर से निर्मित हुई है। आचार्य द्विवेदी ने संस्कृत के अनेक विशिष्ट प्रयोगों को आधुनिक चिंतन से जोड़कर उनमें नवीन अर्थवत्ता उत्पन्न कर दी है।

आचार्य नंददुलारे वाजपेयी

स्वच्छदंतावादी समीक्षक नंददुलारे वाजपेयी का अवतरण हिंदी आलोचना में उस समय हुआ जब आचार्य शुक्ल का इस क्षेत्र में लगभग एकाधिकार चल रहा था। बाजपेयी जी ने एक तरफ लोकमंगल और नैतिकता की बात का जोरदार खंडन किया वहीं छायावाद और रहस्यवाद के समर्थन में खडे हुए। वाजपेयी जी ने आलोचना-क्षेत्र में बड़ी जल्दी ही एक सौष्टववादी समीक्षक की पहचान कायम की। वाजपेयी जी का समय राजनीतिक दृष्टि से उथलपुथल का समय था। उनके आलोचक जीवन की शुरूवात 1931 ई. में भारत के संपादन से शुरू हुई जो 1967 तक बराबर चलती रही। इस बीच बाजपेयी जी स्वाधीनता आंदोलन के संघर्ष से लेकर, द्वितीय विश्व युद्ध, भारत की आजादी, नेहरू, शास्त्री का प्रधान मंत्रित्व तथा पंचवर्षीय योजना तथा चीन, पाकिस्तान-युद्ध के साक्षी बने। ये वे घटनाएं थी जो राष्ट्रीय मानस को आंदोलित करती रही। इसी बीच गांधी का महिमामयी व्यक्तित्व उभर कर सामने आया तथा महात्मा की उपाधि उन्हें मिली। इसमें कोई दो राय नहीं कि वाजपेयी जी गांधी से काफी प्रभावित थे तथा गांधी के दर्शन को साहित्य में उतारने के हिमायती थे। इसका स्पष्ट पता तब चलता है जब वे मार्क्सवादी दर्शन से टकराते हैं वे कहते हैं "आज के जनवादी लेखक को व्यक्तिगत त्याग और कष्ट-सहिष्णुता अपनानी होगी। उसे प्रेमचंद्र और टालस्टाय के मार्ग पर चलना होगा। वह किसी मार्क्सवादी नुस्खे को लेकर काम नहीं कर सकता। उसे अब भी चरित्र और आचरण की आवश्यकता है। महान आदर्शों के पीछे जीवन के क्षुद्र स्वार्थों को मिटा देने की साधना करनी होगी। हम जिस जनवादी राष्ट्र या मानव-समूह की कल्पना करते हैं, वह केवल आर्थिक-दृष्टि से सुखी नहीं होगा, उसे पूर्णतः सांस्कृतिक और नैतिक मानव भी होना चाहिए। यहां भी मार्क्सवादी शिक्षाएं

और उपचार मुझे तो अधूरे दिखाई देते हैं। उनसे तो गांधी जी का सर्वोदय सिद्धांत मुझे भारतीय जीवन के अधिक अनुरूप जान पड़ता है''[53] सारी शब्दावली तथा सर्वोदय सिद्धांत गांधीवादी विचारधारा की तरफ संकेत करते हैं और आगे चलकर वाजपेयी जी की समीक्षा दृष्टि प्रगतिवाद और मार्क्स के प्रति उदार भले हुई हो परंतु उसे राजनीतिक मतवाद के अलावा एक पूर्ण वैज्ञानिक जीवन-दर्शन के रूप वे कभी स्वीकार नहीं कर सके। वाजपेयी जी की 1955 में प्रकाशित 'नए साहित्य- नए प्रश्न' में उनकी इसी प्रकृति के दर्शन होते हैं। ''नव्यतम समीक्षा शैलियां'' शीर्षक में लगभग पांच पृष्ठों में मार्क्सवाद का विरोध प्रदर्शन करने के बाद अचानक वे लिखते हैं ''सामाजिक वास्तविकता के प्रति सजग और संवेदनशील साहित्य के मूल्यक्ता पर बल देकर मार्क्सवादी समीक्षा-पद्धति ने साहित्य के सौष्ठव संबंधी एक नई मापरेखा और एक नया दृष्टिकोण हमें दिया है।''[54] वाजपेयी जी की इसी दृष्टि पर शिव कुमार मिश्र ने उन्हें प्रगतिशील सामाजिक आशयों से एकाकार मान लिया था ''स्वच्छंदतावादी भूमिका से प्रारंभ कर आचार्य वाजपेयी शनैः शनैः किस प्रकार अपने चिंतन को गहरी सामाजिक भूमिका देते रहे और अंततः उनका दृष्टिकोण किस प्रकार प्रगतिशील सामाजिक आशयों से एकाकार हो गया है।''[55] परंतु यहां कहना जरूरी है कि श्री शिवकुमार मिश्र जी के अपने गुरु के बारे में यह राय पूर्णतः सत्य नहीं है उन्होंने आजीवन मार्क्सवाद के मुकाबले सर्वोदय को ज्यादा महत्व दिया। हां, वे प्रगतिशील काव्य-चिंतन का दबाव अवश्य अनुभव कर रहे थे। अपने आरंभिक दृष्टिकोण में तो वे साहित्य के सभी आंदोलनों को प्रगतिशील मानते रहे क्योंकि उनका विचार था कि ये आंदोलन ''किसी न किसी नई सामाजिक या सांस्कृतिक प्रगति से उत्पन्न होते है और किसी न किसी नवीन विचारधारा के सहचार हुआ करते हैं।''[56] आचार्य वाजपेयी स्वच्छंदतावादी सौष्ठववादी समीक्षक भले रहे परंतु मार्क्सवाद यानि प्रगतिवाद के योगदान को वे रेखांकित करते हैं ''हम यह भी नहीं कहते कि 'प्रगतिवादी समीक्षा' ने हिंदी को कुछ दिया ही नहीं। उसने दो वस्तुएं मुख्य रूप से दी हैं, प्रथम यह कि काव्य-साहित्य का संबंध सामाजिक वास्तविकता से है और वही साहित्य मूल्यवान है जो उक्त वास्तविकता के प्रति सजग और संवेदनशील है। द्वितीय यह कि जो साहित्य सामाजिक वास्तविकता से जितना दूर होगा वह उतना ही काल्पनिक और प्रतिक्रियावादी कहा जाएगा।''[57]

आचार्य वांजपेयी समीक्षा में रामचंद्र शुक्ल को अपना गुरु स्वीकार करते हैं, परंतु जहां- तहां उनसे अपनी विनम्र असहमति भी व्यक्त करते हैं। जहां आचार्य शुक्ल छायावाद को अभिव्यक्ति की एक लाक्षणिक प्रणाली मानकर उसके दरवाजे से ही वापस लौट आते हैं, वहीं वाजपेयी जी छायावाद में नूतन सांस्कृतिक मनोभावना का उद्‌गम तथा स्वतंत्र-दर्शन की नियोजना स्वीकार करते हैं। आचार्य वाजपेयी की समीक्षा का एक वैशिष्ट्य यह है कि वे पहले प्रतिमान बनाकर फिर रचना का मूल्यांकन नहीं करते, बल्कि साहित्यिक कृतियों के माध्यम से नए प्रतिमानों की खोज करते हैं। प्रसाद के ऊपर विचार करते समय उन्होंने 'साहित्यिक प्रगतिशील' शब्द का प्रयोग किया है। जो मौलिक चिंतन प्रतिभा का प्रमाण प्रस्तुत करता है। वाजपेयी जी साहित्य को दायित्वपूर्ण सृजन मानते हुए उसकी स्वायत्तता का समर्थन करते हैं। इस चीज का खुलासा वे समय और समाज के साथ कवि के संबंधों के विवेचन में करते हैं। कविता समय और समाज के घेरे में बंधे हुए कवि की स्वतंत्र जीवन कल्पना है, और साहित्य की अपनी स्वतंत्र सत्ता है, यद्यपि यह सत्ता जीवन सापेक्ष्य है।''[58] प्रेमशंकर आचार्य नंददुलारे वाजपेयी के लिए उदापंथी समीक्षक शब्द का प्रयोग ज्यादा उचित समझते हैं। ''प्राय: आचार्य वाजपेयी को आचार्य शुक्ल की परंपरा, स्वच्छंतावादी, रसवादी अभवा ऐसे ही किसी अन्य समीक्षा धारा से संबद्ध कर विवेचित किया जता है पर उनके लिए यदि किसी शब्द के प्रयोग की विवशता ही हो तो उन्हें एक ऐसे उदारपंथी (लिबरल) के रूप में देखना उचित होगा, जो रचना और विचार में किसी भी प्रकार की जड़ता- रुढ़िबद्धता को अस्वीकार कर देते हैं। वे रचना को गहन सामाजिक सांस्कृतिक कर्म मानते हैं जो व्यापक जीवन से अपना कथ्य प्राप्त करती है और उसे स्वयं में आयत्त कर मार्मिक विश्वसनीयता के साथ प्रस्तुत करती है।''[59] आचार्य वाजपेयी जी भाव और विचारों को परस्पर अनस्यूत होना आवश्यक मानते हैं। वे विचार की स्वतंत्रत सत्ता को अस्वीकार करते हैं। रचना को एक ही धरातल पर सुविज्ञ पाठक तथा सामान्य व्यक्ति दोनों को संबोधित करना चाहिए। इस बात की तरफ उन्होंने इशारा अपनी पुस्तक 'सूरदास' में किया है। हमारे साहित्य में प्राय: सूर और तुलसी की तुलना करके श्रेष्ठता स्थापित करने की कोशिश की जाती रही। 'सूर-सूर, तुलसी शशी' जैसी तुलना को व्यर्थ बताते हुए वे कहते हैं ''कला की सर्वश्रेष्ठ सार्थकता यही है कि उसका तत्व तो पारदर्शी रसिक जनो (सहृदय)

को प्राप्त हो, किंतु उसका सामान्य आनंद सर्वजन सुलभ बन जाए ।''[60]

आचार्य वाजपेयी ने भारतीय काव्य-सिद्धांतों का पुनराख्यान भी किया है इस क्रम में उन्होंने अलंकार, रस, रीति वक्रोक्ति, ध्वनि सब पर अपने विचार प्रकट किए हैं। अलंकार को वाजपेयी जी काव्य कल्पना का पर्याय मानते हैं। ''अलंकार सामान्य रूप में वह काव्य कल्पना है जो एक ओर कविता की संपूर्ण रूप-योजना को समाविष्ट करती है और दूसरी ओर वह अलंकार के कुछ विशेष रूपों का निर्देश करती है।''[61] रीति की व्याख्या करते हुए वे कहते हैं ''अपने व्यापक अर्थ में 'रीति' संपूर्ण काव्यात्मक अभिव्यंजना का द्योतक शब्द है और उसकी व्याप्ति लगभग उतनी ही है जितनी क्रोचे के इस सूझ को कि 'अभिव्यंजना' ही कला है। यह एक रूप में काव्य शैली के संबंध में वाल्टर वेटर की व्यापक धारणा के समीप भी पहुंचता है जिसमें वे यहां तक कह गए हैं कि शैली ही कला है।''[62] रस को वाजपेयी जी सौंदर्य संवेदन मानते हैं। ''सौन्दर्य संवेदन को भारतीय पारिभाषिक शब्दावली में रस कहते हैं''[63] वक्रोक्ति को वाजपेयी अभिव्यंजना की रोचकता के रूप में स्वीकार करते हैं। ''ऐसा प्रतीत होता है कि अभिव्यंजना की रोचकता को ही कुतंक ने वक्रोक्ति की संज्ञा दी है और रस को भी वक्रोक्ति का ही स्वरूप माना है।''[64] ध्वनि को वाजपेयी जी ने काफी महत्व दिया है। यही नहीं ध्वनि की कमी को काव्यत्व की कमी के रूप में वे रेखांकित करते हैं। ''जिस काव्य में ध्वन्यात्मक शक्ति नहीं, सहृदय को रस प्रतीति कराने का सामर्थ्य नहीं उसके काव्यत्व में ही कमी है।''[65]

आचार्च वाजपेयी को मात्र छायावाद या स्वच्छंदता तक सीमित नहीं किया जा सकता। इसमें कोई अतिशयोक्ति नहीं कि उनका छायावाद के प्रति घोर लगाव था और वे इसके लिए अपने यशस्वी गुरु से भी टकरा गए। उस समय की परिस्थितियों में एक युवा-समीक्षक का आचार्य शुक्ल जैसे कद्दावार समीक्षक से असहमति व्यक्त करना कम साहस का कार्य नहीं था। पर यह सब वैचारिक स्तर पर था व्यक्तिगत नहीं। केवल प्रतिवाद के लिए प्रतिवाद नही था वे निषेध से विधेय तक आते हैं। जब उन्होंने समीक्षा में प्रवेश किया तो पूरी तैयारी से आए। वाजपेयी जी की प्रयोगवाद संबंधी समीक्षा को लेकर सर्वाधिक विवाद पैदा हुआ। 1943 में अज्ञेय तारसप्तक लेकर आए जिसकी भूमिका में उन्होंने उस संकलन में छपे कवियों को राहों का अन्वेषी, प्रयोगी इत्यादि कहा। इन शब्दों को देखते हुए आचार्य वाजपेयी ने छायावाद के तर्ज पर व्यंग्यात्मक रूप

प्रयोगवाद कर दिया। वाजपेयी जी की इस तीखी टिप्पणी के संबंध में अज्ञेय ने जब 1951 में दूसरा सप्तक प्रकाशित किया तो उसमें स्पष्टीकरण दिया "हमें प्रयोगवादी कहना उतना ही सार्थक या निरर्थक है जितना हमें कवितावादी कहना।'[66] प्रयोगवाद को वाजपेयी जी ने भाषा संबंधी बीहड़ प्रयोगों का अड्डा कहा। यही नहीं, क्षणवाद, लघुमानववाद, संशयवाद आदि को प्रयोगवाद के दुष्परिणाम के रूप में देखा। "क्षणवाद, संशयवाद, लघुमानववाद अस्तित्ववाद युद्धों की विभीषिका और स्वयं कविता के अनेक छोटे-छोटे खेमें और संप्रदाय प्रयोगवाद के ही दुष्परिणाम हैं।[67] यही नहीं, प्रपद्यवाद या नकेनवाद को और कुछ नही बल्कि प्रयोगशीलता का अतिवादी रूप मानते हैं। "नकेनवाद जिसे उसके हिमायतियों ने प्रपद्यवाद भी कहा है। वास्तव में प्रयोगशीलता का एक अतिवाद था।''[68] वाजपेयी जी ने प्रयोगवाद तथा प्रगतिवाद का अंतर स्पष्ट करते हुए कहा- "प्रगतिवादी काव्यधारा सामाजिक यथार्थ के अधिक समीप है और उसका लक्ष्य भी अधिकाधिक समीपता की ओर जाने का है। इससे भिन्न प्रयोगवादी यथार्थ मनोवैज्ञानिक और वैयक्तिक परिवेशों को प्रमुखता देता है। नियति, कुंठा, अतृप्ति आदि के तत्वों को प्रदर्शित करती है तथा कुल मिलाकर उस प्रकृतिवाद के अधिक समीप है जिसका प्रवर्तन 'जोला' फ्लावेयर आदि ने उपन्यास के क्षेत्र में किया था।''[69]

वाजपेयी जी ने यद्यपि प्रयोगवाद को 'हिंदी में बैठे ठाले का धंधा' कह कर अपना विरोध दर्ज किया परंतु नई कविता तक आते-आते उनकी वाणी काफी संयत हो गई थी। अज्ञेय, धर्मवीर भारती, गिरिजाकुमार माथुर, गजानन माधव मुक्तिबोध, शमशेर बहादुर,नरेश मेहता, दुष्यंत कुमार आदि कवियों पर मुक्त हृदय से विचार किया। इससे यह प्रमाणित होता है कि वे नवीनता के विरोधी नहीं थे, पर रचना में सामाजिक-सांस्कृतिक दायित्व तथा कलात्मक सौष्ठव के प्रति सजग थे। नई कविता के विषय में उनकी समापन टिप्पणी से इस बात का पता चलता है। "नई कविता की कुछ रचनात्मक उपलब्धियां भी हैं जो आधुनिक बोध से ग्रसित हुई हैं। उनमें से मुख्य वह मानववाद है, जो एक ओर आध्यात्मिक भूमिका से पृथक रहता है, दूसरी ओर वर्गसंघर्ष की कठोरता से भी रहित है। वर्तमान युग में और विशेषकर भारतीय भूमि पर 'सिक्यूलारिजम' एक व्यापक विचार दृष्टि है। उसी का साहित्यिक रूपांतर नई कविता के मानववादी स्वरूप में प्रतिबिम्बित हुआ है।''[70] हर समीक्षक का अपना दृष्टिकोण अलग होता है। वह समीक्षा द्वारा किसी शिखर की तलाश में होता है। यही उसकी सीमा-रेखा बन जाती

है। उस इच्छित वस्तु को न पाकर वह उसे नकार देता है। शुक्ल के प्रतिमान तुलसी थे, इसलिए छायावाद को वायवी, रहस्यवादी और कल्पनात्मक कहकर शुक्ल जी उसका विरोध करते है। उसी प्रकार वाजपेयी जी को छायावाद प्रिय है और उनके प्रिय कवि है 'प्रसाद'। उनकी समीक्षा करते हुए वाजपेयी जी लिखते हैं-"इनमें एक नई कल्पनाशीलता, नूतन जागरुक चेतना, मानसकृतियों की सूक्ष्मतर और प्रौढ़तर पकड़, एक विलक्षण अवसाद-विस्मय, संशय और कौतूहल, जो नई चितंना का सूक्ष्म प्रभाव है, प्रकट हो रहा है। ये ही काव्य में छायावाद के उपकरण बनकर आए। इस नवीन प्रवर्तन में एक नवीन स्वातंत्र्य-लालसा, शक्ति की अभिज्ञता और सांस्कृतिक द्वंद्व की एक अनिर्दिष्ट स्थिति देख पड़ती है।"[71]

वाजपेयी जी ने प्रसाद के साथ-साथ सूरदास, निराला तथा पंत की भी व्यावहारिक समीक्षा की है। सूरदास के काव्य को तो वे भारतीय साहित्यशास्त्र की सीमा का अतिक्रमण करने वाला कहते हैं। उनके अनुसार- "एक सबसे बड़ा शुभकार्य जो सूर ने किया, यही था कि उन्होंने हमारे साहित्य-शास्त्र की आंखें खोल दी और सीमा के स्थान पर निस्सीम सौन्दर्य की झलक दिखा दी"[72] इससे पहले वे कहते हैं "सूर के कृष्ण को साहित्यशास्त्र अपने 'धीर-ललित' या धीरोदात्त नायक की कोटि में रखने का साहस नहीं कर सकता, यद्यपि उक्त शासन के अनुसार कृष्ण ही विविध लीलाओं के आलंबन ठहरते हैं और उद्दीपन की भी संपूर्ण सामग्री है।"[73] निराला के काव्य-वैशिष्टय की चर्चा वाजपेयी जी ने अनेक स्थानों पर की है। उनकी 'तुलसीदास' कविता की समीक्षा करते हुए वे लिखते है "इसमें दार्शनिक तथ्य की प्रधानता अवश्य है पर काव्यालंकार से सजाकर उसे उपस्थित किया गया है। इसका स्थायी भाव उत्साह है तथा यह वीर रस की रचना है"[74] निराला की भाषा के संबंध में वे कहते हैं "भाषा के संबंध में "पवित्रतावादी दृष्टि' 'निराला' की नहीं है। वे किसी शब्द को काव्य के लिए परित्यजनीय नहीं मानते।"[75]

वाजपेयी जी पंत को कल्पना की अजेयशक्ति का कवि मानते हैं। श्रृंगार रस के दोनों पक्षों की प्रशंसा करते हुए वे लिखते हैं- पंतजी इस युग के श्रृंगारी कवि है। वियोग-वर्णन में वे कल्पना का पल्ला भावातिरेक के समय कहीं-कही छोड़ भी देते हैं पर संयोग-वर्णन में वे प्रायः कभी ऐसा नही करते।"[76]

वाजपेयी जी केवल कविता के ही समीक्षक नहीं रहे। उन्होंने काफी लेखन गद्य में किया है। इसी कारण वे कथा, कहानी इत्यादि पर भी अपनी विहंगम दृष्टि

डाल सके। आचार्य वाजपेयी समीक्षा को गहन दायित्व के रूप में स्वीकार करते हैं। वाद और प्रतिवाद तो होते ही हैं। उनसे ही विकास की चक्रबद्धता है। कभी-कभी वाजपेयी जी पूर्व में अपनी कही हुई बातों में परिमार्जन करते हुए नजर आते हैं यानी वाद का प्रतिवाद करते दिखते हैं। यह उनका आत्मालोचन है। एक आलोचक को समय के साथ-साथ स्वयं को भी आलोचना-प्रक्रिया से गुजारना चाहिए, यह उसका विशिष्ट गुण होता है। वाजपेयी ने भी आत्मलोचन किया है। आचार्य शुक्ल से उनकी वैचारिक असहमति जग जाहिर थी लेकिन उनकी मृत्यु पर उनके अवदान को रेखांकित करते हुए वे लिखते हैं। "अपने युग के लिए शुक्ल जी की साहित्यिक देन कितनी जबर्दस्त है इसका अनुमान इतने से ही किया जा सकता है कि यद्यपि वे प्राचीन दार्शनिक मान्यताओं के विपरीत निर्देश करते आए हैं, किंतु आज भी वे उस काल के काव्य के प्रामाणिक विवेचक माने जाते हैं- यदि शुक्ल जी में अपने समय और समाज की सीमाएं हैं तो सवाल है कि इन सीमाओं से बचा कौन है? महत्व सीमाओं का नहीं है, महत्व है सीमाओं के लिए किए गए कार्य का। शुक्लजी ने अपने समय की अर्द्ध जागृत साहित्य-चेतना को दिशा-ज्ञान दिया, रास्ता सुझाया ही नहीं आगे चले, मंजिल तय किए। विपर्यस्त लक्षण ग्रंथी की परंपरा को साहित्य-शास्त्र की पदवी पर पहुंचाया, आदर्शात्मक स्वरूप दिया। अपने उच्चकोटि के व्यक्तित्व और अध्ययन की छाप वे साहित्य पर छोड़ गए हैं। प्रांजलता और महाकाव्योचित औदात्य के लिए यह युग शुक्ल जी को स्मरण करेगा। साहित्य-समीक्षक की हैसियत से शुक्ल जी में सबसे बड़ी बात यह नहीं है कि उन्होंने उच्चतर काव्य को निम्नतर काव्य से अलग किया, बल्कि उन्होंने वह ज्ञान दिया कि हम भी उस अंतर को पहचान सकें। शुक्ल जी में सबसे बड़ी विशेषता है, समीक्षा के सभी अंगों का समान रूप से विन्यास।... पाण्डित्य में उनकी अप्रतिहत गति थी। विवेचना की उनमें विलक्षण शक्ति थी। वे आलोचक या समीक्षक मात्र नहीं थे, सच्चे अर्थ में साहित्य के आचार्य थे।"[77] जिसका विरोध करें, उसकी प्रज्ञा की मुक्त कंठ से प्रशंसा करनेवाला ऐसा आलोचक हिंदी साहित्य में दूसरा शायद ही कोई हो।

इस तरह वाजपेयी जी को निर्विवाद रूप से स्वच्छंतावादी समीक्षक कहा जा सकता है। प्रगतिशील के प्रति उदार होते हुए भी उन्होंने प्रगतिशील वस्तुवादी जीवन-दृष्टि और वर्ग-चेतना या इतिहास के द्वन्द्वात्मक विकास के सिद्धांत को कभी स्वीकार नहीं किया। उनके अनुसार "समाज और साहित्य की प्रगति द्वन्द्वात्मक

नहीं, धारावाहिक है।''[76] जिस प्रकार गांधी जी ने मार्क्स की भौतिकवादी इतिहास-दृष्टि को कभी भी पूरी तरह स्वीकार नही किया। वे हमेशा प्रत्यक्ष और भौतिक शक्ति के विपरीत नैतिक और आध्यात्मिक शक्ति की सक्रियता स्वीकार करते रहे। वाजपेयी जी भी कभी ऐतिहासिक भौतिकवाद को समर्थन नहीं दे सके। उनका तो विचार ही ऐसा था कि वर्गवादी-दृष्टि से साहित्य को देखना मानव-चेतना का अपमान करना है। वे कहते हैं - ''किसी द्वन्द्वात्मक स्थिति में श्रेष्ठ साहित्य वह है जो प्रगतिशील, सामाजिक और अर्थनीतिक आदर्शों से संचलित है, जो विद्रोही साहित्य है। श्रेष्ठ साहित्य संबंधी यह मार्क्सवादी धारणा साहित्य के कलात्मक, भावात्मक, और मानवीय-मूल्यों का कितना तिरस्कार करती है।''[78]

उपर्युक्त विवेचन के आधार पर हम कह सकते हैं कि अंत तक उनके अंदर स्वच्छंतावादी संस्कार मौजूद थे। वे इनसे मुक्त कभी नही हो सके और विरोधी मान्यताओं के बीच भी मध्यम मार्ग बनाने की कोशिश करते रहे। फिर भी उनकी समीक्षा अपने समय की रचनाशीलता से संवाद करती एक सक्रिय हस्तक्षेप है।

रामविलास शर्मा

प्रगतिशील आलोचना के अग्रदूत तथा हिंदी-जाति के प्रतिनिधि समालोचक डॉ. रामविलास शर्मा अपने अतिवादों और विवादों के बावजूद समकालीन आलोचना के शिखर पर हैं। उनका विशद लेखन यद्यपि सर्वथा निर्विवादित नही हैं, तो भी उनकी ईमानदारी, दृढ़ता तथा वैयक्तिक पारदर्शिता पर उंगली नहीं उठाई जा सकती। उनकी विशेषता को डॉ. नामवर सिंह ने इन शब्दों में व्यक्त किया है "आज वे अपनी साहित्य-साधना के सर्वोच्च शिखर पर हैं जो उनकी सभी मान्यताओं से पूरी तरह सहमत नहीं हैं वे भी यह स्वीकार करेंगे कि डॉ. शर्मा अपने संघर्ष और साधना में अप्रतिम हैं"। आलोचना की जिस परंपरा को महावीर प्रसाद द्विवेदी द्वारा ऐतिहासिक विवेक, आचार्य शुक्ल द्वारा वैज्ञानिक दृष्टिकोण तथा आचार्य द्विवेदी सांस्कृतिक ऋद्धि और सृजनात्मक प्रकृति प्रदान की आलोचना की उसी समूची परंपरा से टकराकर रामविलास शर्मा ने उसे आत्मसात कर हिंदी आलोचना को भविष्य-विधायक जुझारू चेतना प्रदान की। रामविलास शर्मा हृदय से काफी उदार प्रकृति के थे जहां वैचारिक मतभेद की स्थिति आती है जोरदार खंडन करते हैं परंतु प्रशंसा के अवसर पर वे कंजूसी नही दिखाते। धर्मेन्द्र त्रिपाठी से बातचीत के दौरान उन्होंने स्वीकार किया "मैं अकेला आलोचक नही हूं, बल्कि बहुत से आलोचकों को जानता हूं, जो अच्छा लिखते हैं। हिंदी में हजारीप्रसाद द्विवेदी रहे हैं, रामचंद्र शुक्ल रहे हैं, इस समय नामवर सिंह हैं और बहुत से लेखक हैं। हम इन सबकों नकार नही सकते।"[79] यहीं हमें यह नहीं भूलना चाहिए की द्विवेदी जी तथा नामवर जी का खंडन भी अनेक जगहों पर उन्होंने जोरदार शब्दों में किया है। आशय साफ है कि डॉ. शर्मा ने न तो विरोध के लिए विरोध किया और नहीं भौड़ा प्रचार पाना उनका उद्देश्य था, बल्कि रामविलास शर्मा के लिए विरोध, विवाद और संघर्ष का उद्देश्य था अपने साहित्य का विकास करना तथा समाज

को बदलने वाले संस्कार पैदा करना, जो उनके लेखन की इस मूल प्रेरणा को नहीं समझते असहमति का स्वर उनका ही है और वे शिकायत करते हैं, कि रामविलास शर्मा को साहित्य के शुद्ध सौंदर्य-व्यापार की समझ ही नहीं, विषय-वस्तु पर अधिक बल देना भौड़े सौंदर्यबोध का लक्षण है। जबकि सच्चाई यह है कि रामविलास शर्मा ने साहित्य और समाज विज्ञान को परस्पर-बहिष्कारी कभी नहीं माना। उन्होंने लिखा ''इसीलिए साहित्य से समाज विज्ञान का गहरा संबंध है। समाज-विज्ञान मानव-जीवन के बदलते हुए मूल्यों की पहचान सिखाता है। साहित्य की विकासमान, परिवर्तनशील विषयवस्तु रचनाकार का मनमाना व्यवहार न होकर समाज का आधार पाकर सार्थक दिखाई देती है।''[80] डॉ. शर्मा सौन्दर्य को वस्तुनिष्ठ स्वीकार करते हैं। उन्होंने सौन्दर्य की कसौटी मनुष्य के व्यवहार को माना। अगर सौन्दर्य वस्तुनिष्ठ नहीं होता तो साहित्य का सौन्दर्य, किन्हीं नियमों के अधीन नहीं होता और हर व्यक्ति की इच्छा पर निर्भर होता, तो एक-दूसरे का सौन्दर्य समझ ही न पाते। बहुत सारे विद्वान सौंदर्य की वस्तुनिष्ठता का खंडन करते हैं और तर्क देते हैं कामोन्मत्त पुरुष को कुरुप स्त्री भी सुंदर दिखती है। डॉ. शर्मा ने कहा यह बात सौंदर्य की वस्तुनिष्ठता के विरुद्ध नहीं जाती। ''उसकी दीवानगी से यह नतीजा नहीं निकलता कि इंद्रियबोध के धरातल पर वह स्त्री कुरूप नहीं है, बल्कि यह निकलता है कि सौंदर्य इंद्रियबोध तक सीमित नहीं है। वह भावों और विचारो में निहित है।''[81] डॉ. शर्मा मार्क्सवादी आलोचक हैं और मार्क्सवाद यथार्थवाद में विश्वास रखता है, परंतु यथार्थवाद क्या है, क्या स्थितियों को ज्यों-का-त्यों निरूपित कर देना यथार्थ है। गंदे को गंदा कह देना ही यथार्थ है। डॉ. शर्मा ने स्पष्ट करते हुए कहा - यथार्थवाद न तो गंदी व घिनौनी चीजों का वर्णन करता है, न सामान्य चरित्र के बदले केवल व्यक्ति चरित्र का। ऐसा भी नहीं कि वह यौन-संबंधों का नग्न वर्णन है। यथार्थवाद के विषय में एक भ्रांति यह भी है कि उसमें स्थानों और घटनाओं का विस्तृत विवरण होता है भले ही वे मुख्य विषयवस्तु की दृष्टि से कितने ही तुच्छ क्यों न हो। ऐसा यथार्थवाद यथार्थवाद नहीं बल्कि प्रकृतवाद या यथातथ्यवाद है। ''यथार्थवाद के चित्रण में विषयवस्तु का निर्वाचन, कुछ तत्वों का चित्रण, कुछ की उपेक्षा, यह साहित्य का मूल नियम है''[82] यथार्थ और कल्पना तथा यथार्थ और आदर्श को अविरोधी बताते हुए उन्होंने कहा कि यथार्थवादी लेखक कल्पना द्वारा टाइप रचता है, अपने अनुभव की सामग्री से काम की चीजे चुनता है, और सजाता है, और उनमें ऐसी कल्पित घटनाएं पात्र आदि जोड़ता है जो

ऐतिहासिक रूप से सत्य न होकर भी यथार्थ के अनुरूप होती हैं।

डॉ. राम विलास शर्मा का लेखन 1933 के आसपास शुरू होकर 2001 तक चलता रहा। इस बीच उनकी अनूदित, संपादित, तथा सृजित 90 से ऊपर पुस्तके आई। इनके द्वारा उन्होंने साहित्य, संस्कृति, समाज तथा इतिहास सबका आलोड़न विलोड़न किया है। इस संदर्भ में वे अतिवादों के भी शिकार हुए तथा वैचारिक विवाद की तरफ भी अग्रसर हुए। आचार्य शुक्ल के इतिहास से टकराकर उन्होंने अपने जुझारू साहस का परिचय दिया। साहित्य के इतिहास आदि, मध्य और आधुनिक काल के विभाजन पर वे अपनी आपत्ति दर्ज करते हैं। 'साहित्य का इतिहास लिखने वाले ही नहीं समाज का इतिहास लिखने वाले भी प्राचीन, मध्य और आधुनिक कालों का प्रयोग अस्पष्ट रूप से करते हैं। समाज और साहित्य दोनों का इतिहास और आधुनिक कला का विभाजन किन सामाजिक गठनों के आधार पर करते हैं। उनका कहना है "जो काल यूनान के लिए प्राचीन-युग है वह इंग्लैंड के लिए प्राचीन-युग नही हों सकता, क्योंकि उस युग में इग्लैंड नाम के भू-भाग का अस्तित्व नहीं था।"[83]

डॉ. शर्मा के सबसे प्रिय कवि निराला हैं। उसके बाद तुलसी पर उन्होंने सबसे ज्यादा लिखा है। इसके अलावा प्रेमचंद, भारतेन्दु, रामचंद्र शुक्ल, महावीर प्रसाद द्विवेदी पर भी स्वतंत्र आलोचनात्मक पुस्तकें लिखकर आधुनिक प्रगतिशील परंपरा का सूत्रपात किया। डॉ. शर्मा ने प्रेमचंद पर दो पुस्तकें लिखी। पहली 1941 में तथा दूसरी 1952 में। इन ग्यारह वर्षो के अंतराल में बहुत कुछ संशोधित तथा परिमार्जित हुआ। प्रेमचंद को समझने के लिए हिंदी आलोचना में यह पहली पुस्तक थी। प्रेमचंद की कला का सटीक वर्णन करते हुए डॉ. शर्मा ने लिखा- " प्रेमचंद का चिंतन बहुत कुछ मौलिक था, समाजवादी क्रांति के सभी अंगों का सूक्ष्म विश्लेषण किए बिना भी उन्होंने अनुभव किया था। हमारा आदर्श व्यक्तिगत संपत्ति से अलग समष्टिवादी होना चाहिए।"[84] भारतेन्दु से संबंधित डॉ. शर्मा की तीन पुस्तकें आई। 1943 में भारतेन्दु युग, 1957 में भारतेन्दु हरिश्चंद्र तथा 1975 में भारतेन्दु युग और हिंदी भाषा की विकास परंपरा। इन पुस्तको में उत्तरोत्तर हमें डॉ. शर्मा की चितंन परंपरा का विकास भी परिलक्षित होता है। भारतेन्दु युग और हिंदी भाषा की परंपरा को लिखने का कारण बताते हुए वे कहते है "यदि भारतेन्दु-युग से आज के युग का एक घनिष्ठ संबंध न दिखाई देता तो मैं यह पुस्तक अभी न लिखता। यह सोचकर कि आज की समस्याओं को सुलझाने के लिए हमें उस

युग से कुछ प्रेरणा मिल सकती है, मैंने इसे लिखना शुरू किया।''[85] भारतेन्दु-युग को एक प्रगतिशील आलोचक नजरअंदाज भी नहीं कर सकता क्योंकि प्रगतिशील साहित्य का प्रस्थान बिंदु भारतेन्दु-युग में जो मिलता है। इसलिए किसी जनवादी लेखक के लिए उसकी विकासशील परंपरा और उसके बीच राज भक्ति तथा देशभक्ति के अंतर्विरोधों की पहचान जरूरी है। भारतेन्दु युग के साहित्य में आमजीवन की धड़कन मुखरित हुई। इस संबंध में डॉ. शर्मा लिखते हैं- ''इन्होंने सामान्य जनता में सामाजिक चेतना या राजनीतिक चेतना फैलाने के लिए किस तरह से साहित्य रूपों का इस्तेमाल किया, किस तरह की भाषा लिखी, गद्य में किस तरह अनेक विधाओं का उपयोग किया और यह सब इस बात की चिंता किए बिना कि यह शाश्वत मूल्यों वाला साहित्य है कि नहीं। यह सब इससे आज भी सीखा जा सकता है।''[86]

भारतेन्दु युगीन राजभक्ति और देशभक्ति के अंतर्विरोधों को स्पष्ट करते हुए डॉ. शर्मा राजभक्ति को रीति कालीन साहित्य से संबोधित करते हैं- ''भारतेन्दु युगीन साहित्य का रीतिकालीन काव्य से संबंध बना हुआ था। इसने स्वभावतः राजभक्ति को पोषण प्रदान किया। लेकिन यहां यह ज्ञातव्य है कि वास्तव में जितनी राजभक्ति दरबारी नरेशों में थी उतनी साधारण प्रजा में न थी।''[87] राजभक्ति के वास्तविक कारण को खोजते हुए डॉ. शर्मा इस निष्कर्ष पर पहुंचते हैं- ''वास्तव में, अनेक रचनाओं में तो ऐसा लगता है कि जनता में नव चेतना फैलाने के लिए ही राज भक्ति की आड़ ली गई।''[88] भारतेन्दु-युग के अध्ययन के उपरान्त 'भारतेन्दु हरिश्चंद्र' में उन्होंने भारतेन्दु में उस युग की समस्त विशेषताओं के उत्कर्ष का दर्शन किया ''साहित्य, पत्रकार-कला और देश-सेवा - ये भारतेन्दु के लिए तीन अलग-अलग चीजें नहीं थी, इनका आपस में घनिष्ठ संबंध था। भारतेन्दु शुद्ध कला के उपासक न थे, वह सोद्देश्य साहित्य के हामी थे। इसीलिए उनका व्यक्तित्व भी शुद्ध साहित्यकार का न होकर एक समाजसेवी कार्यकर्ता का था।''[89] भारतेन्दु युग की जिन असंगतियों राजभक्ति और राष्ट्र-भक्ति की चर्चा ऊपर की गई है उसके संबंध में डॉ. शर्मा इस पुस्तक में स्पष्टीकरण देते हैं-- ''भारतेन्दु की असंगतियां उनके युग की सीमाओं से पैदा नहीं हुई है। वे अनेक वर्ग की असंगतियां हैं। उस काजल की कोठरी की स्याही है, जिसमें भारतेन्दु का जन्म हुआ था।''[90]

निराला पर 1947 में उनकी पुस्तक प्रकाशित हुई। उस समय निराला आज जैसे प्रतिष्ठित न थे। उनपर हर तरफ से प्रहार हो रहे थे। उस समय डॉ. शर्मा

उनके साथ खड़े हुए। पुस्तक की पृष्ठभूमि स्पष्ट करते हुए उन्होंने कहा-- "इसकी पृष्ठभूमि यह है कि जितने रीतिवादी थे वे तो निराला पर आक्रमण करते ही थे, बहुत से तथाकथित राष्ट्रवादी भी यह समझते थे कि हमारा महाकवि वाला आसन 'निराला' छीन ले रहे हैं। वास्तव में ये सुधारवादी लोग थे जो एक ही सांस में गांधी जी और जार्जपंचम की जय बोलते थे। निराला पर वे ही लोग आक्रमण कर रहे थे, जो प्रेमचंद पर करते थे। दुर्भाग्य से उनके साथ कुछ मार्क्सवादी थे जो आगे चलकर प्रयोगवादी के रूप में प्रसिद्ध हुए। इन्होंने 'नयी कविता' का आंदोलन चलाया।"[91] और एक बार जो डॉ. शर्मा समर्थन में खड़े हुए तो उनका निराला-प्रेम जगजाहिर है। डॉ. नामवर सिंह उनके इस प्रेम के बारे में लिखते है- "जैसे 1857 का कोई वीर, सेनानी युद्ध छोड़कर साहित्य के मैदान में चला आया हो।"[92] निराला को लेकर डॉ. शर्मा ने 'निराला की साहित्य साधना' तीन खंडों में प्रकाशित की। इसके प्रथम-खंड में उनकी जीवनी लिखते हुए उन्होंने यह दिखाने की कोशिश की है कि "निराला की गाथा हमारे हिंदी साहित्य की संघर्ष गाथा है, जो सारी शाक्ति हमारी हिंदी भाषा और साहित्य की है वह निराला में आकर जैसे केंद्रित हो गयी। वे उसके एकमात्र प्रतिनिधि नहीं हैं पर वे उसके सबके बड़े प्रतिनिधि हैं।"[93] 1972 में 'निराला की साहित्य साधना" का द्वितीय खंड प्रकाशित हुआ जिसमें उनकी विचारधारा और कला का विवेचन किया गया है। इस पुस्तक् में डॉ. शर्मा ने समग्रता में निराला साहित्य-गद्य तथा पद्य दोनों को मूल्यांकित किया है। डॉ. शर्मा ने इस पुस्तक के लिखने का कारण दूसरे संस्करण की भूमिका में लिखा है। "इस पुस्तक को लिखने का मूल उद्देश्य यह रहा है कि साधारण पाठको तक निराला साहित्य पहुंचे, दुरुहता की जो दीवार खड़ी करके विद्वानों ने निराला को उनके पाठको से दूर करने का प्रयत्न किया था, वह दीवाल ढ़ह जाए।" इस पुस्तक ने सचमुच निराला साहित्य के द्वार को उन्मुक्त कर एक नई दृष्टि प्रदान की। निराला के गंभीर अध्ययन ने निष्कर्ष स्वरूप डॉ. शर्मा ने कुछ महत्वपूर्ण तथ्य बाहर निकाले हैं। निराला की समझ और उनकी चिंतनधारा को स्पष्ट करते हुए वे लिखते हैं- "निराला के चिंतन की यह विशेषता थी कि यह राजनीतिक, सामाजिक, साहित्यिक आंदोलनों को एक ही संबद्ध इकाई के विभिन्न पक्षों के रूप में देखते थे। स्वाधीनता आंदोलन की विजय के लिए वह समाज और साहित्य में व्यापक परिवर्तन लाना चाहते थे। अंग्रेजी राज खत्म न होगा जब तक जमींदारी खत्म नहीं होगी, जमीदारी खत्म नही होती जब तक किसान

संगठित नही होंगे। जब तक उनमें ऊंच-नीच का भेदभाव बना रहेगा, इसके लिए क्रांतिकारी युवकों को किसानों के बीच रहकर उनमें शिक्षा-प्रचार करना चाहिए। सामाजिक रुढ़ियों को तोड़ने में उनकी सहायता करनी चाहिए। राष्ट्र के पूरे विकास के लिए स्त्री को स्वाधीन और शिक्षित होना चाहिए। हिंदुओं और मुसलमानों को आपसी भेदभाव भूलकर नहीं, धार्मिक भेदभाव मिटाकर नयी मनुष्यता की भूमि पर एक होना चाहिए। निराला की विचारधारा के अध्ययन का यह महत्व है कि स्वाधीनता आंदोलन के विभिन्न पक्ष कैसे एक-दूसरे से जुड़े यह समझने का अवसर मिलता है।''[94] निराला के दार्शनिक पक्ष का स्पष्टीकरण भी डॉ. शर्मा ने इस पुस्तक में किया है। निराला में प्रकृति के प्रति एक आकषर्ण है। उनके इस भावबोध को स्पष्ट करते हुए डॉ शर्मा ने यह निष्कर्ष दिया- ''निराला ने जितनी कविताएं ब्रह्म पर लिखी उनसे अधिक माया, प्रकृति अथवा शक्ति पर लिखी है।''[95] शक्ति का प्रकृति से घनिष्ठ संबंध है शक्ति एक है वही प्रकृति के विभिन्न रूपों में प्रकट होती है। निराला प्रकृति को परिवर्तनशील मानते हैं। इस परिवर्तनशील प्रकृति को वे 'शून्य' अथवा आकाश में लय कर देते हैं उस आकाश को उर्जा में उर्जा को पदार्थ में परिवर्तित होते दिखाते हैं।''[96] इस तरह निराला ब्रह्म को नहीं बल्कि प्रकृति को एकमात्र सत्य मानते हैं। डॉ. शर्मा के शब्दों में ''प्रकृति सत्य है, इसलिए मानव जीवन सत्य है, नारी का सौंदर्य, पुरुष और नारी का प्रेम, सत्य है। इस तरह निराला का भावबोध उनकी विचारधारा से जुड़ा है। प्रकृति और नारी से संबंधित उनकी रचनाएं उनकी विचारधारा से संपृक्त है।''[97]

निराला डॉ. शर्मा को सबसे बड़े ट्रैजिक कवि नजर आते हैं क्योंकि ट्रैजिडी लिखना सबके बस की बात नही है। जिस व्यक्ति में जीवन के अंतर्विरोधों को देखने की शक्ति होती हैं वही ट्रैजिक कवि हो सकता है। निराला की सरोज स्मृति विश्व साहित्य में उत्कृष्ट करुण गीत है। इस संबंध में डॉ. शर्मा लिखते हैं ''उदात्त करुणा, संघर्ष की क्षमता, दुःख का गहन-बोध, टैजिडी के मूल उपकरण है। निराला को ये उपकरण सघन मात्रा में प्राप्त थे। वह अपने युग के सबसे बड़े ट्रैजिक कवि हैं।''[98]

निराला ने कविता को छन्दमुक्त किया। उनकी भाषा पर संस्कृतनिष्ठ शब्दावाली के बारे में कहा- ''निराला अपनी कविता के लिए नई भाषा गढ़ते हैं, इसके लिए वह संस्कृत शब्द-संपदा का सहारा लेते हैं, किंतु न तो उस पर पूरी तरह निर्भर रहते हैं न ही उसका उपयोग करने में संस्कृत कवियों

की अभिरुचि का अनुसरण करते हैं।''[99]

1995 में रामविलास शर्मा जी ने आचार्य शुक्ल और हिंदी आलोचना पुस्तक लिखी। इस पुस्तक के लिखने का कारण स्पष्ट करते हुए डॉ. शर्मा लिखते हैं- "हिंदी साहित्य में शुक्ल जी का वही महत्व है जो उपन्यासकार प्रेमचंद या कवि निराला का। उन्होंने आलोचना के माध्यम से उसी सामंती संस्कृति का विरोध किया जिसका उपन्यास और कविता के माध्यम से प्रेमचंद और निराला ने। शुक्ल जी ने न तो भारत के रुढ़िवाद को स्वीकार किया, न पश्चिम के व्यक्तिवाद को। उन्होंने बाह्य जगत और मानवजीवन की वास्तविकता के आधार पर नए साहित्य सिद्धातों की स्थापना की और उनके आधार पर सामंती साहित्य का विरोध किया और देशभक्ति और जनतंत्र की परंपरा का समर्थन किया।''[100] इस पुस्तक में डॉ. शर्मा ने आचार्य शुक्ल पर हुए आक्षेपों का जहां समुचित उत्तर दिया है वहीं शुक्ल जी के आलोचना कार्य एवं उनकी दृष्टि का मूल्यांकन भी किया है तथा शुक्ल जी की असंगतियों की तरफ भी वे इशारा करते गए हैं। आचार्य शुक्ल और आलोचना पुस्तक में ही वे एक जगह शुक्ल की असंगति दिखाते हुए लिखते हैं- "आचार्य शुक्ल ने राम, सीता और लक्ष्मण को बन जाने वाले दृश्य में अधिक पसंद किया है। डॉ. शर्मा का कथन है- "यदि लोक संग्रह का भाव बन जाते हुए राम, लक्ष्मण और सीता में है तो वैसा ही भाव कृष्ण की बाल लीला, रामलीला और उद्धव-गोपी संवाद में भी है।''[101] शुक्ल जी पर तुलसी को लेकर वर्ण-व्यवस्था संबधी मान्यता के समर्थन पर उंगली उठती है साथ ही नारी और शूद्र वाले प्रसंग में भी वे काफी उलझन मे दिखते हैं। कही शूद्र शब्द की भिन्न व्याख्या की, तो कही नारी संबंधी तुलसी के विचारो पर महात्मा समझकर बात को बुरा न मानने की बात की। डॉ. शर्मा उनके पक्ष मे खड़े होते हैं वे कहते हैं शुक्ल जी के तर्कों की कमजोरी ही उनकी शहजोरी है। उनके तर्कों से पता चलता है कि वे शूद्र और नारी को तुलसी की दृष्टि से देखने के पक्ष में न थे। आचार्य शुक्ल द्वारा तुलसी को श्रेष्ठ कवि मानने के प्रसंग पर भी डॉ. शर्मा उनकी तरफदारी करते नजर आते हैं। "तुलसीदास के मुकाबले में शुक्ल जी ने सूर, जायसी और कबीर को भी कमतर स्थान दिया है, यह ठीक है। तुलसी का भावक्षेत्र अधिक व्यापक है। कबीर सूर आदि से अधिक वह मानव करूणा के कवि हैं। वह मानव के दु:ख से व्यथित ही नहीं हैं, वह अपने पात्रो में सक्रिय प्रतिरोध के गुण भी चित्रित करते हैं।''[102]

डॉ. शर्मा ने तुलसी के ऊपर भी खूब लिखा। यद्यपि स्वतंत्र पुस्तक न आ सकी तो भी अपने लेखों के माध्यम से उन्होंने अपनी मान्यताओं को स्पष्ट किया। डॉ. शर्मा तुलसी के काव्य को यथार्थवादी मानते हैं। वे यह स्थापित करते हैं कि तुलसी ने जो राम-राज्य की कल्पना की उसका आधार भी अपने समय और समाज की दुरावस्था थी। "कलियुग के वर्णन में वर्णाश्रम धर्म के नष्ट होने पर क्षोभ प्रकट किया गया है परंतु इसके साथ कवि समाज की और व्यापक समस्याओं के प्रति भी सर्तक है। अन्न कष्ट, महामारी आदि का जो वर्णन उन्होंने किया है उससे सिद्ध होता है कि वे अंगद की भांति अपने युग की सामयिकता मे पांव रोपे हुए हैं।"[103] तुलसी के यथार्थवादी दृष्टिकोण के बारे मे डॉ. शर्मा लिखते हैं- "तुलसी की मानवीय सहानुभूति का आधार सामाजिक यथार्थ है। तत्कालीन समाज का जैसा भरा पूरा चित्र उनकी रचनाओ में मिलता है वैसा उस समय के और कवि की रचनाओं में नहीं मिलता। जनता की दरिद्रता उसके क्लेशों का वर्णन उन्होंने बड़े यथार्थवादी ढ़ंग से किया है।"[104] यही नहीं, डॉ. शर्मा ने तुलसी की भाषा नीति को प्रगतिशील दृष्टि का परिचायक माना है। वे लिखते हैं- "संस्कृत साहित्य से सुपरिचित होते हुए भी उन्होंने खल-उपहास की चिंता न करते हुए भाषा में कविता की। रामचरित मानस के लिए अवधी को अपनाया।"[105] डॉ. शर्मा रामचरितमानस में प्रक्षिप्त अंशों की संभावना मानकर तुलसी के नारी संबंधी विचारों से किनारा काट जाते हैं।

1977 में डॉ. महावीर प्रसाद द्विवेदी और हिंदी नवजागरण पुस्तक प्रकाशित हुई। इस पुस्तक में उन्होंने द्विवेदी जी के कृतित्व का आलोचनात्मक अध्ययन प्रस्तुत किया। प्रगतिशील साहित्य की परंपरा की महत्वपूर्ण सीढ़ी होने के कारण उन पर चिंतन आवश्यक था। दूसरी बात लोग द्विवेदी जी को मात्र भाषा परिष्कारक कहकर उनके योगदान को सीमित कर रहे थे। डॉ. शर्मा ने कहा- "भाषा परिष्कार का काम उनके व्यापक कार्यक्रम का अंश मात्र है। वह उनका सबसे महत्वपूर्ण अंश नही है।"[106] वैज्ञानिक चिंतन के क्षेत्र में द्विवेदी जी ने विज्ञान, इतिहास, समाजशास्त्र जैसी आधुनिक विधाओं में दिलचस्पी लेने के साथ-साथ प्राचीन भारतीय दर्शन और विज्ञान का पुनर्मूल्यांकन भी किया। डॉ. शर्मा लिखते हैं- "इस तरह की तैयारी उनसे पहले किसी संपादक या साहित्यकार ने न की थी। परिणाम यह हुआ कि हिंदी प्रदेश में नवीन सामाजिक चेतना के प्रसार के लिए वह सबसे उपर्युक्त व्यक्ति सिद्ध हुआ।"[107]

डॉ. शर्मा के प्रगतिशील आंदोलन के सक्रिय कार्य कर्ता रहे। डॉ. शर्मा ने प्रगतिशील कविता तथा नई कविता के बीच के अंतर को स्पष्ट करते हुए लिखा- "सन 1938 में रूपाम के प्रकाशन के साथ शुरू होने वाली नयी कविता प्रगतिशील कविता है जो मार्क्सवाद से प्रभावित है। यथार्थवादी रुझान, जिसमें प्रबल है, जिसमें कुंठा और अतृप्ति से संघर्ष करने की आकांक्षा है। सन 1947 में प्रतीक के प्रकाशन से शुरू होने वाली नई कविता प्रयोगवादी कविता है जो समाजपरक प्रगतिशीलता का विरोध करती है जो कुंठा और घुटन से संघर्ष को आवश्यक न मानकर उन्हें जीवन मूल्यों के रूप में स्वीकार करती है।"[108] प्रयोगवाद के संबंध में अपने विचार को स्पष्ट करते हुए वे कहते हैं- "जहां तक मुझे मालूम है सन 1946 से पहले प्रयोगवाद शब्द का व्यवहार नही हुआ। सन 1946 में शमशेर ने तारसप्तक की जो आलोचना नया साहित्य में की थी उसमें प्रयोगों का जिक्र है प्रयोगवाद का नहीं। प्रयोगवाद शब्द की जरूरत तब हुई जब प्रगतिवाद के विरोध में एक नए 'वाद' को स्थापित करना जरूरी हुआ।"[109] डॉ. शर्मा प्रयोगवाद को ज्यादा महत्व नहीं देते हैं। डॉ. शर्मा ने अज्ञेय, मुक्तिबोध, शमशेर तथा नागार्जुन का मूल्यांकन नई कविता तथा अस्तित्ववाद में किया है। अज्ञेय का मूल्यांकन करते हुए वे इस निष्कर्ष पर पहुंचे कि अज्ञेय में आरंभ से ही रहस्यवादी प्रवृति रही है तथा उनकी कविता प्रगति विरोधी है। मुक्तिबोध को डॉ. शर्मा मार्क्सवादी मानते हैं वे लिखते हैं- "मुक्तिबोध तथा अन्य प्रगतिवादियो में अंतर यह था कि उनके लिए मार्क्सवाद ऐसी विचारधारा न थी जिसे वे आसानी से स्वीकार कर लेते और असुविधा होने पर उतार कर फेंक देते। उनके लिए यह जीवन-मरण का प्रश्न था। वह कविता के लिए जीते थे और उनकी कविता की एक बुनियादी समस्या मार्क्सवाद से उनके व्यक्तित्व के संबंध की थी।"[110] डॉ. शर्मा को मुक्तिबोध दूसरे कवियों की अपेक्षा ज्यादा जिम्मेदार, महत्वपूर्ण और संभावना युक्त लगते हैं। शमशेर के मूल्यांकन मे भी डॉ. शर्मा की दृष्टि काफी यथार्थवादी रही है। उनका मत है- "उनका काव्य रीतिवादी, रूमानी सौंदर्य बोध और मार्क्सवादी विवेक से संगति बैठा सके होते तो एक यथार्थवादी रचनाकार होते। डॉ. शर्मा नागार्जुन को मार्गदर्शक कवि मानते हैं। "भविष्य में जब नयी कविता का अस्तित्ववादी सैलाब सूख चुका होगा, जब मध्य वर्ग और किसानों और मजदूरो में भी जन्म लेने वाले कवि दृढ़ता से अपना संबंध जन आंदोलन से कायम करेंगे तब उनके सामने लोकप्रिय साहित्य और कलात्मक सौंदर्य के संतुलन की समस्या फिर पेश होगी और तब साहित्य और

राजनीतिक में उनका सही मार्गदर्शन करने वाले, अपनी रचनाओं के प्रत्यक्ष उदाहरण से उन्हें शिक्षित उनके प्रेरक गुरु होंगे कवि नागार्जुन।''[111] उनका विश्वास है कि नागार्जुन के संपूर्ण साहित्य के प्रकाशन के बाद आधुनिक हिंदी साहित्य की कविता के विकास का सही ज्ञान हिंदी के पाठको को होगा। ''हिंदी साहित्य की जीवंत परंपरा और भारतीय जनता के साहसी अभियान के प्रतीक हैं कवि नागार्जुन।''[112]

डॉ. शर्मा की आलोचना किसी शैली या वाद का अनुकरण नहीं है बल्कि भारतीय, पाश्चात्य, मार्क्सवादी शैलियों के गृहणीय तत्वों को लेकर मार्क्सवादी पद्धति पर विकसित उनकी मौलिक आलोचना शैली है। उनमें सूर्य की किरणों जैसी तीक्ष्णता है जो सारे आंडबर को चीरकर वास्तविकता या ज्ञान करा देती है। उनकी आलोचना न तो पुस्तकीय है न पांडित्य-प्रदर्शन बल्कि जीवन में काम आने वाली आलोचना है। वे एक प्रतिवद्ध ही नहीं, बल्कि पक्षधर आलोचक हैं। शुक्ल जी की भौतिकवादी दृष्टिकोण को वैज्ञानिक रूप में विकसित कर उसे सामाजिक परिवर्तन के एक सांस्कृतिक अस्त्र के रूप मे अधिक कारगर बनाने का श्रेय उन्हें जाता है।

गजानन माधव मुक्तिबोध

समकालीन मार्क्सवादी हिंदी आलोचना को उसकी विकास की चोटी तक पहुंचाने में मुक्तिबोध का योगदान अभूतपूर्व है। उन्होंने हिंदी आलोचना को न केवल एक दिशा दी बल्कि एक स्वस्थ चिंतन-प्रणाली भी प्रदान की। उनका सर्जनात्मक लेखन जितने उच्चकोटि का है उससे कम मूल्यवान उनका आलोचनात्मक लेखन नहीं है। कुछ लोग उन्हें शुद्ध आलोचक नहीं मानते, बल्कि महत्वपूर्ण कवि मानते हैं । "ज्यादा-से-ज्यादा उनकी प्रतिष्ठा एक चिंतक कवि की है फिर उनका चिंतन स्फुट है। यहां-वहां कुछ बातें भले कह दी हो, परंतु वे कायदे से आलोचक नहीं हैं। मुक्तिबोध मूलत: रचनाकार हैं इसलिए उनकी आलोचना एक रचनाकार का आपद्धर्म है, आलोचक की दायित्वपूर्ण कार्यवाही नहीं"? परंतु इस तरह का आरोप लगाना मुक्तिबोध के साथ अन्याय करना होगा। यह सच है कि वे कविता से आलोचना में आए। इसलिए उनकी आलोचना और भी महत्वपूर्ण दृष्टि प्रदान करती है। उन्होंने रचना-प्रक्रिया के द्वारा रचना के अंदर प्रवेश कर उसकी मूलभावना से अपने पाठक से संवाद किया है। यह कम महत्वपूर्ण नहीं है। उनका संपूर्ण आलोचनात्मक कर्म गहरे दायित्वबोध का परिचय देता है। कवि और समीक्षक एक-दूसरे से सगुंफित हैं। दोनों एक-दूसरे पर अन्योन्याश्रित हैं। उनमें से अगर किसी पक्ष ने थोड़ी-सी भी ढिलाई दिखाई तो साहित्य की सेहत पर बुरा असर पड़ने की संभावना होती है। समीक्षक और कवि लेखक में द्वंद और सामञ्जस्य का होना लाजिमी है। मुक्तिबोध कवि होने के नाते आलोचक को श्रेष्ठ मानकर उसपर नेतृत्व का भार सौपते हैं। "आलोचक का कार्य केवल गुण-दोष विवेचन ही नहीं, वरन् साहित्य का नेतृत्व करना भी है।"[113]

मुक्तिबोध का समीक्षा के क्षेत्र में पदापर्ण वस्तुत: एक मजबूरी जैसा था या प्रगतिवादी समीक्षा द्वारा अपने कर्तव्य को न निभा पाने का परिणाम है, परंतु

उनके इस आलोचनात्मक हस्तक्षेप ने समीक्षा साहित्य विशेषकर प्रगतिशील साहित्य को एक नयी दिशा के साथ-साथ समृद्धि भी प्रदान की, जो आज भी कवियों तथा लेखकों के लिए प्रेरणा के स्रोत हैं। समीक्षा संबंधी उनके विचार बहुत ही महत्वपूर्ण है। "साहित्य-समीक्षा के बीज वास्तविक जीवन में तजुर्वे के बतौर उपलब्ध होने वाले ज्ञान-संवेदन तथा संवेदन-ज्ञान ही है। इस ज्ञान संवेदन और संवेदन ज्ञान के परे जाने वाली 'समीक्षा' में न 'ईक्षा' यानि देखना या इष्टि है न सम्यकता। जब-जब समीक्षा इस मूलाधार को छोड़कर विचारों की बारीकी और लक्ष्य की उंचाई प्रदर्शित करने के गोपनीय या प्रकट उद्देश्य से, इधर, उधर भटकी है, उसने लेखकों और पाठकों को सच्ची सहायता देना छोड़ दिया है।"[114] यही वह मजबूरी थी जिसने उन्हें समीक्षा के क्षेत्र में जबरन उतार लिया। वे यहां तक कहते हैं-- "वास्तविक जीवन के संवेदनात्मक धरातल पर लेखक और समीक्षक की यह प्रतियोगिता नि:संदेह अत्यंत वांछनीय है। जिंदगी को कौन ज्यादा समझता है समीक्षक या लेखक? यद्यपि इन दोनों के कर्तव्य अलग-अलग हैं फिर भी उनके कर्तव्यों की पूर्ति जीवन के वास्तविक संवेदनात्मक ज्ञान के आधार पर ही होगी। यदि साहित्य जीवन का उद्‌घाटन है, तो समीक्षक को तो यह जानना ही पड़ेगा कि उद्‌घाटित जीवन वास्तविक जीवन है या नहीं। असल में, कसौटी वास्तविक जीवन का संवेदनात्मक ज्ञान ही है, जो न केवल लेखक और समीक्षक में होता है, वरन पाठक में भी रहता है।"[115]

मुक्तिबोध रचना में जीवन के संघर्ष को आवश्यक समझते थे। उनका विश्वास कला, कला के लिए के विपरीत था। वे उसे जीवन की वास्तविकता में ही समझने और देखने के सिद्धहस्त थे। इसीलिए अपने चिंतन की शुरूवात में ही उन्होंने इस बात को रेखांकित किया कि वास्तविक जीवन का संवेदनात्मक ज्ञान प्राप्त किए बिना साहित्य को समझना मुश्किल है। वे कहते हैं कि साहित्य-विवेक मूलत: जीवन विवेक है, कि जीवन प्रमुख है, उसका अनुभव, उसका ज्ञान प्राथमिक है। उससे परे हटाकर न साहित्य हो सकता है और न ही साहित्य-समीक्षा। इस जीवन ज्ञान से भरी समीक्षा को मुक्तिबोध आदर्श समीक्षा कहते हैं और इसे ही 'मर्मी-आलोचना' नाम देते हैं। वे कहते हैं-- "मर्मी आलोचना चाहे जितनी निष्पक्ष और बेलाग दिखाई दे, उपर से चाहे जितनी कठोर और खुरदरी हो अन्तत: उसमें एक बड़ी भारी श्रृद्धा होती है और वह यह कि मनुष्य में सुधार किया जा सकता है, यह कि मनुष्य अपनी सीमाओं और कमजोरियों से ऊपर उठ सकता है।"[116] मुक्तिबोध

की उपर्युक्त मान्यता का समर्थन डॉ. नामवर सिंह के समीक्षा-संबंधी इन विचारों में भी मिलता है-- "जीवन्त साहित्य के समानान्तर जीवन्त साहित्य बोध होता है, जिसमें अतीत की जीवन्त स्मृति के साथ ही परिवर्तनशील वर्तमान के प्रति सतत जागरुकता भी होती है। आलोचना का काम इसी संश्लिष्ट समसामयिक बोध को परिभाषित करना और संगठित करना है। स्वयं से अधिक लोगों को इस आत्मबोध के प्रति सतर्क करते हुए उसके निर्माण में सहायता देना है।"[117]

मुक्तिबोध आलोचना में तटस्थता की स्थिति को स्वीकार करते हुए व्यक्तित्व की प्रधानता को भी स्वीकार करते हैं। साहित्य में रचनाकार केवल पात्रों का ही चरित्र-चित्रण नहीं करता बल्कि अपने व्यक्तित्व की अभिव्यक्ति भी करता है। यहां तक कि अपने व्यक्तित्व की अभिव्यक्ति ही उसका मूल उद्देश्य होता है। "तटस्थ सी दिखाई पड़ने वाली आलोचना में भी आलोचक का व्यक्तित्व प्रकट हुए बिना नहीं रहता। सिर्फ व्यक्तित्व की अभिव्यक्ति ही काफी नहीं है, बल्कि हमें उस व्यक्तित्व की मूल्य-मीमांसा भी करनी चाहिए। इसलिए कवि और आलोचक को अपने व्यक्तित्व की अभिव्यक्ति पर ही नहीं उसके विकास पर भी ध्यान देना चाहिए। वास्तव में, सत्य का उद्घाटन किस भाव से किया जा रहा है यह उतना महत्वपूर्ण नहीं है जितना कि स्वयं सत्य। तब आलोचना पढ़ते समय आलोचक पर दृष्टि चले जाना आकस्मिक नहीं है।"[118] मुक्तिबोध तो उसी आलोचना को वास्तविक मानते हैं जिसमें आलोचक का वास्तविक व्यक्तित्व अभिव्यक्त होता है। आज की आलोचना में इसी कमी को लक्षित करते हुए मुक्तिबोध कहते हैं- "सामान्य बातचीत में मार्मिक बातें कहने वाला व्यक्ति जब लेखनी चलाने लगता है तब वह आलोचक का मुकुट पहनकर सत्य का राजदण्ड स्वीकार कर भाषण देने लगता है। पिटी-पिटाई, घिसी-घिसाई शब्दावली में, ऐसी शब्दावली में, ऐसे नाटकीय-स्वर में जो उसने याद करके रखे हैं। किसी आलोचक का रोल राजा का है, तो अन्य का रोल न्यायाधीश का, तीसरे का रोल प्रहरी का है, तो चौथे का नर्तकी का, पांचवे का ऋषि का तो छठे का विद्वान महर्षि का, सातवें का क्रांतिकारी का, तो आठवें का जगदगुरु का, नवें का वैज्ञानिक प्रयोग-शास्त्री का, तो दसवें का राष्ट्रनिर्माता का, ग्यारहवें का सांस्कृतिक भद्रजन का इत्यादि इत्यादि।"[119] अर्थात आलोचक अपनी आलोचक की भूमिका को छोड़कर बाकी अलग रूपों में दृष्टिगत होता है। यहां सवाल यह उठता है कि कवि की कविता को उसके व्यक्तित्व से तटस्थ रखा जा सकता है क्या? बहुत लोग यह मानते हैं कि आलेचना कृति को दृष्टि

में रखकर होनी चाहिए कवि के व्यक्तित्व से क्या लेना-देना। कविता को देखो, कवि को नहीं। मुक्तिबोध कहते हैं कि "मुश्किल यह है कि बहुत-से-लेखक ऐसे होते हैं जिनका यह मनोमय जीवन बहुत छिछला सतही, क्षणभंगुर और संक्षिप्त है।"[120] इसी कारण ये व्यक्तित्व की मूल्य मीमांसा से घबराते हैं। मुक्तिबोध रचना में रचनाकार की उपस्थिति का स्पष्ट दर्शन करते हैं। यह असंभव है कि अपने सामान्य जीवन में तुच्छ विचारों का वाहक उच्च-मूल्यों से युक्त रचना करें। वे कहते है "असल बात यह है कि काव्य और व्यक्तित्व का संबंध आपको कहीं-न-कहीं जोड़ना होगा। यह नहीं हो सकता कि आप एक ओर सामान्य मानवीयता का त्याग करते चले और दूसरी और काव्य में मानवीय बने रहें।"[121] साहित्य को जीवन का सच्चा प्रतिबिंब माना जाता है। परंतु कुछ लोग इसे जीवन के स्वांग का प्रतिबिंब कैसे बना देते हैं इस तरफ इशारा करते हुए मुक्तिबोध कहते हैं- "आश्चर्य की बात है कि जो कवि कला में एकदम भेरी या ढोल के निनाद सरीखी ऊर्जस्वल कविवाणी गुंजाता रहता है वही कवि ठीक व्यावहारिक जीवन में (और आंतरिक जीवन में भी सामान्य जनों की जो नैतिक मानवीय इयत्ताएं हैं उनसे भी गिरा हुआ, बहुत बार पाया जाएगा)।"[122]

मुक्तिबोध मानते थे कि समीक्षक को अपनी मान्यताएं जबरदस्ती रचना पर आरोपित नहीं करनी चाहिए। हर समीक्षक-आलोचक के अपने पूर्वाग्रह तथा विचार होते हैं उन्हीं के आधार पर वह रचना को देखने-परखने व समझने की कोशिश करता है। यदि एक बार इस तरह की मान्यता स्थापित हुई तो उससे उबरना मुश्किल होता है साथ-ही-साथ आलोच्य-वस्तु के साथ भी अन्याय होता है। मुक्तिबोध आलोचक में 'आत्म निरपेक्षता का आग्रह करते हैं परंतु यह आत्मनिरपेक्षता आसानी से मिलने वाली वस्तु नहीं है। इसके लिए काफी आत्मसंघर्ष करना पड़ता है। दूसरी बात जब एक समीक्षक किसी महान कवि की सृजनात्मक समीक्षा पर साहित्य जगत में अपना स्थान बना लेता है तो प्राय: उसी कवि की शैली और जीवन दृष्टि को अपनी जीवन दृष्टि बना लेता है और हिंदी आलोचना में अपवाद नहीं बल्कि सारे बड़े समीक्षकों के साथ कमोवेश यही स्थिति रही है। रामचंद्र शुक्ल जैसे महान समीक्षक भी तुलसीदास के काव्य-प्रतिमानों से छायावाद तथा कबीर की जांच-पड़ताल करते रहे और असफलता उनके हाथ लगी। हजारीप्रसाद द्विवेदी ने कबीर को अपने सामने रखकर समीक्षा-कर्म का संपादन किया। यही नहीं डॉ. रामविलास शर्मा जैसे प्रखर समीक्षक भी निराला के प्रभाव के कारण मुक्तिबोध को समझने

में असफल रहे। मुक्तिबोध इसी बात की तरफ लक्ष्य करके कहते हैं- "पंडित रामचंद्र शुक्ल छायावादी रचना-प्रक्रिया को नहीं समझते थे इसलिए उसका विरोध करते रहे। अधिक-से-अधिक छायावाद को उन्होंने 'अभिव्यक्ति की लाक्षणिक प्रणाली' ही माना। डॉ. रामविलास शर्मा को प्रयोगवादी या नयी कविता में असुंदर और निद्रूप से अधिक कुछ नहीं दिखता। शिवदान सिंह चौहान को इस बात का खेद है कि आज की कहानी में 'कथानाक-तत्व' का लोप हो रहा है। अतएव ऐसे आलोचकों के आग्रह, रचना-प्रक्रिया में सूक्ष्मदृष्टि के अभाव में लादे जा रहे-से और खोखले मालूम होते हैं। कारण यह है कि नयी प्रकृतियों और प्रवृतियों की रचना प्रक्रिया में सूक्ष्म-दृष्टि रखने के लिए आलोचक को संवेदनात्मक जीवनज्ञ ाान आवश्यक है। ऐसे जीवन का ज्ञान जो नवीन प्रवृति रूप में सामने आया हो।"[123] आत्मनिरपेक्षता प्राप्त करने के बाद आलोचक को तथ्यों का अध्ययन करना चाहिए। तथा लेखक के दृष्टिकोण से रचना का विश्लेषण करना चाहिए। जब तक रचना में व्यक्त मूल जीवन-तथ्यों से आलोचक अपना आत्मिक संबंध कायम नहीं करेगा तब तक साहित्य चर्चा कोरी सिद्धांतपरक ही होगी। इसलिए रचना के यथार्थ को समझने के लिए सहानुभूतिपूर्ण समझ आवश्यक है। "किसी काव्य-प्रवृति के आधारभूत मानव जीवन से जबतक समीक्षक एक साथ आत्मनिरपेक्ष आत्म संबंध स्थापित नहीं करता, जब तक वह समग्र तथ्यों को, उन तथ्यों के अपने निजी-विशेष स्वरूप में, अपने मन के सामने, उनके समग्र रूप में उनके अपने अंत:संबंध युक्त सर्वांगीण रूप में उपस्थित ही नहीं हो सकता।"[124]

मुक्तिबोध की संपूर्ण समीक्षा पर यदि एक विहंगम दृष्टि डाली जाए तो एक बात साफ तौर पर उभर कर सामने आती है कि उन्होंने मार्क्सवाद का अध्ययन बड़ी गंभीरता से किया था और अपने अध्ययन-चिंतन द्वारा उन विचारों को अपनी जीवन-दृष्टि में पचाया था। मार्क्सवाद ने उन्हें एक विश्वदृष्टि प्रदान की। देश और समाज के विश्लेषण में उनकी नजर बहुलांश में तर्क संगत तथा वैज्ञानिक है। मुक्तिबोध पर भाववादी आलोचक का ठप्पा लगा था। मार्क्सवाद के अध्ययन-मनन के बाद उन्होंने भाववाद का परित्याग किया था। उन्होंने स्वयं स्वीकार किया कि "मार्क्सवादी दर्शन एक यथार्थ दर्शन है। यथार्थ विकास का, मानव संज्ञान के विकास का दर्शन है। अतएव उसके लिए सर्वाधिक मूलभूत और महत्वपूर्ण है। जीवन तथ्यों की वास्तविकता, जो राजनीति, समाजनीति, कला आदि को उपस्थित करती है।"[125] मुक्तिबोध ने मार्क्स के द्वंद्वात्मक भौतिकवाद और एतिहासिक भौतिकवाद

की वैज्ञानिक प्रणाली से अपने आसपास की तथा विश्व के यथार्थ की गहराई से परख की। मार्क्सवाद के सिद्धांतों को काफी गहरी अंतर्दृष्टि से समझा और साहित्य तथा कला का विवचेन उससे किया। यही नहीं, उन्होंने रूसी, अंग्रेजी, चीनी और फ्रांस आदि देशों के साहित्य और विभिन्न दार्शनिक प्रणालियों पर भी मार्क्सवादी दृष्टि से टिप्पणी की जो उनकी मौलिक सूझबूझ का परिचायक है। मार्क्सवाद का उपयोग उन्होंने सुविधानुसार नहीं किया है। इसी धरातल पर वे अन्य मार्क्सवादियों से अलग खड़े होते हैं। डॉ. रामविलाश शर्मा कहते हैं "मुक्तिबोध तथा अन्य प्रगतिवादियों में अंतर यह था कि उनके लिए मार्क्सवाद ऐसी विचारधारा न थी जिसे वह आसानी से स्वीकार कर लेते और असुविधा होने पर उतार फेंक देते। उनके लिए यह जीवन मरण का प्रश्न था। वह कविता के लिए जीते थे और उनकी कविता की एक बुनियादी समस्या मार्क्सवाद से उनके व्यक्तित्व के संबंध की थी।"[126] मुक्तिबोध ने मार्क्सवादी दर्शन और जीवन को अपने क्रिया-कलापों यानी व्यक्तित्व निर्माण में लागू किया। उनका द्वंद्व मार्क्सवाद को स्वीकारने का द्वंद्व कभी नहीं रहा बल्कि जीवन में चरितार्थ करने, व्यवहार में लाने का द्वंद्व रहा। इसी के फलस्वरूप अपने सामाजिक जीवन में घटित क्रिया-व्यापारों को उन्होंने वर्गीय नजरिए से ही देखा, चाहे वह राजनीति हो या साहित्य। परंतु इस तरह के विश्लेषण में उनकी कोशिश होती थी कि वे यांत्रिकता से बचे रहें। राजनीति के बारे में उनके विचार इसी नजरिए की पुष्टि करते हैं। "हमारे यहां राजसत्ता का वैज्ञानिक अर्थ नहीं समझा जाता...। सामंती समाज में सामंती वर्ग, पूंजीवादी समाज में उच्च वर्गीय और धनी लोग राजसत्ता को चलाते हैं। बहुमत से पार्लमिंट में चुनकर चाहे जो आए, राजसत्ता के संचालन और आर्थिक-संतुलन का कार्य इसी उच्च-मध्यवर्ग को करना पड़ता है।"[127] मुक्तिबोध के रचना और आलोचना दोनों में ही मार्क्सवाद प्रछन्न रूप में दिखाई देता है। मुक्तिबोध ने अपनी मार्क्सवादी अंतर्दृष्टि से भारतीय समाज-व्यवस्था के चरित्र को फैंटेसी के माध्यम से सही सही अंकित किया। इसका प्रत्यक्ष प्रमाण उनकी 'अंधेरे में' कविता है। इसी तरह 'एक स्वप्न-कथा' कविता में 'काले सागर' के बिंब के द्वारा भारतीय पूंजीवादी सामंती शोषण-व्यवस्था का चित्रण किया है। संक्षेप में अगर कहें तो मार्क्सवाद पर उनकी आस्था किसी भी अन्य जीवन-दर्शन से कहीं अधिक है और इसका स्वीकार उन्होंने स्वयं किया है। "मार्क्सवाद मनुष्य की अनुभूति को ज्ञानात्मक प्रकाश प्रदान करता है। वह उसकी अनुभूति को बांधित नहीं करता वरन बोधयुक्त करते हुए उसे अधिक

परिष्कृत और उच्चतर स्थिति में ला देता है।''[128] मुक्तिबोध ने साहित्य और कला की स्वतंत्रता पर विचार करते हुए उसकी सापेक्ष स्वतंत्रता को स्वीकार किया है। ''कला चाहे वह यथार्थवादी कला ही क्यों न हो, एक आत्मपरक प्रयास है वरन् उसकी अपनी एक सापेक्ष स्वतंत्रता है। वह व्यक्ति सापेक्ष है जीवन-सापेक्ष्य है, वर्ग सापेक्ष्य है युग सापेक्ष्य है, वह स्वतंत्र भी है। वह स्वतंत्र इस अर्थ में है कि जो भाव-बीज कलाकार के अंत:करण में उचित होकर उसके सहारे संवेदनों और अनुभवों द्वारा परिपोषित होकर विस्तार ग्रहण करके, उसके अंतर्मन को आच्छादित करते हुए, अपनी अभिव्यक्ति लक्ष्य की ओर विकास-यात्रा करता है तो भाव-बीज की विकास-यात्रा और उसकी अभिव्यक्ति अपने आप में विभिन्न और अनुकूल विपरीत तत्वों का एक गतिशील किंतु संगतिवद्ध और सामंजस्यबद्ध रूप बन जाती है।''[129]

मुक्तिबोध ने मुख्यत: सैद्धांतिक चिंतन ही किया है। साहित्य की व्यवहारिक समीक्षाएं उन्होंने कम की। दूसरी बात आलोचना मुक्तिबोध के लिए मजबूरी या पेशा कभी नहीं रही जो विषय तथा रचना सामने आयी या रचना-कर्म के दौरान कोई असंगति प्रतीत हुई तो उस पर उन्होंने अपने विचार व्यक्त कर दिये। सैद्धांतिक विवेचन में उन्होंने सौंदर्य, कला, साहित्य, वस्तु-तत्व तथा रूप-तत्व इत्यादि पर विस्तृत चर्चाएं की हैं। जहां कला की वे सापेक्ष स्वतंत्रता स्वीकार करते हैं वही कला का प्रसव सौंदर्यानुभूति के क्षण में ही होता है, ऐसा वे नहीं मानते। ''कला का प्रसव सौंदर्यानुभूति के क्षण में ही होता है। यह एक अनिवार्य नियम नहीं है। यदि सचमुच ऐसा होता तो महाकाव्य और खंडकाव्य लिखे ही न जाते।''[130] वस्तु और रूप के स्वरूप पर वे कहते हैं कि ''सच तो यह है कि काव्य का वस्तुतत्व वह मनस्तत्व है जो कि कलाभिव्यक्ति के लिए आतुर हो उठा है। हां, यह सही है कि इस मनस्तत्व का आधार-कारण कवि की प्रकृति और जीवन-जगत इन दोनों की परस्पर प्रतिक्रिया के गुंफों से तैयार हुआ है।''[131] काव्य-वस्तु तथा विषय वस्तु दोनों एक ही नहीं हैं। मुक्तिबोध के अनुसार दोनों में अंतर है। वे कहते हैं '' 'तुलसी' का 'मानस' और 'वाल्मीकि' का 'रामायण' दोनों के विषय एक होते हुए भी मेरे ख्याल से, दोनों के काव्यगत वस्तुतत्व अलग-अलग हैं।''[132] मुक्तिबोध शुद्ध साहित्यिक सौंदर्य की बात करनेवालों से अपनी असहमति व्यक्त करते हुए उन्हें धोखेबाज तक कहते हैं। ''शुद्ध साहित्यिक सौंदर्य, मात्र सौंदर्य, निरपेक्ष सौंदर्य की निरपेक्ष सत्ता स्वीकार करने वाले लोग या तो स्वयं धोखे में हैं अथवा धोखा देना चाहते हैं।''[133]

मुक्तिबोध की साहित्य-दृष्टि उनकी सिद्धांत-विवेचन की अपेक्षा व्यावहारिक समीक्षा में ज्यादा स्पष्ट और मुखर है। उन्होंने कामायनी तथा नयी कविता की विस्तृत आलोचना की है। साथ ही त्रिलोचन, सुभद्राकुमारी चौहान, हरिशंकर परसाईं, प्रेमचंद, शमशेर, भारत भूषण अग्रवाल, सुमित्रानंदन पंत, धर्मवीर भारती, दिनकर तथा कुंवर नारायण की रचनाओं की भी समीक्षा की है।

मुक्तिबोध के लिए कामायनी की आलोचना एक बड़ी ही चुनौतीपूर्ण तथा जोखिमभरा कदम था। कारण था रचनाकार का व्यक्तित्व तथा रचना की भव्यता तथा प्रभावशीलता। मुक्तिबोध ने कामायनी की आलोचना करते हुए उसे फैन्टेसी करार दिया तथा इसमें कथा, पात्र या घटनाओं की जगह पर कवि प्रसाद के जीवन निष्कर्ष तथा जीवन-अनुभव को महत्वपूर्ण बताया। मुक्तिबोध की दृष्टि काफी साफ है। उन्होंने रचना का मूल्यांकन किस आधार पर किया जाय इस पर भी वे विचार करते है "किसी भी साहित्य को तीन प्रकार से देखा जाना चाहिए। एक तो वह किन स्रोतों से उद्‌गत होता है, अर्थात किन वास्तविकताओं के परिणाम स्वरूप वह साहित्य उत्पन्न हुआ है। दूसरे उसका कलात्मक प्रभाव क्या है और तीसरे उसकी अंत: प्रकृति, रूप-रचना कैसी है।"[133] कहना न होगा कि इन्ही के अलोक में उन्होंने कामायनी का मूल्यांकन किया। उनका प्रयास रचना-प्रक्रिया के रास्ते से रचना में घुसने की उसके सौदर्य तक पहुंचने का था। यद्यपि उनकी दिलचस्पी अपने पहले प्रश्न के उत्तर में ही ज्यादा थी। परंतु इसी क्रम में अन्य पर भी उन्होंने विचार किया। उनका मानना था कि प्रसाद में जीवन-यथार्थ को समझने की क्षमता है परंतु उच्चकोटि की संवेदनशीलता के होते हुए भी जीवन-यथार्थ से उत्पन्न समस्याओं का जो समाधान उन्होंने प्रस्तुत किया है वह अव्यवहारिक है। जीवन-जगत की समस्या का समाधान भी इन्हीं संघर्षों में ढूंढना चाहिए था। मुक्तिबोध कामायनी की प्रमुख समस्या मनु का चरित्र-चित्रण मानते हैं। मनु कौन है? और इस निष्कर्ष पर पहुंचते है कि मनु वैदिक नहीं हैं। साथ ही कामायनी कार के स्वीकार के बावजूद वे मनु को मन का या मानव मन का प्रतिनिधि भी नहीं मानते। वे कहते है "मान लीजिए मनु, मनु नहीं है सूबेदार है या मन्नालाल है स्वस्थ शिक्षित तरुण। श्रद्धा और इड़ा के स्थान पर कोई दूसरे आधुनिक नाम रख लीजिए। मुख्य बातों को रख करके तथा इन नामों को वही चरित्र प्रदान करके कहानी बढ़ाइए। घटनाएं (मुख्य) सुप्राप्य है तथा मनु की ट्रेजडी बहुत जगह मिल जाएगी। साथ ही श्रद्धा के समान शील, संतोषमयी गृहिणी के असंतोष नूतन गतिमान, निर्माणशीला

व्यक्तित्व की नारी से साहचर्य की भावना, वर्तमान समाज के शिक्षित कर्मशील युवकों में बहुत मिल जाएगी।''[134] इस तरह आज के समाज में अनेक मनु मिल जाएगे जो अपनी पराजय को पलायन से ढंकने का प्रयास करता है। मुक्तिबोध ने यही कामायनी के रचनाकार और भूमिका-लेखक प्रसाद में अंतर पैदा किया है। एक तरफ प्रसाद मनु को मन का प्रतीक मानते हैं पर मुक्तिबोध नहीं। उनके अनुसार सर्जक जो अपनी रचना के बारे में कहता है वह महत्वपूर्ण नहीं है, बल्कि रचना से जो ध्वनित होता है वह महत्वपूर्ण है। मुक्तिबोध मनु को एक कमजोर पात्र स्वीकार करते हैं ''उसकी कमजोरी पर श्रद्धा को दया आती है, इड़ा उसे बर्दाश्त कर लेती है प्रसाद उसे अपनी सहानुभूति प्रदान करते हैं उसे अपना चरित्र नायक बनाते हैं।''[135]

इस तरह मुक्तिबोध ने 'कामायनी' के महिमामय रूप के भीतर छिपे हुए वस्तु तत्व का तथ्यात्मक विश्लेषण किया। उन्होंने इस क्रम में जिन सवालों को उठाया उनसे उलझने का साहस किसी भी रसवादी आलोचक ने नहीं दिखाया। वस्तुत: कामायनी एक पुनर्विचार की मजबूरी को भी स्पष्ट करना वे नहीं भूलते। ''हुआ यह कि प्रसाद जी की कामायनी साहित्य के रसवादी-छायावादी पुराणपंथियों के हाथ में नवीन प्रगतिशील-शक्तियों के विरुद्ध एक शस्त्र बन गई। उन्होंने मनु के व्यक्तिवादी के विनाशकारी रूप का उद्‌घाटन नहीं किया। प्रसादजी की सभ्यता-समीक्षा की बात को ढॉक दिया। किंतु यही दो बाते हैं, जिनके कारण कामायनी अत्यंत महत्वपूर्ण हो गई। भाववादी आलोचकों ने प्रसादजी से तभी आगे बढ़कर कामायनी की रहस्यवादी मनोवैज्ञानिक अर्थ लगाया और उसके उपयोगी तत्वों को प्रच्छन कर दिया। उन्होंने कामायनी के संबंध में इस तरह की ऊंचे किस्म की गलतफहमियां भी पैदा की।''[136] मुक्तिबोध के द्वारा किए गए कामायनी के मूल्यांकन पर डॉ नामवर सिंह कहते हैं ''मुक्तिबोध का 'कामायनी एक पुनर्विचार' समकालीन साहित्य में पुनर्मूल्यांकन के बहाने नए मूल्यों का ऐतिहासिक दस्तावेज है, जो समकालीन साहित्य के मूल्यांकन के साथ ही समकालीन संदर्भ में अपनी पूरी परंपरा का मूल्यांकन करने की दृष्टि देता है।''[137]

मुक्तिबोध नयी कविता से जुड़े थे और उन्होंने अपने समीक्षात्मक लेखों के द्वारा नयी कविता को समर्थन प्रदान किया। मुक्तिबोध के नयी कविता के संबंध में प्रकाशित लेख नयी कविता पर हो रहे आक्षेपो के उत्तर है उदाहरण स्वरूप डॉ रामविलास शर्मा ने आरोप लगाया कि नई कविता में अर्न्तद्वंद्व और तनाव बहुत

है। मुक्तिबोध ने इन तत्वों को ऐतिहासिक माना और इनका संदर्भ तत्कालीन स्वतंत्र भारत की यह सामाजिक आर्थिक परिस्थितियां है और नयी कविता जब नए मूल्यों की स्थापना का आग्रह लेकर चली है तो निश्चित है कि उसमें नए और पुराने मूल्यों का संघर्ष तो रहेगा ही।

मुक्तिबोध ने त्रिलोचन की धरती की समीक्षा 1946 में की। यह एक अपने ढ़ंग की अलग समीक्षा है और धरती की समीक्षोपरान्त मुक्तिबोध जिन निष्कर्षो पर पहुंचे थे वे आज भी प्रमाणिक और मान्य हैं। रचना में व्यक्त कवि के गहरे आत्मविश्वास और सामाजिक लक्ष्य के प्रति ईमानदारी को रेखांकित करते हुए मुक्तिबोध ने धरती का मूल कथ्य संघर्ष माना। ''धरती पढ़ जाने पर मालूम होता है कि उसके संघर्ष मात्र को निकाल देने पर जो भी काव्य बचता है वह लंगड़ा है, यानि मस्तिष्क और हृदय को नहीं काट दिया गया है तो चरण और भुजाओं को अवश्य उच्छिन्न कर डाला गया है।''[138] कवि के इसी संघर्ष ने न केवल चेतना को विकसित किया बल्कि उसे प्रसरणशील भी बनाया और इसी संघर्ष-भावना के कारण त्रिलोचन बुद्धि-प्रधान बन गए ''इसके कारण ही उसके काव्य में बेचैनी और विह्वलता नहीं है बल्कि एक विशेष प्रकार की तटस्थता है। हिंदी की उत्तेजना प्रिय रूचि को कदाचित यह अच्छा न लगे, परंतु जरा ध्यान से पढ़ने पर अभिव्यक्ति के पीछे किसी गहराई का अंदाजा हो जाता है, क्योंकि कवि उसी भावना के मनोविज्ञान से लिखता जा रहा है।''[139] अन्य समकालीन कवियों के मध्य त्रिलोचन को महत्वपूर्ण स्थान प्रदान करते हुए मुक्तिबोध ने त्रिलोचन की टेकनीक के प्रति सचेतना पर भी ध्यान आकृष्ट किया है त्रिलोचन का व्यक्तित्व निराला के समकथन खड़ा होता है। निराला भी आजीवन संघर्ष पथ पर रहे त्रिलोचन भी हारना नही मानते उनकी इसी प्रकृति की ओर इशारा करके मुक्ति बोध लिखते है ''त्रिलोचन हारना नहीं जानते। हारते भी है तो काव्य में फौरन उसे मानकर (बातचीत में बिल्कुल ही नहीं मानते) जयपथ पर चल देते है।''[140]

सुभद्राजी के काव्य का मूल्यांकन करते हुए मुक्तिबोध ने लिखा ''प्रगतिशील अलोचकों तथा लेखकों के लिए सुभद्राजी के काव्य में नवीन सामग्री है। आत्मसात करने के लिए, विशेषकर उनकी काव्यशैली में जीवन-प्रसंगों की भूमिका तथा कुछ कविताओं के नाटकीय तत्वों के साहित्यिक महत्व का आकलन आवश्यक है। साथ ही सर्वप्रधान वस्तु है जीवन के वास्तविक धरातलपर वाह्य स्थिति-परिस्थितियों से मानसिक संवेदनात्मक प्रतिक्रिया और उनको काव्योचित महत्व प्रदान

का कार्य जो हिंदी के बहुत थोडे कवियों ने किया है।''[141] सुभद्राकुमारी चौहान की कविताओं की विशिष्टता बतलाते हुए वे आगे लिखते है ''पूरी रचनाएं एक जगह संग्रहित होने पर पाठक समग्र के निकट आता जाता है। उसके अंत:करण में झाइया बढ़ने लगती है और वे आगे आगे और अधिक आकर्षक होकर झलमलाने लगती हैं तथा अंत में पाठक उनकी सहायता से कवि के पूर्ण अंतव्यक्तित्व का एक स्वकल्पित मानसिकचित्र बनाने में सफल हो जाता है।''[142]

हरिशंकर परसाई का मूल्यांकन करते हुए उन्होंने लिखा परसाई का सबसे बड़ा सामर्थ्य संवेदनात्मक रूप से यथार्थ का आकलन है। चाहे वह राजनीतिक प्रश्न हो या चरित्रगत। हमारे यहां की साहित्यिक संस्कृति ने सचाई के प्रकटीकरण पर जो हदबंदी करके रखी है उसे देखते हुए श्री परसाई जी की कला सहज की वामपथी हो जाती है।''[143]

मुक्तिबोध ने किसी एक कृति की सबसे ज्यादा आलोचना की तो वह है दिनकर की उर्वशी का परिचय देते हुए वे कहते है ''उर्वशी एक वृहत कल्पना स्वप्न है जिसके द्वारा और जिसके माध्यम से लेखक अपनी कामात्मक स्पृहाओं का आदर्शीकरण करता है और उन्हें एक सर्वोच्च आध्यात्मिक औचित्य प्रदान करता है कथानक की ऐतिहासिकता केवल एक भ्रम है।''[144] आगे चलकर मुक्तिबोध कहां तक कहते है कि उसका सबसे बड़ा दोष यह है कि वह एक कृत्रिम मनोविज्ञान पर आधारित है। ''सच तो यह है कि लेखक को, सिर्फ एक बात को छोड़कर और कोई खास बात कहनी नहीं है उसके पास कहने के लिए ज्यादा कुछ है ही नहीं और जो कहना है वह यही कि कलात्मक अनुभवों के माध्यम से आध्यात्मिक प्रतीति हो सकती है।''[145] यही एक बात की तरफ ध्यान देना आवश्यक है कि डॉ रामविलास शर्मा जैसे आलोचक ने उर्वशी को दिनकर का शिखर ग्रंथ माना है वे कहते है ''सामयिक कविता की उपलब्धिया उसके आयाम और उसकी विधाएं इस गेरू के आसपास उगे हुए झाड़ झंखाड़ जैसी लगती है। कल्पना और यथार्थ, दर्शन और शृंगार के अद्भुत सम्मिश्रण के कारण यह ग्रंथ प्रत्येक मनीषी कवि और काव्यप्रेमी के चिंतन अध्ययन और रसास्वादन का केंद्र बनेगा।[146]'' भारत भूषण अग्रवाल का काव्य मुक्तिबोध को विशेषतौर पर आकर्षित करता है कारण ''उसने अनेक जीवन सत्यों के उद्घाटित किया है जीवन की असंगतियों का पर्दाफास किया है उनके ये उद्घाटन महत्वपूर्ण है इसलिए उनका काव्य महत्वपूर्ण रहेगा।''[147]

डॉ धर्मवीर भारती के अंधायुग को नयी साहित्यिक पीढ़ी का एक अत्यंत मूल्यवान प्रयास मानते हुए भी उसकी समीक्षा में मुक्तिबोध लिखते है "पहली बात जो बार बात दिमाग से टकराती है वह यह कि श्री भारती ह्रास के लक्षणों को उसके कारणों से कन्फ्यूज कर देते है नैतिक गिरावट स्वयं एक लक्षण है जो अन्य घटनाक्रमों या अन्य मानसिक विकार दृश्यों का कारण हो सकती है किंतु इस गिरावट का कारण व्यक्तिगत और मनोवैज्ञानिक है या ऐतिहासिक समाजशास्त्रीय? इस प्रश्न पर या तो श्री भारती ने विचार नही किया या विचार करके उसे छोड़ दिया उसकी तह में नही गए।"[148]

वह मुक्तिबोध की विशेषता है कि उनकी आलोचना ध्वंसवादी नही है विरोधी लेखक को भी विरोधी मानकर वे उस पद नहीं वदसते। अपने से असहमत सर्जक को भी वे परास्त करने या ध्वस्त करने में बहादुरी नही समझते बल्कि अपनी बात को स्पष्टता से कहने की ईमानदारी कोशिश करते है 'इस संदर्भ में अपने से असहमत कवि कुँवरनारयण के संदर्भ के उनकी टिप्पणी दर्शनीय है "कुवर नारायण की कविता में अन्तरात्मा की पीड़ित विवेक चेतना और जीवन की आलोचना है।"[149] इसी क्रम में वे आगे रहते है "वे मूलत: आदर्शवादी कवि है उन्होंने अपना एक शिल्प विकसित कर लिया है जिसमें न कहने की सादगी, संवेदन की तीव्रता, रंगो की गहराई और ख्यालो की लकीरे साफ-साफ उभरकर आती है।'[150] इस तरह कुंवरनारायण की रचनाओं पर सहानुभूति पूर्वक विचार करने के बाद दो ट्रक शब्दों मे अपना निष्कर्ष भी दे दिया "मैं बहुत बड़ी गलती करूगा यदि यह न कहूं कि अपने परिवेश अर्थात समाज और सभ्यता का जो विश्लेषण उसके पास है वह अपूर्ण विकृत और असंगत है मैं उस विश्लेषण की बात कर रहा हूं जो काव्य में प्रकट हुआ है। वह वर्तमान सभ्यता को यंत्र सभ्यता कहता सा दिखाई देता है अथवा बाजारो, दुकानो, कलकारखानो से बनी हुई सभ्यता है। असल में, वर्तमान सभ्यता या समाज अन्याय और शोषण पर आधारित, उत्पीड़न और दमन पर आधारित पूंजीवादी सभ्यता है जिसे कवि कुंवर नारायण स्वयं भी 'अर्थ युग' कहता है।"[151] इसके बावजूद कुंवर नारायण के शब्द चित्र मुक्तिबोध को बहुत ही भाते है "कवि कुंवर नारायण ने जो बाहय सौंदर्य-चित्र प्रस्तुत किए है चाहे वे घर के आई किरन के हो या नारी रूप के धूप के, अथवा सिर्फ खुशी के हमे यह कहना पड़ता है कि वे शब्द चित्र बहुत ही प्रभावोत्पादक है और साथ ही 'नयी कविता' के विकसित रूप को सूचित करते है।"[152]

प्रेमचंद को वे उत्थानशील भारतीय सामाजिक क्रांति का प्रथम और अंतिम महान कलाकार मानते थे। वे उनके कथा साहित्य के नैतिक प्रभाव पर मुग्ध थे। वही शमशेर में मनोवैज्ञानिक यथार्थकार की छवि देखते है "असल में शमशेर की आत्मा एक रोमांटिक कलासिकल प्रकार की है किंतु इंप्रेशनिस्टिक होने के कारण उनका जोर संवेदन विशिष्टता और संवेदनाघात पर और केवल इसी पर होने से वे नयी कविता के अद्वितीय कवि के रूप में हमारे सामने आते है।"[153]

उपर्युक्त विवेचन के आधार पर हम कह सकते है कि मुक्तिबोध का आलोचना के अंत में योग दान अप्रतिम है उन्हे किसी वाद चिंतन के अर्न्तगत यही फिट किया जा सकता। वे पहले मार्क्सवादी है जिन्होंने नई कविता धारा को महत्वप्रदान किया उन्होंने स्वयं साहित्य समीक्षा का एक आदर्श प्रस्तुत किया। निश्चित ही हिंदी आलोचना ऐसे आलोचक को पाकर धन्य हुई।

नामवर सिंह

समकालीन मार्क्सवादी समीक्षा के शिखर पुरुष के रूप में डॉ. नामवर सिंह की पहचान आज की जाती है। आचार्य शुक्ल के उत्तराधिकारी के रूप में उन्होंने हिंदी जगत को अनेक देशी-विदेशी समीक्षकों, साहित्यकारों, विचारों, मान्यताओं से परिचित करवाया। सही मायने में उन्होंने आलोचना के अर्थ को सार्थक किया जहां कृति की समीक्षा में व्यक्तिगत आग्रह, दुराग्रह एवं अभिरुचि के कारण एक रिक्तता आ जाती है। डॉ. सिंह ने साफ कहा है कि "आलोचक का एकमात्र अस्त्र है उसका 'लोचन'। मैं आलोचना में उसका इस्तेमाल हमेशा करता रहा हूं। बस...। और उन्होंने हमेशा ही एक सजग समालोचक की हैसियत से कृति के अंदर के सच को बाहर निकाला है। आलोचक पहले एक सजग पाठक होता है इस कारण उसका 'देखना' एक विशिष्ट होता है। वह उसे देखने का प्रयास करता है जिसे और लोग नहीं देख पा रहे हैं। देखने की इसी नई दृष्टि और सृष्टि में सच्ची आलोचना का कर्म और धर्म निहित है। यहीं यह भी आवश्यक है कि आलोचक अपने समय के साथ अपनी दृष्टि में भी परिवर्तन लाए। अगर उसने रचना के सच के साथ समय के सच को नही देखा तो वह दृष्टि-दोष का शिकार होगा। संशोधन और परिवर्तन की गुंजाइश हर जगह होती है। डॉ. नामवर सिंह इस दृष्टि से काफी उदार हैं। उन्होंने जिन मान्यताओं और प्रतिमानों को स्थापित किया, वे देर सबेर सहमति-असहमति के बीच स्वीकार कर ली गयी। जो स्वीकृत नहीं हो सकी उनके लिए उन्होंने ज्यादा जिद नहीं की। लेखकों की राय को मानकर अपनी राय को संशोधित और संपादित कर लिया। नामवर सिंह जुझारू तथा संघर्षशील लेखक हैं, परंतु समझौतावादी नहीं हैं, विरोधी खेमें में जाकर ताल ठोककर जवाब देने की हिम्मत रखते हैं। विरोध और विवाद में जीना उनकी प्रकृति रही है और उनकी प्रसिद्धि का कारण भी "अगर आप उन्हें सफल व्यक्ति मानते हैं तो भी

उसी बात पर ध्यान देना होगा। नामवर जी किसी महापुरुष या नेता या प्रोफेसर या संपादक के सहारे सफल या प्रसिद्ध नहीं हुए हैं। उनकी पीठ पर हाथ रखने की कोशिश किसी ने की भी हो तो पीठ ज्यादा चिकनी थी। फितरत यह थी, जहां जिस शहर में होते वहां उस शहर के सबसे प्रसिद्ध एवं समर्थ शुभचिंतक से ठान लेते"[1] उनकी इसी प्रकृति की तरफ संकेत करते हुए मैनेजर पांडेय ने लिखा है- "वैसे विवाद और आलोचक नामवर सिंह लगभग पर्यायवाची प्रतीत होते हैं। उनका शायद ही ऐसा कोई निबंध हो जिसको लेकर हंगामे की स्थिति तक विवाद न हुआ हो। लगता है नामवर सिंह स्वयं विवाद पैदा करने और बहस करने में पहल भी करते हैं और मजा भी लेते हैं। 'वादे-वादे जायते तत्वबोध:' में उनका विश्वास है। वाद विवाद और संवाद की प्रक्रिया से विचार विकसित करने की उनकी आदत है।"[2] उनके इस विवाद-संवाद के आंदोलन से निकला नवनीत समकालीन समीक्षा का प्रतिमान बना, यह एक महत्वपूर्ण बात है। और आज स्थिति यह है कि असहमति और विरोध के बावजूद उनके विरोधी भी उन्हें पढ़ते हैं यह उनकी विवशता है कि बिना नामवर सिंह से उलझे और टकराए वे अपनी बात कह नहीं पाते। आलोचना क्षेत्र में उनके समकक्ष या उनके इधर-उधर मुक्तिबोध और डॉ. रामविलास शर्मा ही बैठते हैं। कभी-कभी बिना डॉ. शर्मा के काम चल सकता है परंतु नामवर सिंह के बिना नहीं। यहीं आकर नामवर सिंह मुक्तिबोध के ज्यादा करीब दिखाई पड़ते हैं। अपने विरोधियों को अपने कृत्य के आधार पर नतमस्तक कर देने में ही उनका विश्वास था। उन्होंने आलोचना के संपादकीय में इस बात को रेखांकित किया है। "वामपंथी लेखकों को प्रयास करना चाहिए कि उसके दुश्मन और विरोधी भी वास्तविकता में अंतर्दृष्टि प्राप्त करने के लिए उनकी रचना पढ़ने को विवश हों। यह तभी संभव है जब रचना इतनी वास्तविक और कलात्मक हो कि पढ़ने वाला यह करने के लिए बाध्य हो कि उनकी विचारधारा तो ना पंसद है पर कमबख्त लिखता खूब है।"[3]

नामवर सिंह जी ने जब आलोचना के क्षेत्र में पदापर्ण किया उस समय इस क्षेत्र में कई नामी-गिरामी हस्तियां मौजूद थीं, जिनके समकक्ष खड़ा होना लोहे के चने चबाना था। नामवर सिंह का लेखन उनके अध्ययन के समानांतर चल रहा था। 1951 में एम.ए. की परीक्षा पास करते ही उनकी पहली पुस्तक 'बाकलम खुद' प्रकाशित हुई। तदुपरान्त 1952 में 'हिंदी के विकास में अपभ्रंश का योगदान' पुस्तक उनके गहन-चिंतन-मनन का परिचय देने लगी। यहीं से उनके आलोचना

कर्म की शुरूआत समझनी चाहिए। इस पुस्तक में अपभ्रंश के कवियों तथा हिंदी साहित्य की आदिकालीन प्रवृतियों का विवेचन एक प्रगतिशील मार्क्सवादी विचारक की हैसियत से डॉ. सिंह ने प्रस्तुत किया। परंतु उनकी प्रतिष्ठा का मेरूदंड बनी 1954 में प्रकशित होने वाली 'छायावाद' और 'आधुनिक साहित्य की प्रवृतियां'। इसी क्रम में 1967 में उनकी अगली पुस्तक 'इतिहास और आलोचना' प्रकाशित हुई जिसमें इतिहास अध्ययन के द्वंद्वात्मक प्रणाली का प्रयोग किया गया।

नामवर सिंह, मैनेजर पाण्डेय के अनुसार कविता के आलोचक हैं और वह भी मार्क्सवादी। यहां यह ध्यान देना आवश्यक है कि इस मार्क्सवाद तक वे साहित्य के रास्ते से आए। वे उन मार्क्सवादियों से भिन्न हैं जिनकी चिंतन-दृष्टि दोहरी है। अर्थात उन्होंने मार्क्सवादी-दृष्टि तो ग्रहण की परंतु गाहे-बेगाहे उनकी पूर्व दृष्टि उनके इस अर्जित दृष्टिकोण में बांधा पहुंचाती है और संकट की नाजुक घड़ियों में अपना सिर उठाती रहती है। परंतु नामवर सिंह जी के पास मार्क्सवाद ही पहला जीवन दर्शन है इसलिए अन्य से संघर्ष का सवाल ही पैदा नही होता। मार्क्सवाद उनका बुनियादी दृष्टिकोण है और इसी दृष्टिकोण के साथ उनका चिंतन कर्म जुड़ा है। जिस समय प्रगतिशील लेखक संघ विघटन की कगार पर था डॉ. नामवर सिंह के पदापर्ण ने संघ को नई उष्मा प्रदान की तथा नामवर सिंह को बहस का एक मंच। इस समय डॉ. रामविलास शर्मा आलोचनाकाश मे छाए हुए थे तथा प्रगतिशील लेखक संघ से अलग होकर पृष्ठभूमि मे चले गए थे। जब भी बाहर आते विरोध की मुद्रा में ही होते थे। उस समय इन जैसे आधुनिकतावादियों का सामना करने की सामर्थ्य न तो शिवदान सिंह चौहान के पास थी, न अमृतराय और रांगेयराघव के पास। परंतु इस युद्ध में नामवर सिंह एक सेनापति की हैसियत से लड़ते रहे। यह भी सही है कि यह लड़ाई उन्होंने नहीं लड़ी बल्कि- त्रिलोचनशास्त्री, नागार्जुन, शमशेर, मुक्तिवोध जैसे अनेक सर्जनात्मक लेखक उनके साथ रहे जिन्होंने प्रगतिशीलता की मशाल को जलाए रखा। कहने की आवश्यकता यही कि इस संपूर्ण घटनाक्रम से नामवर सिंह ने यह निष्कर्ष निकाला कि आलोचना की शक्ति का स्रोत है सर्जनात्मक साहित्य और इसके प्रति समुचित आदर भाव भी व्यक्त किया। उन्होंने सृजनात्मकता की वकालत करते हुए अपने एक भाषण में कहा "मैं किसी भी सेक्युलरिज्म की सबसे बड़ो कसौटी मानता हूं सृजनात्मकता। बड़ी से बड़ी कोई विचारधारा हो, धारणा हो, अगर वह किताबी होगी ता उसमें सृजन की चीजें पैदा नहीं हो सकती। अगर वह जिंदगी में रचीपची होगी तो उसकी

झलक आपको दिखाई देगी- कविता में, नाटक में, उपन्यास में, पेटिंग में, संगीत में, मूर्तिकला में, भवन निर्माण कला में "[4]

मैथ्यू अर्नाल्ड ने कहा था कि एक आलोचक को पहले कवि होना आवश्यक है, निर्विवाद नहीं है। परंतु डॉ. नामवर सिंह पहले कवि बाद में आलोचक बने। उनकी मूल आस्था तो साहित्य में है मार्क्सवादी वे बाद में बने, इसीलिए जहां रचना और मार्क्सवाद में कोई एक की स्थिति आई उन्होंने सृजनात्मकता (रचना) को चुना। मार्म्सवाद का चुनाव तो मात्र सृजनात्मकता के व्यूह द्वार को खोलने के लिए करते हैं। उनकी मान्यताओं की चिंतन की धुरी के रूप में इसे देखा जा सकता है। शुरूआत 'छायावाद' से करते हैं। उन्होंने खुद कहा कि रचना की महानता से ही आलोचना महान होती है। छायावाद के मूल्यांकन में भी डॉ. नामवर सिंह ने प्रगतिशील दृष्टिकोण अपनाया है। जहां छायावाद को लेकर आचार्य शुक्ल जैसे विद्वान-आलोचक अनेक आरोप लगा रहे थे। उन्हें उसमें वैयक्तिकता, रहस्यवाद, और भावों तक में काल्पनिकता नजर आ रही थी। छायावाद के स्थायित्व का आधार स्पष्ट करते हुए उन्होंने लिखा "छायावाद का स्थायित्व उसके व्यक्तिवाद में नहीं, उसकी आत्मीयता में है, काल्पनिक उड़ान में नहीं, आत्मप्रसार में है, समाज भीरूता में नहीं, प्रकृति प्रेम में है....कल्पना में नहीं वास्तविकता में है, दृष्टिकोण में नहीं दृष्टि में है, उक्ति-वैचित्र्य में नहीं, अभिव्यंजना के प्रसार में है"[5] इस तरह कल्पना में भी वास्तविकता की खोज नामवरसिंह की प्रगतिशील दृष्टि का परिचय देती है। नामवर सिंह ने छायावाद को उच्च सिंहासन पर बैठाया। यही नहीं अपने चिंतन के आधार पर उन्होंने आचार्य शुक्ल की समीक्षा के सिद्धांतों के निर्माण में छायावादी तत्वों का प्रभाव निरुपित किया तथा आचार्य द्विवेदी के कबीर के विश्लेषण में भी चौथे दशक के कवियों की फक्कड़ता देखी। 'इतिहास और आलोचना' नामवर सिंह की दूसरी महत्वपूर्ण कृति है, जिसमें उन्होंने इतिहास अध्ययन के लिए द्वंद्वात्मक प्रणाली के प्रयोग पर बल दिया और इसी प्रणाली के आधार पर इतिहास-ग्रंथों की समीक्षा भी की है। अचार्य शुक्ल के इतिहास से टकराते हुए वे लिखते हैं- "इसमें हिंदी साहित्य को पूर्ववर्ती साहित्य और अन्य भारतीय भाषाओं के समसामयिक साहित्य से विछिन्न करके देखा गया और वस्तुओं, व्यक्तियों, घटनाओं एवं विचारों में असंगति अथवा अतंर्विरोध को नहीं पहचानता गया।"[6] इस प्रकिया में उन्होंने स्पष्ट किया कि इतिहास की व्याख्या भाववादी दृष्टि से नहीं हो सकती। एक आलोचक इतिहासकार भी होता है तथा इतिहास बनती है आलोचना। इस बारे में

नामवर सिंह जी अपने विचार व्यक्त करते हुए कहते हैं "चूंकि साहित्य-समीक्षा के द्वारा ही समसामयिक समस्याओं पर विचार संभव है, इसलिए जहां तक इतिहास लिखने का कार्य है उसका उत्तरदायित्व एक समीक्षक के ही कंधों पर है"[7] इसी पुस्तक में नामवर सिंह जी ने इतिहास के पुनर्नवीकरण की समस्या को उठाया है। वे लिखते हैं "इतिहास के पुनर्नवीकरण की समस्या वस्तुतः आलोचना के प्रतिमान के पुनर्नवीकरण की समस्या है।"[8] नामवर जी की स्पष्ट मान्यता है कि इतिहासकार अपने समकालीन युगबोध से संचालित होता है। उसके केंद्र में समकालीन साहित्य होता है। इसलिए "साहित्य के इतिहास की मुख्य समस्या है- समसामयिक साहित्य की समस्या, अन्य युगों की सारी समस्याएं सहायक हैं या गौण।"[9] इसका मतलब है जो समसामयिक साहित्य की समस्या से जूझ रहा है वह प्रकारांतर से इतिहास न लिखते हुए भी इतिहास बनाने में सहयोग दे रहा है। इसी पुस्तक में एक निबंध में नामवर सिंह जी ने काव्य में विषय-वस्तु को महत्व देने पर जोर दिया है उन्होंने लिखा है- "साहित्य में विषय-वस्तु पर बल देने का अर्थ है यथार्थ जगत के सत्य का पूर्ण और गहरा ज्ञान-यथार्थ का पूर्ण व गहरा ज्ञान वैज्ञानिक-सामाजिक दृष्टिकोण के साथ जीवन-संग्राम में सक्रिय सहभाग से ही हो सकता है। यहीं पर नामवर जी ने व्यक्तिवाद का निषेध कर सामाजिक यथार्थ पर बल देने की वकालत की।

सन् 1962 में नामवर सिंह की "आधुनिक साहित्य की प्रवृत्तियां" प्रकाशित हुई। इसमें साहित्य की चार प्रमुख प्रवृत्तियों छायावाद, रहस्यवाद, प्रगतिवाद और प्रयोगवाद पर चर्चा हुई है। यद्यपि 1955 में छायावाद पर उनकी स्वतंत्र पुस्तक प्रकाशित हो चुकी थी। जिस तरह छायावाद के मूल्यांकन में उन्होंने प्रगतिशील दृष्टिकोण अपनाया, ठीक उसी तरह रहस्यवाद का मूल्यांकन भी इसी आधार पर किया। इस लेख में उन्होंने संतों के रहस्यवाद, यूरोपीय रहस्यवाद तथा आधुनिक कविता के रहस्यवाद की भिन्नता सामाजिक आधार पर की।

प्रगतिवाद को लेकर हिंदी साहित्य में कम विवाद नहीं हुआ। खासकर प्रगतिशील और प्रगतिवाद इन दो शब्दों पर काफी जूतम पैजार हुई। इस संबंध में नामवर सिंह ने प्रगतिवाद और प्रगतिशील में अभिन्नता घोषित की। प्रगतिवाद का उद्भव और विकास अपनी ही सामाजिक और साहित्यिक परिस्थितियों में हुआ। वही प्रगतिशील साहित्य पर विचार व्यक्त करते हुए उन्होंने कहा "प्रगतिशील साहित्य कोई स्थिर मतवाद नहीं है बल्कि यह एक निरंतर विकासशील साहित्य धारा है,

जिसके लेखकों का विश्वास है कि प्रगतिशील साहित्य लेखक की स्वयंभू अंत: प्रेरणा से उद्भूत नहीं होता बल्कि सामाजिक और सांस्कृतिक विवास के क्रम में वह भी परिवर्तित और विकासित होता रहता है और उसके सिंद्धांत उत्तरोत्तर स्पष्ट तथा अधिक पूर्ण होते हैं।''[10]

प्रगतिवाद के बाद प्रयोगवाद में जहां अज्ञेय, हमराही नहीं बल्कि राहों के अन्वेषक के तौर पर नए प्रयोग को आजमा रहे थे, वहीं डॉ. नामवर सिंह ने चरम व्यक्तिवादिता के कारण- नए प्रयोगवाद का विरोध किया। प्रयोगवादी कवि नेमिचंद जैन, मुक्तिबोध तथा भारतभूषण इत्यादि के स्वर को अज्ञेय के स्वर से भिन्न बतलाते हुए मुक्तिबोध के काव्य में एक नए तरह की कशमकश की पहचान की तथा सक्रिय जीवन-शक्ति की परख के आधार पर मुक्तिबोध को उपर्युक्त अन्य दो कवियों से श्रेष्ठ बतलाया। मुक्तिबोध को लेकर डॉ. नामवर सिंह कुछ ज्यादा ही उदार दिखे। यहां तक उन्हें स्थापित करने के लिए उन्होंने 1968 में 'कविता के नए प्रतिमान' लिखी। इसमें कोई दो राय नहीं कि इसके केंद्र में मुक्तिबोध हैं। यहां तक इसके दूसरे संस्करण में 'अंधेरे में पुनश्च' के साथ मुक्तिबोध की कविता का पुनर्निरीक्षण प्रस्तुत करना पड़ा। उन्होंने मुक्तिबोध की तुलना निराला से की। इससे पहले 1964 में नामवर जी ने मुक्तिबोध की महवपूर्ण कृति 'एक साहित्यिक की डायरी' की समीक्षा की और अपना निष्कर्ष देते हुए कहा ''डायरी की सबसे बड़ी उपलब्धि एक विलक्षण कवि व्यक्तित्व है जो अंतत: पूरी डायरी से उभर कर सामने आता है।''[11] यहीं पर उन्होंने इस विलक्षण कवि व्यक्तित्व से अज्ञेय की 'आत्मने पद' के कवि-व्यक्तित्व की तुलना करते हुए प्रगतिशील दृष्टिकोण का परिचय दिया है।

मुक्तिबोध के साथ-साथ डॉ. सिंह ने रामविलास शर्मा पर भी खूब लिखा- रामविलास की तुलना में नामवर सिंह का लेखन अल्प है परंतु इस अल्प लेखन में भी उन्होंने शायद ही कुछ छोड़ा हो। डॉ. रामविलास शर्मा के बारे में 'केवल जलती मशाल', भूधर ज्यो ध्यान मग्न से शव साधना तक पहुंच जाते हैं। अपने आरंभिक दौर में यद्यपि वे डॉ. शर्मा के साथ थे और डॉ. शर्मा की तुलसी एवं छायावाद संबंधी आलोचना की मुख्य दिशा के साथ सहमति व्यक्त की है परंतु नए प्रतिमान के द्वारा मुक्तिबोध की स्थापना और 'दूसरी परंपरा की खोज' के साथ डॉ. शर्मा उनसे अलग खड़े हो गए। परंतु यह विद्रोह वैचारिक था व्यक्तिगत नहीं। वरना उन्होंने रामविलास शर्मा जी की अनेक स्थानों पर प्रशंसा की है। ''आचार्य

महावीर प्रसाद द्विवेदी, पंडित रामचंद्र शुक्ल और हजारीप्रसाद द्विवेदी की ही परंपरा में डॉ. रामविलास शर्मा ने जो वैचारिक संघर्ष किया है वह निराशा और पलायन के साहित्य के विरूद्ध है... साहित्य में यह शुद्ध सौंदर्य, कला, रूप के उपासक, व्यक्तिवादी, अस्तित्ववादी, रूढ़िवादी घातक परंपरा, साहित्य के विकास में आड़े आती है। डॉ. रामविलास शर्मा ने साहित्य की इन गतिरोधक शक्तियों के खिलाफ अनवरत संघर्ष किया।''[12] डॉ. नामवर सिंह ने रामविलास के बारे में लिखते हुए लिखा है- ''जब संघर्ष होता है और आदमी लाठी चलाता है तो कभी-कभी वह अपनो पर भी पड़ जाती है। शत्रुओं पर प्रहार करते समय कभी-कभी एकाध हाथ मित्रों पर भी पड़ जाया करता है, इसलिए जब डॉ. शर्मा ने उन पर पलट कर प्रहार किया तो डॉ. नामवर सिंह ने वैचारिक तर्कों द्वारा उनका मुकाबला किया, उनका बुरा नहीं माना।

नामवर सिंह मूलत: कविता के आलोचक थे ऐसा ऊपर कहा गया है। कवितेतर आलोचना-कर्म में उनकी कहानी 'कहानी- नई कहानी' समीक्षा कृति आई, जिसमें 1957 से 65 तक के बीच लिखी गयी कहानियों की समीक्षा संग्रहीत है। इसके अलावा छायावाद से लेकर कविता के नए प्रतिमान तक सारी कृतियों के केंद्र में कविता है। 'कहानी नई कहानी' के द्वारा उन्होंने हिंदी साहित्य को एक ऐसी समीक्षा- पद्धति प्रदान की जो कवितेतर साहित्य-रूपों के व्यापक विश्लेषण में सहायक हो सके। यद्यपि कुछ लोग कहानी समीक्षा में भी काव्य-संवेदना का ही प्रसाद-प्रभाव दिखाई पड़ता है। नामवर सिंह जी ने उस दौर की कहानियों के भाववोध और संवेदना का मूल्यांकन, बदलते सामाजिक संदर्भ के परिप्रेक्ष्य में किया। संदर्भ में उनकी नए कथाकारों को लेकर की गई टिप्पणी कितनी यथार्थोंमुख है- ''चूंकि नए कहानीकार किसी पूर्व निर्धारित जीवन-दर्शन द्वारा निर्दिष्ट 'सामाजिक दायित्व' के निर्वाह के खतरे से संशकित हैं इसलिए वे अपने अनुभवों के आधार पर रचना में सामाजिकता को व्यक्त करने की कोशिश करते रहे हैं। इस दृष्टि से यह तो सत्य है कि प्रगतिवादी दौर की तरह इन कहानियों में सर्वहारा के चित्र नहीं है और न वैसी प्रखर वर्ग -चेतना ही है किंतु व्यापक रूप से आज के उपेक्षितों और कल के उपेक्षितों के साथ आत्मीय लगाव अवश्य है. कहना न होगा कि 'नई कहानी' की परंपरा में सामाजिक आलोचना का यह स्वर काफी प्रबल रहा।''[13]

'कविता के नए प्रतिमान' से नामवर सिंह का एक दूसरा रूप सामने आता है इस पुस्तक में उन्होनें नई कविता के मूल्यांकन के न केवल नए प्रतिमान ढूंढ़े

बल्कि उनकी सार्थकता का परीक्षण भी किया। लेखक ने स्वयं इसके दो खण्ड किए हैं- "प्रथम खंड के अंतर्गत विशेषत: तार सप्तक, कामायनी, उर्वशी आदि कृतियों और, सामान्यत: छायावादोत्तर कविता की उपलब्धियों को लेकर पिछले दो दशकों में जो विवाद हुए हैं, उनसे टकराने वाले मूल्यों की पड़ताल की गई है और इस प्रसंग में नए दावे के साथ रस-सिद्धांत की प्रसंगानुकूलता पर भी विचार किया गया है। दूसरे खंड में कविता के नए प्रतिमान के नाम पर प्रस्तुत अनुभूति की 'प्रामाणिकता' ईमानदारी, जटिलता, द्वंद्व, तनाव, विसंगति विडंबना, सजर्नात्मक भाषा बिंबात्मकता, सपाटबयानी, फैंटेसी, नाटकीयता आदि आलोचनात्मक पदों की सार्थकता का परीक्षण किया गया है।"[14] "निष्कर्ष यह कि कविता बिंब का पर्याय नहीं है। सामान्यत: जिसे बिंब कहा जाता है उसके बिना भी कविताएं लिखी गई और वे बिंबधर्मी कविताओं से किसी भी तरह कम अच्छी नहीं कही जा सकती"...बिंबों के कारण कविता बोल चाल की भाषा से अक्सर दूर हटी है। बोल चाल की सहज लय खंडित हुई है, भाषा के अतंर्गत क्रियाएं उपेक्षित हुई हैं। विशेषणों का अनावश्यक भार बढ़ा है और काव्य-कथ्य की ताकत कम हुई है। इन कमजोरियों को दूर करने के लिए ही 'सपाटबयानी' अपनाई जा रही है।"[15]

नामवर सिंह जी ने काव्य-भाषा के प्रतिमान को महत्त्व देते हुए उसे जीवन की वास्तविकता से जोड़ा। सन् 1982 में आचार्य हजारीप्रसाद द्विवेदी को केंद्र में रखकर लिखी गई पुस्तक 'दूसरी परंपरी की खोज' प्रकाशित हुई। इसमें नामवर सिंह जी ने आचार्य द्विवेदी की उस इतिहास-दृष्टि को प्रतिष्ठित करने का प्रयास किया जिसके आधार पर आचार्य द्विवेदी ने भारतीय संस्कृति और साहित्य की लोकोन्मुखी क्रांतिकारी परंपरा को जीवित करने का प्रयत्न किया था। यहीं नामवर सिंह खाली आलोचना में ही नहीं बल्कि कविता में भी दूसरी परंपरा की खोज कर रहे थे। उनके अनुसार "नयी कविता के भीतर जो दूसरी परंपरा थी उसके वाहक मुक्तिबोध थे और नयी कविता के बाहर जो दूसरी परंपरा है उसके वाहक नागार्जुन और त्रिलोचन हैं।"

नामवर सिंह की 1989 में प्रकाशित 'वाद विवाद संवाद' में समकालीन भाषा, साहित्य तथा आलोचना की मूलभूत चिंताओं से संबद्ध विषयों पर विचार किया गया है। इस पुस्तक को 'इतिहास और आलोचना' की कड़ी के रूप में देखा जा सकता है। नामवर सिंह की आलोचना का एक दौर आलोचना (त्रैमासिक) के संपादक

बनने से भी शुरू हुआ। 1967 से आलोचना का संपादन शुरू किया और 1968 में कविता के नए प्रतिमान प्रकाशित हुई और साहित्य अकादमी के पुरस्कार से पुरस्कृत होकर आलोचक नामवर का परचम फहराने लगी। इस आलोचना के द्वारा वे नागार्जुन, त्रिलोचन, मुक्तिवोध, रामविलास शर्मा आदि पर अपनी विहंगम दृष्टि डाल चुके हैं। त्रिलोचन के संबंध में उनकी संपादकीय टिप्पणी उनकी समीक्षा दृष्टि को परखने में सहायक है। एक नया काव्यशास्त्र त्रिलोचन के लिए "इसमें उन्होंने त्रिलोचन को हिंदी का जातीय कवि कहते हुए लिखा "त्रिलोचन की कविता हिंदी की जातीय कविता है। उनकी कविता में मानवीय सामाजिक संबंधों की गरमाई के बीच मनुष्य की वैयक्तिकता भी अक्षुण्ण है।"[16] त्रिलोचन को नागार्जुन ने जायसी का उत्तराधिकारी कहा था परंतु नामवर सिंह उन्हें तुलसी के खड़ा करते हैं "त्रिलोचन लोकबोली का संस्कार करते हैं और इस मामले में वे तुलसी के अनुयायी हैं।

यही हिंदी का सौभाग्य है कि आज भी नामवर सिंह जैसा मूर्धन्य समीक्षक अपनी संपूर्ण उर्जा और जोश से मैदान में डटा हुआ है। संघर्षरत है; वे संपूर्ण जीवन विचारों के लिए संघर्ष करते रहे, इसके मीठे-तीखे स्वाद भी उन्हें मिल चुके हैं। वैचारिक संघर्ष की राह पर चलने वाला विवाद्र का विषय होगा पर यह उनकी शक्ति का द्योतक है सीमा का नहीं।"

खंड - दो

पाश्चात्य समीक्षा-ऐतिहासिक विवेचन

पश्चिमी सभ्यता, संस्कृति कला, दर्शन और ज्ञान-विज्ञान की विविध शाखाओं का मूल उद्‌गम् यूनान को ही स्वीकार किया जाता है। यूनानी-रोमी सभ्यता ही बाद में समग्र पश्चिम की सभ्यता बनी। पश्चिम में काव्य-सृजन और काव्य-विश्लेषण की एक लंबी, सशक्त और अविच्छिन्न परंपरा रही है, जो प्लेटो और कदाचित उससे भी पूर्व से आद्यांत बनी हुई है। इस समीक्षा-पद्धति ने देशकाल, परिस्थिति सापेक्ष अनेक रूप धारण किए। कभी इसके मूल में मानव-कल्याण की भावना तो कभी विशुद्ध सौन्दर्यशास्त्रीय-दार्शनिक चेतना कार्य करती रही। कभी यह अतीत के शास्त्रीय आग्रह से आक्रांत दिखी, तो कभी रोमांटिक प्रत्यावर्तन की तरफ। तात्पर्य यह है कि 2500 वर्षों से अधिक का समय इस पाश्चात्य साहित्यालोचन की यात्रा में समय-समय पर मनोविज्ञान समाज, विकास, वर्ग-संघर्ष आदि के स्वर उभरते हैं। विज्ञान तथा वैज्ञानिक-दृष्टि की नवीनतम आधारभूमि से युक्त इस समीक्षा-पद्धति ने सम्पूर्ण विश्व साहित्य को गहराई से प्रभावित किया है। आज भी सतत् क्रियाशील, असंतुष्ट मानव की अनेकानेक समस्याओं के समाधान, विश्लेषण और नई-नई दृष्टियों के प्रतिपादन हेतु पश्चिम की यह चिंतन-परम्परा विकासरत है। पश्चिमी चिंतन की लगभग हर शाखा-प्रशाखा के सूत्र प्लेटों में मिलते हैं। यद्यपि प्लेटो और अरस्तू से बहुत पहले वहां रचनात्मक सृजन हो रहा था। जिनमें प्लैटो के अलोचना सम्बन्धी विचारों के सूत्र मिलते हैं। जो आगे चलकर काव्य-चिंतन के आधार बनते हैं।

यूनान के आदि कवि होमर के महाकाव्य 'इलियेड' और 'ओडिसी' से यूनानी साहित्य-समीक्षा का सूत्रपात माना जाताह है। होमर 'इलियेड' में प्रत्यक्ष या अप्रत्यक्ष रूप में साहित्य का आदर्श, उद्देश्य, लक्ष्य, रूपविधान और प्रेरणा सम्बन्धी कुछ मूलभूल प्रश्नों का उत्तर देने का प्रयास करता है। होमर ने साहित्य-सृजन के मूल

में दैवी-कृपा को माना। देव-प्रेरित घटनाओं के वर्णन को स्वाभाविक मानते हुए आनंद और आश्चर्य तत्व को काव्य का उद्देश्य माना। वह मानता था कि कवि आवेशित होता है और कला देवी की कृपा से अविश्वसनीय को विश्वसनीय रूप में प्रस्तुत कर सकता है। कवि अपनी प्रतिभा के द्वारा काव्यात्मक भ्रम (पोयटिक इल्यूजन) का निर्माण कर असत्य को सत्य और विश्वसनीय रूप में प्रस्तुत करता है। नाट्यगृह में नाटक के कलाकारों से यथार्थ परिचित दर्शक इसी काव्यात्मक भ्रम के आधार पर मूल चरित्र का नाटक के कलाकारों पर आरोपण कर आनंद उठाता है। प्रोफेसर बर्नर्ड बोजाके ने 'इलियेड' के अठारहवें खण्ड के अन्तर्गत हेफीस्टस द्वारा निर्मित ढाल का वर्णन करने वाली पंक्तियों में कला को इल्यूजन माने जाने का संकेत पाया है। होमर के ही समकालीन हिसियॉड ने काव्य का लक्ष्य मनोरंजन के साथ-साथ ज्ञान और शिक्षा प्रदान कर अपने तर्क के अनुकूल बनाना स्वीकार किया। गोर्जियस ने काव्य में आनंद तत्व स्वीकार करते हुए आत्मा के सम्यक् उत्थान के लिए उसका महत्व स्वीकार किया। उसका विचार था कि मनुष्य में नैतिक भय और करुणा उत्पन्न करके उसके मानसिक दु:ख-द्वन्द्व को नष्ट कर पुन: उसमें नव आत्मविश्वास जगाता है। गोर्जियास भाषण शास्त्री था। वह साहित्य को विज्ञान न मानकर उसे बुद्धि की स्वत: प्रेरित क्रिया मानता था। यद्यपि उसके विचार भाषण-कला के उद्देश्य तथा उसके वर्गीकरण विवेचन को दृष्टि में रखकर व्यक्त किये गये। तथापि इसमें आगे चलकर अरस्तू की त्रासदी और महाकाव्य की परिभाषा के रूप मिलते हैं।

प्लेटो से पूर्व हिसियाद रचित 'थियोजोनी' से इस बात का प्रमाण मिलता है कि उस समय महाकाव्य का एक आदर्श अवश्य उपस्थित हो चुका था। इसी प्रकार थ्यूसीडाइन्डीज, सिमोनिडीज के काव्य-उद्देश्य ओर काव्य-परिभाषा सम्बन्धी स्फुट विचार उनके साहित्य में उपलब्ध थे। एक बात नि:संदेह कही जा सकती है कि ग्रीक आलोचना में नैतिकता को बहुत महत्व दिया जाता था। निश्चित रूप से यूनानी काव्य-चिंतन के इन आरंभिक मतों को परवर्ती समीक्षा की नींव के रूप में स्वीकार किया जा सकता है। जिसकी विधिवत शुरुवात प्लेटो से होती है।

ईसा पूर्व चौथी-शताब्दी में प्लेटो का यूनान में जन्म एक चमत्कारिक घटना है। प्लेटो से पूर्व विकसित सामाजिक व्यवस्था में मानव के समक्ष उपस्थित अनेक प्रश्नों के उत्तर की खोज धर्म, दर्शन, नीति, राजनीति आदि के द्वारा करने का प्रयास होता रहा। जबकि प्लेटो ने पहली बार काव्य-हेतु काव्य-प्रयोजन, काव्यादर्श

के रूप में इन्हीं प्रश्नों के उत्तर की तलाश साहित्य के सम्बन्ध में की। प्लेटो मूलतः एक दार्शनिक और अध्यापक था, जो सुकरात की विचार-परम्परा और शैली में दीक्षित था। प्लेटो तक आते-आते प्रौढ़ता प्राप्त यूनानी-समाज कुछ उच्छृंखन हो रहा था। इस सामाजिक विशृंखलता और नैतिक-ह्रास का प्रभाव साहित्य और दर्शन पर पड़ना स्वाभाविक था। यूनान का यश धूमिल हो रहा था। स्तोफेंस आदि नाट्य साहित्य में भी चारित्रिक-क्षय का प्रमाण प्रस्तुत कर रहे थे। प्लेटो का दृष्टिकोण मूलतः उपयोगितावादी और आदर्शवादी था। मानव-कल्याण और उसका विकास ही उसके चिंतन का आधार था। वह एक आदर्श समाज की रचना करना चाहता था। इसीलिए वह काव्य और कवि की कटु आलोचना करते हुए उन्हें अपने आदर्श गणराज्य से निष्कासित करने की बात करता है। क्योंकि कवि और उसका काव्य प्लेटो के इस कार्य में बाधाक थे।

प्लेटो साहित्य और कला में वहीं तक रुचि रखता है जहां तक वे नैतिक सिद्धान्तों की स्थापना तथा राजनीतिक एवं सामाजिक उत्थान में सहायक हों। प्लेटो का विचार था कि मूल सत्य सदा ईश्वरीय होता है। प्रत्यय ही सत्य है, जबकि संसार उस प्रत्यय-जगत का अनुकरण है। जबकि कवि या साहित्यकार 'अनुकरण का अनुकरण' करता है। इस कारण उसका सत्य, मूल सत्य से दो गुना से तीन गुना दूर होता है। इसी आधार पर वह अपने आदर्श गणराज्य से कवि और उसके काव्य को बहिष्कृत करने का निर्देश देता है। त्रुटिपूर्ण होने पर भी प्लेटो के इन विचारों ने परवर्ती चिन्तकों को खूब मानसिक खुराक दी और विचार-मंथन के लिए एक प्लेटफार्म प्रदान किया! जिस पर उनके सुयोग्य और काव्यशास्त्री शिष्य अरस्तू ने तर्क का कहीं स्पष्टतः विरोध तो नहीं किया लेकिन प्लेटो द्वारा लगाये गये काव्यारोपों का इस ढंग से निराकरण किया कि 'सांप भी मर जाए और लाठी भी न टूटे'। अरस्तू का मानना था कि कवि केवल वस्तु सत्य या उसकी छाया का अनुकरण ही नहीं करता बल्कि अपनी कल्पना के द्वारा उसे आदर्श स्वरूप प्रदान करता है। यह अनुकरण नहीं बल्कि नवीन-सृजन है। इस आधार पर कवि का सत्य कल्पित होने के बावजूद व्यक्त सत्य की अपेक्षा अधिक व्यापक और कल्याणकारी हो सकता है, इसलिए काम्य और ग्राह्य है।

अरस्तू ने अपने विरेचन-सिद्धान्त के द्वारा यह साबित किया कि कवि अपने काव्य द्वारा जनता की क्षुद्र वासनाओं को उभारकर उसे कमजोर बनाने के बजाय उनका विरसन करके उसे स्वस्थ और निर्मल बनाने का प्रयास करता है। इस तरह

काव्य आदर्श-राज्य और आदर्श-नागरिक के लिए बाधक या नुकसानदेह होने की अपेक्षा साधक और उपयोगी है।

अरस्तू के ये विचार पाश्चात्य समीक्षा को एक निश्चित और ठोस आधार प्रदान करते हैं। प्लेटो तथा अरस्तू के बाद पाश्चात्य काव्य-समीक्षा के क्षेत्र में लोंजाइनस के अवदान को भुलाया नहीं जा सकता। यद्यपि उसके जन्म का समय ईसा की प्रथम शती या तृतीय शती है। इस संदर्भ में विद्वान एक मत नहीं हैं। तथापि उसके ग्रंथ 'पेरिइप्सुस' को पश्चिम का प्रथम स्वच्छन्दतावादी समीक्षा-ग्रंथ और लोंजाइनस को प्रथम स्वच्छन्दतावादी समीक्षक मानने में कोई मतभेद नहीं है। लोंजाइनस प्लेटो से प्रभावित और उसका प्रशंसक होने के बावजूद उसके विचारों से सहमत नहीं था। वह प्लेटो द्वारा की गयी काव्य की मोहक तथा भावावेश उत्पादक गुणों की निंदा से भी असहमत था। वह वास्तव में उन्हीं गुणों को काव्यात्मा, काव्य प्रेरणा और काव्य-गुण के रूप में समझता था। वह काव्य में उदात्त की स्थापना करता है। जिसके आधार पर काव्य केवल मान मनौव्वल (परस्युएशन) तक सीमित न रहकर उन्हें सम्मोहित करने की शक्ति प्राप्त कर लेता है। लोंजाइनस पहला आलोचक है, जिसके सिद्धांत 'क्लासिसिज्म' के श्रेष्ठ तत्वों से समन्वित 'रोमान्टिसिज्म' पर आधारित हैं।

प्लेटो अरस्तू और लोंजाइनस के बाद के दो सौ वर्षों के 'अलेक्जेड्रियन' शासन में उपर्युक्त तीन विचारकों और समीक्षकों की कोटि का कोई चिंतक पैदा नहीं हुआ। ग्रीक के लिए यह समय राजनीतिक उथल-पुथल का समय रहा। सिकन्दर महान की विजयों, एलेक्जेड्रियन और रोम की ग्रीस पर विजयों के फलस्वरूप एथेंस की महत्ता घट गयी। ग्रीक से हटकर अन्य स्थानों पर भी साहित्यिक केन्द्र स्थापित हो गये। रोमन-यूनानी कला, संस्कृति, दर्शन, साहित्य आदि से प्रभावित तो हुए परन्तु उनमें जिज्ञासावृति की कमी थी। ग्रीक आचार्यों ने परम्पराओं को भाष्यों, टिप्पणियों के वर्गीकरण और काव्यशास्त्रीय नियमों के रूप में सुरक्षित रखने का प्रयास तो किया परन्तु मौलिक चिंतन न कर सके। साम्राज्य-विस्तार की दृष्टि से रोमन आचार्यों ने भाषण-कला के परिमार्जन और परिष्करण की तरफ विशेष रुचि दिखाई। इसी कारण गम्भीर तात्विक विवेचन के स्थान पर भाषण-कला और अलंकार-शास्त्र का अधिक विवेचन हुआ। सिसेरो (906-43 ईसा-पूर्व) मूलत: राजनीतिज्ञ था। फलत: भाषण-कला पर उसका विचार प्रकट करना स्वाभाविक है।

प्राचीन रोमन आचार्यों ने क्विटीलियन का नाम भी उल्लेखनीय है। वह गद्य

के रचनाशिल्प का महत्व स्थापित करता है। उसने पहली बार आलोचना की पारिभाषिक शब्दावली सुव्यवस्थित की। गद्य में वह स्पष्टत: और व्यवस्थित क्रम का हिमायती था। अलंकृत-शैली का वह विरोधी नहीं था परंतु प्रवाहपूर्ण शैली उसे अत्यधिक पसंद थी। अलंकार उसके लिए मात्र साधन थे। साध्य था रचना का आनंद।

होरस को रोमन समीक्षकों ने सबसे महत्वपूर्ण माना है। वह यूनानी-परम्परा और यूनानी काव्यशास्त्र को आदर्श मानता था। वह सबको यही सलाह देता था- Let the Greek patterns be never out of your Land by night or day. उसने शिक्षा तथा आनंद के रूप में काव्य-प्रयोजन स्वीकार किया। होरेस ने अपने ग्रंथ में काव्य-रचना की इच्छा रखने वाले लोगों को नियम और सिद्धान्त बताए हैं। उसका मानना था कि विषय की स्वाभाविकता एवं औचित्य, सुसम्बद्ध, विचार-शैली, शब्द-चयन, भावों की सुशृंखलता आदि के नजरिए से कवि के लिए संयम और स्वानुशासन अपेक्षित है। होरेस के काव्य-सिद्धान्तों का पाश्चात्य-समीक्षा में पर्याप्त महत्व है, क्योंकि अरस्तू की पोयटिक्स का प्रचार होरेस की आर्सपायेटिका ने किया।

5वीं शती से 15वीं शती के मध्य रोमन-साम्राज्य के पतन और ईसाई-मत के अभ्युदय और विकास के साथ ही, यूरोपीय आलोचना-पद्धति का ह्रास हुआ। वस्तुत: इस युग में रोमन कैथोलिक चर्च के प्रभुत्व के कारण धार्मिक साहित्य को ही ज्यादा महत्व दिया गया और इसके अतिरिक्त कला, साहित्य सम्बन्धी अन्य क्रिया-कलापों को अधार्मिक और अनैतिक माना गया। धार्मिक बंधनों की अत्याधिक कठोरता और लैटिन भाषा के प्रयोग के आग्रह के कारण बौद्धिक प्रगति तथा साहित्य, कला, दर्शन और स्वतंत्र साहित्य-चिंतन-मनन को गहरा आघात लगा। फलत: काव्यशास्त्रीय समीक्षा का पल्लवन भी इस युग में पूर्णत: नहीं हो पाया। इसी कारण एक हजार वर्ष के इस सुदीर्घ काल को पश्चिमी चिंतन-परंपरा में 'अंधकार-युग' या 'पतन-काल' के नाम से अभिहित किया जाता है। जे. डब्ल्यू.एच. एट किंस के अनुसार- "इस युग में साहित्य सम्बन्धी प्राचीन मान्यताओं के विकास में धर्म का गम्भीर एवं व्यापक प्रभाव अवरोधक था। फलत: ग्रीक और रोम में पल्लवित एवं पुष्पित प्राचीन साहित्य परम्पराओं में विघटन आया।"[1]

लैटिन धर्म-प्रचारकों ने अपने मजहबी जुनून में साहित्य को ईश्वर की दृष्टि में मूर्खता और शैतान का भोजन तक बताते हुए धर्मेत्तर तथा इहलौकिक साहित्य का पूर्ण बहिष्कार किया। इसके बावजूद इस काल में दांते, अक्वायनस रोजर बेकन,

संत फ्रांसिस, संत लुई, प्लाटिनस, गिओट्टो जैसे महान विचारकों ने जन्म लिया। जिससे कला एवं साहित्यगत सृजनशीलता एवं जिज्ञासा-वृत्ति का पूर्णता लोप नहीं होने पाया। इसी कारण जे.डब्ल्यू.एच.एट. किंस जैसे विचारक इस युग को अंधकार-युग मानना समीचीन नहीं मानते।"[2]

दांते को इस अंधकारपूर्ण वातावरण का सूर्य कहा जा सकता है। उसने देशज भाषाओं में न केवल आदर्श महाकाव्य का सृजन किया बल्कि उच्चकोटि का सैद्धांतिक और तर्कपूर्ण साहित्य का भी सृजन किया। उसकी कीर्ति का स्तम्भ 'डिवाइन कामेडी' 'द वलगारी इलोक्यूओ' तथा 'कान विवियो' जैसी पुस्तकें हैं। जिससे उसने साहित्य सिद्धान्तों के प्रतिपादन के साथ-साथ देशी भाषा-साहित्य के अध्ययन का प्रबल समर्थन किया है। दांते जनभाषा का प्रबल समर्थक था। वह काव्य-विषय के चयन और उसके अनुरूप प्रयोग का आग्रह रखता था। काव्य-भाषा में महत्ता, अलंकरण और तार्किकता के गुणों की अपेक्षा करता था। उसने भाषा की अर्थ-सम्बन्धी दो शक्तियां मानकर उसकी प्रकृति का सूक्ष्म-दृष्टि से अध्ययन किया और लैटिन जो कि पंडितों की भाषा मानी जाती थी, की अपेक्षा एक सार्वदेशिक बर्नावियूलर या जनभाषा की वकालत की। उसकी दृष्टि में कांतियुक्त एवं संयोजन-प्रधान शब्दों का चयन काव्य-भाषा के रूप में करना चाहिए। वाक्य-विन्यास और काव्य-विषय पर भी मौलिकतापूर्ण चिंतन उन्होंने अपनी पुस्तक 'द बलगारी इलोक्यूओ' में रखे हैं। इसी कारण अंग्रेजी-साहित्य के प्रसिद्ध इतिहासकार सेंट सबरी ने दांते की इस पुस्तक को अरस्तू, लोंजाइनस एवं तिलियन के विश्व विख्यात ग्रन्थों की श्रेणी में रखा।"[3]

दांते के अलावा प्लातिनस भी इस युग का एक महत्वपूर्ण विचारक था, जो दैवी-सत्य को यथार्थ और जगत को उसका आभास मानता था। परन्तु जगत् को अयथार्थ मानने पर भी वह उसे त्याज्य नहीं मानता था। उसे सृजनात्मक कल्पना का पहला पाश्चात्य विचारक माना जाता है, जिसके दर्शन से परवर्ती सौन्दर्यशास्त्र काफी प्रभावित रहा।

वस्तुत: इस एक हजार वर्ष के समय को प्राचीन और आधुनिक युग की समीक्षा का सेतु कहा जा सकता है। क्योंकि इसके बाद नवजागरण-काल का उदय हुआ। साहित्य और कला की अपेक्षा धार्मिक चिंतन-मनन की दृष्टि से महत्वपूर्ण होने के बावजूद परवर्ती साहित्य-चिंतन के लिए इसने एक आधारभूमि अवश्य दी, जिसे नजरअंदाज नहीं किया जा सकता है।

सन् 1453 में रोमन राज्य की राजधानी और यूनानी विद्याकेन्द्र कुस्तुतुनियां पर तुर्क लोगों के आधिपत्य के साथ ही यूनानी भाषा-साहित्य के विद्वान पश्चिम की तरफ पलायन करने लगे। इन्हें सबसे ज्यादा प्रश्रय इटली ने दिया। फलतः इटली यूनानी-विधा का नया केन्द्र बना और मध्ययुग और आधुनिक-युग के बीच 15वीं शती से 17वीं शती के बीच का दो सौ वर्षों का काल नवजागरण काल के नाम से जाना गया। जिसमें साहित्य-चिंतन-मनन और सृजन को नई दिशा मिली। डॉ. जगदीश चन्द्र जैन के अनुसार- "इस काल में कला उन्मुक्त रूप से विचरण करने लगी। ज्ञान की असीम पिपासा जाग्रत हो उठी तथा यूनान और रोम के प्राचीन साहित्य के अध्ययन के प्रति अभिरुचि जाग्रत हुई।"[4] प्राचीन आग्रह-दुराग्रह से मुक्ति के कारण ही इसे ज्ञान का पुर्नजागरण काल कहा गया और इस साहित्यिक पुर्नजागरण के अग्रदूत बने सर फिलिप सिडनी और जान्सन। सिडनी कवि-चिंतक के साथ-साथ महान योद्धा भी थे। उनकी पुस्तक 'एपालॉजी फार पोयट्री' समीक्षा के क्षेत्र में मील का पत्थर है, जिसमें सिडनी ने अब तक कविता पर लगाए गये विभिन्न आरोपों और आक्षेपों का तर्कपूर्ण उत्तर दिया है। अरस्तू और होरोस की भांति सिडनी भी कविता को अनुकरणात्मक कला मानते हुए उसका उद्देश्य आनंद और शिक्षा प्रदान करना मानते हैं। इस युग के दूसरे महत्वपूर्ण समीक्षक वेन जान्सन हुए जो समीक्षक के साथ-साथ कवि और नाटककार भी थे। यद्यपि जान्सन ने समीक्षा सम्बन्धी किसी स्वतन्त्र ग्रन्थ की रचना नहीं की तथापि नाटकों और काव्य-संग्रहों की भूमिका में उनके समीक्षा-सम्बन्धी महत्वपूर्ण विचार मिलते हैं। इसी तरह की समय-समय पर लिखी साहित्यिक टिप्पणियों का संकलन उनकी 'डिस्कवरीज' नामक पुस्तक में हुआ है। जो उन्हें अंग्रेजी आलोचना के इतिहास में प्रथम नवशास्त्रवादी आलोचक के रूप में स्थापित करती है। वैन जान्सन प्रतिभा को काव्यसृजन का महत्वपूर्ण हेतु मानते हुए संयम और अभ्यास को प्रतिभा परिष्कार का साधन मानते थे। वे साहित्यगत अनुशासन एवं व्यवस्था के प्रवल पक्षधर थे। वस्तुतः नवजागरण-काल में काव्य-समीक्षा को कुछ उन्नत और नवीन भूमि प्राप्त हुई। मध्ययुगीन मनोवृत्ति से युक्त यूरोपीय साहित्यकारों द्वारा प्राचीन शास्त्रवादी ग्रीक एवं रोमन साहित्यकारों की महत्वपूर्ण साहित्यिक कृतियों का सर्वांगीण अध्ययन और अध्यापन किया गया। इस तरह यूरोपीय साहित्य धीरे-धीरे नवशास्त्रवादी प्रवृत्ति की तरफ बढ़ने लगा जिसके अग्रदूत जान ड्राइडन जोसेफ, एडीसन, पोप एवं सेमुअल जान्सन बने।

पुर्नजागरण काल में मध्ययुगीन बंधनों के टूट जाने के फलस्वरूप मिले व्यक्ति-स्वातंत्र्य ने साहित्य को वैविध्य प्रदान किया। परन्तु आलोचना प्राचीन नियमों और बंधनों पर बल दे रही थी। इन लोगों का विश्वास था कि केवल नियम पालन से ही उत्कृष्ट कलाकृति का सृजन सम्भव है। इस तरह कवि की प्रतिभा के नैसर्गिक प्रवाह को नियमों के अन्तर्गत बांधने का अतिवादी प्रयास किया गया। इसी समय कुछ समीक्षक ऐसे भी थे जो प्राचीनों के अंधानुकरण के खिलाफ थे। वे अपने-अपने देश और भाषा की परम्परा के अनुरूप साहित्यिक विकास के पक्षधर थे। परन्तु फ्रांसीसी विद्वान प्राचीन के प्रति अत्याग्रह रखते थे और समस्त समस्याओं और भ्रांतियों का समाधान उसी में देखते हैं। ऐसे आलोचकों के अगुआ बने फ्रांसीसी आलोचक ब्वालो जिन्हें नवशास्त्रवाद का प्रवर्तक भी माना जाता है। ब्वालो (फ्रांस) डाइडन (इग्लैण्ड) के समकालीन थे। वे प्राचीन क्लासिकों के अनुयायी थे और चाहते थे कि आधुनिक साहित्यकार प्राचीन का अनुसरण करें। उनका मानना था कि अपनी प्रतिभा का अनुसरण करते हुए कलाकारों एवं कवियों को प्राचीन नियमों और सिद्धान्तों से अनुशासित होना चाहिए ताकि उनकी अत्यधिक भावुकता एवं अलंकारप्रियता से संतुलन नष्ट न हो। परन्तु धीरे-धीरे ब्वालो नियमों और सिद्धांतों के अतिपूर्ण पालन की ओर बढ़ता गया। फलतः अपने मूल उद्देश्य से भटक गया। लेकिन साहित्य-संहिता के कठोरतापूर्ण निर्वाह में ब्वालो ने न केवल फ्रांसीसी समीक्षा अपितु अंग्रेजी-समीक्षा को भी पर्याप्त प्रभावित किया। यह अलग बात है कि इंग्लैड के नवशास्त्रवादी-समीक्षक प्राचीन क्लासिकी नियमों को मानते हुए भी उनकी नवीन व्याख्या करते हैं। वे तर्क और विवेक के हस्तक्षेप को बराबर स्वीकार करते हैं। कल्पना के सौन्दर्य और गौरव के साथ निजी वैयक्तिक अभिव्यंजना को भी स्वीकृति देते हैं। नियमों-सिद्धांतों का मूल्यांकन मानवीय प्रकृति और साहित्य के मूल्यांकन में युगीन परिस्थिति और सार्वभौम प्रकृति को महत्वपूर्ण स्थान देते हैं। ड्राइडन काव्य सौन्दर्य के मूल पर क्लासिकल नियम को तोड़ना बेहतर मानते हैं। बेन जान्सन तो किसी भी शास्त्रवादी लेखक को साहित्य-जगत का तानाशाह मानना हास्यास्पद मानते हैं। इस तरह शास्त्रवादी मतान्धता का प्रतिवाद नवशास्त्रवाद के समर्थकों ने ही जाने-अनजाने किया है। परिणाम यह हुआ कि नवशास्त्रवाद के साथ-साथ एक अन्य प्रवृत्ति का जन्म भी साहित्य में हो गया, जिसे आगे-चलकर स्वच्छन्दतावाद के नाम से जाना गया।

उपर्युक्त विवेचन से स्पष्ट है कि नवशास्त्रवाद की नियम-निष्ठा में ही स्वच्छन्दतावादी

विचारधारा के बीज थे। जिसने व्यक्ति और रचना दोनों के ही स्वातंत्र्य की आवाज बुलंद की। यह आवाज सर्वप्रथम 1790 से 1805 के बीच जर्मनी एवं इंग्लैण्ड के काव्य में सुनाई दी और धीरे-धीरे सम्पूर्ण साहित्य-जगत पर छा गयी। इसे बुद्धि के विरुद्ध कल्पना के विद्रोह के रूप में देखा गया। विलियम वड्सबर्थ की 'लिरिकल बैलेडस' के प्रकाशन के साथ ही इस प्रवृत्ति का उज्जवलतम् रूप दिखाई पड़ता है।

इस तरह स्वच्छन्दतावादी युग के प्रवर्तक कवि आलोचक वड्सबर्थ ही माने जा सकते हैं। वर्डस्बर्थ ने वाह्य दृष्टि से आरोपित सभी बंधनों के प्रति अरुचि दिखाते हुए 'अनुभूति की तीव्रता' और सहज भावोच्छवास को प्रमुख स्थान दिया। उन्होंने साहित्य में सहज स्वाभाविक, सरल और अकृत्रिम तथा निरलंकृत जीवन की स्थापना को महत्व दिया। सहजानुभूति और तीव्र भावाभिव्यक्ति के अतिरिक्त उन्होंने ग्रामीण दैनिक-जीवन से ग्रहण की गयी भाषा के प्रयोग पर बल दिया। स्वच्छन्दता से वड्सवर्थ का तात्पर्य उच्छृंखलता से कदापि नहीं था। वह कवि के भावबोध और चिंतन-मनन-शक्ति को महत्वपूर्ण मानता था। काव्य में आनंद-तत्व और कल्पना के सौन्दर्य को स्वीकार किया गया। इस युग के अन्य महत्वपूर्ण समीक्षकों में कालरिज, पी.वी. शैले, हेजलिट लेहष्ट आदि हैं जिन्होंने साहित्य और कला पर अपने विचार व्यक्त कर आलोचनात्मक मानदण्ड स्थापित करने में महत्वपूर्ण योगदान दिया।

19वीं शती के उत्तरार्ध तक आते-आते स्वच्छन्दतावाद भी अतिवादिता का शिकार हो गया। यह वह समय था जब फ्रांस आलोचना-क्षेत्र में सौन्दर्य को प्रधानता दे रहा था। जबकि इंग्लैण्ड में स्वच्छन्दतावादी अतिवादी प्रवृत्तियों के निराकरण हेतु फिर नैतिकता और कुछ नियमों-सिद्धांतों की वकालत शुरू हुई। वैज्ञानिक विकास का साहित्य-समीक्षा पर प्रभाव पड़ना लाजिमी था। ऐसे समय में समीक्षा पटल पर कवि-आलोचक मैथ्यू आर्नाल्ड का पदार्पण होता है, जो आधुनिक समीक्षा के जनक बनते हैं। मैथ्यूआर्नाल्ड अपने समय की वैज्ञानिक प्रगति से उत्पन्न वातावरण से भलीभांति परिचित थे लेकिन उन्हें उसमें कला को प्रोत्साहित करने वाले जीवन-तत्व नहीं दिखाई पड़े। मैथ्यू साहित्य को जीवन की व्याख्या मानते थे। सामाजिक दृष्टि से आलोचक को उसने एक ऐसे तटस्थ व्यक्ति के रूप में देखा जो समाज के समक्ष इस व्याख्या के स्पष्टीकरण को और विवेक-शांति-निरपेक्ष भाव और व्यापक दृष्टिकोण के साथ सर्वोत्तम विचारों का प्रचार करें।

यूरोप में वैज्ञानिक-दृष्टि और तत्वचिंतन के अभ्युदय के साथ ही समीक्षा को भी अनेक आयाम प्राप्त हुए। इन समीक्षा-रूपों में अभिव्यंजनावाद, प्रतीकवाद, बिंबवाद, यथार्थवाद, अतियथार्थवाद, अस्तित्ववाद, मार्क्सवाद मनोविश्लेषणवाद, मनोविज्ञानवाद, आदि प्रमुख हैं। इस युग के प्रमुख समीक्षकों में मैथ्यूआर्नाल्ड के बाद क्रोचे, इलियट, रिचर्ड्स आदि प्रमुख हैं।

इस तरह पश्चिमी आलोचना जगत में प्लटो से लेकर आई.ए. रिचर्डस तक लगभग 2500 वर्षों के इस सुदीर्घ समय में काव्य-सृजन एवं काव्य-विश्लेषण की एक बड़ी ही मजबूत और उच्च परम्परा विद्यमान रही है। इस आलोचना के विकास के इतिहास को मानसिक विकास के इतिहास के रूप में भी देखा जा सकता है।

प्लेटो

प्लेटो-मत

1. आदर्श एवं अनुकरण
2. काव्य की अवधारणा
3. काव्य एवं काव्यादर्श

प्लेटो का जन्म 427 ईसा. पूर्व में यूनान के मध्यभाग एथेंस में हुआ। पाश्चात्य साहित्य, संस्कृति में प्लेटो को आदरणीय स्थान प्राप्त है। इसी तरह पाश्चात्य काव्य-समीक्षा की शुरुवात भी प्लेटो से मानी जा सकती है। ऐसा नहीं है कि प्लेटो से पूर्व पाश्चात्य काव्य-चिंतन ही नहीं था, लेकिन प्लेटो से पूर्व समीक्षा के जो सिद्धांत बिखरे हुए रूप में मिलते थे, प्लेटो से उन्हें एक क्रमवद्धता प्राप्त हुई। प्लेटो ने सर्वप्रथम साहित्य-विषयक गंभीर चिंतन का परिचय दिया। प्लेटो यूनान के सुप्रसिद्ध एवं विश्वविख्यात दार्शनिक सुकरात का परमप्रिय शिष्य था और उनकी मृत्यु की अंतिम घड़ी तक उनके साथ था। यूनान की तत्कालीन सामाजिक, राजनीतिक परिस्थितियों का प्लेटो के चिंतन-मनन पर पर्याप्त प्रभाव पड़ा। वस्तुत: यूनान में पेरिक्लेश के शासनकाल (460 से 430 ईसा पूर्व) को स्वर्णयुग कहा जा सकता है। क्योंकि उससे अधिक सभ्य, सुसंस्कृत कलाप्रेमी, कुशल प्रशासक और दूरदर्शी-शासक यूनान में दूसरा नहीं हुआ। इस युग में ज्ञान, विज्ञान, सर्जनात्मक-प्रतिभा अपनी उच्चम आदर्श तक पहुंची परंतु पेरिक्लेश शासन के अंतिम वर्ष में अधिनायकवाद का पुजारी तथा बुद्धि की अपेक्षा बल की उपासना करने वाले एथेंस के पड़ोसी राज्य स्पार्टा ने प्रजातंत्र के हामीकार एथेंस पर आक्रमण किया और 27 वर्षों के लगातार कमरतोड़ युद्ध के बाद अन्ततोगत्वा एथेंस को पराजित किया। इस पराजय के बाद एथेंस की गरिमा और राजनीतिक महत्ता में क्षरण हुआ। इसी पराजय के लगभग 5 वर्षों बाद 399 ई. पूर्व में प्लेटो के गुरु सुकरात को

मृत्युदंड दिया गया। सुकरात बुद्धि और तर्क को सर्वोपरि मानने वाले रूढ़िविरोधी इंसान थे। अज्ञान, अंधविश्वास, पांखड आदि के धुर विरोधी सुकरात नौजवानों में क्रांति के बीज बोने की क्षमता रखते थे। इसी कारण सुकरात को मृत्यु-दंड दिया गया। उपर्युक्त विवेचन प्लेटो के चिंतन की दिशा और दशा समझने में मदद कर सकता है। डॉ. देवेन्द्रनाथ शर्मा का मत इस संबंध में उल्लेखनीय है। ''एथेंस की पराजय और सुकरात के मृत्युदंड ने लोकतंत्र में प्लेटो की आस्था डिगा दी। वह लोकतंत्र किस काम का जो वैयक्तिक और वैचारिक स्वतंत्रता का दम तो भरता है किन्तु शारीरिक बल की उपेक्षा कर युद्ध में पराजित होता है और परतंत्र बन जाता है। इससे भी भयंकर बात तो यह है कि एक ओर तो लोकतंत्र वैचारिक-स्वतंत्रता का दम भरता है और दूसरी ओर एक बुद्धिवादी को तर्क का प्रचार करने के लिए मौत के घाट उतार देता है-- इससे तो स्पार्टा की कठोर अधिनायकवादी शासन-व्यवस्था कहीं अच्छी थी जो न तो पराजय की ग्लानि का अनुभव करती है और न बुद्धिवादी होने के लिए किसी को मृत्यु दंड देती है।''

सुकरात के मृत्योपरांत प्लेटो ने राजनीति से सन्यास ले लिया जो प्रजातत्र से उनके मोहभंग का परिणाम था। राजनीति से संन्यास लेने के पश्चात् उसने अपने अध्ययन, मनन और चिंतन के अद्भुत ज्ञान के द्वारा यूनानी समाज को प्रशिक्षित करने का संकल्प लिया। यूनानियों का स्वाभिमान पुनः लौटाने हेतु ही उसने एथेंस में अपनी प्रसिद्ध संस्था 'एजेंसी' की स्थापना की। यहीं प्लेटो ने अपने उन ग्रंथों की रचना की जिन्होंने विश्व को नव आलोक प्रदान किया। प्लेटो की स्पष्ट मान्यता थी कि ''मानवता की अमंगल से मुक्ति तब तक संभव नहीं हैं जब तक या तो राजसत्ता दार्शनिकों के हाथ में नहीं आ जाती अथवा राजनीतिज्ञ दार्शनिक नहीं हो जाते। यही नहीं, उन्होंने अपने आदर्श गणराज्य से कवियों के निष्कासन की घोषणा की। अपने जीवन की शुरुआत कवि और नाटककार के रूप में करने वाले प्लेटो की यह घोषणा अटपटी लगती है किंतु जब, हम उस समय की उन राजनीतिक परिस्थितियों पर दृष्टिपात करते हैं तब, कारण अपने आप स्पष्ट हो जाता है। प्लेटो के जन्म से 4 वर्ष पूर्व स्पार्टा ने एथेंस पर आक्रमण किया और उसके जन्म के 23वें वर्ष में लज्जाजनक पराजय स्वीकार की। भावुक और चिंतन, मननशील किशोर प्लेटो पर इसका क्या प्रभाव पड़ा होगा, अनुमान लगाया जा सकता है। यही कारण है कि शायद काव्य-कला को भावुकता का पोषक और शौर्य-वीर्य के विकास में बाधक मानकर प्लेटो ने उसके आदर्श गणराज्य से कवियों के बहिष्कार

की बात की। परंतु प्लेटो ने समस्त को बहिष्कृत नहीं किया था। स्वंय प्लेटों के शब्दों में ``But we must remain firm in our conviction that hymns to gods and praises of famous men are the only poetry which ought to be admitted in our state."

इस तरह तत्कालीन परिस्थितियों में ही प्लेटो की धारणाओं पूर्वाग्रहों और जीवनमूल्यों को समझने के सूत्र बिखरे पड़े हैं, जिन पर गंभीरता से विचार करने की आवश्यकता है। वस्तुत: प्लेटो के आलोचनापरक विचार उनकी पुस्तक 'ग्रोजिपास एण्ड फ्रीड्स' 'आयान', 'कैटिलस-रिपब्लिक' तथा 'लाज' में मिलते हैं। इनमें से 'रिपब्लिक' प्लेटो का कीर्ति-स्तंभ है। प्लेटो ने संवादात्मक शैली को अपनाया और इन संवादों में प्लेटो ने ग्रीक-जीवन और आचरण का शायद ही कोई पक्ष छोड़ा हो।

प्लेटो मूलत: संस्कार व स्वभाव सें कवि परंतु शिक्षा तथा युगीन परिस्थिति के कारण दार्शनिक था। वह एक ऐसे शक्ति संपन्न शष्ट्र का निर्माण करना चाहता था जिससे फिर पराजय का मुंह न देखना पड़े। इसके लिए आदर्श नागरिक निर्माण वह राज्य का दायित्व मानता था। शरीर और मन की उपयुक्त शिक्षा के बिना यह संभव नहीं था। उसके इस लक्ष्य में कवि और काव्य दोनों ही हेय प्रतीत होते थे। लिहाजा उसने आदर्श गणराज्य से कवि और काव्य दोनों के बहिष्कार की घोषणा की। प्लेटो की कविता एवं आलोचना संबंधी विचारों को समझने से पहले उसके मूल दृष्टिकोण को समझ लेना समीचीन होगा।

आदर्श और अनुकरण : प्लेटो के अनुसार ***कला अनुकरण मूलक*** या निमेटिक होती है। वास्तविक जगत ईश्वरीय प्रत्यय का होता है और मानव-निर्मित वस्तुजगत उसका अनुकरण मात्र होता है तथा प्रत्यय-जगत से दूर होता है जबकि चित्रकार, कवि या मूर्तिकार मानव-निर्मित वस्तुजगत का ही अनुकरण करता है। इस तरह यह ***सत्य अनुकरण का भी अनुकरण*** होने के कारण प्रत्यय-जगत से दो गुना दूर होता। Imitation of an imitation thrice removed from the truth. 'आइडिया' ईश्वर द्वारा बनाई गई दृष्टिगत-वस्तु 'आंइडिया' (तार्किक) का प्रतिबिंब है यह सामान्य सत्य है। कलाकार इस छाया की छाया का चित्रण करता है। अत: मूल सत्य से तीन गुना दूर हो जाता है। वह दृष्टिगत-वस्तु को पूर्णत: अंकित नहीं कर सकता। उसके द्वारा चित्रित सत्य विकृत सत्य होता है। कला पर उसका आक्षेप था कि कला ऐंद्रिक आनन्द से जुड़ी होती है

जिससे बौद्धिकता से दूर होती है। कवि यश-प्राप्ति के लिए काव्य-रचना के लिए ऐसे प्रसंगों को चुनता है जिससे पाठक के मन में उत्कटता तीव्र संवेदना जगा सके। वही सभी प्रकार के काव्य का विरोधी नहीं है। वह देवों की स्तुतिपरक और मनुष्य को शिव और उदात्त बनाने में प्रेरक कविता को मानता था। वह कहता है- The right function of art, is to put befor the soul what is intrinsically great and beautiful. वह मानता है कि शक्ति के लिए विवेक जरूरी है। प्लेटो शक्ति का उपासक है। देवों की प्रार्थना हेतु रचित काव्य काम्य है। ऐसी कविता साधन के रूप में मनुष्य को शिव और उदात्त बनने की प्ररेणा देती है। कल्पना की उड़ान करने वाला तथा भावुकता जगाने वाला काव्य, नैतिकता जगानेवाला नहीं होता, सत्य जागृत नहीं करता, शील का संस्कार नहीं करता, राज्य के न्याय को खण्डित करता है। अगर प्लेटो के 'आइडिया' वाले सिद्धांत को मान लें तभी यह तार्किक है। प्लेटो ने इस बात का ध्यान नहीं रखा कि कला केवल वास्तविकता का अनुकरण मात्र नहीं है। प्लेटो के काव्य-सत्य का मूल है कि-काव्य जिससे व्यक्ति और समाज के नैतिक और आध्यात्मिक जीवन को बल मिले और उत्थान हो वही सत्य है। इसके विपरीत जो कुछ है, असत्य और त्याज्य है। उसका विचार है कि 'व्यावहारिक असत्य कथन, पौराणिक कथाओं में उपादेय होता है। क्योंकि प्राचीन युगों के सत्य को हम नहीं जानते। कवि उस व्यावहारिक असत्य कथन को यथाशक्ति 'सत्य' के समान प्रस्तुत करके उसे महत्वपूर्ण बना देता है। इसके अनुसार कवि कर्त्ता भी है क्योंकि वह अपने कौशल द्वारा कल्पना को भी वास्तविक सत्य में बदल सकता है। इस तरह प्लेटो के अनुसार काव्य तथा अन्य कलाओं द्वारा सत्य का निरुपण नहीं हो सकता। इसी कारण वह कला को मिथ्या अनुपयोगी और त्याज्य घोषित करता है। प्लेटो मूलत: एक दार्शनिक था और उसके अनुसार वही काव्य श्रेष्ठ अथवा सद्काव्य कहलाने योग्य है जिसमें धर्मोपदेश और नैतिक-मूल्यों में गहन आस्था जागृत करने की शक्ति हो। अपने पूर्ववर्ती महान लेखकों तथा कवियों के प्रति पूर्ण सम्मान व्यक्त करते हुए भी सत्य की कीमत पर उन्हें स्वीकार करने को वह तैयार न था। उन्होंने अपने प्रिय कवि होमर और हिसियाड तक आलोचना की करने में संकोच नहीं किया। उनका साफ मत था - It would be wrong to honour aman at the expense of truth and therefore I must... speak out. प्लेटो को यह सहन नहीं था कि जिन देवी-देवताओं के प्रति आम जनमानस में अपार श्रद्धा होती है, उन्हें ही

लंपट और धूर्त रूप में चित्रित किया जाए। वह ऐचाइलीज जैसे वीर का फूट-फूट कर रोना और मद्दी भाषा का प्रयोग करना देश और समाज दोनों के लिए अहितकर मानता था। देव-जीवन के पतित और भ्रष्ट रूपों के चित्रण से मानव-जीवन की प्रगति की कोई संभावना नहीं हो सकती। अत: ऐसे काव्य और उनके प्रणेताओं को उसके गणराज्य में कोई स्थान नहीं था क्योंकि ऐसी कला मनुष्य को हीन और पतित बनाती है। प्लेटो के अनुसार कवि काव्य-सृजन के समय भावावेश में होता है ऐसी स्थिति में उसके कथ्य में न तो आत्ममंथन होता है और न ही गांभीर्य और स्थायित्व। प्लेटो का स्पष्ट मत था कि कवि आत्मा के विवेकपूर्ण अंश को प्रसन्न करने या प्रभावित करने के लिए नहीं लिखता और न ऐसा करना वह काव्य का प्रयोजन ही मानता है। यही नहीं, ***ट्रेजडी का कवि हमारे विवेक को नष्टकर हमारी वासनओं को जागृत करता है, उनका पोषण करता है और उन्हें पुष्ट करता है।*** संक्षेप में हम कह सकते हैं कि प्लेटो काव्य में नैतिक मूल्यों की साग्रह प्रतिष्ठा चाहता था। साहित्य और कला में प्लेटो वहीं तक रुचि रखता है जहां तक उनसे राजनीतिक उत्थान और उदात्त नैतिक सिद्धांतों की स्थापना हो सके।

6. काव्य-संबंधी अवधारणा : कवि हृदय प्लेटो ने काव्य और कवि की कटु आलोचना करते हुए उन्हें देश निकाला दिया, जिसका एकमात्र प्रयोजन एक ऐसे साहित्य की ऐषणा थी जो मनुष्य को देवोपम गणों से विभूषित कर दे। उसका चारित्रिक उन्नयन कर दे। वस्तुत: प्लेटो की काव्य-संबंधी आलोचना या विरोधी विचार काव्य कला के प्रतिमानों पर आधरित न होकर युगीन परिस्थितियों तथा प्लेटो के कटु अनुभवों पर आधारित है। काव्य को असत्य मानने वाले प्लेटो का विचार था कि जीवन जीते समय जो कुछ उदात्त एंव वांछनीय हैं काव्य में वही अनुदात्त और अवांछित होता है। उदाहरण के लिए जीवन में रोना-पीटना चिल्लाना उचित नहीं मानते। जीवन में अपना दुख प्रकट करना, न कहना को अच्छा मानते हैं क्योंकि मनुष्य बुद्धि द्वारा चालित है। उसे विवेक-बुद्धि की संज्ञा देते हैं जो हमें इन क्षुद्र आचरण (रोना, पीटना, चीखना-चिल्लाना) करने से रोकती है। 'काव्य-ट्रेजडी में विवेक की आवश्यकता नहीं। अत: वास्तविक जीवन के सत्य से अलग होने के नाते काव्य-सत्य, वास्तविक जीवन का सत्य नहीं हो सकता। अत: कविता असत्य है। प्लेटो का विचार है कि त्रासदी हमें रुलाती है, हमारी भावनाओं को उद्दीप्त करती है। हमारे भीतर के असत् अंश को जगाकर बुद्धि को ढंकती है

जिससे हमारा चरित्र शिथिल बन जाता है। वास्तविक जीवन में जो उसका उपहास करते हैं तथा जो संघर्ष में दो-दो हाथ करते हैं, जो परिस्थितियों को चुनौती देते हैं उसको श्रेष्ठ समझते हैं, आदर-योग्य मानते हैं। रंगशाला में बैठने के बाद हम उल्टा आचरण करते है। रोनेवाले को देखकर उसके साथ आंखें गीली कर डालते हैं। उसी की भावना में लीन हो जाते हैं।

प्लेटो ने यह भी माना कि कवि जिसका अनुकरण करता है, उसकी प्रकृति से वह पूर्णतया परिचित नहीं होता। कविता में नायक के माध्यम से कवि जब उसके वास्तविक कार्यों-व्यवहारों का अनुकरण करता है तो वह उसके आदर्श (सत्य) की प्रकृति को नहीं जानता। वह तो केवल अनुकरण करता है। अत: यह अनुकरण अज्ञानता के कारण सही नहीं है। वह अनुकरणात्मक कला को क्षुद्र, हेय और निम्न मानता है। कविता भी अनुकरण का अनुकरण है। अत: यह भी क्षुद्रता की जननी है। कवि यश:कांक्षी है। वह आत्मा के विवेकपूर्ण अंश को प्रभावित नहीं करता। उसका उद्देश्य पाठकों और श्रोताओं की वासना को उत्तेजित करना है, हमारे विवेक को नष्ट करना है, उनका पल्लवन, संबर्धन करना है। प्लेटो को कथार्सिस का बोध था, उसे पता था कि ट्रेजडी का असर क्या होगा।

प्लेटो का मत है कि काव्य उपदेश नहीं देता। अपनी प्रसिद्ध पुस्तक 'रिपब्लिक' में उसका विचार है कि कला सबसे पहले, वस्तुओं के सौंदर्य और मानवीय प्रकृति के महान और उदात्त-तत्त्व के प्रति पाठक की दृष्टि को साफ करती है। तत्पश्चात् अपने भव्य प्रवाह द्वारा आत्मा को प्रभावित करके, स्वास्थ्यकर हवा की तरह, व्यक्ति के भीतर महान एवं उदात्त-तत्वों का पोषण करती है। आत्मा में जो कुछ सर्वोत्तम और सुप्तावस्था में है उसे जगाकर सही दिशा देती है। प्लेटो का एकमात्र उद्देश्य एक ऐसे गणराज्य की स्थापना था जो सुदृढ़, न्यायप्रिय तथा अजेय हो तथा जिसके नागरिको में कोरी भावुकता, धूर्तता, वंचकता, भोगविलास, चारित्रिकहीनता की जगह शूरवीरता सत्यनिष्ठा तथा तर्कशीलता हो। इसमें कोई दो राय नहीं कि तत्कालीन साहित्य उसके लक्ष्य-सिद्धि में बाधक था! उसने नैतिक-दृष्टि से अनैतिकता को प्रश्रय देने वाली और मिथ्या या अवास्तविकता का प्रचार करने वाले साहित्य का विरोध किया। इसके मूल में उसका दार्शनिक चिंतन था वरना बचपन में वह 'होमर' का प्रशंसक था। वह स्वयं रिपब्लिक में कहता है- "अपने यौवन में होमर के प्रति मेरे मन में गहरी श्रद्धा-मिश्रित भय और प्रेम रहा है। उनके संबंध में कुछ कहते अब भी मेरे शब्द होंठो पर लड़खड़ाते हैं। वह मोहक त्रासदी के महानतम

नेता है, गुरु हैं। पर सत्य तो सत्य ही है। सत्य की अपेक्षा व्यक्ति को अधिक महत्व नहीं दिया जा सकता।'' कवि और कविता के इस आकर्षण से निंदक बनने का मूल कारण तत्कालीन साहित्यिक अधोगति थी वरना प्लेटो हर प्रकार के काव्य की निंदा करता। वह काव्य के इंद्रजालिक प्रभाव को जानता था तथा काव्य सृजन को दैवी-उन्माद का परिणाम मानता था। इसलिए नागरिकों को कायर, भीरु, कमजोर, अनैतिक, असत्य के पोषक तथा शिव के स्थान पर अशिव की ओर ले जाने वाले काव्य का ही विरोध करता है। वह काव्य के शाश्वत उद्देश्य समाज के कल्याण और उन्नयन की उपेक्षा रखता था। यही अपेक्षा वह अन्य कलाओं से भी रखता था। वह अपने नागरिकों और शासकों को सौंदर्य और लालित्य के विशुद्ध परिवेश में विकसित कर एक आदर्श गणराज्य की स्थापना करना चाहता था और जो उसके इस लक्ष्य को बाधित करें उन्हें वह राज्य से बहिष्कृत करने का आदेश देता है।

काव्यादर्श और काव्य : प्लेटो का विचार था कि सत्य का संधान भाव से नहीं, बल्कि तर्क और दर्शन से ही संभव है जबकि काव्य भावनाओं को उद्‌बोधित करता है और उन्हें कमजोर बनाता है। काव्य मानवीय भावों का हानिकर उत्तेजन कर मानव-मन के असाधुअंश की परितृप्ति करता है। उसे यह कदापि सहन नहीं था कि कवि अपने काव्य में देवताओं को कायर, लंपट, क्रूर, लालची, पापी, असत्यवादी आदि रूपों में चित्रित करें अथवा जब काव्य में धूर्त या दुष्ट लोगों को सुखी और वैभव-संपन्न दिखाया जाता है तब आम आदमी की आस्था डगमगा उठती है। उसके मन पर कुप्रभाव पड़ता है। इसी प्रकार दुखांत नाटकों में हत्या, कलह, विलाप आदि और सुखांत हास्य नाटकों में अभ्रदता और मस्खरापन दर्शक के असाधु अंश की तृप्ति करते हैं। ऐसे साहित्य मनुष्य की क्षुद्र वासनाओं को उदबुद्ध कर उसे करुणा विगलित बनाते हैं। जैसे दुःखांत नाटक देखते हुए धैर्य और साहस के बजाय दर्शक रोते, बिलखते तथा हजार-हजार आंसू बहाते हैं, जबकि सामान्य जीवन में इस तरह रोना हम मनुष्य की कमजोरी मानते हैं।

प्लेटो के अनुसार मूल सत्य का कर्ता ईश्वर है, जबकि कवि अनुकृति का अनुकर्ता है। इसलिए वह मूल सत्य से तिगुना दूर है। उसके अनुसार वास्तविक सत्य यह है, जिसकी अभिव्यक्ति से मनुष्य के भीतर नैतिक और सामाजिक मूल्यों के प्रति आस्था दृढ़ हो और जो मनुष्य को बेहतर इंसान में तब्दील कर सके। चूंकि काव्य स्वयं सत्य के अनुकरण का अनुकरण है, और कवि स्वयं सत्य का निर्माता नहीं बिल्क अनुकर्ता होता है। उदाहरणार्थ कृषक का चित्रण करने वाले

चित्रकार को कृषक और कृषि-कर्म की बारीकियों की जानकारी नहीं होती तो उसका सत्य, 'पूर्ण सत्य' कैसे हो सकता है? कवि का भी अनुकरण अज्ञान और असत्य का अनुकरण होता है अत: वह मात्र सत्याभास होता है। अपने आदर्श राज्य में संयत, वीर, साहसी और धैर्यशाली नागरिकों की अपेक्षा रखने वाला प्लेटो काव्य की उपयुक्त मूलभूत प्रकृति और प्रवृति के कारण कवि और उसके काव्य को सादर बहिष्कृत करने की घोषणा करता है।

निष्कर्ष : प्लेटो की स्थापनाएं विशुद्ध साहित्य-विवेचन या साहित्य-मूल्यांकन के संदर्भ में न होकर आदर्श गणराज्य के निर्माण के संबंध में है फिर भी काव्यशास्त्री विवेचन की दृष्टि से किंचित दोषपूर्ण होते हुए बहुत महत्वपूर्ण है। कला चिंतन की स्वस्थ परंपरा का आरंभ-बिंदु प्लेटो को स्वीकार किया जाता है। प्लेटो के विचारों की संपूर्ण उपेक्षा संभव नहीं, क्योंकि इन्हीं विधेयात्मक या निषेधात्मक आलोचनाओं के मूल में अरस्तू की काव्य-चिंतन अवधारणाओं का विकास हुआ और काव्य-समीक्षा की एक स्वस्थ परंपरा की शुरुआत के जनक भी प्लेटो सिद्ध हुए।

अरस्तू

1. अनुकरण-सिद्धांत
2. विरेचन-सिद्धांत और उसका महत्व
3. विरेचन की पद्धतियां-त्रासदी

प्लेटो के शिष्य अरस्तू का जन्म 384 ई.पू. यूनान के मकदूनिया राज्य के स्तगिरा नगर में एक अभिजात्य परिवार में हुआ था। उनके पिता सिकंदर महान के दरबारी चिकित्सिक थे। अरस्तू, जिनका मूल नाम अरिस्टोटल था, बचपन से ही प्रभावशाली, विद्याव्यसनी और मेहनती थे। यही कारण था कि प्लेटो उन्हें अपनी पाठशाला का मस्तिष्क कहते थे। प्लेटो, अरस्तू की प्रखर प्रतिभा और मेधा से प्रभावित थे। अरस्तू भी अपने गुरु के प्रति सादर नतमस्तक थे। काव्य-संबंधी विवेचना करते समय भी वे कहीं अपनी सीमा नहीं लांघते और प्लेटो के विचारों का विरोध करने के बजाय उन्हें एक नई दृष्टि और परिप्रेक्ष्य में प्रस्तुत करते हैं। जिनसे प्लेटो के काव्य संबंधी आक्षेपों का भी निराकरण हो जाता है और काव्य में समाज-कल्याण और सार्वभौम सत्य के तत्वों का भी समावेश हो जाता है।

अरस्तू एक महान विचारक, चिंतक और मनीषी पुरुष थे। उन्हें अनेक विषयों पर पांडित्य हासिल था। करीब चार सौ ग्रंथों के प्रणेता माने जानेवाले अरस्तू की काव्यशास्त्र संबंधी संक्षिप्त 'पेरिपोइएतिकेस' का पश्चिमी-चिंतन में महत्वपूर्ण स्थान है। यह यूनान ही नहीं विश्व साहित्य का भी सौभाग्य है कि एक ही समय में प्लेटो और अरस्तू जैसे महान विचारक हुए जिनके दृष्टिकोण परस्पर विरोधी होते हुए भी लक्ष्य एक था। प्लेटो गणितज्ञ होने के कारण सूक्ष्म से स्थूल की तरफ आए जबकि अरस्तू विज्ञान तथा तर्काश्रित विश्लेषण और विवेचन के साथ स्थूल से सूक्ष्म की तरफ गए। इस तरह प्लेटो का दृष्टिकोण

आध्यात्मिक और अरस्तू का वैज्ञानिक था। उनके इस वैचारिक मतभेद को हम निम्नलिखित विवेचन में लक्षित कर सकते हैं।

1. अनुकरण-सिद्धान्त : अरस्तू ने काव्य को प्लेटो की ही तरह अनुकरणात्मक तो माना परंतु विवेचन में मौलिकता का परिचय दिया। अरस्तू का मानना है कि कलाओं के मूल में अनुकरण है परंतु इसका अर्थ प्लेटो की तुलना में अधिक विस्तृत है। इस अनुकरण को वह सृजनात्मक मानता है--

The veried meanings of this world changed from the cheap copy to the creative activity of imagination"

समस्त कलाओं के मूल में दो शक्तियां कार्य करती हैं- अनुकरण, संगति। (haemony & Rhythem)

प्रकृति तत्वत: सभी चीजों को संगति में ही निर्मित करती है जैसे- ऋतुएं, दिन-रात। कलाकार इसी निर्मिति को आधार बनाकर उसको कलात्मक रूप प्रदान करता है। इसलिए मूल प्रवृत्ति अनुकरण ही है, जो हमारे जीवन में व्याप्त है। हमारा लोक-व्यवहार भी इसी प्रकार से होता है। मूल चीज भले ही कुरुप हो, परंतु उसका अनुकरण सुंदर ही होता है। यह मानव की सहज वृत्तियों में से एक है।

अरस्तू ने प्रकृति के सर्जनात्मक रूप को महत्व दिया। कला निर्माता प्रकृति की गोचर वस्तुओं का नहीं प्रकृति की इस सजर्नात्मक कार्य का अनुकरण करता है। वह प्राणी-विज्ञान को मानने वाला था इसीलिए वस्तु के प्रत्यक क्षण विकसित होकर पूर्णता प्राप्त करने को वह स्वीकार करता है। वस्तु के appearence में जो निहित सृजनात्मक है, उसका का अनुकरण कलाकार द्वारा संभव है। उसका मानना यह भी है कि प्रकृति की कमियों को भी अपनी कल्पनाशीलता के सहारे कलाकार पूर्णत्व प्रदान करता है। कलाकार निर्मिति द्वारा आदर्श रूप particular (विशिष्टत्व) को universal (सामान्य तत्व) प्रदान करने की निरन्तर चेष्टा करता है। प्रकृति की अपूर्णता को पूर्ण करता है। अरस्तू का अनुकरण एक प्रकार का नवीन सृजन है। कलाकार की विशिष्टता कभी समाप्त नहीं होती। इसी विशिष्टता का अधिक सुंदर रूप वह प्रस्तुत करता है क्योंकि केवल विशिष्टता ही प्रभावकारी नहीं होती। उसे कलाकार की कल्पनाशीलता के संस्पर्श की आवश्यकता होती है। इसी से कला में विश्वसनीयता और चिरन्तनता भरती

है। कलाएं मानव जीवन का अनुसरण करती हैं। अत: जीवन ही कलाओं का उपादान या साधन है। कला जीवन का अनुकरण करते समय तीन तथ्यों को ध्यान में रखती है- (आ) वस्तुएं जैसी हैं (आ) जैसी वे कही या समझी जाती हैं (इ) जैसी वे होनी चाहिए (संभावनाएं) अरस्तू का विचार है कि-

It is not the fuction of poet to relate what has happened, but what may happen.

अरस्तू वस्तुओं के सुंदर, पूर्ण, प्रिय, आदर्श और आनंददायक रूप को मानता है, सतही या गोचर को महत्व नहीं देता। वह मानता है कि तथ्य और भावना द्वारा कलाकार के मानस-रूप की निर्मिति होती है और वह इसी का अंकन करता है जिससे गोचर वस्तु की अल्पता समाप्त हो जाती है। उसकी मान्यता है कि अनुकरण केवल सादृश्य-विधान नहीं है, वरन् मानव-जीवन के सर्व व्यापक तत्व की अभिव्यंजना है। प्लेटो ने जहां सब ललित कलाओं में अन्तर्निहित एकसूत्रता को आधार मानते हुए चित्रकलागत अनुकरण को मात्र निकृष्ट मानते हुए, काव्यकला को भी उसी कसौटी पर परखा, क्योंकि सूक्ष्म मानसिक बिंब की सत्यता में ही उसका विश्वास था, जिसका 'गिरा अनयन नयन बिनुवाणी' के आधार पर वास्तविक चित्रण संभव नहीं प्लेटो के अनुसार सृष्टि का सर्जक ईश्वर है। कोई भी वस्तु आदर्श रूप में ईश्वर द्वारा ही रचित हो सकती है। उदाहरणस्वरूप चारपाई का मानसिक बिंब ही आदर्श है। बढ़ई उस बिंब का अनुकरण कर चारपाई बनाता है, जबकि चित्रकार बढ़ई की बनाई चारपाई का अनुकरण कर उसका चित्र बनाता है। इसलिए चित्रकार आदर्श सत्य से और भी दूर है। इसी प्रकार चराचर जगत भी ईश्वरीय आदर्श रूप की अनुकृति है। कवि या कलाकार इस अनुकृति का अनुकरण करता है जो कि सत्य से दुगने दूर के तथ्यों की अनुकृति होने के कारण सत्य या आदर्श से तीन गुना दूर है, अत: हीन और त्याज्य है। अपनी इसी सैद्धांतिक धारणा के आधार पर प्लेटो कवि और उसके कार्य को निकृष्ट कर्म कहता है।

अरस्तू ने अपने गुरु प्लेटो के 'प्रकृति का अनुकरण' कथन को यथावत स्वीकार करते हुए भी उसकी व्याख्या नए ढंग से की, जिसने मानों 'अनुकरण' शब्द का अर्थ ही बदल दिया। अरस्तू से पूर्व प्लेटो और उससे भी पूर्व यूनानी विचारकों ने अनुकरण को हूबहू नकल के अर्थ में प्रयोग किया। अत: कला मात्र प्रकृति का अनुकरण होती है, यह विचार प्लेटो को जातीयदाय के रूप

में मिला। प्लेटो ने नकल से लेकर कल्पनात्मक-सृजनात्मक तक को अनुकरण मानकर उसे खारिज कर दिया। अरस्तू ने विशुद्ध कलात्मकता को अपनाते हुए कला को प्रकृति की अनुकृति मानते हुए भी, प्रकृति का अर्थ जड़ प्रकृति नहीं बल्कि ऐसी प्रकृति माना जिसमें संभाव्यता संभवनीयता, उत्थान-पतन, नियम, परिवर्तन, परिवर्द्धन आदि प्रक्रियाएं संभव है। अरस्तू के अनुसार 'अनुकरण पुन: सृजन की प्रक्रिया है' कविता यदि मात्र प्रकृति का दर्पण है तो वह उससे ज्यादा कुछ नहीं दे सकती। परंतु कविता हमारी उस भूख को शांत करती है जिसका निदान प्रकृति के पास नहीं है। अरस्तू के अनुसार जगत तीन रूपों में दृष्टिगत होता है। एक उसका बाहरी रूप जो इंद्रिय गोचर है। दूसरा मानसिक बिंब-निर्माण की प्रक्रिया जिसमें देश-काल भेद के अनुसार इसका अर्थ व्यक्ति-सापेक्ष हो सकता है। तीसरा है उसका आदर्श रूप। वस्तु का आदर्श रूप वही है जैसी वस्तु काम्य है या होनी चाहिए। वस्तु का यह आदर्श रूप नैतिक, सामाजिक अथवा सौंदर्यात्मक अपेक्षाओं के आधार पर कल्पित होता है। अरस्तू के अनुसार अनुकरण में कल्पना का बहुत बड़ा महत्व है क्योंकि वस्तु जैसी दृष्टिगोचर होती है या जैसी वे कही या समझी जाती है यानी मानसिक-बिंब द्वारा, वस्तु का जो आंतरिक-पक्ष उद्घाटित होता है, उसकी अपेक्षा वस्तु जैसी होनी चाहिए उसके सृजन में कल्पना का महत्वपूर्ण स्थान है। इस तरह कल्पना के समावेश से इन्द्रियगोचर वस्तु का इच्छित रूप पुन: सृजित होता है जो काव्य की विशेषता और उसका गुण-धर्म दोनों है और यह नव-सृजन आनंददायी होता है। अपने नवसृजन को और अधिक स्पष्ट करते हुए उन्होंने इतिहास और कविता का उदाहरण दिया। एक इतिहासकार उन्हीं घटनाओं का वर्णन करता है जो घटित हो चुकी हैं, और जिनके प्रमाण हैं परंतु कवि और काव्य हमें वह देता है जो हो सकता है, संभव है, संभाव्य है, काम्य एवं वरेण्य है। यहीं आकर काव्य की अभिव्यक्ति विशेष की न होकर सर्व सामान्य की हो जाती है। भारतीय काव्यशास्त्र जिसे साधारणीकरण की संज्ञा देता है। जब यह हर पाठक, दर्शक से अपना समन्वय स्थापित करती है, तभी आनंदमूलक बनती है। इस तरह कवि इतिहासकार की अपेक्षा श्रेष्ठ है। क्योंकि वस्तु कैसी है, इसकी अपेक्षा वह कैसी हो सकती है, या होनी चाहिए यह काव्य का विषय होता है। कवि इस अनुकरण में कल्पना, भाव और विचारों का समावेश कर उसे आदर्श रूप प्रदान करता है। अनुकरण में आनंद-तत्व का समावेश अरस्तू

की बड़ी देन है।

अरस्तू ने अपने अनुकरण-सिद्धांत द्वारा काव्य को गौरवपूर्ण प्रतिष्ठा दिलाई परंतु अरस्तू का यह अनुकरण-सिद्धांत पूर्णतः निर्दोष नहीं है। अरस्तू ने अपने सिद्धांत में भाव और कल्पना तत्व को स्वीकार करते हुए भी वंस्तुतत्व को अधिक प्रधानता दी। साथ ही अरस्तू कवि की अन्तश्चेतना को कोई महत्व नहीं देता जो उसके विवेचन की सीमा हो सकती है। वस्तुतत्व अथवा अनुकार्य की वरीयता होने के कारण इसे विशुद्ध आत्मतत्वपरक विधाओं पर लागू नहीं किया जा सकता।

2. विरेचन-सिद्धांत और उसका महत्व : 'विरेचन' शब्द यूनानी चिकित्सा-शास्त्र का शब्द है। वैद्यकिय परिवेश में होने के कारण अरस्तू इसके चिकित्सीय अर्थ से पूर्णतः परिचित रहे होंगे। जिसका अभिधार्थ मलशुद्धि, निष्कासन, बहिर्गमन, निकालना आदि है। यूनानी-चिकित्सा शास्त्र में 'कैथारसिस' शब्द रेचक-औषधि द्वारा पेट की मलशुद्धि, रेचन या मलनिष्कासन के लिए प्रयोग किया जाता है। परंतु काव्यशास्त्रीय-विवेचन के अन्तर्गत अरस्तू ने विरेचन शब्द का लाक्षणिक अर्थ में प्रयोग किया है। अरस्तू कथार्सिस के जिस सिद्धांत को साहित्य का हिस्सा बनाता है, वह भावनाओं का शुद्धिकरण है। अरस्तू के समय महाकाव्य और नाटक दो ही विधाओं का प्रमुखता से प्रचलन था। जिसका गंभीर अध्ययन अरस्तू ने किया था। नाटक भी दो प्रकार के थे ट्रेजडिक तथा कॉमेडी। अपने से उच्च अथवा गरिमामय पात्रों की सृष्टि द्वारा ट्रेजडी की निर्मिति होती है और दर्शकों से निम्न-श्रेणी के पात्रों की सृष्टि द्वारा कॉमेडी का निर्माण होता है। करुणा और भय इस ट्रेजडी (दुखांत) के हिस्से हैं तथा कॉमेडी में हास्य का।

साधारण पर संकट आने पर विशेष लोगों का उस ओर ध्यानाकर्षण नहीं होता। यही संकट जब अच्छे-भले, उदार, ऊंचे स्वाभाव के व्यक्तियों पर आता है तब 'ट्रेजडी' बन जाता है। दैवी-संकट से घिरे आदमी के संकट को देखकर करुणा का जन्म होता है उसी के साथ यह भय भी पैदा होता है कि इस प्रकार के दुष्ट या प्रतिगामी शक्तियां जो सद्पुरुषों को कष्ट प्रदान करती हैं, संसार में रहती हैं। यह नियति का विधान मानकर भय उत्पन्न होता है। प्लेटो ने त्रासदी के संबंध में आरोप लगाया था कि वह मनुष्य की क्षुद्र वासनाओं का दमन करती है और असाधु अंश की तृप्ति करती है। अरस्तू ने प्लेटो की इस धारणा

का खंडन करते हुए दमन की जगह 'विरेचन' अथवा परिशमन के तत्व को निर्देशित करने वाला 'विरेचन' सिद्धांत प्रस्तुत किया। अरस्तू मानते थे वासनाएं मनुष्य को जन्मजात प्राप्त होती है और ये मानव-जीवन की स्थायी और अनिवार्य अंग, करुणा, आदि हीन-वर्गीय भावनाएं भी मानव में विद्यमान रहती हैं। अगर इनका दमन किया जाएगा तो वह पौधे की कोपलें खोंटने या धरती से ऊपर काटने जैसा होगा। जबकि जड़ें अंदर विद्यमान होगी, जो उपयुक्त अवसर पाते ही पुनः भड़क उठेगी। उस समय मनुष्य पूर्णतः असहाय होगा। इसलिए अरस्तू ने इन समस्याओं का समाधान वासनाओं को उद्‌बुद्ध कर उन्हें विरेचित करने में खोजा। जैसे चिकित्सक द्वारा उदर-विकार पीड़ित व्यक्ति को रेचक-औषधि देकर पहले उसके उदरस्थ के मल को उद्‌बोधित किया जाता है। तदन्तर मल-विरेचन द्वारा उसे शारीरिक तथा मानसिक दृष्टि से स्वस्थ बनाया जाता है। कला के क्षेत्र में करुणा तथा त्रास के उद्रेक के द्वारा इन मनोविकारों का उचित विरेचन किया जाता है। मनुष्य को बौद्धिक रूप से संतुलित रखने के लिए उसकी मनोवृत्तियों का संस्कार आवश्यक है। यही काम त्रासदी करती है। त्रासदी प्रेक्षकों के मन में भय, करुणा आदि भावों को पहले उद्दीप्त करती है। फिर इन्हीं अतिरंजित और उद्दीप्त मनोभावों का विरेचन कर सुखात्मक सामंजस्य स्थापित करती है। यह बात बिल्कुल मनोविज्ञान और मनोविश्लेषण के अनुकूल है कि मानव-मन के अवचेतन में अतृप्त वासनाएं और कुंठाएं पड़ी रहती हैं जो समयानुकुल उद्‌बुद्ध होती हैं।

विरेचन संबंधी अपनी अवधारणा अरस्तू ने त्रासदी के संबंध में दी थी, क्योंकि प्लेटो ने त्रासदी पर ही यह आरोप लगाया था कि वह मनुष्य की हीन वासनाओं को उद्बबुद्ध कर उसे कमजोर बनाती है। इसलिए यह मानसिक-स्वास्थ्य की दृष्टि से अहितकर है। इसी मान्यता का खंडन करते हुए अरस्तू ने विरेचन- सिद्धांत दिया, लिहाजा त्रासदी पर एक दृष्टिपात प्रासांगिक होगा।

विरेचन की पद्धतियां-त्रासदी : अरस्तू ने विरेचन की प्रक्रिया-प्रविधि या सिद्धांत का कहीं क्रमवद्ध विवेचन नहीं किया है। केवल त्रासदी की परिभाषा और संगति के प्रभाव के वर्णन के समय विरेचन शब्द का प्रयोग किया है। अरस्तू के अनुसार- "त्रासदी किसी गंभीर, स्वयं में पूर्ण तथा निश्चित आकार-प्रकार से युक्त कार्य की अनुकृति है, जिसका माध्यम नाटक के भिन्न-भिन्न रूप में प्रयुक्त काव्यात्मक और अलंकृत भाषा होती है। ट्रेजडी में अवश्य कुछ

ऐसा रहता है जो हमारे सौन्दर्यबोध को जागृत करता है। व्यक्तित्व का परिमार्जन करता है। ट्रेजडी का कार्य मनोभावों का विरेचन है। उसने अपने प्रसिद्ध ग्रंथ 'पोयटिक्स' तथा पालिटिक्स' तथा अन्य ग्रंथों में भी इसका विस्तृत उल्लेख किया। संगीत का उदाहरण देते हुए वह इसके तीन उद्देश्य निर्धारित करता है। शिक्षा देना, बौद्धिक आनंद तथा विरेचन (शुद्धीकरण)। उसका विचार है कि भावना का आधिक्य या भावना की अल्पता दोनों मनुष्य के लिए अनुपयोगी है। दोनों के बीच का सामंजस्य आवश्यक है। साहित्य में 'ट्रेजडी' मन के विकारों को कलात्मक ढंग से बाहर करता है। भावाओं के इस शुद्धीकरण की प्रक्रिया में विरेचन द्वारा अनिष्ट अंश को बाहर फेंक दिया जाता है। चिकित्सक का पुत्र होने के कारण यह उसे सुझाई पड़ा। यूनान में धार्मिक उत्सवों के समय ऐसे नाटकों का मंचन होता था जो दुखांत हुआ करते थे। यूनानी-संस्कृति में दियोन्यूसस नामक देवताओं का प्रतिवर्ष उत्सव होता था। जिसका उद्देश्य था कि मनुष्य का पाप कर्म दूर हो जाय तथा उसका जीवन शुद्धता से परिपूर्ण हो जाय। 361वर्ष ईसा पू. उठा यूनान में एक बीमारी फैली थी उस समय भी उस बीमारी में निजात पाने के लिए ट्रेजडिक (दुखांत) नाटक खेले गए थे।

प्रश्न यह उठता है कि चिकित्साशास्त्र में रेचन-क्रिया उसी की होती है जो बीमार हो तो क्या मान लिया जाय की ट्रेजडी के दर्शक का मन और भीतरी जगत पहले से अस्वस्थ एवं दूषण से परिपूरित है और शुद्धीकरण द्वारा इसी का परिष्कार किया जा रहा है। शंका यह भी पैदा की गई कि ट्रेजडी देखने के बाद मन में शुद्धता के संचार के उपरांत शांति पैदा हो, आवश्यक नहीं। विचार करना होगा कि अरस्तू ने केवल भय और करुणा की दृष्टि से विचार किया था। उसके सामने जो ट्रेजडी थी, उनमें ये दो भावनाएं कार्यरत रही होगीं। यह नहीं भुलना चाहिए कि उसने इस सिद्धांत द्वारा प्लेटो के नैतिक आक्षेपों का करारा जबाब दिया और साहित्य को प्रतिष्ठित एवं गरिमामय स्थान प्रदान करने की कोशिश की। उसने चरित्र निर्माण और शील-निर्माण की दृष्टि से भी साहित्य की उपादेयता को रेखांकित किया। महान ग्रंथों के पढ़ने से पूर्व हम जैसे होते हैं, पढ़ने के बाद वैसे नहीं रह जाते। ग्रंथ हमारे मन पर निश्चित तौर पर अपना असर डालते हैं। यह अनुकृति कार्यव्यापार के रूप में अर्थात अभिनयात्मक होती है, जिसके करुणा और त्रास के उद्रेक के द्वारा इन मनोविकारों का उचित विरेचन किया जाता है। संगीत के प्रभाव का वर्णन

करते समय भी उसका उद्देश्य शिक्षा और आनंद के अलावा विरेचन भी है, पर इस तरह प्लेटो द्वारा सर्वथा त्याज्य 'त्रासदी' को अरस्तू ने नाटक की सर्वश्रेष्ठ विधा कह कर इसकी सुविस्तृत व्याख्या की। कालान्तर में इस विरेचन शब्द को लेकर विद्वानों ने जितना चिंतन-मनन किया उतना शायद ही किसी अन्य सिद्धांत के संबंध में हुआ हो। इसका मूल्यांकन अनेक शास्त्रों और दृष्टियों से करने का प्रयास किया गया। क्योंकि अरस्तू ने स्वयं उसकी व्याख्या कहीं नहीं की।

मिल्टन, गेट तथा प्रो. एवर कॉम्बी 'कैथार्सिस' का अर्थ रेचन (purgation) चिकित्सा के संदर्भ में स्वीकार करते हैं। चूकि अरस्तू का परिवेश वैद्यकीय था, अत: उनके द्वारा सुपरिचित परिवेश से ही अपने भावों की अभिव्यक्ति के लिए सक्षम प्रतीकों का चयन स्वाभाविक है। संभवत: उन्होंने उदर-विकार का परिशमन रेचन-प्रक्रिया द्वारा देखा होगा। उसी साम्य पर त्रासदी आदि काव्य, कलारूपों द्वारा मानवीय मनोविकारों को, उसी प्रक्रिया से पहले उद्बुद्ध करके और फिर विरेचन द्वारा शांति और सुख प्राप्ति के माध्यम के रूप में ग्रहण किया जाना चाहिए। परंतु इस रूप में ग्रहण करने के उपरांत सबसे बड़ी आपत्ति यह है कि ट्रेजडी के लिए भय और करुणा को उत्पन्न करना ही यथेष्ट है? क्या काव्य के आंनद को हम औषधि के प्रभाव के बाद के आराम के समकक्ष रहकर उसका अवमूल्यन नहीं कर रहे हैं? आगर त्रासदी को रेचक-औषधि मान लें तो प्रेक्षागृह एक तरह का शौचालय होगा जिसके सीमित वातावरण में मल (भय करूणा आदि मनोविकारों) को त्याकर व्यक्ति स्वस्थ-मन से बाहर निकलता है। इस प्रतीकात्मकता में कवि की भूमिका बीमारी की पहचान कर उसी अनुपात में तगड़ी खुराक देने वाले वैद्य की होगी। निश्चित रूप से अरस्तू को यह अभिप्रेत नहीं रहा होगा और इस तरह के सकुंचित अर्थ में इस सिद्धांत को बांधना मात्र बौद्धिक विलास ही कहलाएगा।

अरस्तू के विरेचन-सिद्धांत की व्याख्या धार्मिक दृष्टिकोण से भी की गई। प्रो. गिलर्वट मरे के अनुसार यूनान में धार्मिक उत्सवों का आयोजन एक प्रकार की आत्मिक शुद्धि के लिए किया जाता था। लीबी की धारणा है कि प्राचीन यूनान में महामारी आदि के प्रकोप के अवसर पर त्रासदी का मंचन होता था। प्रो. मरे के अनुसार-- "यूनान में त्रासदी का रोम में प्रवेश कलात्मक उद्देश्य की पूर्ति के लिए नहीं, वरन् एक प्रकार के धार्मिक अंधविश्वास के रूप में

किसी महामारी के निवाण के लिए हुआ था।'' अब ऐसे अवसर पर मनोरंजन तो काम्य नहीं रहा होगा। ऐसे अवसर पर त्रासदी द्वारा बाहरी उत्तेजना को शमित कर आत्मिक शुद्धि और शांति ही उद्देश्य रहा होगा।

वार्नेज, रेसिन, कार्नेई आदि विद्वानों ने विरेचन की नीतिपरक व्याख्या की। वारनेज के अनुसार मनुष्य के मन में असंख्य मनोभाव बने रहते हैं। इनमें से भय और त्रास दु:खमूलक भाव है। ये मनुष्य में अनिष्टकार भाव उत्पन्न करते हैं, जिससे मनुष्य की शांति नष्ट हो जाती है। त्रासदी अपने सीमित वातावरण में घटनाओं एवं स्थितियों का ऐसे रूप में चित्रण करती है, जिनमें ये मनोभाव अतिरंजित रूप में अभिव्यक्ति पाते हैं। प्रेक्षागृह में बैठे दर्शक के मन में भावनाएं उद्‌बुद्ध या जागृत होती हैं और फिर शांति-स्थापना होती है। इस तरह मन की दुखात्मक मनोवृत्तियों की चरम परिणति एक प्रकार के स्वस्थ मानसिक-सामंजस्य में हो जाती है, जिसकी प्रकृति मूलत: सुखात्मक होती है।

गेटे, बुचर तथा अंग्रेजी के स्वच्छदंतावादी आलोचकों ने विरेचन-सिद्धांत की कलापरक व्याख्या प्रस्तुत की। बुचर के मतानुसार त्रासदी का कर्तव्य कर्म केवल करुणा या त्रास के लिए अभिव्यक्ति का माध्यम प्रस्तुत करना नहीं बल्कि उन्हें एक सुनिश्चित कलात्मक परितोष प्रदान करना है। कला का मूल्यांकन कलात्मक परिष्करण और कलात्मक आनंद की दृष्टि से ही संभव होगा।

जॉनसन, ड्राइडन, एब्सिन, स्टील आदि विद्वानों ने विरेचन की भावपरक व्याख्या प्रस्तुत की। उनके अनुसार त्रासदी प्रेक्षक ने मन से त्रास और करुणा के साथ-साथ पाप, क्रोध, मोह, अहंकार कामुकता जैसे अन्य अनिष्टकारी मनोविकारों का शमन कर उसे एक स्वस्थ-मानव में परिवर्तित करती हैं। ऐसा उस अवस्था में होता है, जब वह त्रासदी सच्चरित्र और उच्चकोटि के पात्रों को भावना, दुख, कष्ट और अपमान झेलते देखता है।

उपयुर्क्त विविध मतों से स्पष्ट है कि सभी व्याख्याओं में किसी एक जीवन दृष्टि को लेकर उसी आधार पर विरेचन सिद्धांत को विवेचित और विश्लेषित करने का प्रयास किया गया है। वास्तव में विरेचत से अरस्तू का एकमात्र आशय करुणा, भय, त्रास आदि दु:खमूलक मनोभावों का उद्रेक कर तत्पश्चात् इन्हीं भावों के उपशमन द्वारा एक प्रकार की भावगत संतुलन की प्राप्ति जो मानव-मन के स्वास्थ्य के लिए अत्यंत आवश्यक है।

कामदी : प्लेटो ने कामदी को त्रासदी से भी निकृष्ट विधा माना था।

उनके अनुसार इर्ष्या और द्वेषजन्य हर्ष ही कामदी का आधार है। अरस्तू कामदी को महाकाव्य और त्रासदी की अपेक्षा हीन विधा मानते हुए भी उसके महत्व को स्वीकार करते हैं। उनके अनुसार कामदी का मूल भाव हास्य है हर्ष नहीं। कामदी में नाटककार किसी शारीरिक चारित्रिक दोष के सहारे जीवन के हीनतर अंश का चित्रण करता है परंतु ये कष्टदायक या घृणोत्पादक न होकर हंसाने वाले होते हैं। इस चित्रण से सहज, स्वाभाविक, निर्दोष और भला जीवन जीने में कामदी मदद करती है। विरेचन की दृष्टि से देखें तो कामदी की सार्थकता संकेतित होती है। जिस तरह त्रासदी के भय और करुणा-भाव दुखमूलक हैं और उनका परिशमन आवश्यक है। उसी तरह हास्य और मनोरंजन भी अतिरेक की अवस्था में सामाजिक जीवन में अप्रिय हो सकते हैं। कामदी इन भावों को काव्यात्मक भ्रम द्वारा उत्पन्न परिवेश में उद्‌बुद्ध और परिशमित करती है।

विरेचन-सिद्धांत का महत्व : पाश्चात्य काव्यशास्त्रीय चिंतनधारा में अरस्तू मील के पत्थर के समान हैं और उनके विरेचन-सिद्धांत का ऐतिहासिक और तात्विक दृष्टियों से बड़ा महत्व है। प्लेटो ने जहां काव्य के अस्तित्व पर ही प्रश्नचिन्ह लगा दिया था। अरस्तू ने अपने गुरु की अपूर्ण और अशुद्ध धारणाओं को उनके जीवन-काल में ही सुधार कर चिंतन का मार्ग प्रशस्त किया। प्लेटो ने जहां काव्य को मनुष्य की क्षुद्र एवं दुखदायी भावनाओं का पोषक और मानवीय जीवन में अराजकता उत्पन्न करने वाला आरोप लगाकर काव्य, विशेषकर त्रासदी को त्याज्य ठहराते हुए कवि एवं काव्य को कालापानी की सजा सुनाई, वहीं अरस्तू ने काव्य के कलागत-मूल्यों की परख की। उसका मानना था कि यह ठीक है कि करुणा और भय अप्रिय भावनाएं हैं तो त्रासदी प्रेक्षागृह के नियंत्रित परिवेश में प्रेक्षकों के भीतर इन भावनाओं को ठीक, उसी प्रकार उद्‌बोधित कर परिशमन करती है जैसा आजकल होम्योपैथी में किया जाता है। इन वासनाओं के रेचन के उपरांत मन में जो शांति पैदा होती है, आनंद की जो भावधारा बहती है, वह सामाजिक जीवन में अधिक संतुलन प्रदान करती है। प्लेटो ने जहां दमन का रास्ता अपनाया वहीं अरस्तू ने अधिक तर्कसंगत चिरस्थायी मार्ग सुझाया। भारतीय रस-सिद्धांत की साधारणीकरण के साथ भी अरस्तू के इस सिद्धांत का काफी साम्य बैठता है।

विरेचन तथा साधारणीकरण : प्लेटो द्वारा काव्य पर लगाए गए आक्षेपों का उत्तर देते हुए अरस्तू ने विरेचन के सिद्धांत को प्रस्तुत किया।

प्लेटो का मानना था कि कला 'अनुकरण का अनुकरण' होने के कारण ईश्वर द्वारा निर्मित कल्पना का अशुद्ध रूप है। दूसरा कलाकार अपनी कला द्वारा मानव की क्षुद्र भावनाओं को उद्दीपत्त कर अति-भावुक, कमजोर तथा पतनोन्मुख कर देता है। तीसरा उसका कथन था कि जिन कमियों, या दोषों का हम व्यावहारिक जीवन में विरोध करते हैं, उन्हीं को त्रासदी जैसे काव्य प्रकार का प्रमुख हिस्सा बताकर मनुष्य को उचित आचरण से परे कर दिया जाता है। जैसे व्यावहारिक जीवन में रोना या आंसू बहाना अच्छा नहीं जबकि त्रासदी का वह केंद्रीय-तत्व है। निष्कर्षत: दर्शक के भीतर कथनी और करनी का भेद उत्पन्न होता है।

अरस्तू ने नैतिक आरोपों का निराकरण करने के लिए विरेचन की बात की जबकि साधारणीकरण मुख्य रूप से कलात्मक बाधा से निजात पाने के लिए भट्टनायक द्वारा प्रस्तुत तथा अभिनव गुप्त द्वारा विकसित सिद्धांत है। हम विचार करें कि भट्टनायक के सामने कौन-सी कलात्मक समस्याएं थी? नाटक में मानों राम अभिनेता के रूप में रंगमंच पर आते हैं। उस समय वे अपने लौकिक व्यक्तित्व से भी अलग हैं और एक काल्पनिक चरित्र को प्रस्तुत करने का प्रयत्न करते हैं? विचित्र बात यह है कि इस काल्पनिक चरित्र के सुख-दुख से दर्शकों का कोई प्रत्यक्ष संबंध नहीं होता फिर भी वे उसके दुख-सुख से गहरे तक प्रभावित होते हैं। प्रश्न यही है कि काल्पनिक चरित्र के हर्ष-विषाद से सामाजिक किस प्रकार तदाकार होकर दुख-सुख अनुभव करने लगता है, यही कलात्मक सवाल है। इसी का उत्तर साधारणीकरण द्वारा दिया गया है। अरस्तू का विरेचन नैतिक प्रश्नों का उत्तर देता है और साधारणीकारण निदान को तलाशने का कार्य करता है। भट्टनायक ने यह कहा कि भावकत्व नामक शक्ति द्वारा विभावादि काव्यगत-सामग्री का साधारणीकरण होता है। अर्थात् इसी शक्ति द्वारा वह इसे योग्य बनती है कि सबके सुख-दुख का विषय हो जाय। इसी को आगे विकास करते हुए अभिनवगुप्त ने कहा कि आलंबन की अर्थात् काव्य-विषय की विशिष्टता समाप्त होकर उसमें सार्वजनिनता आ जाता है। अभिज्ञानशाकुंतलम् का दुष्यंत विशिष्ट राजा नहीं सामान्य मनुष्य के रूप में समाने आता है। मृगशावक भी विशिष्ट न होकर व्यक्तिगत संदर्भों से मुक्त देश कालातीत रूप धारण कर लेता है और संवेदना से जुड़ जाता है। यही कलात्मक समाधान है। विरेचन में अरस्तू ने विशिष्टता और सार्वजनिनता का संकेत किया है परंतु इसका कलात्मक समाधान उन्हें काम्य नहीं था। साधारणीकरण

में भावक या श्रोता सामाजिक तन्मयता की स्थिति में होता है, जबकि विरेचन में सामाजिक की तन्मयता एक सीमा तक ही होती है। उसकी अपनी विशेष सत्ता का भान बना रहता है। विरेचन में मनुष्य के चित्त को अशुद्ध करनेवाले या बनाने वाले भावात्मक अंशों को निकालकर मानसिक स्वास्थ प्राप्त किया जाता है। यह एक आरंभिक दशा है। साधाणीकरण में मनुष्य के मन में रुग्णता की दशा नहीं है। वरन् सहृदय कलास्वाद के लिए प्रस्तुत होता है जो मानसिक रूप से स्वस्थ है। उसको न तो शुद्धिकरण या परिष्कार की जरूरत है और न अस्वस्थ अंश को रेचन करने की। साधाणीकरण द्वारा प्राप्त आनंद स्वस्थ मन की अनुभूति है और यह तथ्य कलास्वाद के अधिक करीब है। यह कहें कि विरेचन में रेचन, शुद्ध और संतुलन तीन अवस्थाएं हैं, जो आनंद की-साहित्य के परिणाम के पॉजिटिव पक्ष की शुरुआती स्थिति है। साधारणीकरण का आनंद पूर्णतया कलानंद है। साधारणीकरण द्वारा प्राप्त आनंद की मूलभूत आनंदमय अवस्था का प्रतिभिज्ञान है जबकि विरेचन मावन-मन की रुग्णता से स्वास्थ तक पहुंचने की स्थिति का संकेत है। इससे साधारणीकरण महानतर कलात्मक प्रक्रिया की पद्धति है। इससे मिलेन वाला आनंदानुभाव केवल रेचन नहीं, शुद्धि नहीं बल्कि सार्वजनिन एवं व्यापकता का द्योतक है। इसमें मनुष्य अपने देशकाल के क्षुद्र व्यावहारिक बंधनों का अतिक्रमण कर विराटत्व की भावभूमि पर स्थित होता है। यह कलास्वाद-प्रक्रिया के समग्र रूप को समाहित करता है, जब विरेचन-सिद्धांत त्रासदी नामक एक विशेष प्रकार तक रुक जाता है।

लौंजाइनस

पाश्चात्य काव्यशास्त्र में प्लेटो और अरस्तू के बाद लौंजाइनस को महत्त्वपूर्ण विचारक माना जाता है। लौंजाइनस के प्रसिद्ध ग्रंथ 'पेरिइप्सुस' के लेखन-काल ही नहीं उसके लेखक को लेकर भी विद्वानों में काफी मतभेद रहा। शताब्दियों तक सर्वथा विस्मृत और उपेक्षित यह ग्रंथ 1554 ई. में रोबरतेल्लो नामक इतालवी विद्वान द्वारा इतालवी भाषा में अनूदित होकर चर्चा का विषय बना और आज तो विद्वान इसे अरस्तू के 'परिपोइतिकेस' के समकक्ष सम्मान और महत्व देते हैं। इस ग्रंथ की तीन हस्तलिखित प्रतियां प्राप्त हुई, जिन पर नाम वैविध्य के कारण इसके लेखक और लेखन-काल दोनों के विषय में अनिश्चितता बनी हुई है। लौंजाइनस प्रथम शताब्दी में हुआ या तीसरी यह अभी मतभेद का विषय है। फिर भी विद्वानों का एक बहुत बड़ा वर्ग तीसरी शताब्दी की पालम्यूरा की महारानी जीनोविया के इतिहास प्रसिद्ध मंत्री लौंजाइनस को ही 'पेरिइप्सुस' का लेखक मानता है। प्राय: ऐसा होता है कि महान लेखकों के जीवन-चरित्र की रेखाएं अतीत के अंधेरे में गुम होती है परंतु रचना की प्रत्येक पंक्ति और शब्द उसकी शक्ति और सामर्थ्य का प्रमाण देती है।

'पेरिइप्सुस' एक अपेक्षाकृत छोटा-सा ग्रंथ है, जिसमें छोटे-छोटे चौवालीस अध्याय हैं, जो वस्तुत: वाग्मिता अथवा भाषण-कला की मूलधारणाओं की खोज से संबद्ध हैं। इसी आधार पर इसके प्रथम अंग्रेजी अनुवाद का नाम 'द हाइट ऑफ इलोक्वेंस' अथवा 'भाषण-कला का शीर्ष' रखा गया था, लेकिन परवर्ती विद्वानों को सब्लाइम और उसके सामनांतर हिंदी शब्द 'उदात्त' ज्यादा जंचा, और यही रुढ़ हो गया। लौंजाइनस ने तेरेन्तियानुस नामक किसी रोमन युवक को कैसीलियस द्वारा लिखे 'उदात्त' नामक निबंध की अपूर्णता की विवेचना करने की धुन में पत्रात्मक शैली में इस पुस्तक की रचना की। मात्र साठ पृष्ठों

की इस रचना से लोंजाइनस की गंभीर समझ और विषय पर अधिकार का पता चलता है। लौंजइनस विद्वान मनीषी तथा कलाचिंतक था। प्लेटो से प्रभावित और प्रशंसक होने के बावजूद वह प्लेटो की काव्य-निंदा से असहमत था। काव्य-रचना के प्रभावकारी तत्वों से वह पूर्णत: भिज्ञ था और उसकी दृष्टि सर्वथा मौलिक थी। वह उसकी मौलिक उद्‌भावना थी कि उदात्त का गुण ही लेखक की विशेषता और रचना की आत्मा होती है। लौंजाइनस ने अपने इसी लघु-ग्रंथ में उदात्त तत्व को एक अत्यंत व्यापक आधार भूमि प्रदान की है।

उदात्त की अवधारणा : लौंजाइनस ने 'पेरिइप्सुस' में कहीं भी उदात्त की सुस्पष्ट व्याख्या या परिभाषा प्रस्तुत नहीं की है तथापि तेरिन्तियानुस के पत्र में उदात्त के विषय में बताते हुए लौंजाइनस लिखते हैं कि- "उदात्त अभिव्यंजना का अनिवर्चनीय प्रकर्ष और वैशिष्ट्य है।" यही वह मूल-तत्व है जिससे महान् कवियों और इतिहासकारों को प्रतिष्ठा और यश प्राप्त होता है। आगे अपने विचारों को और स्पष्ट करते हुए लौंजाइनस 'उदात्त' की प्रभावगत विशिष्टता के बारे में बताते हुए कहते हैं इसका प्रभाव आत्मातिक्रमण के रूप में होता है। कुछ-कुछ सम्मोहित करने जैसा। उदात्त का यह प्रभाव अप्रतिरोध्य शक्ति से पैदा होता है, और बिजली की एक कौंध की तरह विषय और कथ्य को उद्भाषित कर देता है। अत: उदात्त-काव्य की यह विशिष्टता है, जिसकी पहचान श्रोता पर उसके प्रभाव के रूप में लक्षित होती है और मानवीय चेतना को एक वास्तविक परिवर्तन प्रदान करने में सक्षम होती है। लौंजाइनस ने उदात्त का विश्लेषण करते समय उसके पांच तत्व गिनाए हैं। जिनमें से कुछ का संबंध मानव के अंतरंग से है तो कुछ का बहिरंग से। इन तत्वों से युक्त रचना में ही उदात्तता या सम्मोहन की शक्ति होती है। लौंजाइनस के ग्रंथ पेरिइप्सुस का केवल दो तिहाई भाग ही उपलब्ध हुआ है, जो 1554 में अंग्रेजी में प्रकाशित हुआ। लौंजाइनस मानता है कि एक प्रकार के वे लेखक होते हैं, जिनके अनुभव की दुनिया बहुत छोटी होती है। लेकिन कलात्मक उपयोग द्वारा उसे महत्वपूर्ण बना देते हैं जैसे छायावादी कवि सुमित्रा नंदनपंत। दूसरे प्रकार के लेखकों का अनुभव-जगत बहुत बड़ा होता है। उनमें प्रचण्ड आवेग, उर्जा और तीव्रता विद्यमान होती है। जैसे निराला, मुक्तिबोध, प्रेमचन्द, शेक्सपीअर, टॉलस्टाय। इनका साहित्य चिरंतन और शाश्वत होता है। उनकी अनुभूति सच्ची होती है। सामान्यत: उदात्तता का अर्थ पवित्रता माना जाता है, जो नैतिक दृष्टि से उच्च

होता है। लौंजाइनस ने इसका अर्थ अत्यंत व्यापक किया- प्रगाढ़ भावोत्कर्ष। कला का उद्देश्य शिक्षा देना तथा आनंद देना दोनों होता है। कला में कहीं-न-कहीं insprieation (उत्प्रेरकता) होना चाहिए। सच्चा कलाकार लोगों के साथ यही करता है। लेखक या कवि के विचार और वस्तु-बोध भव्य एवं दिव्य होते हैं। जो आत्मा की महानता की प्रतिध्वनि है। महानता अनुकरण द्वारा नहीं पैदा की जा सकती। उसका विषय ऐसा है जिससे प्रभावित न होना संभव नहीं होता और जिसकी स्मृति इतनी गहरी और प्रबल होती है कि मिटाई न जा सके।

उदात्त-तत्व : लौंजाइनस ने अपने उदात्त संबंधी तत्वों को तीन श्रेणियों में विभक्त किया-

1. अंतरंग : अंतरंग तत्वों को लौंजाइनस पुनः दो रूपों में विवेचित करता है।

(क) महान धारणाओं की क्षमता

(ख) प्रवल-भावावेग

2. बहिरंग तत्व : बहिरंग-तत्वों को भी लौंजाइनस ने तीन भागों में बांटा।

(क) उचित अलंकार-योजना

(ख) गरिमामय रचना-विधान

(ग) उपयुक्त-भाषा

3. उदात्त के बाधक तत्वः उदात्त प्रदान करने वाले तत्वों के साथ-साथ ही लौंजाइनस ने उदात्त विरोधी तत्वों का भी निर्देश किया है और उदात्त की सिद्धि के लिए इनसे दूर रहने की सलाह भी देता है। ये उदात्त-विरोधी तत्व निम्नलिखित है।

1. बचकानापन
2. भावाडंबर तथा शब्दाडम्बर
3. जड़ता और भाषा का अस्तव्यस्त प्रवाह
4. अभिव्यक्ति की क्षुद्रता

औदात्य-संबंधी अंतरंग-तत्वों को आत्मा तथा बहिरंग-तत्वों को अनिवार्य सहकारी के रूप में निर्दिष्ट किया जा सकता है। साधारण अर्थों में इन्हें भावपक्ष और कलापक्ष में सीमित किया जा सकता है। इस तरह दोनों के समुचित समन्वयात्मक प्रयोग और प्रतिकूल तत्वों के निराकरण के द्वारा उदात्त प्रस्थापना को रेखांकित करने का कार्य लौंजाइनस ने किया है। इन तत्वों पर विस्तार से विचार करना

यहां आवश्यक है।

1. अंतरंग-तत्व : लौंजाइनस ने अतरंग तत्वों को दो भागों में विभाजित कर विवेचन किया है।

1. महान धारणाओं की क्षमता : लौंजाइनस मानते हैं कि कोई भी कृति या काव्य तब तक महान नहीं हो सकता जब तक उसमें महान धारणाओं की क्षमता विद्यमान न हो। इसके लिए आवश्यक है कि सर्जक के भी विचार-भाव उच्च और महान हो। वैसे तो यह गुण नैसर्गिक होता है परंतु कवि या लेखक को अपनी आत्मा में उदात्त विचारों को प्रेषित करते रहना चाहिए। डॉ. नगेन्द्र स्पष्ट कहते हैं कि- "यह संभव नहीं है कि जीवन भर क्षुद्र उद्देश्यों और विचारों से ग्रस्त व्यक्ति कोई स्तुत्य और अमर रचना कर सके। महान शब्द उसी के मुख से नि:सृत होते हैं जिनके विचार गंभीर और महान हो, अगर किसी में महान, ओजस्वी तथा मन को उदात्त गुणों से परिपूर्ण करने वाले विचारों की धारणा की क्षमता ही नहीं है, तो उच्चकोटि की साहित्य रचना कैसे कर सकता है। लौंजाइनस ने उदात्त की उत्पत्ति के लिए विषय को ज्यादा महत्त्व नहीं दिया उसे साध्य की जगह साधन ही माना। छोटा-से-छोटा विषय भी उच्च-कोटि के कवि के पास पहुंच कर महत्वपूर्ण हो जाता है।

2. प्रवल-भावावेग : लौंजाइनस प्रबल-भावावेग को उदात्त का महत्वपूर्ण तत्व मानता है। बिना प्रबल-भावावेग के प्रभावशाली रचना संभव ही नहीं। उनका स्पष्ट मत है कि- "मैं यह बात पूरे विश्वास के साथ कहता हूं कि जो आवेग उन्माद और उत्साह के उद्दाम वेग से फूट पड़ता है और एक प्रकार से वक्ता के शब्दों को विक्षेप से परिपूर्ण कर देता है। उसके यथास्थान व्यक्त होने से स्वर में जैसा औदात्य आता है वह अन्यत्र दुर्लभ है।" इसमें कोई दो राय नहीं कि काव्य-रचना हेतु प्रवल भाववेग आवश्यक है लेकिन सभी आवेग तो सुंदर या उच्चकोटि के नहीं होते। भव्य-आवेग मानव-आत्मा को उत्कर्ष और विराटता प्रदान करते हैं। ऐसे भव्य आवेगों से ही उदात्त ही सृष्टि होती है। लौंजाइनस कहता है- "वास्तव में महान रचना वही है, जिससे प्रभावित न होना कठिन ही नहीं असंभव हो जाए। इसकी स्मृति इतनी प्रवल और गहरी हो कि मिटाए न मिटे।" आत्मा का अपकर्ष करने वाले निम्न आवेगो को लौंजाइनस त्यागने की सलाह देता है। शोक, भय, दया आदि इसी प्रकार के निम्नकोटि के आवेग हैं जिनमें उदात्त का अभाव होता है। अत: लौंजाइनस के अनुसार ये परित्याज्य हैं।

2. बहिरंग-तत्व : बहिरंग तत्वों को भी लौंजाइनस ने तीन रूपों में विभाजित किया। लौंजाइनस ने अंतरंग-तत्वों को कृति की उदात्तता के लिए महत्वपूर्ण बताते हुए भी बहिरंग-तत्वों की उपेक्षा नहीं की। क्योंकि उदात्त-भावों के वहन के लिए उदात-भाषा और शैली भी अनिवार्य है। फिर भी उसका स्पष्ट मत है कि यदि विचार महान हो और अनुभूतियां तीव्र हों तो कलात्मक निर्माण में थोड़ी बहुत कमी रहने पर भी औदात्य की ज्यादा क्षति नहीं होगी। संक्षेप में शैलीगत उदात्तता के लिए निम्नलिखित तत्व आवश्यक है।

(क) समुचित अलंकार-योजना: लौंजाइनस ने अलंकारों के समुचित प्रयोग को औदात्य के लिए आवश्यक माना है लेकिन इनका मनोवैज्ञानिक प्रयोग होना चाहिए। भव्य से भव्य अलंकार भी उसी स्थिति में उदात्त का सहायक हो सकता है जब उसका प्रयोग इस ढंग से हो कि वह कहीं से भी आरोपित या चमत्कार-प्रदर्शन मात्र का साधन न हो। उसका अपना स्पष्ट मत था कि- "अलंकार-शास्त्र के पंडितों ने केवल यांत्रिक प्रयोग के लिए ही अलंकारों का आविष्कार नहीं किया, वरन् शैली में चमत्कार उत्पन्न करने हेतु इनका प्रयोग किया गया है। ये अलंकार कवि के वास्तविक मनोभावों में निहित होते हैं। मानव कलात्मक-बोध के प्रतीक है। अतएव ये मानव स्वभाव की व्याख्या करने में समर्थ है। लेकिन अलंकारों का प्रयोग अत्यंत संयम और विवेकपूर्ण होना चाहिए। अलंकारों का प्रयोग करते समय स्थान, रीति, परिस्थितियां और अभिप्राय का ध्यान रखना अत्यंत आवश्यक है।" इस तरह लौंजाइनस उसी हद तक अलंकारों के प्रयोग का समर्थन करता है जहां तक वे भावोत्कर्ष में सहायक हों, लेकिन अलंकार हैं साधन ही साध्य नहीं। अतएव उनका प्रयोग सहज और स्वाभाविक रूप से ही होना चाहिए। लौंजाइनस ने उन अलंकारों का भी विशद विवेचन किया है जो उदात्त-शैली हेतु सहायक होते हैं।

2. गरिमामय रचना विधान : गरिमामय रचना-विधान से लौंजाइनस का तात्पर्य शब्द, कार्य, सौंदर्य, राग, लय आदि के बीच सामन्जस्यपूर्ण समन्वय स्थापित करना है। यह सामंजस्य ही काव्यकृति को भव्य और उदात्त बनाता है। मानव-शरीर के अवयवों से इनकी तुलना करते हुए लौंजाइनस कहता है कि शरीर के विभिन्न अवयव तभी तक सार्थक और मूल्यवान हैं जब तक उनके बीच सामंजस्य है अन्यथा हाथ-पैर की अलग संज्ञा होते हुए भी वे किसी प्रयोजन के नहीं होते। ठीक इसी प्रकार किसी रचना की उदात्तता इस बात पर निर्भर है कि उसके सभी अंग अपने-अपने स्थान पर, अपने-अपने अनुपात में आकर, उचित ढंग से रचना की एकरूपता प्रदान

करें। तभी प्रबंध-योजना गरिमामय होगी और कृति में औदात्य होगा। लौंजाइनस के शब्दों में 'वही काव्य -सृष्टि उत्कृष्ट है जो पाठकों को एक बार नहीं वरन् बार-बार उत्तेजित और उद्वेलित कर सके, जो विभिन्न पेशे, युगों और भाषाओं के मनुष्यों को बार-बार पढ़ी या सुनी जाने पर प्रभावित कर सके। लौंजाइनस ने गरिमामय रचना-विधान हेतु कल्पनातत्व और लयात्मकता को भी आवश्यक महत्व दिया है। कल्पना-शक्ति के द्वारा ही कवि सर्वप्रथम वर्ण्य विषय का साक्षात्कार करता है बाद में भाषा का चोला पहना उन्हें पाठक के समक्ष प्रस्तुत करता है।

3. उपयुक्त भाषा : यह सच है कि भाषा भावानुकूल होनी चाहिए। उदात्त भावों के वहन के लिए उत्कृष्ट भाषा का होना परम आवश्यक है। विचार और पद-विन्यास एक दूसरे पर अन्योन्याश्रित है। महान विचारों को साधारण पद-विन्यास में नहीं बांधा जा सकता। उदात्त की अभिव्यक्ति उत्कृष्ट और प्रभावपूर्ण शब्द-प्रयोग तथा गरिमापूर्ण भाषा द्वारा ही संभव है परंतु शब्द-प्रयोग के समय विषय की अनुकूलता का हमेशा ध्यान रखना चाहिए। लौंजाइनस बिबांत्मक-भाषा-प्रयोग की सलाह देते हुए कहते हैं- बिंब और लय के संयोग से अपना प्रभाव व्यक्त करने वाली भाषा केवल श्रवणेन्द्रिय को ही प्रभावित नहीं करती बल्कि आत्मा को भी प्रभावित करती है। बिंब और लय के प्रसंगानुकूल सामंजस्य से ही काव्य-भाषा में आत्मा को दीप्त करने की शक्ति आती है।

इस प्रकार उदात्त के अंतरंग और बहिरंग-तत्वों के इस विवेचन से यह निष्कर्ष निकलता है कि किसी भी रचना की उदात्तता के लिए उसके अतंरग तत्व महत्वपूर्ण है। सहज-प्रतिभा वैचारिक-गरिमा, भावावेग तथा सर्जक की आत्मिक उच्चता से उद्भूत काव्य पाठक के मन को सहज ही प्रभावित करता है और उसके अन्तर्मन पर एक ऐसी छाप छोड़ता है, जिससे वह बार-बार रचना तक जाता है। परंतु बाह्य अथवा कलागत सहकारियों की भूमिका भी असंदिग्ध है क्योंकि नैसर्गिक तत्वों को उचित निखार ये ही प्रदान करते हैं। यानी औदात्य का मूल सहज-प्रतिभा में अन्तर्निहित होने के बावजूद कलागत सहकारी तत्वों से मिलकर आह्लादकारी हो उठता है।

उदात्त के बाधक-तत्व : औदात्य के तत्वों का विवेचन करते हुए लौंजाइनस ने कुछ चीजों से सर्जक को दूर रहने की सलाह दी है। इन्हें ही उदात्त-विरोधी-तत्व के नाम से जाना जाता है। इनकी उपस्थिति मात्र से ही उदात्त की स्थिति संभव नहीं है अत: ये सर्वथा त्याज्य हैं।

1. बचकानापन : बचकानेपन से तात्पर्य असंयमित खोखले भावावेग की

अभिव्यक्ति है। जब साहित्यकार पांडित्य प्रदर्शन के लिए साहित्यकर्म में प्रवृत होता है तब इस तरह के बचकानेपन की संभावना बनती है। जो महत-विचार की धारणा के ही प्रतिकूल है। बेतुके और मनमाने काल्पनिक-प्रयोगों के कारण काव्य की महत्ता घट जाती है। अतिश्योक्तिपूर्ण वचनों में यह तत्व अगम्भीर्य का कारण बनता है। अतिशय भावावेग में जब लेखक अस्वाभाविक, कृत्रिम, और अविश्वसनीय वस्तुओं के विधान में तत्पर होता है तब औदात्य क्षरित होता है। इसलिए लौंजाइनस इस तरह के बचकानेपन से बचने की सलाह देता है।

2. भावाडंबर तथा शब्दाडंबर : भावों के असंयमित प्रदर्शन को लौंजाइनस भावाडंबर की संज्ञा देता है। संयम के समय असंयम या अवसर के प्रतिकूल भावों का प्रदर्शन उदात्तता को नुकसान पहुंचाता है। प्रबल भावावेग उदात्तता का अनिवार्य और आवश्यक तत्व है परंतु अमर्यादित या असंयमित होने पर यह उसके लिए घातक बन जाता है। लेखक भले ऐसे भावों की धारा में बह जाए परंतु पाठक प्राय: अप्रभावित ही रहता है। ऐसे भाव पाठक के मन को स्पन्दित नहीं कर पाते। अत: सर्वथा त्याज्य हैं

शब्दाडंबर से लौंजाइनस का अभिप्राय कठिन और दुरुह शब्दों के प्रयोग से है। कभी-कभी कवि या साहित्यकार पांडित्य-प्रदर्शन की धुन में ऐसे-ऐसे अपरिचित या क्लिष्ट शब्द-प्रयोग करता है जो साहित्य की लय को बाधित करता है और कथ्य संप्रेषित ही नहीं हो पाता। इस तरह शब्दों का यह आडंबर साहित्यकार की शब्द-समृद्धि का सूचक भले बने परंतु भावों के प्रेषण में सर्वथा बाधक होता है।

3. जड़ता और भाषा का अस्त व्यस्त प्रवाह : हमेशा विचारों में नवीनता के पीछे दीवाने साहित्यकारों के साहित्य में जड़तादोष आ जाने की संभावना रहती है। क्योंकि कभी-कभी नवीनता की खोज के अतिउत्साह में अभिव्यक्ति भोथरी और अतार्किक हो जाती है, जो भाव-संवेदन तो क्या सरल विचार-संप्रेषण में भी सक्षम नहीं होती। इसी तरह अत्यधिक लयात्मक शैली कभी-कभी भावों की अपेक्षा लय-संप्रेषण तक ही सीमित रह जाती है। यहां तक पहुंचते-पहुंचते शब्द भाव और प्रभाव क्षमता खो बैठते हैं। अत: भाषा के ऐसे अस्त व्यस्त प्रयोग से बचने की आवश्यकता लौंजाइनस बताता है।

4. अभिव्यक्तिगत क्षुद्रता : विषय के गौरव के प्रतिकूल शब्द-प्रयोग से अभिव्यक्ति दोष पैदा होता है जहां क्षुद्र-अर्थ के वाहक शब्द के प्रयोग से विषय की पूरी गरिमा नष्ट हो जाती है। प्रसंग के प्रतिकूल शब्द-प्रयोग भी 'जिमि करूणा

मंह वीर रस' की भांति रचना की उदात्तता का क्षय करते हैं। इस तरह की निकृष्ट, गरिमाहीन और कुत्सित भाषा और शैली के प्रयोग से औदात्यिक लक्ष्य के लेखक को सर्वथा बचना चाहिए।

लौंजाइनस का पाश्चात्य-काव्य चिंतन में महत्वपूर्ण स्थान है। कुछ विद्वान तो उसे प्रथम स्वच्छंदतावादी कलावादी समीक्षक मानते हैं। लौंजाइनस ने किसी भी रचना में उदात्तता के लिए आवश्यक अंतरंग और बहिरंग-तत्व को निर्देशित कर रचनाकार को नया दृष्टिकोण प्रदान किया। उन्होंने जहां एक तरफ प्रबल भावावेग और उच्च तथा महान विचारों की धारण-क्षमता का आग्रह किया वहीं उसके बाह्य-कलात्मक-सौन्दर्य के प्रति भी सचेष्ट रहने की सलाह देते हुए उदात्त के बाधक-तत्वों से भी साहित्य-जगत को परिचित करवाया।

मैथ्यू अर्नाल्ड

सन् 1822 में जन्में मैथ्यू आर्नल्ड अंग्रेजी के महान कवि और समालोचक थे। यद्यपि अंग्रेजी आलोचना के प्रथम पुरुष के रूप में ड्राइडन का नाम लिया जाता है तथापिं मैथ्यू अर्नाल्ड से ही वास्तविक आलोचना की शुरुआत मानी जानी चाहिए। मैथ्यू अर्नाल्ड 40 वर्षों तक आक्सफोर्ड विश्वविद्यालय में अग्रेजी के प्राध्यापक रहे। कवि और साहित्य का अध्यापक होने के कारण मैथ्यू अर्नाल्ड को अपने आलोचना-संबंधी विचारों को जांचने-परखने तथा सुधारने का पर्याप्त अवसर मिला। मैथ्यू आर्नल्ड कवि, विचारक और आलोचक के साथ-साथ महान शिक्षा शास्त्री भी थे। जिसने यूरोप के समूचे शिक्षातंत्र को एक नई दिशा दी। मैथ्यू आर्नल्ड का समय मूलत: वैज्ञानिक-उन्नयन और उसके परिणाम स्वरूप जीवन-मूल्यों और मान्यताओं के परिवर्तन का युग था। औद्योगिक-क्रांति और वैज्ञानिक-प्रगति ने धर्म तथा काव्य को गहराई से प्रभावित किया। अर्थ और वैभव के पीछे भागनेवाली अंग्रेजी जाति, धर्म और संस्कृति के मूल्यों से दूर हो रही थी। ऐसे सांस्कृतिक और धार्मिक ह्रास के संकट-काल में मैथ्यू आर्नल्ड ने 'संस्कृति और अराजकता' नामक महत्वपूर्ण ग्रंथ लिखकर इग्लैंड के लोगों को सुसंस्कृत बनाने की दिशा में महत्वपूर्ण कार्य किया। जिस समय विज्ञान, धर्म और संस्कृति के परपंरागत आधारों को ध्वस्त कर साहित्य के अस्तित्व पर ही प्रश्न चिन्ह लगा रहा था ऐसे समय के अर्नाल्ड ने साहित्य को जीवन की आलोचना घोषित कर समकालीन और परवर्ती आलोचकों को नवीन मानदंड प्रदान किया।

1. साहित्य जीवन की आलोचना : अर्नाल्ड ने कविता को जीवन की आलोचना घोषित किया। उसका विचार था कि जीवन की व्याख्या और

उसे जीवनधारा प्रदान करने में कविता ही सक्षम है। क्योंकि काव्य तथा उससे संबंधित सभी प्रश्न अनिवार्य रूप से जीवन से जुड़े हैं। जीवन से अलग न तो काव्य-सृजन संभव है और न ही आलोचना का अस्तित्व। यहां हमें इस बात पर ध्यान रखना होगा कि अर्नाल्ड की इन मान्यताओं के पीछे युग परिप्रेक्ष्य था। जहां वैज्ञानिक और औद्योगिक-विकास के फलस्वरूप एक सांस्कृतिक अराजकता फैल रही थी। ऐसे पतनोन्मुख समझ के उद्धार का मूलभूत प्रश्न उसके सामने था। ऐसे में साहित्य और साहित्यकार के उत्तरदायित्व को नजरअंदाज नहीं किया जा सकता। अर्नाल्ड ने स्पष्ट शब्दों में कहा कि कवि का महत्व इस दृष्टि से बिल्कुल नहीं है कि उसने कला की दृष्टि से कितना महान साहित्य रचा है अपितु इस बात में है कि उसके साहित्य ने युग की साहित्यिक और सामाजिक आवश्यकताओं को किस हद तक पूरा किया है। अर्नाल्ड का मूल कथ्य यही था कि जीवन से हटकर साहित्य का कोई अर्थ नहीं है। सामाजिक दृष्टि से उसने आलोचक को एक ऐसे व्यक्ति के रूप में देखा जो समाज के समक्ष साहित्य, जो जीवन की व्याख्या है, इस व्याख्या का स्पष्टीकारण कर विवेक, शांति, निरपेक्ष-भाव और व्यापक दृष्टिकोण के साथ सर्वोत्तम विचारों का प्रचार और प्रसार करता है। अर्नाल्ड काव्य को मनुष्य के सांस्कृतिक उन्नयन का महत्पूर्ण माध्यम मानता था। उसका मानना था कि मनुष्य में राम और रावण दोनों ही विद्यमान होते हैं। संस्कृति और नीति के संस्पर्श से मनुष्यता का विकास होता है और असत् तथा पशुता का नाश होता है। इस तरह काव्य जीवन को नैतिकता की तरफ अग्रसर करता है। कविता को जीवन की आलोचना घोषित करने के पीछे भी अर्नाल्ड का यही आशय था कि कविता जीवन जीने का ढंग बताती है। इसीलिए कविता में अतितिरक्त नैतिकता का आग्रह अर्नाल्ड रखता है। उसका स्पष्ट मत था कि "मनुष्य जाति को शीघ्र ही यह पता चलेगा कि जीवन का पुनराख्यान करने के लिए मानव-जाति को आश्वस्त करने के लिए, उसकी रक्षा के लिए हमें कविता का आश्रय लेना पड़ेगा। बिना कविता के हमारा विज्ञान अपूर्ण होगा। आज जिसे हम धर्म और दर्शन कहते हैं उसका स्थान निकट भविष्य में कविता लेगी।

2. संस्कृति और समीक्षा : अर्नाल्ड के समय इग्लैंड सांस्कृतिक दृष्टि से दिवालिया होने की कगार पर था। सर्वत्र अराजकता का माहौल था। नैतिक

और सामाजिक मूल्य क्षरित हो रहे थे, जबकि अर्थकेंद्रित संस्कृति ही मूल्य बन रही थी। ऐसी परिस्थिति में अर्नाल्ड ने आलोचना को सांस्कृतिक आधार प्रदान किया। संस्कृति और समीक्षा को अभिन्न मानते हुए अर्नाल्ड ने कहा कि समीक्षा सत्य और स्वच्छ विचारों की धारा प्रवाहित करने और विश्व में जो कुछ श्रेष्ठ विचार है, उनके ज्ञान और प्रचार का श्रेष्ठ प्रयास है। साथ ही श्रेष्ठ साहित्यिक आलोचना के बीज कृतिकार में नहीं बल्कि समाज में होते हैं। जिस तरह का समाज होगा, साहित्य भी उसी कोटि का होगा। सभ्य और संस्कृत समाज में कृतिकारा को उपयुक्त सामाजिक वातावरण मिलता है। ऐसे समाज में सृजित-काव्य समाज को भव्यता की चरम सीमा तक पहुंचाता है। इसलिए उसने स्पष्ट शब्दों में कहा कि- "समुचित समीक्षा के अभाव में न तो महान साहित्य का सृजन हो सकता है और न ही उसका मूल्यांकन।" उसने मानव के सांस्कृतिक पूर्णत्व की प्राप्ति और सांस्कृतिक उन्नमन को ही आलोचना का प्रमुख उद्देश्य माना। इसके लिए आलोचक का परम कर्तव्य यह है कि वह संस्कृति के उस भाग का उन्नयन करे जो साहित्य के ज्ञान पर आश्रित हो। इसीलिए अर्नाल्ड ने काव्यालोचना के क्षेत्र में दार्शनिकता का विरोध किया, क्योंकि इससे आलोचना अमूर्तता की तरफ जाती है और आलोचना के अपने मूल उद्देश्य से ही हट जाती है।

3. काव्य, सत्य और सौंदर्य : अर्नाल्ड की स्पष्ट मान्यता थी कि काव्य को जीवन-सापेक्ष होना चाहिए। जीवन-निरपेक्ष काव्य हो ही नहीं सकता। जीवन से कटी हुई कविता का कोई मूल्य नहीं। क्योंकि काव्य वास्तव में जीवन की आलोचना है। किसी कवि या साहित्यकार की महानता इसी बात में है कि वह कितनी शक्ति और सौन्दर्य के साथ विचारों का विनियोग जीवन के साथ करता है। काव्य-सत्य के अंतर्गत अर्नाल्ड विषय-वस्तु की महत्ता स्थापित करता है। उसके अनुसार काव्य-रचना में कार्य व्यापार ही प्रधान-तत्व है और उसे श्रेष्ठ होना चाहिए। श्रेष्ठ कार्य-व्यापार ही मनुष्य के मूल और उदात्त रागों और संवेदनों को प्रीतिकर लगते हैं। महान कृतियों के सृजन के लिए विषय का महान होना आवश्यक है। इस तरह काव्य-विषय को महत्व प्रदान कर अर्नाल्ड ने एक विवाद को जन्म दिया, क्योंकि कई विचारकों का मत है कि मंजे हुए कवि के सधे हाथों में पहुंचकर साधारण-से-साधारण काव्य-विषय अथवा कार्यव्यापार

भी उत्कृष्ट और गौरवमय हो जाता है। लेकिन अर्नाल्ड ने इस मान्यता का विरोध किया। वह कहता है- "सब कुछ विषय पर निर्भर है। उपयुक्त कार्य का चयन कर लो यदि वह हो गया, तो फिर सब अपने आप हो जाएगा।"

काव्य-सौन्दर्य के अंतर्गत अर्नाल्ड अभिव्यंजना के लालित्य चारुत्व और आकर्षण को रखता है; परंतु इसे वह साधन से ज्यादा महत्व नहीं देता। अभिव्यंजना अथवा कलापक्ष की भव्यता से काव्य की हानि होती है। क्योंकि काव्य का उद्देश्य जीवन को उसकी पूर्ण उदात्तता, व्यापकता और उच्चता के साथ प्रस्तुत करना है।

कवि तथा आलोचना : अर्नाल्ड कविता और कवि को आलोचना और आलोचक से ऊंचा स्थान प्रदान करता है। क्योंकि श्रेष्ठ साहित्यिक-कृति अपने समय और समाज के दबावों के बीच सृजित होती है। महान-से-महान सर्जनात्मक प्रतिभा भी बिना उपयुक्त सृजन-समय के श्रेष्ठ साहित्य की रचना नहीं कर सकता। आलोचक का आलोचकीय-कर्म यहीं से शुरू होता है कि वह कवि और उसके समय की पहचान करे। कविता को समझने के लिए, पहले उसके परिवेश की पड़ताल करे। साथ ही कवि के व्यक्तित्व की झलक भी उसकी कविता में अनायास आ ही जाती है। अत: किसी रचना का मूल्यांकन उसके युग, परिवेश, कवि सम्यक् जीवन के सापेक्ष ही होना चाहिए। परंतु विद्वानों का एक बहुत बड़ा वर्ग और यहां तक मैथ्यू अर्नाल्ड ने भी एक जगह आलोचक की नि:संगता, तटस्थता तथा असंबद्धता का जोरदार समर्थन किया है। विद्वानों का स्पष्ट मत है कृति का मूल्यांकन केवल कृति के आधार पर ही होना चाहिए। इसलिए मैथ्यू अर्नाल्ड के इस मत की स्वीकार्यता आंशिक ही हो सकती है। एक अन्य स्थल पर मैथ्यू अर्नाल्ड कहता है कि- "आलोचना का बस इतना ही काम है कि जो बातें दुनिया में सर्वोत्कृष्ट रूप में प्रसिद्ध है अथवा मानी जाती है, उन्हें जानना-बूझना तथा जान बूझकर दुनिया में उनका प्रचार-प्रसार करना, जिससे कि वास्तविक और अभिनव विचारों का प्रसार हो सके और यह काम बड़ी ईमानदारी और योग्यतापूर्वक किया जाना चाहिए।

आदर्श आलोचक के लिए अर्नाल्ड ने तीन गुणों का होना आवश्यक बताया है। अर्नाल्ड के अनुसार आलोचक को निष्पक्ष होना चाहिए। उसे वस्तुओं, घटनाओं और कार्य-व्यापार की निष्पक्षता के साथ जांच करनी चाहिए। आलोचक

का दूसरा गुण यह है कि उसे एक धर्मोंपदेशक की तरह उत्साह से आलोचना-कर्म करना चाहिए और कृति के गंभीर मनन के पश्चात् महान-भावों और विचारों को प्रचारित-प्रसारित करना चाहिए। उसका उद्देश्य काव्यगत, नैतिक और सामाजिक-मूल्यों को उस लगन के साथ समाज तक पहुंचाना है जहां इन मूल्यों के प्रति लोगों में गहन आस्था पैदा हो सके।

आलोचक का तीसरा महत्वपूर्ण कार्य कवि के लिए उपयुक्त जमीन तैयार करना। क्योंकि उपयुक्त वातावरण के अभाव में श्रेष्ठ साहित्य-सृजन संभव नहीं है। इसलिए आलोचक का कार्य महान विचारों का प्रचार-प्रसार करके महान साहित्य- सृजन के लिए साहित्यिक वातावरण का निर्माण करना भी है।

मूल्यांकन : अरस्तू के पश्चात अर्नाल्ड को आलोचना जगत में सर्वाधिक महत्व प्राप्त हुआ। अर्नाल्ड का सर्वाधिक महत्वपूर्ण योगदान यही है कि उसने कविता और जीवन के अविच्छिन्न संबंध की बात पूरे आग्रह के साथ कही। सांस्कृतिक-पतन के उस युग में काव्य को वह मानव-संस्कृति और मानवीय-मूल्यों का अक्षय स्रोत घोषित करता है। कविता को जीवन की आलोचना कहकर उसे समाज और जनजीवन के बीच लाने का श्रेय अर्नाल्ड को है। निष्कर्षत: कहा जा सकता है कि अर्नाल्ड अंग्रेजी के सर्वाधिक सशक्त और महान आलोचकों में से एक हैं जिनके प्रभामंडल से आज तक काव्यशास्त्रीय आलोचना मुक्त नहीं हो सकी है।

टी.एस. इलियट

अंग्रेजी के सुप्रसिद्ध कवि, नाटककार और सफल आलोचक टॉमस स्टर्न इलियट का जन्म 1888 में अमेरिका में हुआ। इलियट की शिक्षा अमेरिका के सुप्रसिद्ध हावर्ड विश्वविद्यालय में हुई। यहीं उसे इविंग बैबिट, जार्ज सन्तायना, जोसिया रायस और यहां तक रसेल का साहचर्य प्राप्त हुआ। इन महान विभूतियों के संसर्ग में इलियट ने अपनी दृष्टि का विस्तार किया। उन्होंने संस्कृत और पालि-भाषाओं का अध्ययन भी किया था। हावर्ड विश्वविद्यालय से ही इलियट ने ब्रैडले के निर्देशन में 'प्लेटो और अरस्तू के काव्य एवं दार्शनिक सिद्धांत' पर शोध-कार्य भी पूरा किया था। 1948 में इलियट को विश्व के सर्वोच्च 'नोबेल-पुरस्कार' से नवाजा गया। यही टी.ई ह्यूम और एजरा पाउण्ड के सम्पर्क में आने के बाद इलियट का झुकाव बिंबवादी आंदोलन की तरफ हुआ। परंतु कालांतर में उसकी समीक्षा और लेखन स्वतंत्र रूप से विकसित हुए। 1920 और 1922 में क्रमश: प्रकाशित लेख 'ट्रेडीशन एंड इंडिविजुऊल टैलेंट' और 'द वेस्टलैंड' ने पाश्चात्य-समीक्षा-साहित्य में इलियट का झंडा गाड़ दिया।

इलियट ने आलोचना को अपनी काव्य-कर्मशाला का सह-उत्पाद (बाई प्रोडक्ट) कहा। उसकी सारी आलोचना एक कवि और सर्जक के रूप में खुद अपने लिए और अपने पाठकों के लिए है। इलियट ने कविता को अन्तर्वेगों या भावों की अभिव्यक्ति नहीं बल्कि उनसे पलायन बताया (Poetry is an escape from emotion. Literature is not an expression if but an escape from personality) इस तरह इलियट काव्य और साहित्य को कवि के निजी व्यक्तित्व से अलग करके देखता है। उसके अनुसार "कविता तो वह विशुद्ध अनुभूति है जिसमें व्यक्तिगत अन्तर्वेगों के लिए कोई स्थान नहीं

है। (Very few know when there is expression of significant emotion, emotion which has its life in the poem, and not in the history of the poet) कहने का तात्पर्य यह है कि उच्चकोटि की कला को जन्म देने से पहले कलाकार को अनात्मभाव धारण करना पड़ता है। इसके बिना न तो वह अनुभूत विषय के साथ तादात्म्य स्थापित कर सकता है और न ही किसी आदर्श सत्य की स्थापना कर सकता है।

निर्वैयक्तिकता का सिद्धांत : कवि व्यक्तिगत भावों की अभिव्यक्ति नहीं करता वरन् उससे पलायन करता है। इलिएट का आशय यह है कि कवि को अपने व्यक्तिगत-अनुभवों से निस्संग होना पड़ता है। उसका विचार है कि जिसके पास भाव होगा वह उससे पलायन का अर्थ जान सकता है। कवि के मस्तिष्क रूपी प्लेटिनम पर दो तत्व मिलते हैं- वास्तविक जीवन के भाव तथा कल्पना। उसके मत से भावों की महानता तथा उत्कटता उतनी महत्वपूर्ण नहीं जितना कला-प्रक्रिया अथवा उस दबाव की उत्कटता, जिसके कारण कलात्मक मिश्रण होता है।

इलिएट के समीक्षा-पद्धति में क्लासिकल तथा रोमैंटिसिज्म् के तत्व शामिल हैं। वह नयी कविता का प्रवर्तक भी माना जाता है किंतु साहित्य विश्लेषण में परम्परा के महत्व को गंभीरता से प्रतिपादित करना है। वह मानता है कि कवि अपने व्यक्तित्व की अभिव्यक्ति नहीं करता। वह विशिष्ट माध्यम भर होता है। कवि के व्यक्तित्व का कोई महत्व नहीं है। कवि को प्रतिभा का वरदान, भाव-ग्रहण की तीव्रता तथा कल्पनाशक्ति की उन्मुक्तता प्राप्त होती है। इसी कारण उसका व्यक्ति साधारण न रहकर भिन्न हो जाता है। कवि का मस्तिष्क वास्तव में एक ऐसा ग्रहणयन्त्र है जो उन सभी अगणित अनुभूतियों, वाक्यांशों और बिम्बों को ग्रहण करता है तथा उन्हें जमा करता है, जो वहां तब तक पड़े रहते हैं जब तक नवमिश्रित वस्तु को रूप प्रदान करने के लिए सभी तत्व एक साथ उपस्थित नहीं हो जाते। कवि (consiously) साशय और सप्रयत्न रचना नहीं करता लेकिन इसका आशय नहीं कि वह अपने व्यक्तित्व के उन्नयन हेतु प्रयत्नशील नहीं रहता। कवि अपना निरन्तर उन्नयन करे, यह जरूरी है। उसे लगातार आत्मत्याग से गुजरना पड़ता है और व्यक्तित्व का निरन्तर विलोपन भी करना होता है। इस बात के समर्थन में इलिएट उदाहरण देता है कि कवि

का मस्तिष्क प्लेटिनम के टुकड़े की भांति होता है। जब आक्सीन और सल्फरडाइ आक्सॉइड दोनों रासायनिक वस्तुएं प्लेटिनम की उपस्थिति में परस्पर मिलती है तो वे सल्फरएसिड का रूप धारण कर लेती है। यह मिश्रण तभी संभव होता है जब प्लेटिनम मौजूद हो। नए बने एसिड में प्लेटिनम का कोई अंश नहीं होता और प्लेटिनम पर भी कोई प्रभाव नहीं पड़ता। वह निष्क्रिय, तटस्थ, अविकल बना रहता है। इसी प्रकार कवि भी रचना का मात्र एक माध्यम है। इलिएट ने कवि के व्यक्तिगत जीवन के अनुभवों का एवं उनकी अबाध अभिव्यक्ति को कला-रचना के लिए महत्वपूर्ण नहीं माना। कला- प्रक्रिया में वैयक्तिक भावों को, जो एक निर्वैयक्तिक स्तर पर प्राप्त होता है, जिसमें कलाकार के व्यक्तित्व का अधिक हाथ नहीं होता, वरन् अचेतन में चल रही सर्जन-प्रक्रिया का हाथ रहता है, को अधिक महत्वपूर्ण कहा है।

1. संस्कृति और परंपरा : इलियट के युग के पाश्चात्य साहित्य में स्वच्छन्दतावादी विचारधारा का आधिपत्य था। आलोचना और कविता दोनों ही क्षेत्रों में वैयक्तिकता और कल्पना अतिशयता पर थी। एक तरफ अर्नाल्ड का निर्वैयक्तिकता, संस्कृति और धर्म संबंधी आग्रह तो दूसरी तरफ कलावादियों के घोर वैयक्तिक स्वर में रचनाकार तो श्रेष्ठ रहा परन्तु रचना ही गौण हो गयी। ऐसे समय में इलियट ने घोषणा की कि "सच्ची आलोचना और सूक्ष्म प्रशंसा का लक्ष्य कवि नहीं बल्कि काव्य है।"

इलियट ने स्वच्छंदतावादी विचारधारा का जमकर विरोध किया। जहां काव्य को आत्माभिव्यक्ति (वैयक्तिकता) तक सीमित कर दिया गया था) इलियट स्वयं अभिजात्यवादी विचारों का पोषक था। उसने स्पष्ट घोषणा की थी- "He is a Royalist in politics, an Anglo cathular in religion and a classiast in literature" इलियट ने व्यक्तिवाद की जगह परंपरा को महत्व दिया। परंतु परंपरा से उसका अर्थ जड़ नियमों, मत-मतान्तरों और आचार्यों द्वारा प्रतिपादित सिद्धांत का अंधानुकरण नहीं है। उसके अनुसार परंपरा केवल अतीत को नहीं समेटती, बल्कि वर्तमान को भी संजोती है। इलियट के शब्दों में-"परंपरा से मेरा अभिप्राय उन सभी हैवीचुएल कार्यों, आदतों, रीति-रिवाजों और धार्मिक-कृत्यों से है जिनसे एक स्थान में रहने वाले एक समुदाय के व्यक्तियों के रक्तगत संबंध व्यक्त होते हैं।" उसके अनुसार अतीत के प्रति विद्रोह भी परंपरा

का ही अंग है, क्योंकि परंपरा परिवर्तनशील और विकासमान होती है। इलियट के अनुसार- परंपरा से जुड़ने के बाद कवि का अहं और उसका व्यक्तित्व विसर्जित हो जाएगा। इसलिए कवि के लिए परंपरा का सम्यक ज्ञान आवश्यक है परंतु बिना इतिहास-बोध के परंपरा का यह ज्ञान संभव नही है। परंपरा को छोड़ देने पर वर्तमान भी अग्राह्य हो उठता है। परंपरा का तात्पर्य ही संस्कृति है। वास्तव में संस्कृति एक ऐसा दपर्ण है जिसमें धर्म, राजनीति, कला, दर्शन, आदि विविध क्षेत्रों में की गई प्रगति का सही और पूर्ण परिचय मिलता है। इलियट साहित्य और संस्कृति को अभिन्न मानता है। साहित्य अगर सामाजिक जीवन की अभिव्यक्ति है तो संस्कृति उस समाज की जीवन-शैली।

इलियट परंपरा और वैयक्तिक प्रज्ञा के पारस्परिक विरोध को स्वीकार नहीं करता। उसके अनुसार परंपरा से जुड़कर ही कवि या समीक्षक अपनी वैयक्तिक क्षमता को और भी निखार सकता है। इतिहास-बोध के द्वारा कवि कालातीत और कालिक के भेद को समझ सकता है। कवि के काव्य-कर्म की सार्थकता उसकी अपनी निजता में नहीं अपितु परंपरा और इतिहास में मान्य पुराने कवि और कलाकारों की सापेक्षता में ही होती है।

इलियट कवि को एक माध्यम के रूप में स्वीकार करता है। "वह एक माध्यम मात्र है-- ऐसा माध्यम जिसमें संस्कार और अनुभूतियां विलक्षण तथा अप्रत्याशित रूप से संयोजित होती है।" अर्थात् कवि उस प्लेटिनम के तार की तरह है जिसकी उपस्थिति में दो रसायनों की अन्त:क्रिया तो होती है परंतु प्लेटिनम न तो प्रभावित होता है और न ही निर्मित पदार्थ में प्लेटिनम का अंश ही होता है। इलियट कहता है कि कला व्यक्तित्व की अभिव्यक्ति नहीं वरन उससे पलायन है।" "व्यक्तिगत भावों का प्रकाशन कला नहीं बल्कि उनसे पलायन कला है।" "निजता-त्याग और निजता का निरंतर निषेध कवि के सृजन की प्रक्रिया है।"

2. वस्तुनिष्ठता : इलियट ने आलोचना के क्षेत्र में वस्तुनिष्ठ समीकरण या मूर्त-विधान का सिद्धांत नाम से एक मौलिक-सिद्धांत की स्थापना की। इस सिद्धांत का प्रतिपादन शेक्सपीयर के प्रसिद्ध नाटक हैमलेट की कलात्मक असफलता के संबंध में इलिएट करता है। उसकी दृष्टि में हैमलेट पूर्णतय: असफल कृति है क्योंकि उसमें भावों का उचित संप्रेषण नहीं हो पाया है।

उसके अनुसार- "संवेगो को कला में अभिव्यक्त करने का एकमात्र तरीका है, वस्तुनिष्ठ-समीकरण को प्राप्त करना। दूसरे शब्दों में वस्तुओं, स्थितियों एवं घटनाओं की शृंखला को इस ढंग से संयोजित करना कि वे विशिष्ट संवेगो से संबद्ध होकर अभिव्यक्त हो सके।" इलियट मानता है कि भाव अमूर्त होते हैं और उनकी अभिव्यक्ति किसी मूर्त माध्यम से ही हो सकती है भावों के प्रकाशण का सबसे आसान तरीका है कि उसका वस्तुनिष्ठ समीकरण (आब्जैक्टिव कोरिलेशन) प्रस्तुत कर दिया जाए। कवि अपने अमूर्त-भावों के अभिव्यक्तीकरण के लिए वस्तुमूलक प्रतीकों की व्यवस्था करता है। उसका एकमात्र उद्देश्य यही होता है कि वस्तु, घटना अथवा स्थिति-विशेष के कारण जो अनुभूति उसे हुई थी अथवा जो भाव उसके अन्तर्मन में जागृत हुए थे, कविता के पाठक के मन में भी वही भाव वही अनुभूति उत्पन्न हो सके। उस तरह इलियट ने अपने वस्तुनिष्ठ-समीकरण-सिद्धांत के द्वारा जहां एक तरफ कविता की स्वतंत्र-सत्ता की स्थापना की, वहीं दूसरी तरफ कवि के आवेगों की अभिव्यक्ति की सफलता के रहस्य को भी उद्घाटित करता है।

3. काव्य और नैतिकता : काव्य और नैतिकता के संबंध में इलियट में विरोधाभासी विचारों के दर्शन होते हैं। एक तरफ तो इलियट साहित्य को स्वायत्त मानता है और कला का मूल्यांकन कला के रूप में ही करने का आग्रह करता है दूसरी तरफ यह भी घोषणा करता है कि साहित्य का मूल्यांकन साहित्यिक मानदंडों से संभव नहीं। साहित्येतर प्रतिमानों का भी सहारा लेना आवश्यक है। उसका परिवर्तित मत था - "नैतिक और धार्मिक दृष्टिकोण से साहित्यालोचन में पूर्णता लानी चाहिए। साहित्य की महानता केवल साहित्यिक-प्रतिमानों द्वारा निर्धारित नहीं की जा सकती लेकिन यह साहित्य है कि नहीं इसकी जांच साहित्यिक प्रतिमानों द्वारा ही हो सकती है।" इस तरह इलियट साहित्य की महानता के लिए उसे नैतिक दृष्टि से परखने का आग्रह करता है तथा साहित्य - समीक्षा को वह निश्चित, नैतिक तथा धर्मशास्त्रीय दृष्टियों से संपन्न देखना चाहता है। साहित्य में धर्म तथा नीति का समावेश तो वह चाहता था किंतु स्वत: स्फूर्त ढंग से। यद्यपि देश काल भेद से नैतिक और अनैतिक प्रतिमान बदलते रहते हैं। इस तरह नैतिकता के सर्वमान्य स्वरूप के बावजूद वह यह अवश्य कहता है कि साहित्य का प्रभाव जाने-अनजाने, प्रत्यक्ष-अप्रत्यक्ष पड़े बिना नहीं

रहता इसलिए साहित्य के मूल्यांकन में नैतिकता का आधार अवश्य लेना चाहिए।

4. भाषा-काव्य-संगीत : भाषा का चोला पहन कर ही कवि की भावनाएं कविता के रूप में अभिव्यक्त होती है। अत: भाषा मानवीय भावों की अभिव्यक्ति का सशक्त माध्यम होती है। भाषा निरंतर परिवर्तनशील होती है। कवि को अपने भावों के अनुकूल भाषा को तरासना पड़ता है। उसे भाषा से सतत् संघर्ष करना पड़ता है। नई-नई संवेदनाओं और अनुभूतियों की अभिव्यंजना के लिए उपयुक्त भाषा को शक्ति देने का प्रयास करता है। कवि के समक्ष संप्रेषण का महत्पूर्ण प्रश्न होता है। वह जिस भाषा या मनोवेग को व्यक्त करना चाह रहा है वह उस वर्ग के लिए बोधगम्य हो। यह कवि का कर्तव्य है कि वह भाषा के स्तर पर अभिव्यक्ति के नए माध्यम गढ़े। इसके लिए इलिएट कवि-कर्म के सतत् अभ्यास पर बल देता है। कवि जितना ज्यादा अभ्यास करेगा कवि की भाषा शक्ति, स्पष्टता, बोधगम्यता और अर्थ-समृद्धि का उतना ही विकास होगा। कवि की भाषा और बोल-चाल की भाषा में काफी अंतर होता है परंतु इलिएट चाहता है कि कवि की भाषा जनसाधारण द्वारा प्रयुक्त भाषा के निकट हो। दैनिक-भाषा के शब्दों और लयों के समन्वित रूप से भाषा में उदात्तता और जीवन्तता का समावेश होगा। काव्य-संगीत का भी कविता में यथेष्ट महत्व इलियट स्वीकार करता है। लय, छंद आदि काव्य-संगीत के तत्त्व हैं। इलिएट काव्य-संगीत को अर्थ सापेक्ष मानता है और साधारण भाषा की अपेक्षा काव्यभाषा अधिक अर्थवान होती है। क्योकि वह एकाधिक अर्थ की वाहिका होती है। काव्य-संगीत युग-भाषा से गहराई से जुड़ा होता है। युगभाषा देश और काल सापेक्ष होती है। लयात्मक घटक जो युगभाषा में अनिवार्य रूप से विद्यमान होते हैं, काव्य-संगीत के पोषक होते हैं। इलियट काव्य-संगीत के के लिए मधुरता को आवश्यक नहीं मानता। ओज और परूष गुण वाले शब्दों में भी काव्य-संगीत होता है, लेकिन इलियट यह मानता है कि सभी शब्दों में व्यंजक समृद्धता नहीं होती है। इसलिए कवि का कर्तव्य होता है कि वह समृद्ध व्यंजकता वाले शब्दों का प्रयोग करे और रूप-समृद्ध-व्यंजक शब्दों को समृद्ध करने का प्रयास करता रहे।

5. संवेदनशीलता की असंबहता : भाव और विचार एक-दूसरे से सगुंफित होते हैं। यद्यपि विचार का संबंध बुद्धि से और संवेदनशीलता का

संबंध हृदय-पक्ष से होता है। यदि भाव और विचार के बीच सही समन्वय नहीं हो, उनमें दरार पड़ जाए, तो काव्य का क्षय होता है। यही संवेदनशीलता की असंबद्धता है। यद्यापि कवि में ज्ञान और बुद्धि या विचार तथा भाव का भेद सम्मत नहीं है, क्योंकि सर्जना के क्षण में उसके भाव, विचार, मन, इन्द्रिय, हृदय सब परस्पर संबद्ध होते हैं। अगर उनमें साहचर्य नहीं होगा तो कला का जन्म ही असंभव है, लेकिन कभी-कभी भाव या विचार के अत्याग्रह होने से कविता खंडित होने लगती है। वह या तो मात्र भावोच्छ्वास बन जाती है या फिर वैचारिक उपदेश। दोनों ही स्थितियों में कविता का क्षरण होता है। इसलिए इलियट इनमें पूर्ण संतुलन चाहता है। यद्यपि पूर्ण संतुलन होना कठिन कार्य है, फिर भी आदर्श स्थिति तो वही मानी जाएगी। यहां यह बात उल्लेखनीय है कि इलियट ने इस सिद्धांत का प्रणयन साहित्य मात्र के लिए किया था। क्योंकि सत्रहवीं शती के अंतिम भाग में ऐसी रचनाओं का बाहुल्य हो गया था जहां विचार और भाव का संतुलन गड़बड़ा गया था।

इलिएट की गणना आज के प्रमुख आलोचकों और कवियों में की जाती है। यद्यपि इलिएट ने आलोचना-विषयक किसी स्वतंत्र-ग्रंथ का प्रणयन नहीं किया परंतु आलोचना-विषयक उसके विचार और लेख गुणात्मक और मात्रात्मक दोनों रूपों में इतने अधिक हैं कि निर्णय करना कठिन हो जाता है कि उसे कवि या आलोचक क्या माना जाए। परंतु यह निश्चित है कि समीक्षा के क्षेत्र में इलिएट वह मील का पत्थर है, जिसे नजरंदाज कर आलोचना अपना पूर्णत्त्व नहीं प्राप्त कर सकती। उसने जहां कवि और आलोचक दोनों को परंपरा, ज्ञान और इतिहास बोध के लिए जाग्रत किया वह समीक्षा में नैतिकता के तत्व का आग्रह किया। काव्य-प्रयोजन के अन्तर्गत इलिएट ने कलाकृति की व्याख्या और रुचि-परिष्कार दो उद्देश्य बताए। जिसके लिए आलोचक की दृष्टि का सर्वथा निष्पक्ष होना आवश्यक है। इस तरह इलिएट का काव्य-विषयक-चिंतन अपनी अनेक सीमाओं में होते हुए भी अरस्तू और लौंजाइनस से कम महत्वूर्ण नहीं है।

आई.ए. रिचर्ड्स

पाश्चात्य साहित्य के मूर्धन्य आलोचक आई.ए. रिचर्ड्स का जन्म 26 जनवरी 1893 को हुआ था। रिचर्ड्स ने अर्थ विज्ञान और मनोविज्ञान में क्रैम्ब्रिज विश्वविद्यालय से उच्च-शिक्षा प्राप्त की और बाद में वहीं नीतिशास्त्र के प्राध्यापक नियुक्त हो गए। रिचर्ड्स के समय विज्ञान अपने चरम पर पहुंच चुका था। विज्ञान के इस बढ़ते प्रभाव के चलते कविता का भविष्य लगभग अंधकारमय हो रहा था और ऐसी अत्युक्तियां की जा रही थी कि आगे चलकर मानव-सभ्यता के अन्तर्गत कविता का कोई विशेष स्थान नहीं रह जाएगा। ऐसे समय में रिचर्ड्स ने स्वयं अपने विज्ञान और मनोविज्ञान आधारित तर्कों के आधार पर कविता की सार्थकता, महत्व और उपादेयता प्रतिपादित की। उन्होंने साफ शब्दों में कहा-- "आज जब प्राचीन परंपराएं और आस्थाएं विनष्ट हो रही हैं, मूल्यों का विघटन हो रहा है, सभ्य समाज केवल कविता के सहारे ही अपना मानसिक-स्वास्थ्य बनाए रख सकता है, क्योंकि काव्य से ही व्यक्ति और समाज में संतुलन बढ़ता है।" अंग्रेजी-समीक्षा को रिचर्ड्स की सबसे बड़ी देन यह है कि उसने आलोचना को मनोवैज्ञानिक आधार प्रदान किया। आलोचना के लिए रिचर्ड्स ने मूल्य और प्रेषण पर सर्वाधिक बल दिया। इसे ही ***मूल्य-सिद्धांत*** और ***संप्रेषण सिद्धांत*** के नाम से जाना गया।

मूल्य-सिद्धांत : रिचर्ड्स ने मनोविज्ञान के आधार पर विवेचन करते हुए मनुष्य में दो प्रकार के आवेगों की संज्ञा मानी- अनुकूल-एषणाएं तथा प्रतिकूल-एषणाएं। इन दोनों आवेगों के बीच परस्पर संघर्ष चलता रहता है। ऐसे में कोई भी ऐसी कलाकृति महान कहलाएगी जो किसी आकांक्षा की तुष्टि करती हो। परंतु इस तुष्टि के दौरान वह वैसी ही किसी आकांक्षा को नष्ट नहीं करती हो। यदि एक आकांक्षा की तुष्टि से किसी अन्य आकांक्षा की बलि चढ़ती है तो ऐसी तुष्टि सार्थक या मूल्यवान नहीं होगी। रिचर्ड्स के शब्दों में "कला का वास्तविक

मूल्य इसी में है कि वह ऐसी अनुभूति का संचरण करने में सफल हो जो परस्पर विरोधी प्रवृतियों के बीच सामंजस्य लाने से होती है।'' रिचर्ड्स इसी को मूल्य मानते हैं। इस तरह आकांक्षाओं की तुष्टि के प्रश्न पर एक प्रश्न उठना स्वाभाविक है कि परस्पर-विरोधी आकांक्षाओं में कौन सी अधिक मूल्यवान है। इसका जवाब रिचर्ड्स देते हैं कि जो आकांक्षा जितनी ज्यादा बलवती है, वह उतनी ही अधिक मूल्यवान है। उनके अनुसार ''मन की सर्वाधिक मूल्यवान स्थिति वह है जिसमें मानवीय क्रियाओं की सर्वाधिक और सर्वोत्कृष्ट संगति स्थापित होती है, तथा एषणाओं का अल्पतम संघर्ष, काट-छांट, हनन और नियमन होता है, जिसमें एषणाएं कम से कम प्रतिस्पर्धी एषणाओं को दलित किए बिना नियोजित हो जाती है'' रिचर्ड्स के अनुसार आलोचक का कार्य एक कुशल डाक्टर का कार्य है। वह मनुष्य के मानसिक स्वास्थ के प्रति सदैव जागरुक और सचेत रहता है। वह मूल्यों का निर्णायक होता है और अपनी नीर-क्षीर-विवेकी दृष्टि के आधार पर कृतियों का मूल्य निर्धारण करता है। यानि हमारी परस्पर विरोधी एंषणाओं के बीच सर्वाधिक ज्यादा संतुलन स्थापित करने वाली कृति ही ज्यादा मूल्यवान होगी।

संप्रेषण-सिद्धांत : रिचर्ड्स की मान्यता है कि कवि के अन्तर्मन में भी अनुकूल और प्रतिकूल एषणाओं के मध्य संघर्ष चलता रहता है। कवि अपने दिन-प्रतिदिन के अनुभव को अनुभूति के सांचे में ढालकर कविता के रूप में अभिव्यक्त करता है और पाठक इसे पढ़कर ठीक उसी तरह की अनुभूति करता है। जैसी सृजन से पहले कवि के मन में भी तो इसे ही कवि की सफलता या अनुभूति की संप्रेषणीयता माना जाएगा। अब सवाल यह पैदा होता है कि क्या कवि हमेशा संप्रेषक के प्रति जागरूक रहता है और इसकी प्रक्रिया क्या है। इसका जवाब रिचर्ड्स इन शब्दों में देते हैं ''संप्रेषण अचेतन मन का व्यापार है। मनुष्य के अचेतन-स्तर पर बहुविध अनुभव होते रहते हैं। मन का यह अचेतन-स्तर अनेक प्रकार की वासनाओं और एषणाओं का घर है। जहां वे अनेक प्रकार के नैतिक-सामाजिक अंकुशों के प्रहार से बचने के लिए मुंह छिपाए पड़ी रहती हैं। इन प्रवृतियों का दमन संभव नहीं है। ये चेतन-स्तर पर आने के लिए छटपटाती रहती हैं। सर्जना के क्षण में कवि अपने मन को तुष्ट करता है। अचेतन-मन की ये दमित-वासनाएं छद्म वेश में प्रकट होती हैं। कवि अपनी दमित-प्रवृतियों से उत्पन्न अपनी काम-तृप्ति को एक ऐसा रूप और छद्म-वेश प्रदान करता है, जिसे ग्रहण करने में समाज को संकोच नहीं होता और कवि को मानसिक परितोष प्राप्त होता है। इसी तरह

संप्रेषण की प्रक्रिया के बारे में रिचर्ड्स का मत है कि संप्रेषण तब घटित होता है जब एक मन अपने परिवेश के प्रति उससे प्रभावित हो जाता है और उस दूसरे मन में ऐसी अनुभूति उत्पन्न होती है जो प्रथम मन की अनुभूति के समान और अंशतः उसके कारण होती है। इस तरह संप्रेषण तभी सफल होता है जब कवि और प्रमाता में समभाव हो। अगर अनुभूतियों के मध्य टकराव होता है तो यह संप्रेषण असफल हो जाता है। संप्रेषण के लिए व्यक्ति का विवेक-संपन्न और सहृदय होना आवश्यक है। संप्रेषण के लिए कल्पना-शक्ति का होना भी सहृदय में आवश्यक है। इस संबंध में रिचर्डस कहता है कि सफल संप्रेषण के लिए यह आवश्यक है कि कलाकार और पाठक के आवेग और उनमें विभाव समान हों। जहां कहीं थोड़ा अंतर हो, वहां कलाकार कल्पना की सहायता से उन्हें संप्रेषणीय बनाए।

सौदर्य और काव्यानंद :- रिचर्डस के अनुसार कविता का मूल्य इस बात में छिपा है कि वह पाठकों को किस सीमा तक प्रभावित करती है। पाठकों के मन में जितनी गहराई तक जो कविता उतरेगी वह उतनी ही महान होगी। संप्रेषणीयता की आदर्श स्थिति भी यही है, जिसमें मानवीय-भाव और आवेश एक स्वर होकर प्रस्तुत हो सकें। मानव-मन में विद्यमान अनेक प्रकार के अनुकूल और प्रतिकूल संवेग सौंदर्य के प्रभाव से पारस्परिक सामंजस्य प्राप्त करते हैं। रिचर्ड्स सौंदर्य को अतीद्रिंत अनुमूति नहीं मानते। उनके अनूसार सौंदर्य कोई अतीद्रियों अनुभूति नहीं। उसके अस्तित्व का निमार्ण हमारी ज्ञानेद्रिंयों द्वारा संकलित वस्तु के अनुभूल्यात्मक आनंद की प्राप्ति है। इस बात की पुष्टि मनोविज्ञान भी करता है कि मनुष्य के मन में कोई ऐसी सौंदर्यपरक भवना नहीं होती जिसका संबंध अनिवार्यतः आनंद लाभ से हो।

रिचड्र्स के अनुसार कला उन कामनाओं की पूर्ति का कल्पनात्मक प्रयास होती है। कलाकार अपने जीवन में कलाकार के लिए अनुपलब्ध होती है। कलाकर अपने स्वप्न और कल्पना के लोभ की प्रतिच्छाया को आनंद की प्रबल धारा से संबद्ध करने की कला जानता है, जिससे भले ही अस्थायी रूप में, किंतु पाठक को तनाव और दबाव से क्षणिक मुक्ति प्राप्त होती है। यही काव्य का आनंद है।

भाषा-संबंधी मतः- रिचड्र्स भाषा को संप्रेषण का सशक्त माध्यम और साधन मानता है। इसीलिए उसने काव्य-भाषा के संबंध में गंभीर चितंन प्रस्तुत किया है। उसने भाषा के दो प्रयोग स्वीकार किए हैं। एक भाषा का वैज्ञानिक प्रयोग जिसकी प्रकृति निर्देशात्मक होती है। दूसरी भाषा का भावात्मक प्रयोग जिसमें कवि की अनुभूतियों का संप्रेषण होता है। जीवन के साधारण कार्य-व्यापारों में

भाषा का वैज्ञानिक प्रयोग ही होता है। इसे अभ्युद्देशीय भाषा भी कहा जाता है। वैज्ञानिक, विचारक और दार्शनिकों की भाषा इसी प्रकार की होती है, जो तथ्यात्मक और निश्चयात्मक होती है। जबकि काव्य-भाषा का संबंध उसकी रागात्मिक वृति से होता है। यह हमारी चितवृतियों और भावों को उद्बुद्ध करती है। कविता की भाषा रागात्मकता पर आधारित होने के कारण रागात्मक अवस्थाओं और मानसिक अवधारणाओं का सृजन करती है। इस संबंध में रिचर्डस का मत है कि भाषा ऐसे प्रतीकों का समूह है, जो श्रोता-पाठक के मन में लेखक के मन के अनुरूप अवस्था उत्पन्न करते है। इस प्रकार भाषा का प्रतीकत्व वक्ता और श्रोता के बीच अखण्ड मानसिक व्यापार का सूत्रपात्र करता है। इस तरह यह भाषा कवि और पाठक के बीच अर्थ-बोध न करके प्रतीक, बिंब और ध्वन्यात्मकता का विधान करती है तथा सतत संवेग संप्रेषण में कार्यरत रहती है। भाषा के निम्नतम स्तर पर पाठक को केवल नाद का परिचय मिलता है। नाद-ध्वनि के श्रवण से पाठक के मन में बहुविधि मानवीया भाव पैदा होते हैं और काव्य-शब्द संतोषप्रद व आनंद प्रद होने के साथ-साथ तथ्य-बोधक भी हो जाता है। इसके ऊपर का स्तर जीवन के सूक्ष्म, क्लिष्ट तथा जटिल अनुभवों को संप्रेषित करने का है। यह कार्य सामान्य भाषा के वश का नहीं है। परंतु काव्य-भाषा, रूपकों के सहारे कम से शब्दों में अनुभवों को विशाल तथा विस्तीर्ण स्तर पर अभिव्यक्त करने में सक्षम होती है। रिचर्ड्स शब्दों की स्वतंत्र-सत्ता नहीं स्वाीकार करता। उसके अनुसार शब्द का अर्थ प्रसंग पर निर्भर करता है। यद्यपि शब्दों का अर्थ प्राय: निश्चित और स्थिर होता है, परंतु कवि जटिल मानवीय-भावों की अभिव्यक्ति के उद्देश्य से शब्दों में नए अर्थ भरता है।

लय और छंद : लय को कविता का आवश्यक अंग मानते हुए रिचर्ड्स उसकी स्थिति केवल ध्वनियों के क्रम और व्यवस्था में ही नहीं मानता बल्कि उसका विकास मन और भाषा की गहगई में मानता है। लय का सौंदर्य केवल नाद-सौंदर्य नहीं वह भावपरक और अर्थ-परक सौंदर्य भी है। कविता में लय इस तरह जुड़ी रहती है कि पाठक के मन में भावी विचारों एवं भावों का पूर्ण बोध बना रहता है। इसी तरह लय का प्रवाह भी मनमाना नहीं हो सकता। उसे नियंत्रित करने का कार्य छंद करता है। छंद में प्रयुक्त होने से कविता का प्रत्येक शब्द एक नई शक्ति और सामर्थ्य लेकर उपस्थित होता है। रिचर्ड्स छंदो के जड़-प्रयोग का विरोध करता है। उसके अनुसार लय के समान छंद का तात्पर्य भी केवल कुछ शब्दों का बंध, या ढोल की थाप की तरह कोई शब्दात्मक आवृति नहीं होता।

इसका प्रभाव भी किसी विशेष शब्दात्मक ढांचे के निर्माण में नहीं होता । यह क्रिया हमसे बाहर न होकर हमारे अंदर होती है। छंद कोई बाहरी बनावट (पैटर्न) नहीं बनाते, बल्कि सफल छंद-प्रयोग हमारे अन्तर्मन को ही एक विशेष बनावट में ढाल देता है और हम काव्य, कवि-मन और उसकी विशिष्ट संवेगानुभूति का अंग बन जाते हैं।

सत्यं, शिवं, सुदंरम्:- सत्य का संबंध बुद्धि से, शिव का संबंध इच्छा से, तथा भाव का संबंध सुदंर से होता है। पूर्व प्रचलित और कांट द्वारा पोषित इन धारणाओं में से रिचर्ड्स पहली दो को तो स्वीकार करता है, परंतु वह यह मानता है कि सुंदर को भाव के साथ संबंधित करने से ही कला विवेचन में संपूर्ण गड़बड़ी पैदा हुई। सौंदर्यानुभूति मानसिक प्रवृत्ति है। यह वृति वस्तुओं की उपयोगिता स्वभाव या गुण का संधान नहीं करती। सुंदर की अनुभूति का आधार वस्तुत: लालित्यबोध की मानसिक प्रवृत्ति है। इस लालित्य वोधात्मक अनुभव में मूल्य-जीवन से सीधे आते हैं। जब भावक लालित्यबोध में सक्रिय तो उसका मानसिक अवरोध समाप्त हो जाता है और उसकी मानसिक प्रेरणओं में एक तरह का संतुलन स्थापित हो जाता है।

कला की अनिवार्यता:- रिचर्ड्स का युग घोर वैज्ञानिकवाद का युग था जहां कविता और काव्य का भविष्य अंधकार मय माना जाने लगा था। ऐसे में रिचर्ड्स ने कविता को मानव-विकास के लिए आवश्यक और अनिवार्य तत्व के रूप में निर्देशित किया। उसने संप्रेषण को कला का मुख्य उद्देश्य स्वीकार किया। संप्रेषण की सफलता और प्रकारांतर से कला की सफलता के लिए कलाकार के अनुभव-विस्तार को आवश्यक बताया। उसके अनुभव अन्य लोगों के अनुभव के समानांतार होने चाहिए और जहां थोड़ी बहुत विभिन्नता हो उसे कल्पना से संप्रेषणीय बनाने की क्षमता होनी चाहिए। रिचर्ड्स की मान्यता है कि कलाएं हमारे अंकित मूल्य-विचारों का सुरक्षित भंडार हैं। जीवन की अनेक संभावनाएं हैं जिन्हें साहित्य खोलता है। हमारी समस्त भावनाओं का विकासित रूप साहित्य है। शारीरिक-स्वास्थ्य की तरह मानसिक-स्वास्थ्य भी आवश्यक है। शारीरिक-स्वास्थ्य के लिए डॉक्टर तथा मानसिक स्वास्थ के लिए चिकित्सक की जरूरत है। कलानुभव लौकिक है, उसे अलौकिक या भाव्य-दिव्य नहीं बनाना चाहिए। साहित्य क्यों सुंदर है, यह अव्याख्येय नहीं, उसे बताया जा सकता है।

रिचर्ड्स का मानना है कि मनुष्य का संपूर्ण जीवन आवेगों को व्यवस्थित

करने की कोशिश है जिससे उनकी अधिकाधिक संख्या को संतुष्टि मिले या उनमें से अधिक महत्वपूर्ण आवेग को संतुष्ट किया जा सके। कोई भी वस्तु मूल्यवान है जो किसी दूसरी समान या महत्वपूर्ण एषणा को संतुष्ट करे। रिचर्ड्स ने कलावाद को नष्ट किया। मनोविज्ञान के सहारे जीवन और साहित्य का संबंध जोड़ा क्योंकि धर्म, दर्शन एवं काव्य को विज्ञान की ओर से गंभीर चुनौती मिल रह थी। रिचर्ड्स ने कविता को विज्ञान का आधार प्रदान किया जिससे उसकी प्रयोजनीया और उपयोगिता की साख कायम हुई। उसके अनुसार आवेगों की प्राथमिकता की स्थायी सूची नहीं प्रस्तुत की जा सकती। ये प्राथमिकताएं परिवर्तनशील है। जीवन में अधिकाधिक मूल्यों की प्राप्ति आवेगों के सामंजस्य पर निर्भर करती है। समन्वय करने वाली मनोव्यवस्था परिवर्तनशील है, जो हमारे अनजाने विकसित होती है। साहित्य और कलाएं इन प्रभावों को लाने का प्रमुख साधन है।

रिचर्ड्स ने अपने सिद्धांत स्थापन में मनोविज्ञान पर भरोसा किया परंतु उसी का मत था कि मनोविज्ञान अभी शैशव-काल में है, प्रयोगावस्था से गुजर रहा है, तो उसके सिद्धांत की नींव ही सुदृढ़ नहीं बनती। उसने जीवन के आदर्श का विश्लेषण करते समय मध्यम वर्गीय संतुलित व्यक्तित्वों का निर्देश किया किंतु महान धर्माचार्य और प्रतिभावान व्यक्ति सामान्यत: जीवन में अतिवादी होते हैं। उसने इस दृष्टि से सामाजिक वास्तविकता को ठीक से नहीं समझा। रिचर्ड्स का सिद्धांत व्यक्ति को इकाई मानकर स्थापित किया गया है। समाजशास्त्रीय-दृष्टि से यह निरर्थक है। उसने रागात्मकता को महत्वपूर्व माना जिससे जीवन का बौद्धिक-पक्ष प्राय: उपेक्षित ही रहा।

रिचर्ड्स का योगदान:- इस बात में कोई दो राय नहीं कि 20वीं शताब्दी के आलोचकों में रिचर्ड्स का महत्वपूर्ण स्थान है। उसका सबसें बड़ा योगदान यही है कि साहित्य के मूल्यांकन के उसने मनोविज्ञान का सहारा लिया और काव्यालोचना की एक नितांत नई पद्धति स्थापित की। यद्यपि तात्विक और अभिव्यंजना दोनों ही दृष्टियों से क्लिष्ट और दुरुह होने के कारण उसके ग्रंथ अंग्रेजी चिंतन-परंपरा से जुड़े लोगों के लिए ज्यादा सुगम नहीं रहे। संप्रेषण के सिद्धांत की वकालत करने के कारण स्नायु मंडल, मस्तिक की क्रियाएं आदि अमूर्त और वैज्ञानिक-प्रविधि की होने के कारण उनके भौतिक विचारों को ग्रहण करने में समीक्षकों को पर्याप्त कठिनाई हुई।

क्रोंचे

इतालवी दार्शनिक क्रोचे का जन्म सन् 1866 ई. में हुआ था। अभिव्यंजनावाद के प्रवर्तक क्रोचे की प्रारंभिक शिक्षा-दीक्षा नेयुनस में हुई। क्रोचे बचपन से ही प्रखर-मेधा के व्यक्ति थे और इटली में उन्हें बहुत ही सम्मान प्राप्त था। क्रोचे राजनीतिक रूप से भी बहुत सक्रिय थे, जिसका प्रमाण 1920 से 1921 के बीच इटली सरकार में शिक्षामंत्री के रूप में उनका कार्यकाल रहा। क्रोचे ने शिक्षा, साहित्य, दर्शन के क्षेत्र में मौलिक और गंभीर चिंतन का परिचय दिया। यही कारण है कि लगभग आधी शती तक क्रोचे इटली के साहित्यिक और सांस्कृतिक जीवन पर पूरी तरह छाए रहे। क्रोचे ने सौंदर्यशस्त्र और कांट तथा हीगेल की स्थापनाओं एवं मार्क्सवादी-सिद्धांतों का गंभीरता से अध्ययन किया था। मार्क्स के द्वंद्वात्मक भौतिकवाद को क्रोचे ने सिरे से ही खारिज कर दिया था। क्रोचे ने सौंदर्यशास्त्र से संबंधित 'एस्थेटिक्स' नामक ग्रंथ की रचना की। कला और साहित्य के संबंध में कुछ विशेष न कहने पर भी क्रोचे के आत्मवादी-दर्शन का प्रभाव लंबे समय तक कली-जगत पर छाया रहा। अभिव्यंजनावादी जिस दार्शनिकी-सिद्धांत का प्रतिपादन आत्मवादी-दार्शनिक क्रोचे ने किया उसमें अभिव्यंजना किसी कली-विशेष से संबंधित वाद नहीं वरन सभी प्रकार की कलाओं की एक विशेषता है। शुरुआती दौर में इस सिद्धांत का प्रयोग चित्रकला के क्षेत्र में हुआ परंतु बाद में साहित्य के क्षेत्र में भी इसका उपयोग धड़ल्ले से किया गया।

क्रोचे के अनुसार जितने भी पदार्थ हैं वे या तो हमारे मन में हैं या मन से बाहर जगत में। उनके संबंध में हमें ज्ञान या तो अन्त:प्रेरणा से पैदा होते हैं, या फिर तर्क-बुद्धि अथवा कल्पना द्वारा। यानी हमारा सारा ज्ञान या तो अंत: प्रेरणा पर आधारित है या फिर बुद्धि, कल्पना या तर्क पर। क्रोचे की मान्यता थी कि

इंद्रियी-जनित ज्ञान, प्रभाव, अनुभव आदि अंत:प्रेरणा की चरम स्थिति के प्रारंभिक रूप हैं। उनसे उच्ची-कोटि की कला का सृजन संभव नहीं है। अंत:प्रेरणा कलाकार के व्यक्तित्व का साररूप है। कला में जो कुछ पूर्णरूप से अभिव्यक्त होता है अत:प्रेरणा के कारण ही उत्पन्न होता है। इस तरह क्रोचे के मत से कला अंत:प्रेरणा के अतिरिक्त कुछ भी नहीं या वह मन की संपूर्ण क्रिया की कल्पना द्वारा अभिव्यंजना है। वास्तव में क्रोचे ने अभिव्यंजना और ललित-कला में कोई भेद नहीं माना। दोनों का बिल्कुल पर्यायवाची रूप में स्वीकार किया (All art is expression, therefore all expression is art) उसके अनुसार कला सहजानुभूति है। उसकी अभिव्यंजना मानसिक होती है, कृति के रूप में नहीं। क्रोचे इसे स्पष्ट करते हुए कहता है कि अंत:प्रेरणा के फलस्वरूप उत्पन्न ज्ञान और मन द्वारा ग्रहीत बिंब को, मन द्वारा विशेष सांचे में ढाला जाना या उसे रूप प्रदान किया जाना (दूसरे शब्दों में मानसिक परिस्थितियों के बिंबों तथा भावात्मक सत्य को प्रकट किया जाना) और उसी की अभिव्यक्ति ही अभिव्यंजना है। क्रोचे ने अपनी पुस्तक Esthetica में सौंदर्यशात्र का भव्य महल खड़ा किया जिसका बीज उसे फ्रांसेस्को दी सांतिस के विचारों से मिला। कला तथा कला-विचार, बुद्धि प्रज्ञा की चीज नहीं है, न वह कौशल का ही उत्पाद है। वह विशुद्ध एवं सहज कल्पनात्मक रूप है।

अभिव्यंजना-सैद्धांतिक आधार : क्रोचे ने कला को आत्माभिव्यंजना का एक प्रकार माना, जिसकी प्रक्रिया मूलत: मानसिक होती है और यह आवश्यक नहीं कि उसे प्रकट ही किया जाए। साथ ही यह भी कि यह अभिव्यंजना केवल अपने लिए होती है आलोचक के लिए नहीं। तात्पर्य यह है कि अभिव्यंजना सात्विक एवं आध्यात्मिक होती है। जब यह शब्द, ध्वनि, चित्र, मूर्ति आदि का चोला पहन कर वाह्य-रूप धारण करती है, तो उसे 'कला' की संज्ञा प्राप्त होती है। क्रोचे ने मानव-आत्मा की क्रियाओं के चार प्रकार बताए हैं- पहली क्रिया सहजानुभूति या स्वयंप्रकाश्य-ज्ञान है। जिसकी अधिव्यंजना मन में होती है। दूसरी क्रिया मनुष्य के वैचारिक क्षेत्र की वस्तु है। इसका संबंध समष्टि के सामान्य ज्ञान से होता है, जिसका आधार तर्क होता है और यह आदमी के सहानुभूति जन्य ज्ञान से नितांत भिन्न प्रकार की होती है। यह ज्ञान सामाजिक मान्य बिंबो का उत्पादक होता है। तीसरी क्रिया का संबंध मनुष्य के आर्थिक जीवन से है, जिसमें जीवन के व्यावहारिक-पक्ष की क्रियाएं होती है। मानव-जीवन के सब पुरुषार्थ तथा उसके जीविकोपार्जन संबंधी सारे क्रियाकलाप एवं तत्संबधी ज्ञान इसके अंतर्गत आते हैं।

उसका स्वरूप प्रत्यक्ष और स्थूल है। आत्मा की चौथी प्रकार की क्रिया का संबंध भी मनुष्य की संकल्प-शक्ति के साथ होता है, किंतु इसका आधार नीतिशास्त्र और मान्यताएं होती हैं। इसके अंतर्गत सद्-असद् विवेक, ग्राह्य, त्याज्य, करणीय एवं अकरणीय वैचारिक दृष्टिकोण आदि बनते हैं।

अभिव्यंजना की प्रक्रिया : क्रोचे का विचार है कि कला और साहित्य का एक प्रकार है ज्ञान। ज्ञान दो प्रकार का होता है, सजानुभूत-ज्ञान तथा तर्कमूलक-ज्ञान (प्रज्ञा द्वारा प्राप्त ज्ञान)। इस ज्ञान की उपलब्धि बुद्धि और तर्क द्वारा होती है। सजनानुभूत-ज्ञान व्यक्ति की प्रतिभा या कल्पना के सहारे निर्मित होता है। तर्कमूलक-ज्ञान में विश्लेषण, सामग्री-संचयन, निरीक्षण तथा निष्कर्ष आदि को विशिष्ट माना जाता है परंतु सहजानुभूत-ज्ञान व्यक्ति के मानस में सहज या आकस्मिक रूप में जन्म लेता है। तर्कमूलक-ज्ञान में अमूर्त-अवधारणाएं विशिष्ट मानी जाती है किंतु सहजानुभूत-ज्ञान के भीतर व्यक्तिपरकता तथा ठोस बिम्बधार्मिकता का विशिष्ट स्थान होता है तथा विशिष्ट वस्तु का ज्ञान होता है। प्रज्ञा से प्राप्त ज्ञ ान में वस्तुओं के संबंध शामिल होते है। सहजानुभूति के स्तर पर ही काल और स्पेस् (अवकाश) का पता अलग से नहीं होता है। जैसे संगीत सुनते समय हमें काल का बोध नहीं रहता उसी प्रकार चित्र देखते समय स्पेस (अवकाश) का बोध नहीं होता। क्रोचे के अनुसार सहजानुभूति की अभिव्यंजन ही कला है, जो मन में होती है, कृति के रूप में नहीं। अर्थात् अभिव्यंजना का यह सिद्धांत पूर्णतः सहजानुभूति पर आधारित है। सवाल यह है कि सहजानुभूति क्या है? कलाकार या चित्रकार जब किसी वस्तु अथवा घटना विशेष को देखता है और उसे अपने अंतर्मन में पूरी तरह उतारता है तो मन में पूरी तरह उतारने की यह क्रिया ही सहजानुभूति है। यह बौद्धिक-ज्ञान से पूरी तरह स्वतंत्र और सायास नहीं होती। स्वाभाविक रूप से या प्राकृतिक रूप से किसी घटना या रूप का जो ज्ञान मानसिक तौर पर होता है वही सहजानुभूति है। इस सहजानुभूति-जन्य प्रभाव का बुद्धि, परंपरा, तर्क, क्रिया आदि से कोई संबंध नही होता। यह प्रभावों की अभिव्यंजना है। यहां क्रोचे इस बात पर बल देता है कि सहजानुभूति ही अभिव्यंजना है। अर्थात् अगर कोई अभिव्यंजना में सफल नहीं होता तो वह सहजानुभूति या स्वयंप्रकाश्य ज्ञान नहीं बल्कि केवल अनुभूति और स्वाभाविकता है।

क्रोचे के अनुसार अभिव्यंजना की प्रक्रिया सहजानुभूति के द्वारा अभिभूत कलाकार के प्रेरणा-क्षणों में ही संपन्न हो जाती है और कलाकार अभिव्यंजना के

इसी क्षण में अपनी कृति का मानसिक-दर्शन करता है। क्रोचे के मतानुसार कला-सृजन की प्रक्रिया में कवि की संबुद्धि द्वारा प्रेरित रूप हीन और अस्पष्ट संवेदनाएं जागृत होती हैं, इनमें आंतरिक-अन्विति के फलस्वरूप कवि एक अनिवर्चनीय आनंद की अनुभूति करता है। यही अनुभूति वास्तव में अभिव्यंजना है। इसके बाद रंग, रेख, शब्द आदि के माध्यम से वह मात्र अपने उत्तरदायित्व की पूर्ति करता है। यह मूर्तिकरण शिल्प विधान से ज्यादा कुछ नहीं। क्रोचे के मतानुसार प्रत्येक वास्तविक सहजानुभूति अपने आप में अभिव्यंजना भी है। अभिव्यंजना अत्यंत व्यापक शब्द है। केवल शाब्दिक अभिव्यंजना तक सीमित नहीं है। सहजानुभूति स्वयं प्रकाश्य है। प्रत्येक व्यक्ति जब अपने भाव को रूपाकार देने की कोशिश करता है, तब यह आंतरिक प्रकाश उसे प्रतीत होता है। उसके मतानुसार अभिव्यंजना सहजानुभूति से भिन्न नहीं। यदि बाद में कोई उसे शब्दों द्वारा प्रकट करता है तो वह व्यावहारिक सुविधा है, सहजानुभूति की अनिवार्यता नहीं। 'सहजानुभूति-ज्ञान अभिव्यंजनात्मक-ज्ञान है। वह बौद्धिक-क्रिया से स्वतंत्र और स्वायत्त है। परवर्ती भेदों, यथार्थ और अयथार्थ, स्थान और काल के रूप-संगठनों तथा अवबोधनों के प्रति वह उदासीन है। सहजानुभूति रूप है और उससे अगल जो अनुभव है वह संवेदना के प्रवाह से अलग है। वह मानसिक वस्तु से भिन्न है। सहजानुभूति का होना ही अभिव्यंजित होना है और सिर्फ अभिव्यंजित होना है। (इससे न कुछ अधिक न कम)।

स्वयंप्रकाश्य-ज्ञान और तर्कज्ञान : क्रोचे ने ज्ञानार्जन के दो प्रमुख आधार बताए हैं। इनसे से एक स्वयंप्रकाश्य ज्ञान या सहजानुभूति है, जिसकी अभिव्यंजना मन के भीतर होती है। यह प्रकृति द्वारा मानव को आदिम अवस्था से ही दी गई महान क्षमता है, जिसे प्रतिभा, संबुद्धि या अंग्रेजी में 'इन्स्ट्यूशन' कहा जाता है। कला, साहित्य और सौंदर्य-चेतना की अनुभूति का यह आधार है। यह आत्मा की निजी प्रक्रिया है, जिसका बुद्धि तथा एन्द्रिय-संवेदना से कोई संबंध नहीं है। यही ज्ञान कल्पना के संस्पर्श से कलागत सौन्दर्य का स्रष्टा बनती है। इसके विपरीत तर्कज्ञान का आधार उसका अर्जित ज्ञान है। ईश्वर ने मनुष्य को सोचने-विचारने, किसी घटना पर प्रतिक्रिया व्यक्त करने की अद्‌भुत क्षमता प्रदान की है। यह उसका बौद्धिक ज्ञान है। पीढ़ी-दर-पीढ़ी उसका यह ज्ञान संचित और स्थानांतरित होता रहा है। इसी ज्ञान-राशि से उसका विज्ञान, तर्क, सिद्धांत आर्थिक-उपक्रम और नैतिक-क्रिया-व्यवहार संबंधी चिंतन का विशाल भंडार निर्मित हुआ है।

कला और स्वयंप्रकाश्य ज्ञान : सहजानुभूति ही कला है या कला का

अर्थ सहजानुभूति है यह पूर्णत: मानसिक और आत्मिक क्रिया है। इसी आत्मिक क्रिया के बाह्य-प्रकाश्य रूप को कला कहा जाता है। इस तरह सहजानुभूति और कला अभिन्न हैं। किसी घटना अथवा स्थिति-विशेष का सहज ज्ञान कवि के भीतर उतरता चला जाता है और उसके साथ ही उसके मन में बहुबिध भाव-तरंगे उठती और तिरती रहती है। उसके मन में उठने वाली ये भाव-तरंगे सिर्फ उसी के लिए होती है। सर्जना के क्षण में वह अपनी उन्हीं अभिव्यंजित अनुभूतियों को वाह्य उपकरणों की सहायता से अभिव्यक्त करता है। लेकिन क्यों? क्रोचे इन बाह्य-उपकरणों को सहायक साधनों के रूप में देखता है। उसका मानना है कि जब कवि अथवा कलाकार अपनी सहजानुभूति को सहृदय-संवेदय बनाना चाहता है अथवा उसे स्थायित्व प्रदान करना चाहता है तो वह इन सहायक साधनों का प्रयोग करता है।

अभिव्यंजना और कल्पना : कल्पना कलाकार की भव्य-विधायिनी-शक्ति है, जिसके द्वारा वह सौन्दर्य का बोध करता है। सहजानुभूति या मानसिक-अभिव्यंजना के उपरांत कवि इसी कल्पना के सहारे अनुभूति सौन्दर्य का मूर्ति-विधान करता है। कल्पना वस्तु के आंतरिक-बोध में सहायक होती है। इसी शक्ति के सहारे कवि आत्मिक प्रभावों और अमूर्त संवेदनाओं को सौन्दर्यपूर्ण मूर्ति-विधान प्रदान करता है। अत: यह स्वयं सहजानुभूति और कला का ही एक रूप है।

अभिव्यंजनावाद और अन्य आलोचक : क्रोचे के अभिव्यंजनावाद पर अनेक आक्षेप लगाए गए। सर्वप्रथम स्काट जेम्स ने क्रोचे के इस सिद्धांत को थोथेपन की संज्ञा दी। उसके अनुसार अगर अभिव्यंजना पूर्णत: मानसिक होती है तो उसका मूल्यांकन कैसे संभव होगा? क्योंकि मूल्यांकन तो प्रत्यक्ष दिखने वाली वस्तु का ही होगा। आन्तरिक मन का नहीं, जबकि क्रोचे बाहरी वस्तु को कोई महत्व ही नहीं प्रदान करता। क्रोचे सहज ज्ञान-हेतु किसी अन्य प्रकार के ज्ञान को महत्व नहीं देते परंतु मनोविज्ञान इस प्रकार के ज्ञान को मान्यता नहीं प्रदान करता। क्रोचे अभिव्यंजना को ही सर्वोपरि मानता है तथा विषय या कथावस्तु को गौण स्थान देता है। इसमें कोई दो राय नहीं कि अभिव्यंजना महत्वपूर्ण होती है परंतु साहित्य में सहजानुभूति के नाम पर सब कुछ तो स्वीकार नहीं किया जा सकता। कहने के ढंग का महत्व साहित्य में निर्विवाद है परंतु कही जानेवाली बात के महत्व को भी नजरअंदाज नहीं किया जा सकता। संप्रेषण की क्रिया की भी उपेक्षा, इस सिद्धांत के द्वारा की गई। इस सिद्धांत के फलस्वरूप कला के क्षेत्र में कलावाद

का प्रचार हुआ तथा इस मान्यता की आड़ में काफी मनमानी करने की कोशिश हुई। कला और जीवन के संबंधों की अनिवार्यता को नकारना इस सिद्धांत की सबसे बड़ी सीमा हो सकती है। कलाकार अपने स्वयं के अनुभूत-जीवन की ही अभिव्यंजना कविता या कला के द्वारा करता है। संक्षेप में क्रोचे का अभिव्यंजनावाद जिसे आचार्य शुक्ल भारतीय-वक्रोति का ही दूसरा रूप मानते हैं, वस्तु के सौंदर्य की उपेक्षा करके, केवल अभिव्यक्ति की सुंदरता परखने वाला आलोचनात्मक-सिद्धांत है। इस संबंध में हमें यह याद रखना चाहिए कि क्रोचे मूलतः दार्शनिक था और उसका लक्ष्य काव्य-सिद्धांतों का विवेचन करना नहीं था। यही कारण है कि दर्शन और सौन्दर्यशास्त्र के क्षेत्र का यह अप्रतिम विद्वान साहित्य में अपेक्षाकृत अधिक प्रसिद्धि नहीं पा सका, जितना कि उसके स्तर के व्यक्ति को पाना चाहिए था। वह मात्र अभिव्यंजनावाद तक ही सीमित रह गया।

क्रोचे के अभिव्यंजनावाद की सीमाएं : क्रोचे संप्रेषण की उपेक्षा करता है जिससे यह सिद्धांत अपूर्ण प्रतीत होता है क्योंकि कला का बाह्यीकरण भी कला का ही हिस्सा है। कला का मूल स्रोत मस्तिष्क है और संप्रेषण होने पर ही वह पूर्ण विकसित होती है। संप्रेषण के दौरान मूल-तत्व पर संस्कार होते हैं तब वह परिष्कृत होकर प्रकट होता है। उसे ही कला की संज्ञा दी जाती है। इसी कारण कला का अभिन्न हिस्सा संपेषण है। जैसे शरीर के अभाव में आत्मा की अभिव्यक्ति संभव नहीं उसी प्रकार बाह्य-कलारूप के अभाव में कलाकार की कलानुभूति पूर्ण नहीं होती। क्रोचे की मान्यता है कि सहजानुभूति और कलानुभूति में गुणात्मक भेद नहीं है, और कला पूर्णतया मानसिक होता है। इससे क्या निष्कर्ष निकाला जाय कि किसी विकृति, सनक या पागलपन को कला का अभिधेय कहा जाय। क्रोचे ने सहजानुभूति में बुद्धि के हस्तक्षेप का विरोध करके कला का सरलीकरण कर दिया। इसके परिणामस्वरूप अनेक श्रेष्ठ रचनाएं (खासकर कविताएं) जिनमें बुद्धि का समावेश होता है, उपेक्षित हो जाती हैं। यदि संप्रेषण को कला का हिस्सा नहीं माना जाय तो संप्रेषण हेतु कलाकार जो अथक परिश्रम करता है वह क्यों करता है?

प्रतीकवाद

प्रतीक अंग्रेजी के 'सिम्बल' शब्द का हिंदी पर्याय है। साहित्य के क्षेत्र में 'प्रतीक' ऐसे शब्द, चिन्ह, ध्वनि या वस्तु को कहते हैं जिसके द्वारा किसी अप्रस्तुत चीज का बोध हो। प्रतीक अन्य चीज का बोध कराने के साथ अपनी निजता और सार्थकता को बनाए रखता है। प्रतीकों की दो प्रमुख विशेषताएं हैं- एक तो वह अपने से भिन्न, वस्तु या घटना का द्योतन करता है, दूसरे वह अपने में निहित अर्थ से व्यापक अर्थ का परिचायक होता है। हम अपने दैनिक जीवन में अनेक प्रकार के प्रतीकों का प्रयोग करते हैं। धन (+) का निशान देखते ही डॉक्टर का बोध हो जाता है अथवा यातायात नियंत्रण के लिए प्रयोग में आने वाले लाल हरे, नारंगी रंग अथवा रेडक्रास के लिए लाल-क्रास का निशान, राष्ट्रों के सूचक -चिन्ह यथा ध्वज, पशु, गीत पुष्प आदि ऐसी चीजे हैं, जो अप्रस्तुत को प्रस्तुत कर देती हैं। डॉ. आनंदप्रकाश दीक्षित के अनुसार- "किसी अन्य स्तर की समान रूप वस्तु द्वारा किसी अन्य स्तर के विषय का प्रतिनिधित्व करने वाली वस्तु प्रतीक है।" दीक्षित का यह मत प्लेटो के मत से मेल खाता है। उनके अनुसार- "किसी बात को स्पष्ट रूप से कहने के लिए, आसान तरीका यह है कि वह क्या है न कहकर यह कहा जाए कि वह वस्तु किसके अनुरूप है। किसी अन्य वस्तु से उसकी तुल्य रूपता अथवा समानधर्मिता की बात कहकर उसे सहज ही स्पष्ट किया जा सकता है।" साहित्य के अलावा भी गणित, संगीत, ज्योतिषशास्त्र तथा विज्ञान आदि में भी अनेक प्रतीक चिन्हों का प्रयोग किया जाता है। इन प्रतीकों के प्रयोग से चीजें अपेक्षाकृत सरलीकृत हो जाती हैं। मानव-जीवन का शायद ही कोई ऐसा पक्ष हो जहां प्रतीकों का प्रयोग न होता हो। हम अपने सामाजिक

धार्मिक, साहित्यिक और कलात्मक जीवन में धड़ल्ले से इन प्रतीकों का प्रयोग करते हैं। मानवीय संप्रेषण का यह सबसे सरल और आसान तरीका है। प्रतीक-विधान-काव्य का एक शिल्पगत साधन है। प्रतीकवाद से इसका प्रत्यक्ष संबंध विशेष नहीं है। प्रतीकवाद तो फ्रांस में प्रवाहित एक विशिष्ट प्रकार की काव्य-धारा थी जिसमें आदर्शवाद, रहस्यात्मकता, सौंदर्यवाद, संगीतात्मकता आशय और अभिव्यक्ति का एकीकरण होता है।

साहित्य के क्षेत्र में प्रतीक एक पुराना परिचित शब्द है जिसका प्रयोग शायद प्रथम कविता के जन्म के साथ ही शुरू हो गया था। क्योंकि शब्दों के जिन समुच्चयों का प्रयोग साहित्य सृजन के लिए होता है, वे अवश्य ही किसी न किसी भाव अथवा, संवेग के प्रतीक होते हैं। इस प्रकार कहीं-न-कहीं शब्द भी एक प्रतीक ही है। इस तरह साहित्य के क्षेत्र में प्रतीकवाद कहीं-न-कहीं किसी-न-किसी रूप में हमेशा रहा है। यह अलग बात है कि गत शताब्दी में इसने एक प्रबल और व्यवस्थित आंदोलन का रूप लिया और प्रतीकवाद पूरे विश्व में फैल गया तथा आज भी साहित्य को प्रभावित कर रहा है।

प्रतीकों को मुख्य रूप से दो तरह का माना गया है। पहले वे जो किसी पूर्वयोजना के आधार पर किसी तथ्य, घटना आदि के लिए निश्चित कर लिए जाते हैं और वे धीरे-धीरे सर्वमान्य हो जाते हैं जैसे गणित, विज्ञान के क्षेत्र में निश्चित प्रतीक। इन्हें संदर्भीय-प्रतीक कहा जाता है। दूसरे प्रकार के प्रतीक धार्मिक-मतवादी-कृत्यों तथा मनोविश्लेषण स्वप्न व्याख्या आदि के लिए प्रयोग किए जाते हैं। इन्हें संघनित प्रतीक कहा जाता है।

वाद के रूप में प्रतीक : प्रतीकवाद एक साहित्यिक-आंदोलन के रूप में सर्वप्रथम 1660 से 1880 के बीच फ्रांस में आया और बाद में इंग्लैंड तक पहुंचा। 1885 तथा इसके बाद इस विचारधारा का काफी प्रचार-प्रसार हुआ। उन्नीसवीं शदी वैज्ञानिक प्रगति की दृष्टि से काफी महत्वपूर्ण रही। वैज्ञानिक-विकास के फलस्वरूप तर्कशीलता और तथ्यात्मकता बढ़ी, जिसका प्रभाव साहित्य-जगत में भी दिखाई पड़ता है। यथार्थवाद की उन्मुखता ने अन्ततः प्रभाववाद तथा प्रकृतवाद को साहित्य कला में जगह दी। इसी प्रभाववाद और प्रकृतवाद के विरुद्ध प्रतिक्रिया में प्रतीकवाद का प्रादुर्भाव हुआ।

18 सितंबर 1886 को कवि ज्यामोराए ने फ्रांसीसी पत्रिका 'ला फिगरो' में बकायदा प्रतीकवाद का घोषणा पक्ष तैयार किया, जिसमें प्रतीकों की सर्जनात्मक प्रवृति की तरफ संकेत करते हुए विचार तथा भावों को संवेदनात्मक रूप देने की प्रतीकों की प्रकृति और क्षमता को भी रेखांकित किया गया। प्रतीकवादियों की स्पष्ट धारणा थी कि जीवन की संपूर्णता से छिटकी हुई अकेली घटनाएं या मन: स्थितियां को कोई महत्व नहीं रखता इसलिए इन अकेली घटनाओं के शाश्वत सत्यों प्रतीकों के माध्यम से कला में पिरोए जाने की आवश्यकता पर बल दिया गया। क्योंकि जीवन से हटकर घटनाएं बिल्कुल अर्थहीन होती है। परंतु प्रतिभा संपन्न कवि या सर्जक अपनी कल्पना और सर्जनात्मक-शक्ति के द्वारा सशक्त प्रतीकों के माध्यम से इन सामान्य घटनाओं को भी महत्वपूर्ण और महान बना सकता है। उन्नीसवीं सदी के अंतिम दशक में प्रतीकवाद के समर्थन और प्रचार-प्रसार में अनेक पत्रिकाओं में लेख प्रकाशित हुए तथा प्रतीकवाद को ध्यान में रखकर अनेक सर्जकों ने कई कलाकृतियों का प्रकाशन किया, प्रतीकवादी साहित्यिक विचारधारा के रूप में फ्रांस के बर्लेन रिम्बो, मालार्मे तथा बोदलेयर और इंग्लैंड के जार्जमूर आस्कर वाइल्ड तथा डब्ल्यू वी. यीट्स आदि की रचनओं तथा उनके द्वारा प्रतिपादित सिद्धांतों का मनन किया जा सकता है।

1891 में आलोचक अल्बर्ट ओरिएट ने एक लेख में प्रतीकवाद की परिभाषा देते हुए प्रतीकवादी रचना के कुछ गुणों की तरफ इशारा किया। उनके अनुसार प्रतीकवादी रचना को भावपूर्ण होना जरूरी है तथा भावों को रूपों तथा आकारों में व्यक्त करने में ही उसकी सार्थकता है। प्रतीकवादी विषय की जगह विषयी को महत्व देते हैं। उनके अनुसार विषय का कोई मूल्य नहीं है। क्योंकि उसे वास्तविक मूल्य तो विषयी द्वारा प्राप्त होता है। जब वह अपनी भावना और कल्पना तथा अनुभूतिजन्य-संवेदना की शक्ति उसे प्रदान करता है। क्षुद्र से क्षुद्र विषय भी प्रतिभा-संपन्न कवि के हाथ में पड़कर महत्वपूर्ण बन जाते हैं।

उन्नीसवीं सदी के अंतिम दो दशकों में प्रतीकवाद का जादू कुछ इस कदर चढ़ा कि फ्रांस के कई कवियों को प्रतीकवादी कवि की संज्ञा प्रदान की गई। प्रतीकवाद ने शैली और व्यंजना के धरातल पर अनेकानेक नवीन-

प्रयोग किए और रुढ़िगत ढांचे से रचना मुक्त किया। छंदों के बंधनगत सिद्धांत को तोड़ा तथा कविता और संगीत के मध्य एक अद्‌भुत सामंजस्य पैदा किया। साहित्यकार की विशिष्टता, अप्रतिम स्वतंत्रता पर जोर दिया, सौंदर्य को प्रतिष्ठित किया, बौद्धिक के प्राचुर्य में दबे काव्य को भावना के असीम वैभव की सत्ता प्रदान की। रिम्बो, कोरविएट और मालार्मे ने इस नई काव्यधारा की अगुवाई की। मालार्मे ने चर्चाओं का आयोजन कर इस वाद को ऊंचाई प्रदान की। ज्यामोराए द्वारा 'ला फिगारने' में प्रकाशित घोषणा-पत्र ने इन प्रतीकवादियों को मजबूत आधार प्रदान किया और देखते ही देखते प्रतीकवादी-काव्य की सशक्त धारा प्रवाहित हो उठी। मालार्मे का विचार था कि कविता और कला के अंक में कवि को अभिधार्थ से बचना चाहिए क्योंकि अभिधार्थ से कविता का आनंद नष्ट होता है। वह मानता था कि कवि को श्रेष्ठ वस्तुओं, घटनाओं तथा मन:स्थितियों का संकेत मात्र करके उसके अर्थ-संज्ञान का भार पाठकों पर छोड़ देना चाहिए। प्रतीकवादी मानते थे प्रत्येक कवि और कलाकार की अपनी व्यक्तिगत भाषा होती है जो उसके संप्रेषण का माध्यम बनती है। वे भाषा को भी प्रतीक ही मानते हैं। प्रोफेसर शिपली के शब्दों में वस्तुत: प्रतीक उतने ही प्राचीन हैं, जितना मानव-भाषा स्वयं ही एक प्रतीक है। प्रत्येक कला एक अन्य भाषा ही होती है और प्रत्येक कलाकार केवल अपने निर्मित प्रतीक ही प्रस्तुत करता है।

मूल्यांकन : प्रतीकवादी आंदोलन को बौद्धिकता, अति भौतिकता और अतिस्थूलता के विरुद्ध भावुक नवयुवकों के विद्रोह की संज्ञा दी गई। निश्चित रूप से अपने शुरूवाती चरणों में यह आंदोलन कला को व्यावसायिक लाभ की वस्तु बनाने वाली व्यवस्था के विरुद्ध जागरुक, कलाकारों के विद्रोह स्वरूप जन्मा था है। परंतु पूंजीवादी व्यवस्था की प्रतिक्रियास्वरूप उभरा यह स्वर व्यक्ति-स्वातंत्र्य के नाम पर उलटा पूंजीवाद की कला- विरोधी व्यावसायिकता और साम्राज्यवादी प्रवृत्तियों को बल देता है। प्रतीकवादी आंदोलन को लेकर विद्वानों में मतभेद रहा है। एक विद्वान के शब्दों में "प्रतीकवाद के पास न तो कोई ठोस दार्शनिक-भूमि है और न कोई राजनीतिक और सामाजिक विचारणा ही है। इनके आलोचकों और कवियों के वक्तव्य नाना प्रकार के अन्तर्विरोध लिए हुए हैं।" यह विडंबना ही है कि आलोचकों का एक बड़ा

वर्ग प्रतीकवाद को स्वतंत्र और स्वायत काव्य सिद्धांत के रूप में मान्यता तक नहीं देता। लेकिन इस तरह से प्रतीकवाद के अस्तित्व पर ही उंगली उठाना बहुत बड़ा अन्याय होगा। क्योंकि भले ही प्रतीकवादी आंदोलन एक संप्रदाय का रूप धारण कर सका हो परंतु इसने काव्य को एक महान सार्वभौतिक आधार प्रदान किया। यह भी सत्य है कि इस धारा के कवि समाज से कटे रहे। अगम्यता और दुर्बोधता की पराकाष्ठा को भी अपनी हार्दिकता प्रदान की। काव्य के अर्थ की चिंता नहीं की जिससे काव्य का प्रभाव क्षेत्र कमतर हुआ। इस संदर्भ में अतिवैयक्तिकता का दबदबा कायम हुआ और संप्रेषणीयता के समक्ष संकट खड़ा हुआ। स्वयं कवि भी अन्तर्मुखी होने के कारण अपने काल की राजनीति, अर्थनीति एवं समाजनीति से विमुख हो गया। इस सिद्धांत के अनुसार भाषा में सांकेतिकता, प्रतीकात्मकता और ध्वन्यात्मकता है जिसके द्वारा काव्य में अर्थविस्तार और अर्थगौरव का उन्मेष होता है। विश्व के अनेक कवियों ने इसे कविता-धारा के रूप में अपनाया जिसमें बादलेयर, बर्लेन, रिम्बो, क्लाउडेल तथा जर्मन कवि रिल्के, रुसी लेखक ब्लोक तथा आयरिश कवि यीट्स और अमेरिकन कवि लेखक हॉर्थान और वाल्ट व्हिटमैन जैसे दिग्गज साहित्यकार शामिल हैं। यही नहीं, हिंदी की भी प्रयोगवादी और परवर्ती विषयीगत काव्य धाराओं पर प्रतीकवाद का गहरा प्रभाव लक्षित किया जा सकता है।

बिंबवाद

बिंब शब्द अंग्रेजी के 'इमेज' का हिंदी रुपान्तर है जिसका भावात्मक अर्थ मानस-प्रतिमा से है। जो व्यक्ति के मानस में अपने परिवेशगत संवेदनों के प्रत्यक्षीकरण के अतिरिक्त अतीत में घटित, आधारित घटनाओं के आधार पर उभरती है। बिंब कविता में एक घटक है। लंदन शहर में 1908 और 1911 के मध्य एक केंद्र स्थापित हुआ जिसने शिकागो से प्रकाशित होने वाली पत्रिका के द्वारा अपनी कविताओं को प्रकाशित किया। एजरा पाउण्ड रिचर्ड्स एलिगटन, एफ.एस. प्लिंट, हिल्डा डलिटिल आदि इसमें सम्मलित रहे तथा नेतृत्व का दायित्व ऐजरा पाउण्ड का था। बाद में एमिलावेल ने यह नेतृत्व संभाला। 1914 में ऐजरा पाउण्ड का कविता-संग्रह 'दे दिमासिस्त प्रकाशित हुआ जिसमें बिंबवादी कविताओं को ही स्थान मिला। सन् 1915 में एजरापाउण्ड ने ` some images poets' नामक आलोचनात्मक पुस्तिका का प्रकाशन किया और तत्पश्चात् तीन वार्षिक संकलन छपे, जिसकी भूमिका लेखन का कार्य एलिंग्टन ने किया तथा इस आंदोलन को वैचारिक आधार देने का कार्य हुल्मे का `notes on Language and style' नामक निबंध ने किया।

बिंबवादी कवियों ने स्वच्छंदतावाद का डटकर विरोध किया क्योंकि आत्माभिव्यक्ति की आड़ में इसमें भावुकता का आधिक्य हो चुका था तथा शैली अजनवी और अपरिचित बन चुकी थी। कवि विस्तृत भाषण की कला का भी सहारा लेने लगे थे। कविता जरूरत से अधिक लम्बी की जाने लगी। बिंबवाद में इसका विरोध करते हुए बिंबवादी रचनाकारों ने क्लासिकल प्रवृत्ति की रचाओं, जिनमें संयम और स्पष्टता की विशेषता थी, का आग्रह किया। इसके कारण बाद में दुरुहता या क्लिष्टता तथा नीरसता का क्लासिकल पद्धति

में समावेश होता है, उसका भी विरोध हुआ। क्लासिकल शैली में जो छन्दों, वृत्तों या निश्चित वर्णों का बंधन रहता है उसके प्रति भी विद्रोह हुआ। इसमें छोटी कविता जो बिंब और उपमा से तथा लय की अनुकूलता से लिखी गयी। यह रचना पाठक को वाह्य-जगत् की वस्तु और दृश्य की प्रत्यक्ष प्रतीति करानेवाली तथा प्रभाव में किसी भी प्रकार अमूर्त अर्थ का समावेश करने से मनाकरती है। एजरापाउण्ड ने कहा कि- ''बिंब निमिषमात्र में घटित भाव या बुद्धि की समष्टि को प्रस्तुत करता है और देशकाल की सीमाओं से अनायास मुक्ति दिलाता है।'' बिंब-निर्माण में अन्त: मन की प्रक्रिया प्रमुख है। इसमें किसी विशेष क्षण में अपने बौद्धिक एवं रागात्मक अनुभवों को व्यक्त करते हैं। भौतिक वस्तुओं का ठोस एवं स्पष्ट रूप में वर्णन किया जाता है। भाषा में मितव्ययीता, शैली में संक्षिप्तता, स्पष्टता का आग्रह है तथा सूक्ष्मता और अमूतर्ता का विरोध होता है। ये कविताएं जापानी हाइकू की भांति छोटी और ठोस होता है। ये लधु कविता के हिमायती है। उनका मत है कि अनुभूति का निर्माण और उसका विकास अगर अकृत्रिम और सहज है तो लम्बे समय तक चल नहीं सकता। स्वाभाविक रूप से बिंबवादी कवियों ने लंबी कविताओं का विरोध करते हुए लघु रूप को महत्व दिया क्योंकि उसमें विलक्षणता, एकाग्रता तथा (Immidiacy of and effect) तात्कालिक प्रभाविता रहती है। इसमें बाह्य आरोपित संदेश, तथा उपदेश को स्थान नहीं T.E. ह्यूल में लिखता है।

The poem is a moment of discovery are awareness created by effective metaphor which provides the sharp intuitive insight that is the essense of life. बिंब को 'शब्द-चिन्ह' भी कहा जाता है। कवि या सर्जक अपनी कल्पना-शक्ति से शब्दों के द्वारा एक ऐसा चित्र बनाता है जो पाठक के मानस-पटंल पर एक प्रतिमा का निर्माण करता है और काव्य के भावन में सहायक होता है। इसे ही 'शब्द-चित्र' या बिंब कहते हैं। इस तरह कल्पना ही बिंब-विधान का प्रधान साधन है। बिंबों को हम स्मृति-जन्य और कल्पित इन दो भागों में बांट सकते हैं। स्मृतिजन्य बिंब वे हैं जो इंद्रियबोध के द्वारा मनुष्य की चेतना में संचित अवशेष के रूप में विद्यमान रहते हैं और हल्की सी प्रेरणा या परिस्थिति पर सजग हो जाते हैं। उदाहरणार्थ विदेश

में रहनेवाले व्यक्ति को निजता के क्षणों में प्रयेसी की याद आते ही दृश्यबिंब के रूप में उसकी छवि तथा श्रवण बिंब के रूप में उसकी रसभरी मधुर आवाज की प्रतिमाएं तुरंतु मानस-पटल पर आ जाती हैं। ज्यादातर बिंब स्मृति-न्य ही होते हैं। मनुष्य में अपने पूर्व-अनुभवों के आधार इंद्रियगोचर वस्तुओं का बिंब मानस-पटल पर स्मृति-मात्र से उद्बोधित हो उठता है। जब कि कल्पित बिंबों के लिए नवीनता और मौलिकता का होना आवश्यक है। यहां जो बिंब बनते हैं उनके घटक हमारे परिचित होते हैं। उनका अस्तित्व भी अलग होता है। इसके बावजूद हम अपनी कल्पना-शक्ति के द्वारा इनका बिंब निर्माण कर लेते हैं। उदाहरणार्थ मेघदूत नहीं हो सकते लेकिन मेघों का उड़ना हम जानते हैं और दूत के बिंब से हम परिचित हैं। लिहाजा जब कालिदास मेघ को दूत बनाकर संदेश प्रेषित करते हैं तो अनुभूति और कल्पना के संयोजन से हम उनका अनुभावन कर लेते हैं। भाषा का तो सारा कार्य-व्यापार ही बिंब-विधान पर आश्रित है। किसी भी शब्द के उच्चारण के साथ उसका चित्र मानस-पटल पर निर्मित होता है यही बिंब-विधान है।

सभी प्राणियों में मनुष्य ही ऐसा सौभग्यशाली जीव है जिसे कल्पना की शक्ति प्राप्त है परंतु हर व्यक्ति में बिंब-निर्माण की शक्ति एक सी नहीं है। शब्दों के द्वारा चित्र-विधान की क्षमता केवल कलाकार में होती है। कल्पित बिंबों का निर्माण तो और चुनौती पूर्ण कार्य है, उसके लिए कवि में उर्वर-कल्पनाशक्ति और भाषा की सूक्ष्म तथा असीम क्षमताओं पर अधिकार आवश्यक है। 'राम की शक्ति-पूजा' में निराला द्वारा प्रस्तुत बिंब- विधान दृष्टि से अद्भुत है। कवि भाषा के माध्यम से ही अपने अनुभवों को संप्रेषित करता है, लेकिन सरल शब्दार्थों की जगह पर बिंबो के प्रयोग से कविता की उत्कृष्टता बढ़ जाती है। उसकी प्रभावात्मकता में बिंब चार-चांद लगा देते हैं। क्योंकि पाठक के मन में पहले भाषा बिंब-जागृत करती है तदनन्तर ही वह भावों को संप्रेषित करती है। इसके लिए पाठक का भी संस्कारित होना आवश्यक है क्योंकि अगर बिंब-निर्माण कवि की कल्पना-शक्ति पर आश्रित है तो उसकी उसी रूप में ग्राह्यता पाठक की अपनी अनुभूति, ग्राहिका-शक्ति, कल्पनाशक्ति, रुचि-संस्कार, और संवेदना-शक्ति पर आश्रित है। उदाहरणार्थ मुक्तिबोध की फैंटैसी और बिंब के संप्रेषण के लिए पाठक को भी अपना स्तर ऊंचा उठाना पड़ेगा।

यानि शब्द में बिंब निर्माण की शक्ति कवि और पाठक के स्तर पर अलग-अलग हो सकती है, क्योंकि यह दोनों की अनुभूति और संवेदना के स्तरों द्वारा निर्धारित होती है। बिंब विधान तभी सफल कहा जा सकता है जब पाठक के मानस पर भी वही प्रभाव क्षमता उत्पन्न करे जो निर्माण के समय कवि में थी। तभी पाठक उन बिंबों से आनंद उठा सकेगा। बिंबवाद की शुरूआत एक आंदोलन के रूप में उन्नीसवी शदी के आरंभ में हुई। उस समय कविता विचारों की दार्शनिकता के कारण अत्यंत दुर्बोध हो रही थी जिसकी प्रतिक्रिया स्वरूप बिंबवाद का जन्म हुआ। सर्वप्रथम 1909 में टी.ई. ह्यूम ने कला और साहित्य में इसकी प्रतिष्ठा की। 1912 में एजरा पाउण्ड ने 'रिपोस्टे' की भूमिका में 'इमेज' के रूप में इस चित्र-शैली को स्वीकार किया। बिंबवादी दार्शनिकता के बोझ तले दबी कविता को सहज और स्वाभाविक बनाना चाहते थे। वे एक ऐसे मार्ग की खोज में थे जिससे वे मन की सूक्ष्म भावनाओं की सहज अभिव्यक्ति कर सकें। इसका समाधान उन्हें बिंब-विधान के रूप में मिला। मार्च 1913 में फ्रांसिस स्टुअर्ट फ्लिण्ट ने 'पोयट्री' नामक पत्रिता में बिंबवाद के सिद्धांतों की स्थापना की, जिसमें उन्होंने विषय अथवा विषयीगत प्रत्यक्ष-चित्रण, लय और संगीत से युक्त शब्द-योजना तथा जो शब्द चित्रविधायक न हों उनके वहिष्कार की घोषणा की। उन्होंने ऐसी भाषा -प्रयोग पर बल दिया जो कम से कम शब्दों में पूर्ण स्वाभाविक संक्षिप्त मानस-चित्र उद्‌बुद्ध कर सकें। उपयुक्त शब्द-चयन के संबंध में उन्होंने विशेष आग्रह रखा। "इन ट नैट आव द स्टार्स" का प्रकाशन कर फ्लिंट ने इस आंदोलन को तेज किया तथा 1914 में प्रकाशित 'द-ईगोइस्ट' पत्रिका में इस आंदोलन को सशक्त साहित्यिक रूप प्राप्त हुआ। इस तरह टा.इ. ह्यूम द्वारा उद्भूत इस काव्यांदोलन को एजरापाउंड, रिचर्ड एलडिंग्टन फ्रांसिस स्टुर्वट, फ्लिंट, एमी लॉवेल तथा टी.एस. इलिएट जैसे विद्वानों का समर्थन प्राप्त हुआ और एक सशक्त आंदोलन के रूप में इसने विश्व की कविता पर अपनी छाप छोड़ी। काव्यात्मक-बिंब को व्याख्यायित करते हुए सी.डी. लेवीस लिखते हैं "काव्य-बिंब सामान्यत: एंन्द्रिय-संवेदना युक्त शब्द-चित्र होता है जिसकी अंतर्धारा के रूप में कुछ सीमाओं तक रहस्यमात्मक संदर्भों में कोई मानवीय-संवेग विद्यमान रहता है। उसमें यह संवेग केवल विद्यमान ही नहीं रहता, वह अपने पाठक को भी इस काव्यात्मक संवेग अथवा भावुकता से आप्लावित करता है।" इस तरह

बिंब का लक्ष्य इंद्रिय-गोचर और अनुभूत वस्तु का प्रत्यक्षीकरण है जो वस्तु के प्रति रागात्मकता, सूक्ष्म-पर्यवेक्षण शक्ति और उर्वर-स्मृति के बिना बिल्कुल संभव नहीं है।

जीवन में बहुत से क्षण आवश्यक होते हैं, महत्वपूर्ण नहीं। कुछ क्षण ऐसे होते हैं। जिनके कारण हमें लगता है कि जीवन सुंदर हैं। इस प्रकार की सोच के कारण एक प्रकार का संकोच पैदा हुआ। कवियों ने कविता में स्पष्टता लाने के लिए ऐसे शिल्प को प्राथमिकता दी जो अनुभव को विलक्षण कसाव में मूर्तता देने वाला था। प्रकारान्तर से यह शुद्ध-कविता की तलाश थी। शुद्ध कविता की तरह दृढ़तापूर्वक उठाया कदम था। इन रचनाकारों ने खोखले शब्दजाल तथा छंद की यांत्रिकता के विरुद्ध विद्रोह किया। तथा लय और नाद के प्रति विश्वास दिखाया। इन रचनाओं के माध्यम से कृत्रिमता और थोथी भावुकता के बंधन से मुक्ति मिली तथा अभिजात्य वस्तुपरकता को प्रतिष्ठा प्राप्त हो सकी। लघु कविता की गरिमा और महत्ता को स्थापित करके अनावश्यक विवरण और वर्णन को काव्य से बाहर किया गया। एक प्रकार से अकाव्यात्मक तत्वों से कविता की रक्षा संभव हुई।

बिंबवादी कविता का विस्तार नहीं हुआ। बहुत कम कवियों के बीच कुछ वर्षों तक यह प्रचलन में रही बाद में समाप्त हो गई। क्योंकि काव्य में कुछ विशेष प्रकार के तत्व और विशिष्ट प्रभाव के अनुभव की अभिव्यक्ति का आग्रह उचित नहीं था। जीवन की विविधता, विराटता, नाना रुपात्मकता को बिंबवादी कविता कैसे संभाल सकती है। भाव और भाषा दोनों दृष्टियों से यह काव्य-धारा संकीर्ण ही रही। कविकी संवेदनाएं भी क्षीण बना दी गईं। एक प्रकार से बिंबवादी कविता अनुकरण पर निर्भर रही, रचनात्मकता पर नहीं। वस्तु के यथार्थ रूप को पकड़ने की आकांक्षा के पीछे रचनाकार का कल्पना जगत् जो वस्तु को अनेक रूपों में देखने का इच्छुक होता है, वह नगण्य हो गया। वाह्य-रूप रेखा के आकार और विन्यास पर बलदिया गया किंतु अनुभूति-पक्ष की उपेक्षा के कारण यह अल्पजीवी हो गई बिंब काव्य के अनेक घटकों में से एक घटक है जिसके द्वारा जीवन के सर्वस्पर्शी रूप को पूर्णरूप से प्रकट करना संभव नहीं था। काव्य में मूर्तता के साथ-साथ कभी-कभी अमूर्तता (प्रवाह विस्तार आदि) भी जरुरी होते हैं इसे विस्मृत कर

देने के कारण जीवन के जटिल अनुभव को अभिव्यक्ति देना संभव नहीं हुआ। अनुभव का इकहरा रूप ही बिंब की पकड़ में आ सकता था।

बिंबवादी बिंब का अंकल करना अपना प्रथम लक्ष्य मानते थे। वे एक प्रकार से अनुकरणवाद के दायरे में आते हैं। काव्यानुभव तो कवि-मन पर पड़ने वाले प्रभावों का परिणाम होता है। इसके द्वारा कवि के भीतर जनाने वाली समस्त काल्पनिक अनुगूंजे जो वास्तविक तथा समृद्ध होती है, शामिल होती है। काव्य में वर्ण्य-वस्तु के साथ वर्ण्यवस्तु के निमित्ति कवि की गहरी प्रतिक्रिया भी महत्वपूर्ण होती है। बिंबवाद में यह बात उपेक्षित कर दी गई। अपने सामाजिक परिवेश से विच्छिन्नता के कारण बिंबवादी रचनाएं सीमित प्रभाव पैदा कर सकी।

पाश्चात्य-साहित्य-जगत पर बिंबवाद का पर्याप्त प्रभाव पड़ा। जिसने कविता को दुरुह, निरर्थक और क्लिष्ट तथा बोझिल काव्य-भाषा से मुक्ति दिलाई। करीब पंद्रह वर्षों तक यह आंदोलन खूब सक्रिय रहा। टी.एस. इलियट ने अपनी सर्वाधिक महत्वपूर्ण कविता 'वेस्टलैंड' को एजरापाउंड से संशोधित करवाकर बिंबवाद को समर्पित की। बिंबवाद का प्रभाव आज भी कुछ सीमाओं तक कई काव्यांदोलनों पर देखा जा सकता है। जैसा कि हर आंदोलन की नियति है कि वह किसी न किसी जड़ता के विरुद्ध जन्म लेता है और कुछ समय क्रांतिकारी की भूमिका निभाता है परंतु कुछ समयवाद वह स्वयं जड़ता का शिकार बन प्रतिगामी हो जाता है। बिंबवाद जिस स्वंच्छदतावाद के विरोध में जन्मा था उन्हीं अत्याग्रहों का शिकार यह भी बन गया। धीरे-धीरे यह आंदोलन-मात्र शब्द-विलास तक ही सीमित हो गया। शिल्प-मात्र से संबंधित होने के कारण यह आंदोलन काव्यदर्शन के रूप में प्रतिष्ठित नहीं हो पाया।

नवशास्त्रावाद

नवशास्त्रवाद शब्द शास्त्रीय धारणाओं के प्रत्यावर्तन का सूचक है जो मध्ययुगीन धार्मिक और नैतिक जकड़ से मुक्ति पाने का एक योजनाबद्ध और निष्ठावान प्रयास की अभिव्यक्ति थी। ईसा की आरंभिक शताब्दी में यूरोप में इसाई मत और चर्च के अति अनुशासन के फलस्वरूप एक विशिष्ट प्रकार की जड़ता साहित्य-जगत में आ गई। पांचवीं शताब्दी से पंद्रहवीं शताब्दी तक के एक हजार वर्षों के इस विशाल काल-क्रम में समस्त यूरोपीय देशों में धर्म, नीति और उपदेशवृति ही प्रधान रही। कला और साहित्य भी चर्च के नियंत्रण में था, जिनका साफ मानना था कि साहित्य मनुष्य को अधोपतन की ओर ले जाता है। धार्मिक-उपदेशपरक साहित्य को छोड़कर अन्य कला, साहित्य संबंधी मुक्त, स्वच्छंद और भावुकतापूर्ण प्रयासों पर लगभग नियंत्रण लगा दिया। चर्च के पादरियों पर नाटक से संबंधित नृत्य, गीतादि में सहभाग करने पर प्रतिबंध लगा दिया गया। इन्हें धर्म विरोधी बताकर चर्च ने इनके खिलाफ जेहाद बोल दिया। कविता और नाटक को बुद्धि तथा ज्ञ ाान का संहारक मानने वाले ही किसी कृति का भविष्य तय करने वाले मसीहा बने। उन्हें कला का उतना ही भाग स्वीकार्य रहा जिससे ज्ञान, शिक्षा और मतप्रचार का लक्ष्य सिद्ध हो चुके। साहित्य और ललित कला के क्षेत्र में कोई नया रचानात्मक कार्य करनेवाला समस्त पादरी समुदाय का कोपभाजन बनता था। इस प्रकार जड़ता, अंधविश्वास और चर्च द्वारा नियंत्रित लगभग एक हजार या बारह सौ वर्षों के इस समय को यूरोपीय सांस्कृतिक इतिहास में अंधकार युग के नाम से अभिहित किया गया।

सामंतशाही के इस युग में साहित्य कला अथवा किसी भी क्षेत्र में नए या स्वतंत्र चिंतन के लिए कोई अवकाश नहीं था। शासकों को दैवीय स्थिति प्राप्त

थी और वे मनमाने शासन के लिए स्वतंत्र थे। समाज अनेक प्रकार के अंधविश्वासों, प्राचीन परंपराओं, रीति रस्मों तथा रुढ़ियों और धार्मिक अनुष्ठानों से ग्रस्त था। लेकिन चौदहवीं शती के मध्य तक पहुंचते-पहुंचते यह मध्यकालीन जड़ता का कुहासा छंटना शुरू हुआ। पश्चिमी यूरोप खासकर इटली, जर्मनी, फ्रांस, इग्लैंड, स्पेन तथा हालैंड में नवीन जागरण तथा नवीन क्रांति के साथ ही धर्म तथा दर्शन को भी मानवतावादी संस्कार प्राप्त हुए तथा कला और साहित्य को भी नवजीवन प्राप्त हुआ। इस समय को यूरोप के नवजागरण-काल के नाम से जाना गया।

सन 1453 में कांस्टेटिनोपल के यूनानी साम्राज्य के पतन के साथ ही अनेक यूनानी विद्वानों ने अपने सृजन के साथ इटली की तरफ पलायन किया। इटली का प्रबुद्ध वर्ग मानों इसी घड़ी की प्रतीक्षा में था। इटली का प्रबुद्ध वर्ग ग्रीक के इन विद्वानों का संसर्ग प्राप्त कर स्वतंत्र-चिंतन तथा कला-सृजन की तरफ प्रवृत हुआ। परिणामत: साहित्य और आलोचना के क्षेत्र में पर्याप्त विकास हुआ। प्राचीन काव्यशास्त्रीय ग्रंथों का गुण, दोष, विवेचन शुरू हुआ तथा प्रतिष्ठित ग्रीक विद्वानों और विचारकों के महत्वपूर्ण ग्रंथों की पुनर्विवेचना और नवीन व्याख्याएं की गईं। परंतु इंग्लैंड में इन ग्रीक विद्वानों का अंधानुकरण नहीं किया गया। इन विद्वानों ने ग्रीक विचारकों का अध्ययन तो किया परंतु उनके आदर्श पर साहित्य रचना नहीं की।

इस प्रकार नवजागरण या पुनर्जागरण युग में यूरोप में मध्यकालीन बंधनों से मुक्त व्यक्ति-चेतना के विकास की शुरुवात होती है। धीरे-धीरे चर्च और पादरियों का प्रभुत्व घटना शुरू होता है। परलोकवादी दृष्टि के स्थान पर इहलोकवादी दर्शन की प्रतिष्ठा के साथ ही व्यक्ति स्वांत्र्य की चेतना का विकास होता है। धर्म और अंधविश्वास का स्थान दर्शन और तर्क लेते हैं। चर्चों के घटते प्रभाव के फलस्वरूप यूनानी, रोमी जीवन-दर्शन से अनुप्राणित नवीन जीवन दृष्टि का विकास होता है तथा यूरोपीय जगत मध्यकालीन घटाटोप से बाहर निकलता है।

उपर्युक्त धार्मिक, नैतिक, सामाजिक परिस्थितियों के आलोक में हम कह सकते हैं कि नवशास्त्रवाद का उदय वस्तुत: मध्यकालीन जड़ता और बंधनों से मुक्ति की आकांक्षा का प्रभाव था। क्योंकि युगीन परिस्थितियां साहित्य को प्रभावित करने के साथ-साथ ही निर्देशित भी करती हैं तथा साहित्य युग को अपने अनुकूल ढालने का प्रयत्न करता है। नवशास्त्रवाद के मामले में भी यही हुआ। प्राचीन यूनानी

कृतियों के यूरोप में आते ही उनका गंभीर चिंतन, मनन शुरू हुआ। परिणामतः प्राचीन यूनानी कला-साहित्य संबंधी मूल्यों का आग्रह नया मूल्य बनने लगा। इसी अत्याग्रह के परिणामस्वरूप नवशास्त्रवाद का उदय हुआ।

इस समय तक आलोचना का क्षेत्र इटली से हटकर फ्रांस आ गया। जिसके फलस्वरूप इंग्लैंड साहित्य और आलोचना पर पर्याप्त फ्रांसीसी प्रभाव पड़ा। सन् 1649 में इंग्लैंड के शासक चार्ल्स प्रथम फ्रांस गए और सन् 1660 में जब वे पुनः इंग्लैंड वापस आए तो उनके मन-मस्तिष्क पर फ्रांसीसी प्रभाव छाया हुआ था। इस तरह फ्रांसीसी चिंतकों और विचारकों ने इंग्लैंड की समूची चिंतन-धारा को प्रभावित किया। फ्रांसी कवि रोन्सार ने काव्य-रचना के लिए कवि विशेष की स्थापना की और कल्पना से अनुप्राणित प्रतिभा की स्वतः पूर्ण स्वतंत्र-सत्ता की उद्घोषणा की। उसके इन विचारों के परिणामस्वरूप एक विशेष प्रकार की स्वच्छंदता, बंधनहीनता और अव्यवस्था की स्थिति उत्पन्न हुई और एक बारगी समूचा काव्य विषयक चिंतन अपना सुदृढ़ आधार खोता नजर आया। इस अव्यवस्था को दूर कर पाश्चात्य काव्यशास्त्रीय परंपरा को पुनर्जीवित करने के लिए बुअलो, रांपे तथा बोंस्यू सदृश विद्वान आगे आए। और उन्होंने घोषणा की कि "प्राचीन नियमों का उल्लंघन करना संस्कृति को चुनौती देना है। अतः सभ्य और सुसंस्कृत होने के लिए अरस्तू तथा होरेस द्वारा प्रतिपादित सिद्धांतों का पालन आवश्यक है।" इस तरह आधुनिक लेखकों की रचनओं की सफलता की कसौटी प्राचीन शास्त्रीय रचनाओं में विद्यमान गुणों, मूल्यों और नियमों का अनुपालन घोषित किया गया। काव्य सृजन के लिए नियमों का प्रतिपादन किया गया जिनका पालन करना अनिवार्यता के रूप में मान्य हुआ। एक विद्वान आलोचक के शब्दों में "1630 और 1660 के बीच मोटे तौर पर काव्य संबंधी एक घोषण पत्र तैयार किया गया जिसमें काव्य-रचना को कठोर नियमों में बांधने का प्रयत्न हुआ। इस घोषणा पत्र के अनुसार अरिस्टोटल आदि प्राचीन लेखकों की कृतियों के अनुकरण पूर्वक कविता में सुधार की आवश्यकता बताते हुए कहा गया कि यह सुधार प्राचीन नियमों का पालन करने से ही संभव है।" इस तरह साहित्यसृजन और साहित्य मूल्यांकन के लिए नए प्रकार के अनुशासन और कठोरता का प्रादुर्भाव हुआ।

नवशास्त्रवाद की आधार भूत स्थापनाएं : नव्यशास्त्रवादियों का दृढ़मत था कि उनके बनाए नियम सार्वदेशिक, सार्वकालिक और शाश्वत हैं जिनके अनुकरण

मान से ही कोई श्रेष्ठ काव्य या साहित्य की रचना हो सकती है। नव्यशास्त्रवादी चिंतन धारण का केंद्र बिंदु और महत्वपूर्ण सिद्धांत प्रकृति का अनुकरण है जिसका बहुत कुछ आशय यथार्थवाद से लगाया जाता है। अत: यथार्थ की तरफर इनका आग्रह रहा। नव्यशास्त्रवादियों ने काव्य में संभाव्य असंभावना को श्रेष्ठ स्थान दिया जबकि अतिप्राकृतिक और अविश्वसनीय घटनाओं को काव्य के लिए त्याज्य माना। नव्यशास्त्र वादियों ने प्राचीन क्लासिकल कृतियों के आधार पर महाकाव्य, गीतिकाव्य, त्रासदी, कामदी, शोकगीत आदि विधाओं के लिए निश्चित नियमों की स्थापना की। जिनके बारे में उनका स्पष्ट मत था कि उनके ये नियम निश्चित स्थिरतापूर्ण तथा विकल्पहीन हैं तथा अनुकरण करने पर सफलता निश्चित है। नवशास्वादी कल्पना तथा भावोच्छवास का विरोध न करते हुए भी उस पर विवेक की नकेल आवश्यक मानते हैं। वे ज्ञान विवेक और तर्क को काफी महत्व प्रदान करते हैं।

नव्यशास्त्रवादियों ने काव्य का प्रयोजन आनंद के साथ नैतिक मूल्यों की प्रतिष्ठा माना। इसके लिए कवि को प्रतिभासंपन्न तथा प्रेरणा से युक्त होना आवश्यक है। उन्होंने सर्वप्रथम काम्य, उपदेश चयन, फिर उसके अनुसार विषय चयन और अंत में उस विषय की रोचक अभिव्यक्ति यही काव्य सृजन का उपर्युक्त क्रममाना नवशास्त्रवादियों ने कवियों से यह अपेक्षा की कि वे सामाजिक आदर्शों के अनुरूप ही श्रेष्ठ उच्च और सत्पात्रों का चयन करें तथा कर्म के अनुरूप फल की प्राप्ति लक्षित करें। यानी भले को सुफल तथा अपराधी को उसके दंड का विधान हो। काव्य में औचित्य की स्थापना भी नव्य शास्त्रवादियों की अन्य स्थापना थी। अरस्तू होरस आदि ने काव्य में औचित्य को बहुत महत्व प्रदान किया था। इसी के परिणामस्वरूप सामाजिक आधार पर जो अनुचित था उसके बहिष्कार की संस्तुति की गई। अरस्तू काव्यकृति में संगठनात्मक एकता को अनिवार्य मानते थे जबकि नव्यशास्त्रवादियों ने काव्य-कृति के वाह्य रूप विधान और उसकी विषय-वस्तु की पृथक-पृथक सत्ताएं स्वीकार की। इस लक्ष्य की सिद्धि के लिए रचना-विधान के एक-एक अंग-उपांग के विषय में नियम-उपनियम बनाए गए। छन्द निर्माण से लेकर शब्द और मात्रा चयन तक के नियम बनाए गए जिससे रचना की आंगिक एकता को क्षति पहुंची।

मूल्यांकन : इसमें कोई दो राय नहीं कि नव्यशास्त्रवाद के सिद्धांत और मान्यताएं केवल अपने समय की ही उपलब्धि नहीं बल्कि उनका औचित्य आज

भी बना हुआ है। वौद्धिकता, तर्कशीलता, सार्वभौमिकता तथा आदर्शीकरण, संयम जैसी सार्थक स्थापनाएं आज भी सद्काव्य के सद्गुण के रूप में प्रयोग की जाती है। यह सिद्धांत ही एक विशिष्ट कालीन अव्यवस्था, स्वच्छंदता तथा अनुशासनहीनता को मर्यादित करने के उद्देश्य से विकसित हुआ था। परंतु आत्यन्तिक अत्याग्रहों के कारण इस पर भी विद्वानों ने अनेक आक्षेप लगाए। पहला ही आक्षेप काव्य प्रयोजन को लेकर उपदेश, शिक्षा और ज्ञान देने के लक्ष्य के रूप में प्रस्तावित होने के कारण इनमें स्वाभाविकता और रोचकता का अभाव होना लाजिमी था। ये रचनाएं उपदेशक की भूमिका में आ गई। काव्य के वाह्यरूप के ही संबंध में इतने कठोर नियम और उपनियम बना दिए गए कि कवियों की व्यक्तिगत प्रकृति रुचि या देशकाल की मांग के लिए कोई अवसर ही नहीं बचा। आंगिक एकता की उपेक्षा के कारण संपूर्ण कृति और उसकी प्रभाव-क्षमता का आकलन करने में नव्यशास्त्रवादी प्राय: असमर्थ रहे। काव्य-विधान के नियमों और उनके पालन के अत्याग्रह के कारण रचना और कथ्य दब-सा गया। पाठक और आलोचक इन्हीं नियमों के दायरे में अच्छी रचना को बुरा तथा बुरी रचना का श्रेष्ठ सिद्ध करने लगे। परिणामत: एक अराजकता की स्थिति उत्पन्न हो गई। साहित्य सर्जकों की कल्पनाशीलता भावप्रवणता आदि कुंठित होने लगी।

फ्रांस की अपेक्षा इंग्लैंड में स्थिति थोड़ी भिन्न रही। वहां विद्वानों ने इन शास्त्रीय नियमों को स्वीकार करते हुए भी उनका प्रयोग विवेकपूर्ण ढंग से औचित्य को ध्यान में रखकर किया। इसलिए इस सिद्धांत का उतना जड़ात्मक प्रभाव इंग्लैंड पर नहीं पड़ा जितना फ्रांस पर था। फिर भी 17वीं और 18वीं शताब्दी के प्रथम चरण तक नवशास्त्रवाद का असर समूचे यूरोपीय साहित्य पर छाया रहा।

स्वच्छंदतावाद

'स्वच्छंदतावाद' अंग्रेजी के 'रोमांटिसिज्म' शब्द का निकटतम पर्याची शब्द है। इस शब्द का प्रयोग उन्नीसवीं शताब्दी की अंग्रेजी की एक विशेष काव्यधारा, विशेष काव्यांदोलन के लिए हुआ। स्वच्छंदतावादी विचारधारा का जन्म नव्यशास्त्रवाद की स्वभाविक और सहज-प्रतिक्रिया के रूप में हुआ। 18वीं शताब्दी नवशास्त्रवाद का समय रहा, जिसमें प्राचीन और क्लासिकल साहित्य को ही आदर्श और श्रेष्ठ साहित्य माना गया। नवशास्त्रवादियों ने साहित्य-रचना के लिए अनेक मानदंड निश्चित किए और उनका प्रयोग साहित्य-सृजन के लिए आवश्यक बना दिया। प्राचीनता के अत्याग्रह में भावना-तत्व प्रभावित हुआ और रचना-पद्धति तथा टेकनीक ही महत्वपूर्ण हो गई। यूनानी और रोमी साहित्य तथा साहित्यिक परंपराओं की अंधभक्ति ने साहित्य को उत्कर्ष प्रदान करने की जगह उसमें एक प्रकार की जड़ता ला दी।

अठारहवीं-शदी के अंतिम दशकों में नव्यशास्त्रवादी विचारधारा के विरोध का स्वर गूंजने लगा था। प्राचीन क्लासिक-नियम और आदर्शों तथा स्थापित काव्य-सिद्धांतों से हटकर कुछ नया सोचने की मानवीय प्रवृति छटपटाहट महसूस कर रही थी। तत्कालीन कविता रुढ़िग्रस्त हो गई थी। कल्पना और भावना का स्वर यंत्रवत दबा दिया गया था। इसी समय विश्व के मानचित्र पर फ्रांस की राज्यक्रांति तथा औद्योगिक-वैज्ञानिक-क्रांति जैसी महत्वपूर्ण घटनाएं हुई। फ्रांस की राज्यक्रांति के जनक रुसों ने मानवीय स्वछंदता की बात आग्रह पूर्वक उठाई। उन्होंने कहा 'मानव स्वतंत्रत जन्म लेता है पर सर्वत्र बेड़ियों में जकड़ा मिलता है! फ्रांस की इस क्रांति ने नवीन संभावनाओं के सिद्धांत को अवसर प्रदान किया। समूचे यूरोप के जन-जीवन में नितांत नए मूल्यों की प्रतिष्ठा हुई। स्वतंत्रता की लालसा और बंधन-त्याग के प्रति आग्रह बढ़ता गया। प्राचीन धर्म, परंपरा

तथा संस्कार संबंधी जड़ आग्रहों से मुक्ति का मार्ग खोज लिया गया। साहित्य भला इन परिवर्तनों से अछूता कैसे रह सकता था। वहां भी विशिष्ट युगीन-धारणाओं, मान्यताओं और प्रचलित बंधनों, सीमाओं, उद्देश्यों तथा नियमों के सीमित घेरों से बाहर निकलने का उपक्रम शुरू हुआ। गतिशील तत्वों को पहचानकर साहित्य में भी जीवतंता तथा गतिशीलता को प्रोत्साहित किया गया, जड़-परंपराओं के प्रति साहित्यकारों ने विद्रोह किया। इस तरह समस्त क्रांतिकारी परिवर्तनों और नए जीवन-मूल्यों की प्रतिष्ठा को जिन नए रूपों में साहित्य के क्षेत्र में अभिव्यक्ति मिली उसे साहित्य और कला के क्षेत्र में स्वच्छंदतावाद के नाम से अभिहित किया गया।

स्वछंदतावादी विचारधारा में वर्ड्सवर्थ की लिरिकल 'बैलेड्स' की भूमिका का महत्व पूर्ण स्थान है। इसे स्वछंदतावाद का घोषणा-पत्र माना गया। साहित्य जगत में यह विचार धारा काफी लंबे समय तक छायी रही तथा अनेक संज्ञ ाओं से विभूषित होती रही। किसी ने इसे मध्य-युग का पुनर्जागरण, तो किसी ने 'बुद्धि के विरुद्ध भावना का विद्रोह कहा। हीगेल ने इसे भौतिकवाद पर आत्मवाद की विजय बताया, जबकि पेटर ने 'अद्भुत' और सुंदर का भव्य मिश्रण बताया। वास्तव में स्वछंदतावाद एक ऐसी प्रवृत्ति या मनोवृत्ति की परिचायक है जो न्यूनाधिक रूप में हर युग में विद्यमान रहती है। काल-विशेष की वृहत्तर सामाजिक रुचि, किसी युग को घोर व्यक्तिवादी तो किसी को समष्टिवादी बनती है। कभी प्राचीन शास्त्रीय-मूल्यों के प्रति गहरी आस्था तो कभी गहरी अनास्था और विरोध का भाव पैदा होता रहता है। विकास के नियम के अनुसार कोई भी प्रवृत्ति कुछ समय बाद अपनी ही जड़ता के परिणामस्वरूप अन्य प्रकार की प्रतिक्रिया का आधार बनती है। स्वछंतावादी विचारधारा का जन्म भी विकास के इसी नियम के तरह अनुसार जो अभिजात्यवादी प्रवृत्ति का विद्रोही बना।

स्वच्छंदतावादी-काव्य-प्रवृत्तियां: अंग्रेजी-साहित्य में एक आंदोलन के रूप में विकसित होनेवाली स्वच्छंदतावादी काव्यधारा की निम्नलिखित चारित्रिक विशेषताएं लांक्षित की जा सकती हैं।

1. परंपराओं के प्रति विद्रोह-भाव : स्वच्छंदतावादी कवियों ने नियमों और परंपराओं का उल्लंघन किया तथा यथार्थ और समाज के प्रति विद्रोह किया उसने यथार्थ-तथ्यों और समष्टि के प्रति कर्तव्यों के जगत को अस्वीकार किया तथा इनके स्थान पर स्वप्नों तथा भावोन्माद के जगत में रहना स्वीकार किया।

स्वच्छंदतावादी काव्यांदोलन को विद्रोह की भावना ऐतिहासिक दाय के रूप में प्राप्त हुई। फ्रांस की राज्य-क्रांति ने समूचे यूरोप में केवल भौतिक उथल-पुथल ही नहीं मचाई बल्कि जीवन के प्रत्येक क्षेत्र में एक प्रकार के परिवर्तन का आवाहन सुनाई पड़ा। साहित्य के क्षेत्र में सुस्थापित-परंपराओं और सिद्धांतों का खुला अतिक्रमण होने लगा। विषय और अभिव्यंजना दोनों ही पक्षों में नयापन नजर आने लगा। नए छंदों का प्रणयन हुआ। अभिजात, व्यक्ति, विषय और परंपरा के स्थान पर सामान्य की स्वीकृति हुई।

2. व्यक्ति के प्रति आग्रह : व्यक्तिवाद स्वच्छंदतावादी काव्यधारा की केन्द्रीय प्रवृति है। स्वच्छंदतावादी कवियों के लिए साहित्य-सृजन वैयक्तिक अनुभूति और आत्माभिव्यक्ति का प्रसाद था। उन्होंने अपनी निजी रुचि, वैयक्तिक दृष्टि तथा निजी-भावना को ज्यादा महत्व दिया। व्यक्तिवादिता के कारण नहीं स्वच्छंदतावादी काव्य जीवन के निकट ला सकने और मानव-मन की बारीकियों को समझाने में ज्यादा समर्थ हो सका परन्तु वैयक्तिक मनोवेगों की अतिशयता इसे रोग या असामाजिकता की स्थिति में पहुंचा देती है। इसी अतिशयता की लक्ष्य करके गेटे ने कहा था- स्वच्छंदतावाद रोग है और अभिजात्यवाद स्वास्थ्य। उन्होंने स्वच्छंदतावादी काव्य को अस्पताली-काव्य की संज्ञा दी।

3. कल्पना की प्रधानता : स्वच्छंदतावाद से पूर्व काव्य में कल्पना की स्वतंत्र-सत्ता स्थापित नहीं हो सकी थी। यहां तक कि अभिजात्यवादी कल्पना शब्द से ही कतराते थे। वे कविता को बौद्धिक कौशल मानते थे। स्वच्छंदतावाद में कल्पना को महत्वपूर्ण स्थान प्राप्त हुआ जिसका कारण है रोमानी व्यक्ति यथार्थ से दूर भागना चाहता है। वह कल्पना के लोक में मनोहर जगत में तथा लुभावने स्वप्न में रहना चाहता है। उसे स्थूल की अपेक्षा सूक्ष्म से मोह होता है। वह जीवन के कटु- सत्य को आकर्षक बनाने के लिए कल्पना-शक्ति का सहारा लेता है। कल्पना की उड़ान के द्वारा स्वच्छंदतावादी कवि मानव-मन की अतल गहराइयों की टोह ले आता है। अपनी कल्पना के द्वारा ही वह प्रकृति को प्रेमिका शिक्षक सहचरी तथा ईश्वरीय-सत्ता के रूप में स्वीकार करते हैं यही नहीं वे हर वस्तु में आध्यात्मिक -सत्ता की प्रतीति करने लगते हैं। कल्पना-तत्व अगर स्वच्छंदतावाद की शक्ति बना तो इसी ने उसे अमूर्त, सूक्ष्म, विरल और वायवी भी बनाया जो अति रूप में इस काव्यधारा का दोष माना जा सकता है।

4. प्रकृति के प्रति उत्कट- प्रेम : स्वच्छंदतावादी कवियों के लिए प्रकृति जड़-रूप नहीं बल्कि सदा सखी, सहचरी, मां, गुरु प्रेमिका तथा ईश्वरीय-सत्ता की प्रतीक रही। प्रकृति का मानवीकरण कर इन कवियों ने उसके माध्यम से अपनी वैयक्तिक अनुभूतियों की अभिव्यक्ति की। इन्होंने प्रकृति के अंग-प्रत्यंग का चित्रण नहीं किया न-ही उसके उद्दीपन रूप में ही इनकी आस्था रही। इन्होंने हंसती गाती, सजीव-प्रकृति को अपने काव्य का आधार बनाया। स्वच्छंदतावादी कवि प्रकृति के बहुत करीब था। वर्डसवर्थ के शब्दों में "वह एक गुरु, एक दार्शनिक के रूप में देखी गई, जिससे मानव-मन उस अन्तर्निहित व्यवस्था की कल्पना करने में समर्थ हो सकता है जिसकी स्थूल जगत, अपनी प्रकृति के साथ केवल एक अस्थायी झलक है।

आडंबर और कृतिमता से दूर : स्वच्छंदतावादी कवियों ने कविता को हर तरह के बंधन, आडंबर और कृत्रिमता से मुक्त करने का निष्ठापूर्व प्रयास किया। इसलिए पहली बार यह कविता पुरातनपंथी नियमों, रुढ़ियों परम्पराओं तथा मर्यादाओ से मुक्त होकर जीवन की स्वाभाविकता और सहजता में सिमट आई। लेसिंग ने अपने 'लाकून नामक आलोचनात्मक-ग्रंथ में इस संबंध में गूढ़ चिंतन-युक्त विचार प्रकट किए हैं। उसने अपने एक पत्र में लिखा "काव्य को कृत्रिमता से स्वाभाविकता की ओर संचरण करना चाहिए। जिन साधनों और माध्यमों से यह कार्य हो सकता है वे है शब्दों की ध्वनि, उनकी स्थिति, उसमें प्रयुक्त उपमा और रूपक अलंकारों की संयोजना। वास्तव में उत्तम काव्य वह है जिसमें कृत्रिम साधनों को स्वाभाविक और प्राकृतिक रूप देने का प्रयास किया गया हो।

कृत्रिमता और आडंबर से कविता की मुक्ति में भले ही स्वच्छंदतावादी कवि पूर्ण सफल न हुए हो परंतु काव्य में अनावश्यक आडंबर, कृत्रिमता और वाह्य अलंकारिकता का महत्व अवश्य कम हुआ।

सुदंरता के प्रति आकर्षण: सौंदर्य के प्रति जिज्ञासा और आकर्षण तथा अहेतुक लगाव मानव के ललित-जीवन के आवश्यक तत्व हैं। किसी भी वस्तु के आंतरिक-सौंदर्य को महसूस करके अभिभूत होना मानवीय चेतना का प्रमाण है। स्वच्छंदतावादी कवियों ने प्रकृति को वैज्ञानिक की तरह जड़ स्थूल रूप में न देखकर उसे सौंदर्य की खान के रूप में देखता है। उसे वहां अद्भुत सौंदर्य बिखरा नजर आता है। वह अपनी सूक्ष्म-ऐन्द्रिय और संवेदना शक्ति

के जरिए इस सौंदर्य की अनुभूति करता है। अंग्रेजी के सुप्रसिद्ध स्वच्छंदतावादी कवि कीट्स का विचार उल्लेखनीय है, ''सौंदर्य ही शाश्वत-सत्य है और काव्य उसी शाश्वत-सत्य का उद्घाटक है। कवि अपनी कविता के माध्यम से उसी शाश्वत-सत्य की अभिव्यक्ति करता है और वह शाश्वत-सत्य और कुछ नहीं केवल सौंदर्य है।

मध्य युग की तरफ उन्मुखता : मध्यकाल की समाप्ति के बाद नवशास्त्रवादी युग में शास्त्रबद्धता की प्रवृत्तियां प्रमुख रही जिनसे साहित्य में एक जड़ता की स्थिति आई। इन नियमों - बंधनों से ऊबकर स्वच्छंदतावादी कवि मध्ययुग की तरफ उन्मुख होता है और इन नियमों तथा बंधनों से मुक्ति की घोषणा करता है।

स्वच्छंदतावाद मूल्यांकन : कोई भी आंदोलन अपने से पूर्व किसी आंदोलन की प्रतिक्रिया स्वरूप रूपकार होता है। शास्त्रवादियों के अत्याग्रह के विरुद्ध स्वच्छंदतावाद का जन्म हुआ, जिसने बौद्धिकता और तर्कशीलता के समक्ष कल्पना और भावुकता को महत्व दिया। प्रकृति का मानवीकरण कर, उसे अपने जीवन से जोड़ दिया। परंतु धीरे-धीरे स्वच्छंदतावाद की अतिसूक्ष्मता, अतिवायवीयता और अतिकल्पनाशीलता इसे अविश्वसनीयता की तरफ अग्रसर करती है और स्वच्छंदतावादी-काव्य वास्तविक तथा अविश्वसनीय लगने लगता है। संक्षेप में कहा जाए तो स्वच्छंदतावाद साहित्य -जगत की एक सशक्त एवं स्वस्थ प्रतिक्रिया थी जो अतिशयता के चलते अस्वास्थ्यकर प्रतिक्रिया बन गई। एक विद्वान के शब्दों में ''यह एक आसव के समान थी जिसकी यथोचितमात्रा मनुष्य की बुद्धि और चिंतन को और अधिक तीव्र बना देती किंतु उसी की अत्याधिक मात्रा के सेवन से वह अपने सामान्य विवेक से भी हाथ धो बैठता है। स्वच्छंदतावादी कवियों की सबसे बड़ी शक्ति कल्पना थी जिसके द्वारा मानव-जीवन के यथार्थ-चित्रों का उन्होंने निरुपण एवं सशक्त चित्रण करते हुए प्रकृति के तुल्य और मनोरम चित्र खींचे। परंतु यही कल्पना कालान्तर में ,साधन न रहकर साध्य बन गई। फलस्वरूप इन कवियों का संबंध अपनी भूमि से धीरे-धीरे कटने होने लगा तथा उस पर रहस्यवाद का घटाटोप छाने लगा जो आगे चलकर इस काव्यांदोलन के लिए अहितकर साबित हुआ।

प्रगतिवाद

राजनीति का साम्यवाद और दर्शन के क्षेत्र में मार्क्सवाद ही साहित्य में प्रगतिवाद है जो सामूहिक-चेतना से अपनी एकता बनाता है। वह समाज के सुख-दुख को अपना लक्ष्य बनाता है। प्रगतिवाद जीवन के प्रति एक वैज्ञानिक दृष्टिकोण लेकर आगे बढ़ता है जहां ईश्वर, आत्मा आदि की सत्ता को अस्वीकार करके भौतिक विधान को स्वीकृति मिलती है। इसमें अहिंत्सात्मक आदर्श स्वीकार नहीं होता अपितु क्रांति से परिवर्तन का स्वपन देखा जाता है। प्रगतिवाद सैद्धांतिक रूप से मार्क्स के दर्शन पर आधारित है। इसके मूल में द्वंद्वात्मक-भौतिकवाद है जो संघर्ष के माध्यम से विकास की अवधारणा को स्वीकार करता है। समाज का मूल-विकास उत्पादन पर निर्भर करता है, क्योंकि समाज में वस्तु-उत्पादन की शक्ति जिस परिणाम में होगी उसी परिमाण में सामाजिक-विकास होगा। इसी विचारधारा पर चलने वाला साहित्य प्रगतिवादी कहलाया।

सन 1848 में फ्रांसीसी-क्रांति तथा किसान-मजदूर की जीवन-पद्धति से मार्क्स ने बहुत कुछ सीखा था। उधर 1917 में रुस में हुई सफल क्रांति ने भी चिंतन को नई-दृष्टि दी। मार्क्स की स्पष्टधारणा थी कि व्यक्ति के आर्थिक-सामाजिक रानजैतिक और नैतिक विकास के मूल में अर्थ है। जिस प्रकार भौतिक-पदार्थों का संगठन विश्व है, उसी प्रकार आर्थिक-सुव्यवस्था का परिणाम अच्छा समाज होता है। डॉ. कृष्णलाल हंस के शब्दों में 'जो साहित्य प्रतिक्रियावादी, पूंजीवादी -प्रवृत्ति, मनोवृत्ति और व्यवस्था का विरोधी है वही प्रगतिवादी है। प्रगतिवादी साहित्य में समसामयिक यथार्थ के सरल सहज रूपों को अभिव्यक्ति मिली,साथ ही विशिष्ट सामाजिक, सामयिक परिस्थितियों के प्रति कवि सजग था और अपनी रचनओं में जनजीवन की भावना से पूर्णत: जुड़ा था। क्योंकि किसी भी कलाकृति के लिए सशक्त और महान होने के लिए उसका सजीव और ममस्पर्शी होना आवश्यक

है और वह यह तभी संभव है जब कला यथार्थ से जुड़ी हो।

जैसा कि ऊपर उल्लेख किया जा चुका है कि प्रगतिवाद मार्कसवादी विचारधारा का प्रतिफलन है। मार्क्सवादी - सिद्धांत के अनुसार उत्पादन ही मनुष्य के सारे कार्यों की प्रेरणा है। इसी से सामाजिक-संबंधों का विकास होता है। उत्पादन संबंधों के बदलने से सामाजिक शक्तियों में संघर्ष से होता है। इस संघर्ष को मार्क्स ने वर्ग-संघर्ष का नाम दिया। समाज शोषक और शोषित इन दो वर्गों में स्पष्टत: विभाजित है। शोषक वर्ग समाज का आर्थिक और राजनीतिक शोषण करता है। श्रमिक जो उत्पादन के लिए अपना पसीना बहाता है। शारीरिक श्रम का फल उसे न मिलकर शोषक को मिलता है। इसलिए अनिवार्य रूप से वर्ग संघर्ष जारी रहता है यही सामाजिक विकास का आधार है। इस तरह मार्क्स की विचारधारा सभी तरह से विकास के मूल में द्वंद्व को मानती है और श्रम तथा पूंजी के समान विभाजन पर बलदेती है। इसे ही मूल्य-वृद्धि का सिद्धांत कहा जाता है। शोषण का विरोध कर शोषित का साथ देना और वर्ग-विहीन और शोषण-विहीन समाज ही उसका लक्ष्य है।

साहित्य में एक वाद के रूप में 1930 ई. के आस-पास मार्क्सवाद, प्रगतिवादी सिद्धांत का प्रवेश हुआ और सचेतन रूप से समाज को बदलने वाले साहित्य की सृष्टि की ओर ध्यान आकर्षित करना इसका लक्ष्य था।

प्रगतिवाद का दार्शनिक-आधार : प्रगतिवाद का दार्शनिक आधार द्वंद्वात्मक भैतिकवाद है। मार्क्स के अनुसार जगत परिवर्तनशील है तथा सभी वस्तुओं में विरोधी तत्वों का संघर्ष भी सदा विद्यमान रहता है। विकास और विनाश दोनों ही तत्व वस्तु में विद्यमान होते हैं। किसी भी वस्तु का विकास पहली स्थिति के विनाश से ही शुरू होता है। भौतिक परिस्थितियां ही समाज और व्यक्ति की चेतना का निर्माण करती हैं। इसलिए जीवन के साथ परिर्वतनशील भौतिक-मूल्यों के आधार पर ही साहित्य में अभिव्यक्त-काल विशेष की चेतना का मूल्यांकन होना चाहिए।

श्रम विभाजन द्वारा वर्ग-भेद उत्पन्न होता है। मार्क्स के अनुसार मूल-पदार्थ प्रकृति प्रदत्त रहता है उनके उपयोग के स्थूल-साधने जिनके पास रहते हैं। वे उसे अधिकृत करके अपनी पूंजी एवं साधनों के बल पर दूसरों के श्रम को खरीदकर उस मूल पदार्थ को नव्य रूप एवं आकार या सांचे में ढालकर प्रस्तुत करते हैं। इस प्रकार उस मूल पदार्थ का मूल्य बढ़ जाता है। बाजार में साधन संपन्न व्यक्तियों को मूल पदार्थ के नए रूप का लाभ लागत से कई गुना अधिक

होता है पर, सारा साधन-संपन्न व्यक्ति ले जाता है। श्रम करने वाले को कुछ भी नहीं मिल पाता। इसप्रकार स्पष्टतः पूंजीपति एवं श्रमजीवी इन दो वर्गों में समाज विभक्त हो जाता है इनमें से पहला वर्ग शोषक और दूसरा शोषित कहलाता है। यह वर्ग-विभाजन नए संघर्ष को जन्म देता है। इसी से बुर्जुआ-संस्कृति, बुर्जुआ-कला और साहित्य की उत्पत्ति होती है। कलात्मक-प्रतिभा भी बुर्जुआ-वर्ग पर आश्रित हो कुछ व्यक्तियों में ही सीमित और केंद्रित हो जाती है जो सामाजिक-दृष्टि से अहितकर नहीं। क्योंकि कला, समाज और जनता की वस्तु होती है। इसलिए प्रगतिवादी-सिद्धांत में विशिष्ट-प्रतिभा को अस्वीकार करने की धारणा विद्यमान है। कलाकार का कवि, चित्रकार संगीतज्ञ होने से पहले समाज का एक उपयोगी, अर्जक-सदस्य होना अनिवार्य शर्त है। अगर वह अपनी कला को भौतिकतापूर्ण जीवन का साधन बनाता है तो निश्चित है कि उसकी कला का मूल्य धनाढ्य ही दे पाएगा और उस धनाढ्य को वही कला पसंद आएगी जो उसके जीवन-मूल्यों को उसको अधिक धनी बनानेवाली सामाजिक-आर्थिक व्यवस्था को अधिकाधिक श्रेष्ठ ढंग से अभिव्यक्ति दें। इस तरह या तो कला का व्यवसायीकरण हो जाएगा और मांग-आपूर्ति के सिद्धांत पर उसकी सर्जना होगी या सजग और संवेदनशील कलाकार व्यवस्था से विद्रोह कर दे तो उस अवस्था में वह कला को निजी वस्तु मानने का आग्रह करेगा या पलायन और पलायन की स्थिति उसे आत्मकेन्द्रितता की तरफ ले जाकर आसामाजिक ज्यादा बनाएगी। प्रगतिवादी कला दृष्टि इन दोनों की निंदा और अस्वीकार करती है। प्रगतिवादी साहित्यकार श्रमिकों के साथ पूर्ण सहानुभूति रखते हुए पूंजीपतियों के विरुद्ध-क्रांति का आह्वान करते हुए वर्ग-विहीन समाज का लक्ष्य रखता है।

शोषकों के प्रति घृणा-भाव : ऊपर उल्लेख हो चुका है कि साहित्य अर्थनीति से प्रभावित होने के कारण शोषक-वर्ग से ही संबद्ध रचित होता है क्योंकि वही वर्ग कलाकार को मुक्ति के साधन जीवन-मूल्य तथा भोगवादी जीवन देने में सक्षम होता है जिसका प्रमाण अधिकांश रीतिकाली साहित्य है। जहां धन प्राप्ति साहित्य- सृजन का प्रमुख उद्देश्य था परंतु साहित्य और कला का दीर्घकालीन इतिहास इस बात का गवाह है कि पिछले युगों में भी प्रतिभाशाली और सत्यान्वेषी लेखकों ने सत्तारुढ़ शोषक वर्ग के विश्वबोध को अतर्क्य भाव से कभी स्वीकार नहीं किया। आधुनिक युग में लेखकों ने इस यथार्थवादी दृष्टिकोण का खुलकर स्वागत किया और सच्चाई भी है कि कोई भी जागरुक लेखक मानव-विकास के इस युग-सत्य की उपेक्षा नहीं कर सकता। रूस की

समाजवादी-क्रांति और विश्वयुद्ध की भयावहता ने शोषकों के प्रति घृणाभाव को बल दिया। भारत में गुरुदेव टैगोर, इकबाल, शरतचंद्र, प्रेमचंद पंत निराला, और नजरुलइस्लाम जैसे गैरमाकर्सवादी तथा त्रिलोचन, केदार, नागार्जुन, मुक्तिबोध सदृश मार्क्सवादी कवियों ने इस युग-सत्य का खुले दिल से स्वागत किया। पश्चिमी पूजीवादी-जगत में रोम्या रोला, टामस मान, बर्नदुशा, थ्योडारड्रीजर, एंडरसन, ब्रेख्त, पाब्लोनेरुदा, स्टीफन ज्वाइंग, आर्नल्ड, जवाइग, लुई अरांगा तथा नाजिम हिकमत जैसे विश्व मान्य रचनाकारों ने इस सत्य के अनुरूप अपने साहित्य को गति दी।

यथार्थवादी वैज्ञानिक-दृष्टिकोण : प्रगतिवाद में यथार्थ को केंद्रीयता मिली। स्वच्छंदतावाद की अतिशय कल्पना, वायवीयता तथा आत्मकेंद्रित के विरुद्ध प्रगतिवादी चिंतन ने जीवन के यथार्थ-चित्रण पर बल दिया। भव्य और उदात्त की जगह वर्तमान जीवन की दैन्य,दुख, शोषण, कठोरता, कुरुपता आदि स्थिति को प्रमुखता से चित्रित किया। प्रगतिवाद ने वैज्ञानिक-दृष्टिकोण अपनाया तथा धर्म ईश्वर तथा परलोक का विरोध किया। क्योंकि शोषक वर्ग इसी को ढाल बनाकर गरीबों का शोषण करता है। गरीब अपनी फटेहाली का कारण शोषकों को न मानकर बल्कि अपने भाग्य को मानता है इसलिए शोषकों के इन ब्रह्मास्त्रों को शक्तिहीन करने के लिए प्रगतिवादी ईश्वर और धर्म तथा उससे जुड़े अगतिशील आडंबरों एवं क्रियाकलापों का घोर विरोध करता है।

निष्कर्ष : मार्क्स के समाजवादी-दर्शन और वर्ग-संघर्षों के संबंधों के आधार पर विकसित प्रगतिवाद का लक्ष्य अत्यंत महान है। इसमें कोई दो राय नहीं है, जिसका प्रमुख उद्देश्य वर्तमान-समाज-व्यवस्था को बदलना और शोषक-युक्त वर्ग-विहीन समाज की स्थापना करना था इस कला और साहित्य का एक मात्र लक्ष्य इन्हीं उद्देश्यों की सिद्ध हेतु साहित्य-सृजन माना गया। यह सिद्धांत जाति वर्ग, वर्ण-व्यवस्था किसी भी प्रकार की मतवादी-व्यवस्था का विरोध करता है और विश्व-मानवता के कल्याण की कामना करता है। प्रगतिवादी-सर्जक से अपेक्षा की जाती है कि वह अपनी रचनाओं में युग-संघर्ष और इसमें स्वयं की भूमिका के प्रति खूब जागरुक रहे। प्रगतिवाद लोक मंगल के सामाजिक-दृष्टिकोण को प्रतिष्ठित करता है और समाज के प्रति साहित्य की उपयोगिता को ही उसकी सार्थकता का निर्धारक-तत्व मानता है।

यथार्थवाद

उन्नसवीं शती में विज्ञान के अपरिमित विकास ने मानव-जीवन में चमत्कारिक बदलाव लाया जिसके कारण विज्ञान के प्रति उसकी आस्था बढ़ी। यह अलग बात है कि उसी विज्ञान के समक्ष आज प्रश्न चिह्न लग चुका है। विज्ञान में बुद्धि-तर्काधारित होती है। वह किसी अलौकिक-शक्ति की बात न करके तथ्यों द्वारा निष्कर्ष देता है। वह वस्तुपरक होता है। वस्तु के प्रति भावनात्मक लगाव नहीं होता। उसे वास्तविक रूप में देखता है। इसी दृष्टि के चलते साहित्य में यथार्थवाद कायम हुआ। यथार्थवाद की मान्यता है कि जिस प्रकार विज्ञान का उद्देश्य सृष्टि की रचना का तथ्यातथ्य विवरण प्रस्तुत करना है, वैसे ही ज्ञानेन्द्रियों के माध्यम से हम सृष्टि का जैसा बोध करते हैं, उसी रूप में उसे प्रस्तुत करने का प्रयास यथार्थवाद करता है। अर्थात द्वंद्व का चित्रण करना है। जिस प्रकार विज्ञान विश्व की परिभाषा यांत्रिक-शब्दावली में करता है, उसी प्रकार यथार्थवाद बिना राग-द्वेष के सत्य के अतिरिक्त और किसी के प्रति रुझान न रखते हुए चयन करने में है जिससे यथार्थ के हजार विवरणों में से सर्वाधिक सार्थकतत्वों को ग्रहण किया जाय तथा इस ढंग से संयोजन किया जाय कि उनका हम पर वही प्रभाव पड़े जो यथार्थ का पड़ता है। वरन और भी अधिक। सत्य के दो रूप माने गए हैं। एक चीजें जैसी होती हैं तथा दूसरी चीजें जैसी दिखती हैं। यथार्थ के लिए पहला सत्य वर्णनीय. है। साहित्य में दूसरा सत्य महत्वपूर्ण होती है।

यद्यपि अरस्तू और प्लेटो अनुकरण के सिद्धांत में यथार्थ को ही आधार मानते हैं, क्यों सत्य का ही दोहरा-तिहरा अनुकरण होता है। किंतु यथार्थवाद के सही उद्भव को फ्रांस की राज्य क्रांति का परिणाम माना जा सकता है। इसके

बाद सब प्रकार की विषमताओं के विरुद्ध स्वतंत्रता, समता तथा विश्वबंधुत्व- ये तीन तत्व दुनिया कें मंच पर उभरकर सामने आए। जिससे सामान्य मनुष्य के जीवन को महत्व मिला। यही यथार्थवाद में सामान्य-मनुष्य महत्वपूर्ण हुआ। डार्विन ने विकासवाद की अवधारणा स्पष्ट करते हुए मनुष्य के विकास में ईश्वरी-सत्ता का विरोध किया था। उसका यह सिद्धांत भी यथार्थवाद की जमीन पर खड़ा होता है। फ्रायड का मनोविश्लेषणवाद मानव मन में दमित वासनाओं या अवचेतन मन की कल्पना करता है। दमित वासनाएं कई रूप लेती हुई उदात्त बनकर कला का रूप धारण कर लेती है। अत: फ्रायड भी कला के मूल में दैवी - सत्ता को अस्वीकृत करता है। मार्क्स का सिद्धांत तो अर्थ को केन्द्र में रखकर इसी यथार्थ के धरातल पर पैदा होता है। फ्रांस की राज्य क्रांति के बाद दुनिया में धीरे-धीरे लोकतंत्र की स्थापना हुई और सामान्य मनुष्य को महत्व प्राप्त हुआ।

यथार्थ का स्वरूप एवं विशेषताएं : यथार्थवाद वस्तुओं की पृथक सत्ता का समर्थन करता है जिसके चलते यथार्थवादी कलाकार अपने को सृष्टि से अलग समझता है। वह समष्टि की अपेक्षा व्यष्टि को विशेष महत्व देता है। यथार्थ का सीधा संबंध प्रत्यक्ष वस्तु-जगत से होता है। अध्यात्मक की मान्यता है की व्यक्ति और सृष्टि में अभेद की स्थिति है। अहं का महत्व नहीं परंतु यथार्थवादी की अवधारणा द्वैतात्मक है। यथार्थवादी रचनाकार जीवन और जगत को यथावत देखता है। उसमें कल्पना का पुट नहीं बिल्कुल तटस्थ द्रष्टा की भांति निष्पक्ष रूप से वैज्ञानिक विश्लेषण की तरह। वह संपूर्ण यथार्थ को कलाकृति का हिस्सा नहीं बनाता क्योंकि यह असंभव है। उसमें वह चयन करता है। जीवनानुभव और कलानुभव में अंतर होता है। वह वस्तु की मूल-कल्पना को खोना नहीं चाहता। उसे रूप में देखते हुए कल्पना का संस्कार करते हुए यह प्रयास करता है कि वह संस्कार प्रत्यक्ष रूप में दिखाई न दे। उसका मानना है कि कथानक की जटिलता, असाधारण घटनाए, विकट भाववेग ये सभी सत्य को खंडित करते हैं। वह अपवादों के चित्रण से दूर, व्यैक्तिक आग्रह से बचता है। रचनाकार अपनी रचना में उतना ही होता है जितना ईश्वर सृष्टि में होता है। अदृश्य किंतु सर्वशक्ति मान की भांति घटनाओं के प्रछन्न को स्पष्ट करना उसका काम्य होता है।

यथार्थवाद में यथा तथ्यता के कारण सौन्दर्य का अभाव होता है तथा रचना

में नीरसता का जन्म होता है। यदि रचना में कल्पना का संस्कार नहीं होगा संगति लय, क्रम, संतुलन को अलक्षित कर दिया जाएगा तो कला का आस्वाद नष्ट हो जाएगा। सृजनात्मक कल्पना और संवेदनशीलता के अभाव के चलते भी कृति मात्र वर्णन बनकर रह जाती है। चूंकि इस विचारधारा के रचनाकार का उद्देश्य महानता और सौंदर्य की अभिव्यक्ति नहीं होता। वह क्रमिक-वर्णन और दृश्य का यथारूप अंकन करता है। इसमें वस्तु जगत का एक हिस्सा आदर्श को भी कोई स्थान नहीं वर्जिनीय वुल्फ कहती है- 'यथार्थवाद की पकड़ में जीवन तो आता नहीं, वस्तुएं आती हैं वे महत्वहीन विषयों पर लिखते हैं। वे असीम कौशल और अपार श्रम तुच्छ और क्षणिक को सत्य और शाश्वत प्रदर्शित करने में व्यय करते हैं।'' हमें पता है कि दुनिया के बड़े-बड़े रचनकारों ने प्राकृतिक-जगत के यथातथ्य चित्र प्रस्तुत नहीं किए हैं। उन्होंने अपनी कल्पना की दुनिया बनाई है क्योंकि रचना का महान उद्देश्य मानव-चेतना (मस्तिष्क) की ऊंचाइयों और गहराइयों की खोज करना होता है। स्वप्नों और आकांक्षाओं का सतत् विद्यमान रहना भी जीवन के लिए अनिवार्य है। कला सिर्फ प्रकृति का अनुकरण नहीं वरन उदात्तीकरण भी करती है। अपनी आत्मा में विद्यमान अलौकिक के कारण व्यक्ति जिसे अलौकिक अनुमानित करता है उस संदर्भ में भावों को अभिव्यक्त करना उसका उद्देश्य है। यह भी सच है कि यथार्थ और आदर्श एक दूसरे के विरोधी नहीं पूरक हैं। कोई भी महान परिकल्पना यथावत संमुख नहीं लाई जा सकती तथा वातावरण का भव्य-प्रभाव विभिन्न आभासों की रचना से ही जन्मता हैं। यह आभास हमारी संवेदनशीलता के लिए है और वह संवेदन उस समय यथार्थ से दूर होता है। रचना में कलाकार की आंतरिकता, मानसिकता को भी खारिज नहीं किया जा सकता। वह बाह्य-जगत के प्रति जितना प्रतिबद्ध होता है उतना ही अपने व्यक्तिगत-अनुभव जगत के प्रति भी ईमानदार होता है।

आदर्शवाद

साहित्य में यथार्थवाद की अधिकता से अप-प्रवृत्तियों का प्रचुर प्रवेश हो गया। इससे मुक्ति के रूप में आदर्शवाद का सहारा लिया गया। आदर्शवाद एक सामान्य प्रवृत्ति है जो प्लेटो से लेकर आजतक किसी न किसी रूप में चलती रही है। यह गोचर यथार्थ को अतिक्रांत करता है। वस्तु जितनी दिखाई देती है आदर्शवाद उतने तक सीमित नहीं होता। यथार्थ जब कला का रूप धारण करता है तब आदर्श में बदल जाता है कुछ उन्नत रूप में। कला की दुनिया सौन्दर्य की दुनिया है, मानव की संवेदनशीलता से जन्मी दुनिया है जो प्रकृति को इच्छानुसार रूप प्रदानकर एक नए आलोक का निर्माण करती है। इसी कारण आदर्श में कल्पनाशीलता, भाव सृष्टि तथा रूप-तत्व का समाहार होना अनिवार्य हो जाता है। आदर्श का समावेश साहित्य में प्राचीनकाल से होता आ रहा है। यथार्थ के तथ्य जब कला में ढलने लगते हैं तब उनकी विशिष्टता धीरे-धीरे समाप्त होने लगती है और वे सामान्यता एवं सार्वभौमिकता में रूपान्तरित होने लगता है। कलाकार यह नहीं बताता कि क्या है? वरन यह बताता है कि कैसा होना चाहिए'। इसका पता तभी चल सकता है जब हम यह जानलें कि वह 'क्या है' अर्थात यथार्थ का ज्ञान आदर्श यथार्थ का ही विकास है। अरस्तू भी इसे मानता है। क्योंकि कलाकार प्रकृति का केवल अनुकरण ही नही करता वरन् सृजनात्मक पुनर्निमाण करता है। कलाकार यथार्थ को अनेक तरह से तराश कर प्रस्तुत करता है। साहित्य का काम भी विचार और वस्तु का संप्रेषण मात्र नहीं वरन उसकी अनुभूति का संप्रेषण है। कीट्स मानता है कि--"कला अप्रिय वस्तुओं से उनकी अप्रियता का सत्य और सुन्दर के संपर्क द्वारा तिरोभाव कर देती है"।

आदर्शवाद में कल्पना की अधिकता भाव सृष्टि रूपाधिक्य उदात्तता मानव

-जीवन की आदर्श दशा व्यक्ति या घटना का चित्रण, मूल्यपरकता अलौकिक असाधारण का चित्रण, चयन आदि शामिल होते हैं। आदर्शवादी रचनाकार अपनी कल्पना-शक्ति द्वारा वास्तविक जीवन के कमजोर पक्षों को हटाकर काल्पनिक उद्दात्त -रूप को प्रस्तुत करने का लक्ष्य रखता है। वह एक स्वप्नदर्शी की भांति सत्य और न्याय की जीत भविष्य के उज्जवल रूपों का साक्षात्कार, करके उदात्त-तत्व के माध्यम से प्राप्त उपलब्धियों की ओर अग्रसर होता है। वह आध्यात्मिकता और असीम सत्ता के प्रति समर्पित होकर शाश्वत एवं चिरन्तन जीवन-मूल्यों की तलाश का आकांक्षी होता है। ये जीवन मूल्य-सौंदर्य, प्रेम-शांति, विवेक, त्याग, सहयोग आदि हैं जो नैतिकता के मार्ग पर चलने की प्रेरणा भी देते हैं। उसका काम्य उदात्त है। वह हमारी सद्प्रवृत्तियों को प्रेरित कर जीवन को सृजन और रचनात्मकता के साथ जोड़ने की कोशिश करता है। रचनकार की यह कल्पना-शक्ति आनंद की सृष्टि करके उसकी पिपासा को शांत करती है। वह कभी-कभी संयम और विवेक के द्वारा जीवन के व्यावहारिक धरातल पर आदर्श की प्रतिष्ठा भी करता है। इससे जीवन और उच्च स्तर पर लाकर संभाव्य-जीवन की उच्चत्तर स्थिति में लाता है। आदर्शवाद जीवन-यथार्थ से कटता नहीं उसके उदात्तीकरण की संभावनाओं की ओर देखता है।

अपनी समस्त उपलब्धियों के वावजूद यह जीवन की वास्तविकता को नकार कर कल्पनालोक में विचरण कराता है। जीवन का चित्रण न होने के कारण यह जीवन के निकट नहीं लगता है। अत: यह व्यावहारिक नहीं प्रतीत होता है। सिद्धांतों के धरातल पर यह अत्यंत मोहक और चित्ताकर्षक जान पड़ता है, किंतु जीवन केवल उदात्त और आदर्श से नहीं चलता केवल अच्छाइयों और गुणों का अत्याधिक वर्णन होने से जीवन की स्वाभाविकता नष्ट हो जाती है। कई बार नीति और उपदेश के आधिक्य से भी अस्वाभाविकता दिखाई पड़ती है। यह विचारधारा भावनात्मक तथा कल्पना तत्वों पर आधारित है। इसमें यथार्थ का समावेश जरूर होता है पर वह लुप्त हो गया होता है। क्योंकि यथार्थ की सीमाओं को दूर करने के लिए कल्पना का सहारा लेकर उसका रूप परिवर्तित कर दिया जाता है।

कलावाद (कला कला के लिए)

कला नैतिक उन्नयन का साधन है, इस तथ्य को पाश्चात्य काव्यशास्त्र में पर्याप्त महत्व प्रदान किया गया। बेन जान्सन् का मत है कि-- जीवन की

श्रेष्ठ प्रणाली को सूचित करना कला का उद्देश्य व्यक्ति-विकास के मार्ग में रुढ़ि, धर्म, परम्परा आदि एक प्रकार के बंधन हैं। वे नैतिक-दृष्टि से अनुचित हैं। ड्राइडन मानता है कि कला में आनंद और शिक्षा दोनों शामिल रहते हैं। रस्किन तो इससे भी आगे आकर कहता है कि कला दैवी चीज है इसे गंभीरता पूर्वक ग्रहण करना चाहिए। कला के माध्यम से आध्यात्मिक उत्कर्ष होता है। इन सभी विचारकों ने कला को नैतिकता के साथ संबंद्ध कर दिया।

नीतिवाद के दबाव के विरुद्ध प्रतिक्रिया कलावाद है। कला पर जीवनवाद का भी प्रभाव रहता है। इसे कला जीवन के लिए है भी कह सकते हैं। इसके चलते साहित्य-जीवन के लिए उपयोगी चीज बन गया और दैनिक जीवन की समस्याओं के समाधान हेतु उसका उपयोग तलाशा जाने लगा जैसे रामायण में हम अपने जीवन के आदर्शों की तलाश करते हैं। इससे प्रचारवाद का खतरा भी बढ़ा। रचनाकार अपने मतो, आग्रहों को प्रत्यक्षत: उपदेशों के रूप में फैलाने लगा। इससे सौन्दर्यात्मिक बोध का नाश हुआ और कलात्मक-सौंदर्य को ठेस लगती है। कला का प्रधान उद्देश्य सौंदर्यात्मिक अनुभूति है। रचनाकार पर सामाजिक और नैतिक दबाव बढ़ा जिससे कलाकार की स्वतंत्रता को आघात लगा। यह अपेक्षा बढ़ गई कि रचनाकार को ज्ञानदान, उपदेश, मनोरंजन और नैतिक बंधन का प्रचार करना चाहिए। दूसरी तरफ वैज्ञानिकता के अधिक्य ने भी साहित्य को हेय बना दिया। साहित्य का समाज पर जो प्रभाव पड़ता है, वह तुरंत दिखाई नहीं पड़ता। इन्हीं दोनों दबावों ने कला पर सोचने के लिए विवश किया। उसने कहा होगा- मैं सिर्फ अपने लिए रचूंगा ज्ञान, या उपदेश के लिए नहीं। उसने यह भी नहीं चाहा कि उसकी कला समाजोपयोगी बने। इससे सिद्धांत बना कि कला-कला के लिए है। (मेरी कला, मेरे लिए) यह कला की स्वायत्तता थी।

'कला जीवन के लिए है।' मैं दूसरों के लिए लिखूंगा। कला विश्व का निर्माण एवं मनोरंजन मेरा लक्ष्य है। विज्ञान और तकनीकी के विकास ने तर्क एवं बुद्धि के महत्व को बढ़ाया, सुविधाएं मुहैया कराई, जनता की आस्था उसके प्रति दृढ़ हुई। क्योंकि उसके विध्वंस एवं विनाशक रूप का अंदाज लोगों को नही थी। लोगों ने कला द्वारा प्रदत्त ज्ञान एवं तर्क को विज्ञान की तुलना में क्षुद्र एवं हीन माना तथा व्यावहारिक लाभ भी अत्यल्प था।

कुछ लोगों ने माना कि कलानुभव स्वयं अपना साध्य है उसका अंतरंग

मूल्य है। काव्य-मूल्य आनंददायी कल्पनात्मक अनुभव है। कलानुभव का कोई बाह्य-प्रयोजन नहीं होता न उसका महत्व किसी अन्य बात पर निर्भर करता है। कलानुभव अपने आप में बेशकीमती है।

कला एक स्वायत्त दुनिया है। वाह्य-जगत् के कानून कला-जगत पर लागू नहीं होते। सवाल यह है कला-जगत और वस्तु-जगत के बीच कोई आपसी रिश्ता है अथवा नहीं। ब्राडले का मानना है कि इनमें अभिन्न रिश्ता है, किंतु प्रछन्न है। ये एक ही सिक्के के दो पहलू की भांति हैं। कुछ लोगों का मत है कि अनुभव और उसके रूप को अलग करके नहीं समझा जा सकता है। यदि अनुभव या विचार अच्छे हैं तो अभिव्यक्ति अवश्य अच्छी होगी। जिस प्रकार मुस्कराते व्यक्ति को रेखाओं से नहीं अलगाया जा सकता, संगीत से ध्वनि और वर्ण नहीं अलगाए जा सकते, चित्र में रंग और अर्थ अलगाए नहीं जा सकते उसी भांति काव्य और काव्यरूप भी अलगाए नहीं जा सकते। कला का सत्य, इस तथ्य में है कि कलाकार अपने अंतरदर्शन के प्रति ईमानदार हो। वह आंतरिक अनुभव को कितनी प्रामाणिकता के साथ अभिव्यक्ति देता है।

अस्तित्ववाद

अस्तित्ववाद एक ऐसा दार्शनिक दृष्टिकोण है जिसमें परंपरागत दर्शन और तर्कशास्त्रीय मतवादों का विरोध स्पष्ट है। यह साहित्य के उस आंदोलन का नाम है जो प्रथम विश्व-युद्ध के समय से सारे यूरोप तथा जर्मनी व फ्रांस में आरंभ हुआ। अस्तित्ववाद जैसा कि उसके प्रर्वतक गर्व के साथ कहते हैं "मनुष्य के अस्तित्व की प्रतिष्ठा के जयघोष का दर्शन है। इसके पूर्ववर्ती दर्शन और विचार परंपराओं का आग्रह मनुष्य का विश्लेषण उन तार्किक शुद्धातावादी विचारों के आधार पर करने का रहा है जिसके परिणामस्वरूप मनुष्य गौड़ तथा धर्म, ईश्वर, समाज व्यवस्था आदि प्रमुख हो जाते थे। एक व्यक्ति के रूप में मनुष्य की सत्ता गौड़ ही रही। अस्तित्ववादी-दर्शन ने अपने चिंतन के केन्द्र में इसी मनुष्य को रखा। अस्तित्ववाद भी अन्य साहित्यिक वादों एवं सिद्धांतों की तरह क्रिया-प्रतिक्रिया के सामान्य नियम की तरह विकसित हुआ। 19वीं 20वीं शताब्दी का समय सम्पूर्ण मध्य कालीन मूल्यों के ह्रास का युग रहा। पिछली शताब्दी का इतिहास काफी उथलपुथल भरा और मानवता के मस्तक पर कलंक की तरह रहा। यह स्वयं हमारे लिए घृणा और जुगुरसा का कारण बनी। सच्चाई यह है कि जब व्यक्ति विगत अद्धशताब्दी का इतिहास उठाकर देखता है जिसका निर्माता वह खुद रहा है तो उसमें अपनी उपलब्धियों पर घृणा और जुगुप्सा के भाव ही जागृत होते हैं। उसने अपने ही जीवनकाल में दो महाविनाशक विश्व-युद्ध लड़े है और तीसरे की कगार पर खड़ा है मनुष्य जिस जगह खड़ा है। उसमें दरारें पड़ चुकी है अत: उसका अगला कदम ज्वालामुखी पर पड़ सकता है ऐसी स्थिति में व्यक्ति बिना अपने प्रति स्वं की चेतना जागृत किए लगातार असुरक्षा की स्थिति में नहीं रह सकता। द्वितीय विश्वयुद्ध के उपरान्त अस्तित्ववादी दर्शन को महत्व प्राप्त हुआ। यह एक विशिष्ट सम्यक दर्शन नहीं, जिसपर अनेक विचारक एकमत होकर आस्था प्रकट करते हों वरन मनुष्य को केंद्र

में रखकर, मनुष्य के अस्तित्व की अनेक प्रकार की समस्याओं और संभावनाओं का, अत्यंत आवेग से विचार करनेवाले, कुछ विचारको की विभिन्न विचारधाराओं को अस्तित्ववाद की संज्ञा प्रदान की गई है। इन सबमें मुख्य बात यह थी कि **ये पूर्व निर्धा**रित किसी पद्धति को स्वीकृति नहीं देते तथा मनुष्य के लिए सामान्य **निष्कर्ष को** स्वीकार नहीं करते। उसे एक चिंतनशील, संवेदनवान और सृजनधर्मी मानकर उसकी परिस्थितियों के वरण करने की क्षमता को महत्ता प्रदान करते हैं तथा मनुष्य के भीतर आंतरिक पहलुओं का चिंतन करते हुए उन सम्पूर्ण मानवीय स्थितियों को उजागर करते हैं जिनके बीच रहकर व्यक्ति अपनी प्रगतिकर रहा है। इन चिंतकों में प्रमुख रूप से कीर्केगार्द, नीत्शे, दोस्तोएवस्की, यास्पर्स, मार्टीन हेडेगर, काफ्का, अल्वेअर कामू, सार्त्र, मार्टिन बुबर आदि का उल्लेख किया जा सकता है।

इन विचारकों के सामने कुछ ऐसी परिस्थितियां थी कि व्यक्ति के स्वतंत्र-व्यक्तित्व पर ही प्रश्नचिन्ह लगने लगे। अनेक विचार और सिद्धांत पैदा हुए, जिनके विरोध में वैचारिकता का जन्म होना स्वाभाविक प्रतीत होता है। विज्ञान एवं तकनालाजी के नित नए विकास एवं अविष्कार जिसमें मनुष्य को उपयोगितावादी, सुविधाभोगी, भोग एवं ऐन्द्रिकता में डूबकर जीने वाला, यन्त्र-चालित कर दिया। मनुष्य मशीनों एवं तकनीकी का गुलाम बनकर रह गया। मनुष्य के भविष्य के समक्ष एक प्रश्नचिन्ह विज्ञान के अविष्कारों से बने आधुनिक आयुधों ने लगा दिया। मानवीय मूल्यों के प्रति विश्वास डिगा, ईश्वरीसत्ता शंका के घेरे में खड़ी हुई। यहां सृजनशीलता भी कलंकित हुई। मनुष्य की आस्था, विश्वास, श्रद्धा नीत्शे की घोषणा के ईश्वर मर गया समाप्त हो गई। ईश्वरीय सत्ता के प्रति अनास्था इस भाव ने मूल्यों की दृढ़ नीव को ही समूल हिला कर रख दिया।

15शताब्दी में ही राजनीतिक सामाजिक परिवेश में मनुष्य का अस्तित्व क्षीण होने लगा था। औद्योगिक-संस्कृति ने मानव-जीवन में जो व्यस्तता भरी कि सृजनशीलतापूर्ण जीवन जीने का आनंद समाप्त हो गया। चाहे अनचाहे अनेके दबावों को झेलते वह पेट भरने की चिंता में जूझने लगा, से उसपर पर युद्ध के विनाशक संकट भी थे। ऐसे में मनुष्य अपना स्वतन्त्र जीवन कैसे जी सकता था। वह धीरे-धीरे उस चक्रव्यूह में फंस गया जो उसने नहीं परन्तु उसके लिए किसी और ने निर्मित किए थे। आगे इसी करुण परिस्थिति का संज्ञान अस्तित्ववादी चिन्तकों ने लिया। एक तरफ मनुष्य की खौफनाक दारुण-दशा तो दूसरी ओर अपने अस्तित्व और अस्मिता के प्रति सशंकित मानव-रूप सा दिखाई दिया। इसीकारण मनुष्य

के भीतर अतल - तल का चित्रण साहित्य में अनिवार्य शुरू हुआ। वह अपने अस्तित्व के प्रति सजग होता है। महान वैज्ञानिक उपलब्धियां भी उसे गौरव प्रदान न कर अर्थहीनता और निराश्रयता की स्थिति में ला खड़ी करती है। उसे सर्वत्र घोर-निराशा और अंधकार की स्थिति दिखाई पड़ती है। वह अपने अंह की स्थापना के लिए चिंतित होता है जैसा कि एक विद्वान आलोचक कहते हैं "आज की दार्शनिक प्रणालियों द्वारा व्यक्ति को इस तरह अस्वीकारा जाना मानव-इतिहास की सर्वाधिक दुर्भाग्यपूर्ण घटना है। अस्तित्ववाद निर्मित दर्शन के रूप में जर्मनी में 1920 के आसपास हिडेगर या यास्पर्स की प्रमुख रचनाओं के साथ आरंभ हुआ, जो 1943 में सार्त्र की रचना के साथ फ्रांस में पहुंच गया। सार्त्र के प्रभावशाली व्यक्तित्व, महान साहित्यिक प्रतिभा के चलते इस दर्शन ने उपन्यास और नाटक विधा पर पर्याप्त प्रभाव डाला। सार्त्र की दृष्टि में सच्चा अस्तित्ववान व्यक्ति तो केवल वह है, जो अपने को बनाने में स्वतंत्र है, जो अपना निर्माता स्वयं है, और जो स्वावलंबी तथा समर्थ है। उसका स्पष्ट विचार था कि घोर नैराश्य और अंधकार में डूबे व्यक्ति को स्वतंत्र अस्तित्व के आलोक का दर्शन अस्तित्ववाद कराता है, जो मनुष्य के भीतर छाए हुए कुहासे को साफ करता है। अस्तित्ववाद के प्रवर्तकों में कीर्केगार्द, काफ्का, सार्त्र, लोर्का तथा अल्वेयर कामू आदि के नाम उल्लेखनीय है। अस्तित्ववादी विचारक स्वयं इस दर्शन की व्याख्या के संबंध में एकमत नही है। इसीकारण इस सिद्धांत की कोई एक सर्बमान्य परिभाषा नहीं दी जा सकती परंतु आधारभूत तत्व निर्विवाद है। अस्तित्ववादियों के लिए व्यक्ति की ही समस्या सर्वप्रमुख रही। वे उसके वास्तविक अस्तित्व, संभावनापूर्ण प्रकृति तथा वैयक्तिक-स्वातंत्र्य के पक्षधर रहे। सन् 1945 में पेरिस में अपने एक भाषण में सार्त्र ने अस्तित्ववाद की परिभाषा देने की कोशिश की। उनके अनुसार वस्तुत: यह पूर्णरूपेण विशेषज्ञों और दार्शनिकों के लिए है फिर भी सरलता से इसकी परिभाषा की जा सकती है। वस्तुस्थिति जटिल इसलिए हो जाती है कि अस्तित्ववादी दो प्रकार के हैं। एक वे जो ईसाई हैं इनमें मैं यास्पर्स और ग्रेवील मार्सल को शामिल करता हूं जो दोनों ही कैथोलिक हैं। दूसरे हैं, नास्तिक अस्तित्ववादी जिनकी श्रेणी में 'हाइडेगर' और फिर फ्रांसीसी अस्तित्ववादियों और अपने आपको मानता हूं। इन सब में एक बात समान है कि वे सोचते हैं अस्तित्व सार(आत्मा) से पूर्ववर्ती है अथवा यदि आप चाहें तो यह कह लें कि अस्तित्व पहले है और उसके बाद अंतस्तत्व।"

अब तक की समस्त धार्मिक और शास्त्रीय विचार परपंराओ में वस्तु के अस्तित्व

में आने से पूर्व उसके आदर्श रूप की परिकल्पना की जाती है। यही बात प्लेटो ने बढ़ई और मेज के उदाहरण से बताई थी कि पहले बढ़ई के मस्तिष्क में मेज का आदर्श रूप आता है फिर उसका अस्तित्व बनता है। इसी तरह मनुष्य के अस्तित्व से पहले उसकी मानवता की आदर्श कल्पना की जाती है परंतु मानवता एक ऐसा तत्व या विशिष्ट-गुण है जो उसे सामाजिक बनाता है अर्थात् पशुता से अलग करता है। परंतु इसके अलावा भी मनुष्य की कुछ निजी विशेषताएं होती हैं जो उसे समष्टि में व्यक्ति-विशेष बनाती है। इस तरह अगर उसके बुद्धि अथवा तर्क-जगत का संबंध सार तत्वों से हैं, तो इंद्रियों के आधार पर निर्मित उसके ऐन्द्रिय जगत का संबंध अस्तित्वशील पदार्थो से है। अस्तित्ववादी मानते हैं कि अस्तित्वशील पदार्थ सुनिश्चित सार-तत्व के पूर्वगामी है।

'अस्तित्ववादी सत्य ही अस्तित्वपूर्ण है' की धारणा को नहीं मानते। उनके अनुसार 'होने' और 'अस्तित्वपूर्ण होने' में बड़ा फर्क है। कोई भी वस्तु 'हो' तो सकती है लेकिन वह अस्तित्वान भी हो यह आवश्यक नहीं। अस्तित्व होने के लिए सजगता बोध का होना आवश्यक है। 'होने' की यह सुविधा समस्त सचराचर जगत में केवल मनुष्य को प्राप्त है। इसलिए अस्तित्ववादियों के अनुसार वास्तविक अस्तित्ववान वही है जो स्वयं के निर्माण में स्वतंत्र है। मनुष्य को यह निश्चित करना होता है कि उसे क्या होना या बनना है। इसके बाद उसके अनुरूप उसे कार्य करना पड़ता है। जबकि यह सुविधा किसी पेड़ या पशु को प्राप्त नहीं है। जन्म, मृत्यु, बीमारी जैसे सार्वभौम सारों पर मनुष्य का वश न होते हुए भी अपने वैयक्तिक अस्तित्व के प्रति वह स्वयं उत्तरदायी है। अपने भाग्य का वह खुद निर्माता है। संक्षेप में परिस्थितियों के चयन में मनुष्य भले ही स्वतंत्र न हो परंतु परिस्थितियों के प्रति उचित दृष्टिकोण अपनाने के लिए वह स्वतंत्र है। एक आलोचक के शब्दों में "भौतिक-जगत को तो हम नहीं बदल सकते, परंतु उसके प्रति हम अपनी दृष्टि बदल सकते हैं। यह हमारे ऊपर निर्भर है कि हम इसे कैसा समझते हैं और उसमें कैसे रहते हैं।"

पाश्चात्य-दर्शन की समस्त परंपराए व्यक्ति के अस्तित्व के लिए चुनौती बनी रही। अस्तित्वादी-दर्शन ने सर्वप्रथम व्यक्ति की सत्ता और उसके अस्तित्व का जय घोष किया।

अस्तित्ववादी-दर्शन : अस्तित्ववाद एक दार्शनिक-दृष्टिकोण था जिसको दर्शन से ज्यादा महत्व साहित्य के क्षेत्र में प्राप्त हुआ दार्शनिक-दृष्टिकोण होने के

नाते व्यक्ति, ईश्वर, जगत-संबंधी उसके चिंतन को भी समझ लेना आवश्यक है।

जगत : अस्तित्ववादी यह मानते हैं कि यह जगत सबके लिए अलग-अलग ढंग का है। प्रत्येक व्यक्ति के लिए यह जगत उसकी रुचि, उद्देश्य आदि के कारण भिन्न-भिन्न रूप धारण कर लेता है। हम जगत पर निर्भर नहीं रहते, जगत हम पर निर्भर है। व्यक्ति की चेतना द्वारा स्वीकृत जगत ही उसके लिए वास्तविक जगत है। अस्तित्ववादी संसार को संघर्षमय मानते हैं। प्रत्येक व्यक्ति को इसमें संघर्ष करते हुए अपना मार्ग ढूंढ़ना होता है। प्रत्येक व्यक्ति का अपने जीवन में लक्ष्य, दृष्टिकोण तथा उद्देश्य होता है जिसके अनुरूप वह अपने अस्तित्व के लिए संघर्षरत होता है। इसीकारण मानवीय-जीवन सहयोग का जीवन न होकर स्पर्धा का जीवन है और सांसारिक संबंध संघर्षपूर्ण है।

मानवः अस्तित्ववादी शरीर को पूरा महत्व देते हुए भी व्यक्ति का अस्तित्व उसकी चेतना होती है। सार्त्र मानवीय-आत्मा के स्थान पर केवल चेतना को स्वीकार करता है। इसी चेतना के कारण वह अपना स्वयं का निर्माता बनता है परंतु यही चेतना उसके दुर्भाग्य का कारण भी मानी जा सकती है। प्राणी-जगत जहां प्रवृतियों द्वारा संचालित होता है, वहीं चेतना युक्त मानव की नियति मारे-मारे फिरने की है। मनुष्य की यही चेतना उसे दुनिया में श्रेष्ठ बनाती है परंतु नैराश्य और अंधकार में भटकाव का कारण भी यही चेतना बनती है।

ईश्वरीय-सत्ताः सार्त्र और उसके प्रगतिशील-वर्ग ईश्वर जैसी किसी सत्ता के अस्तित्व को स्वीकार नहीं करते। ईश्वरीय आस्था न होने के कारण वे विश्व के निर्माण के पीछे किसी प्रकार का उद्देश्य अथवा प्रयोजन नहीं देखते। अस्तित्ववादियों के भी दो वर्ग थे। एक का नेतृत्व सार्त्र जैसे नास्तिक दार्शानिक कर रहे थे। दूसरे वर्ग के प्रतिनिधि कीर्केगार्द तथा यास्पर्स थे। इन्हें आस्तिक अस्तित्ववादी कहा गया। इन्होंने मानव-जीवन को ईश्वर से संयुक्त करके उसे उसका वास्तविक मूल्य दिया। ईश्वर की सत्ता को अस्वीकार करने वाले नास्तिकवादी अस्तित्ववादी भी व्यक्ति के अस्तित्व को सर्वप्रमुख स्थान देते हैं।

मृत्यु : अस्तित्ववादी यह मानते हैं कि मानव-जीवन की एक सहज और अनिवार्य गति है। उसे अनावश्यक रूप से ज्यादा महत्व देने की जरुरत नहीं है। सार्त्र मृत्यु को दुर्घटना मात्र मानता है। हिडेगर भी मृत्यु को स्वीकार करता है परंतु उसे अधिक महत्व नहीं देता। सार्त्र मानता है कि मृत्यु के पश्चात भी व्यक्ति का ऐसा बहुत कुछ बचा रहता है, जो दूसरों के लिए प्रेरणा का स्रोत सिद्ध होता

है। उसका स्पष्ट विचार है कि मृत्यु हमारी स्वतंत्रता को नहीं छीन सकती।

देन : अस्तित्ववादी-दर्शन ने सदियों से उपेक्षित व्यक्ति को महत्व दिया तथा उसके चिंतन में प्रथम बार व्यक्ति एक अस्तित्वपूर्ण व्यक्ति के रूप में ग्रहण होता है। अस्तित्ववाद ने जीव, जगत ईश्वर आदि विषयों पर गहन-चिंतन प्रस्तुत किया। विशुद्ध रूप से एक दार्शनिक-चिंतन होते हुए भी साहित्य के प्रांगण में इसे पर्याप्त महत्व मिला। कार्लमायकेसन के अनुसार हमारे युग में अस्तित्वादी शब्द एक जादुई करिश्मा लिए हुए हैं। जब इस शब्द का प्रयोग होता है तब ऐसा लगने लगता है कि इसके तत्व और आयाम से भी अधिक शक्ति इस शब्द में है। इसे जानने की अपार उत्कण्ठा और जिज्ञासा आप में उठने लगती है और यह आपको सम्मोहित कर लेता है। कभी-कभी यह आप में वितृष्णा और जुगुप्सा के भाव भी पैदा करने लगेगा और आप शीघ्र ही इसकी परिधि से बाहर आना चाहेंगे। आप भीड़ में अस्तित्ववाद का नाम ले लीजिए, कुछ तो जिज्ञासावश उसकी ओर आकृष्ट होना चाहेंगे और कुछ वहां से पलायन करना चाहेंगे। मानव को वस्तुगत-रूप में न लेकर उसकी अपूर्णता, विसंगति, अनित्यता, निरर्थकता तथा निरुद्देश्यता में भी उसका एक सचेतन-व्यक्ति के रूप में स्वीकार इस दर्शन की महत्वपूर्ण उपलब्धि है।

आपेक्षः अस्तित्ववादी-दर्शन ने मानवीय-चिंतन को प्राचीन काराओ से मुक्त कराया तथापि उसकी अपनी कुछ सीमाएं भी हैं। सार्त्र आदि अस्तित्ववादी लेखकों ने व्यक्ति के स्वतंत्र अस्तित्व की आवश्यकता पर बल दिया लेकिन जिन स्वतंत्र अस्तित्व वाले पात्रों का निर्माण अस्तित्ववादी साहित्य में किया गया। उनकी परिथितियां विचित्र अवास्तविक एवं अविश्वसनीय लगती है। पात्र नितांत अकेले, निकम्मे तथा असामाजिक तथा कहीं-कहीं खुद से ऊबे हुए हैं। व्यक्ति के प्रति विशेष-आग्रह उत्तरदायित्वहीनता तथा उच्शृंखलता को भी जन्म दे सकता है। इस दर्शन के ऊपर अनेक आपेक्ष लगाए गए इसे 'कब्रिस्तान का साहित्य' से लेकर फैशनपूर्ण-मतवाद तक की संज्ञा दी गई। इसे पलायनधर्मीवृत्ति भी कहा गया तथा शोषितों और पीड़ित सर्वहारा को बहकाने के लिए इसे पूंजीपतियों की चाल भी कहा गया। अपनी अनेक सीमाओं के बावजूद अस्तित्ववाद ने मानव की प्रतिष्ठा ही। धर्म और दर्शन द्वारा वर्षों तक उपेक्षित व्यक्ति को अपने अस्तित्व का आभास दिलाने में इस दर्शन ने स्तुत्य कार्य किया।

खंड - तीन

समीक्षा-कर्म में शाश्वतता और समकालीनता

साहित्य गहन मानवीय-अनुभवों से संपृक्त होकर ही आत्मीय बन सकता है। इस अनुभव के धरातल पर हम एक साथ समानान्तर कम से कम दो शताब्दियों में यात्रा कर रहे हैं। नगरों, महानगरों में एक ओर बैलगाड़ी, हाथगाड़ी और मनुष्य द्वारा पैदल-दौड़ते हुए रिक्शा चलाया जा रहा है तो दूसरी ओर हजारों कि.मी. की रफ्तार से उड़ने वाले जहाज भी उड़ रहे हैं, कृत्रिम उपग्रह भी छोड़े जा रहे हैं। एक तरफ कंप्यूटर, सुपर कम्प्यूटर पर निर्भरता बढ़ रही है, तो दूसरी तरफ उनके उद्घाटन-समारोह में नारियल फोड़े जा रहे हैं, प्रसाद वितरित किए जा रहे हैं। इन दोनों को साथ-साथ देखते हुए बात की जानकारी प्राप्त करने की इच्छा होना अनिवार्य है कि क्या परंपरा और समकालीनता अलग-अलग, एक दूसरे से बिल्कुल भिन्न हैं या जीवन की दौड़ में एक दूसरे से भिन्न दिखाई देते हैं? समकालीनता और परंपरा का रिश्ता सहयोग का है या संघर्ष का? वे आपस में टकराते हैं या एकता स्थापित करते हैं? इसके साथ ही साथ यह भी प्रश्न है कि समकालीनता की पहचान किस आधार पर की जानी चाहिए?

समकालीनता को केवल कालवाची प्रत्यय नहीं वरन् एक बोध और मूल्य के रूप में देखा जाना चाहिए। वह तत्काल मूल्यों की खोज से जुड़ी है। इसका निर्णय समाज के बीच होगा। समाज के नियमों का ज्ञान करना, उन्हें भोगना और अनुभव करना ही समकालीनता की सामाजिक अवधारणा है। हमारे आस-पास जो कुछ हो रहा है, उतना ही समकालीन नहीं है वरन् हमारे बीच आज जो कुछ छीज रहा है, चाहे वे हमारे जीवन-मूल्य हो या हमारी परंपराएं हों, उनकी रक्षणीयता और पुनर्सृष्टि

का सवाल भी इससे जुड़ा है। अत: समकालीनता का तात्पर्य अपने अतीत और भविष्य से विच्छिन्न वर्तमान काल-खण्ड नहीं है। यह तो अतीत में निर्मित होकर, भविष्य की कुक्ष में प्रविष्ट करके, एक प्रवाह के रूप में हमारे सामने आती है। यहां रचना वर्तमान समस्याओं को उठाती हुई, मानव-समाज की सनातन समस्याओं के मध्य एक क्रमबद्ध प्रवाह में, उन समस्याओं को समेटे प्रवाहित होती है। मनुष्य स्वभावत: सामाजिक-ऐतिहासिक यर्थाथ को जानना चाहता है। इस कार्य में उसकी सहायता कौन करेगा? क्या इतिहास, साहित्य और दर्शन द्वारा यह कार्य संभव है? जो इसका एक साधन मात्र है? अगर समकालीन साहित्य, इस ज्ञान को नहीं दे पाता - जैसे अभिव्यक्ति की नई पद्धतियों की, मानवीय स्वभाव के बिम्बों की जटिलताओं की समझ नहीं दे पाता, तो हम समकालीन साहित्य की शरण में क्यों जाएगें। आज मानव-स्वभाव का बिम्ब सामाजिक-जटिलताओं के कारण अत्यन्त कठिन हो गया है। ऐसी समस्याएं उत्पन्न हो जाती हैं कि युग अेर परिस्थितियाँ उनका समाधान तत्काल नहीं दे पाती। उदाहरण के लिए आज देश में दलित-शोषित-पीड़ित इकट्ठे हो रहे हैं। इनकी ऐसी समस्याएं है जिनका समाधान आसान नहीं हैं, लेकिन अनिवार्य अवश्य है। समकालीनता भी सामाजिक-चेतना की तरह सामाजिक-मनोविज्ञान में एक बेहद जटिल और कठिन प्रत्यय है। बीसवीं शताब्दी के अंतिम कुछ वर्षों के भारत की संरचना भिन्न है। हमें इसी में अपनी समकालीनता की पड़ताल करनी होगी। आज विश्व में एक ओर सूचनाओं की असंख्य परिणतियाँ हैं तो दूसरी ओर मनुष्य की कुशल तार्किक शक्ति है। अक्षर सूचनाओं के माध्यम से हमारी समकालीन समस्याओं का समाधान हो जाता, लाइब्रेरी, स्टार-प्लस आदि सेटलाइट प्रणालियाँ तथा अन्य माध्यम हमारे पास हैं, तो हमें बुद्ध, कालिदास या विवेकानन्द की आज आवश्यकता नहीं होती। अगर तार्किक-शक्ति समस्याओं का समाधान प्रस्तुत कर देती तो सारे अधिवक्ता मिलकर दुनिया का नक्शा बदल देते और संसार में न्याय का शासन हो जाता किन्तु ऐसा भी नहीं है। इस कार्य की निष्पत्ति 'मानस की गुणवत्ता' से संभव है और वह आज के मनुष्य के पास है। वह इन सभी सूचनाओं और तर्कों का उपयोग 'मानवीय गुणवत्ता' के साथ करके समाधान पाने का प्रयास कर रहा है। सूचनाओं का प्रयोग और तर्कों का विकास मस्तिष्क की गुणवत्ता से ही आता है। ये हमारी समाजशास्त्रीय कल्पना के अभिन्न अंग हैं। इतिहास और समाज की समस्याएं भी लोगों की जिन्दगी से ही उपजती है। हर व्यक्ति अपनी विचारधारा के अनुसार, अनुभव

के अनुसार, इनका चयन और प्रयोग करता है। इसी कारण व्यक्ति के जीवन की समस्या राष्ट्र की समस्या नहीं होती। इतिहास-समाज की समस्याएं दुर्गामी होती है किंतु निजी-जिन्दगी की समस्याएं छोटी और गहरी होती हैं। इसके समाधान से व्यक्तिगत प्रसन्नता हो सकती है किन्तु कोई बड़ा परिवर्तन संभव नहीं है। अत: हमें यह जानना होगा कि बाहरी संसार में क्या हो रहा है? हमारी आंतरिक जिन्दगी में क्या हो सकता है? इसलिए सत्य यह है कि समकालीनता व्यक्तिगत-जिन्दगी की और विराट समाज और इतिहास की समस्याओं से जुड़ी होती है।

समकालीनता -नवीनता, समसामयिकता और तात्कालिकता का पर्याय मात्र नहीं है न तो समकालीनता हमारी परंपरा की उज्ज्वल परिणति में बाधक ही है। परिवर्तित युग-परिवेश की अपनी आवश्यकताएं और अनिवार्यताएं होती हैं। अत: यह विचारणीय मुद्दा है कि वे कौन से तत्व हैं, जो रामायण और महाभारत जैसी कृतियों को आज भी जीवन्त बनाएं हुए हैं? आज लिखी गयी रचना समकालीन हो ऐसा कोई अनिवार्य नियम नहीं है। लेखक अपनी परंपरा से, अपनी पूर्ववर्ती कृतियों से बहुत कुछ रचाता-पचाता है, फिर भी कुछ ऐसा होता है जो अवशेष रह जाता है। इसी कारण रामायण और महाभारत के अवशेषों पर निरंतर नए ढंग से, आज के युग - सत्य को उद्घाटित करने हेतु लिखा जा रहा है। चाहे वह, राम की शक्ति-पूजा हो, संशय की एक रात हो, अंधायुग, महाप्रस्थान हो या नरेन्द्र कोहली के उपन्यास हों। इनको पढ़ते समय क्या हम वाल्मीकि, व्यास, तुलसीदास आदि को अलक्षित करने का साहस कर सकते हैं? अतीत, जो परंपरा बन गया है, की भुलायी जा चुकी बहुत चीजें हमारे भीतर सुरक्षित रहती हैं तथा अपना प्रभाव डालती रही हैं। यह अलग बात है कि इस प्रवाह से प्राय: हम अनभिज्ञ रहा करते हैं। विभिन्न-युगों की सामाजिक दशा की आवश्यकतानुसार परम्परागत-चीजें हमारे बीच उपस्थित हो जाती हैं जैसे वे समकालीन हो उठी हों, उन्हें नयी जीवन-शक्ति प्राप्त हो गयी हो। मध्यकालीन कवि सूरदास की 'कालियनाग-मर्दन' कथा का समकालीन परिप्रेक्ष्य और मूल्यबोध के धरातल पर औचित्य-सिद्ध करते समय क्या हम अपने जीवन का पक्ष प्रस्तुत करते नहीं जान पड़ते? इस प्रसंग में यमुना में गिरी हुई गेंद क्या हमारे जीवन का प्रतीक नहीं है, जिसे पाने हेतु कृष्ण को गहरे, अथाह जल में कूदना पड़ता है। उस जल में विषधर नाग है, जहां जीवन का संकट है। कृष्ण उसे जीतकर ही गेंद प्राप्त कर सकते हैं। उस गेंद को तो सभी ग्वाल-बाल पाना चाहते हैं किन्तु उस भयानक

संकट और अथाह जल में जाने की हिम्मत कृष्ण ही कर पाते हैं। इस तरह प्रत्येक युग और संस्कृति में गेंद बदलते हुए काल के गाल में लुप्त होती रहती है। तब प्रत्येक समाज कृष्ण जैसे साहसी की आवश्यकता महसूस करता है, जो निडर होकर अथाह की थाह लेने यमुना में कूद सके। क्योंकि हर युग में अज्ञान और अत्याचार रूपी काले नाग से संघर्ष करना पड़ता है। यह संघर्ष वही कर सकतें हैं जिन्होंने ज्ञान-प्राप्ति के लिए साधना की हो और ज्ञान को आगे बढ़ाने हेतु दृढ़-संकल्पी हों। आज कवि जब अतीत में जाकर 'राम की शक्ति-पूजा', 'संशय की एक रात', 'महाप्रस्थान', 'अंधायुग' 'प्रवाद-पर्व' जैसी रचनाएं करता है तो वह युद्ध राज्य-व्यवस्था, नीति-अनीति जैसे समकालीन प्रश्नों को ही तो उठाता है। चीजों को समझने या फैसला करने की सामर्थ्य तब तक हमारे भीतर नहीं आ सकती जब तक हम यह न तय कर लें कि हमें कहां से खड़े होकर या कौन-सा दृष्टिकोण रखकर चीजों को देखना है। जब निराला या नरेश मेहता 'रामकथा' का चुनाव करके रचना करते हैं तो उन्हें अच्छी तरह ज्ञात है कि वे क्या कर रहे हैं। वे उन्हीं विषयों को जिन्हें आदि कवि वाल्मीकि और तुलसीदास ने उठाया था, पूर्णत:एक भिन्न अन्त:वस्तु प्रदान करते हैं। तुलसीदास ने यदि एक ओर आदि तक व्याप्त रामकथा का चयन किया था तो दूसरी ओर काशी की विकट महामारी का चित्रण भी उसमें है तथा समकालीन बेरोजगारी का चित्रण भी। जब वे कहते हैं-

> खेती न किसान को... चाकर को चाकरी,
> जीविका विहीन लोग सीद्यमान सोचबस,
> कहैं एक एकन से कहाँ जाय का करी।

यानी कवि एक साथ भाव, वस्तु और संदर्भों के अनुकूल काल के दोनों छोरों पर समानान्तर यात्रा करता है। बहुत सी कृतियाँ, जो अपने रचना-काल में बहुत लोकप्रिय हो गई, ऐसा लगा कि ये मानव-जीवन का कंठहार बन गई हैं किन्तु देखते-देखते विलीन हो गईं। एक समय ऐसा था जब 'मधुशाला' लोगों के आकर्षण का केन्द्र थी। एक समय में 'खूब लड़ी मर्दानी वह तो झांसी वाली रानी थी' बहुत लोकप्रिय हुई। किसलिए हुई? विचारधारा का बड़ा गूढ़ रहस्य इसमें नहीं है। शायद समय की नब्ज से मेल खाती कोई प्रवृत्ति उसमें है। इससे पता चल जाता है कि जो रचनाएं काल की चेतना के साथ उसका संग-निर्वाह करते हुए चलती हैं, कभी-कभी लोकप्रिय हो जाती हैं, फिर काल-परिवर्तन के साथ लुप्त हो जाती हैं। अतएव समकालीनता

का निर्णय कर पाना बड़ा कठिन कार्य है। मैं अपनी बात तीन कृतियों के माध्यम से करना चाहूंगा। ये तीनों कृतियां- कामायनी, गोदान और राम की शक्ति पूजा, एक ही काल और परिवेश में रची गई हैं। ये एक ही आर्थिक, सामाजिक और राजनीतिक व्यवस्था की रचनाएं हैं। कामायनी में -

समरस थे जड़ या चेतन, सुंदर साकार बना था,
चेतनता एक विलसती आनंद अखण्ड घना था।

यहां ऐसा नहीं लगा कि किसी द्वन्द्व से, किसी सामाजिक पीड़ा से किसी युग संत्रास से, या कहीं भी दैनिक जीवन की घटनाओं से संबंधित कोई बात है। दूसरी ओर गोदान में एक किसान होरी मरा पड़ा है। पुरोहित दातादीन गोदान करने के लिए दक्षिणा की चाह में खड़े हैं। अर्थात् जीवन भर तो शोषण होता रहा, मरते समय भी उससे मुक्ति नहीं है। होरी की पत्नी धनिया, दातादीन के हाथ में बीस आने पैसे रखते हुए कहती है - ''महाराज घर में न गाय है न बछिया, कल सुतली कातकर बीस आने पैसे मिले थे।'', वही दातादीन के हाथ में रख देती है और हाय कहकर धड़ाम से गिर जाती है। अर्थात एक पस्ती का आलम है। पूरे उपन्यास में एक गहरी हताशा है। तीसरी ओर 'राम की शक्ति-पूजा' है। जहां साधना के अंतिम चरण में राम की साधना डगमगाती है और जामवन्त उभरकर सामने आते हैं तथा चुनौती भरे शब्दों में प्रबोधन करते हैं- 'आराधन का दृढ़ आराधन से दो उत्तर', 'शक्ति की करो मौलिक कल्पना।' यहां उत्साह है, उल्लास है, एक जिजीविषा-शक्ति है। तीनों कृतियाँ महान हैं, और एक ही काल में तीनों का समाधान अलग-अलग है। इसमे कौन समकालीन है? उस समय का देशकाल क्या सोच रहा था? हताशा की स्थिति से गुजर रहा था या जीवन की सारी समस्याओं का समाधान करते हुए किसी उदात्तबोध पर पहुंच गया था, अंतिम रूप में यह कह पाना बड़ा कठिन है कि क्या समकालीन है, और परंपरा तथा अतीत का हिस्सा क्या है? भारतेन्दु-युग में भी कई तरह की रचनाएं हुईं। एक ओर राजकुमार के स्वागत में कविताएं लिखी गईं, जिन्हें आज कोई याद नहीं करता-

सबके ऊपर टैक्स की आफत आई,
हा! हा! भारत-दुर्दशा देखी न जाई।

यह आज भी लोगों के लिए समकालीन है। यानी कि जो तत्कालिक था, वह आज उपेक्षित हो गया लेकिन जो मानव-समाज की सनातन समस्याओं से जुड़ा था-

कराधान, टैक्सेन, राज्य का शोषण-यह केवल भारतेन्दु-युग की पीड़ा नहीं है, आज की भी पीड़ा है। अतएव साहित्यिक-चेतना में और साथ-ही-साथ सामाजिक चेतना में भी जिसे हम समकालीन, नूतन या पुरातन और परंपरागत कहते हैं, इनका अद्भुत-आंतरिक-सम्मिश्रण होता है। कभी-कभी नवीन का पुरातन और कभी पुराने का नवीनीकरण यह समानान्तर क्रिया है जो निरन्तर चलती रहती है। ऐसा प्रतीत होता है कि एक बिन्दु पर दोनों की स्थिति एकात्मक परिणति की होती है। क्योंकि जो पुराना है वह नया चोला धारण कर आता है। समकालीन बन जाता है। जैसे कबीर के भीतर जो विद्रोह है, समाज-सुधार की जो गहरी स्पृहा है, जो आत्मविक्षोभ और पीड़ा है -

संतो देखो जग बौराना।
सांच कहौं तौ मारन धावै, झूठे जग पतियाना।

यह जो कुंठा-बोध है, तो इसी प्रकार की सोच क्या हमें निराला और मुक्तिबोध में नहीं दिखाई पड़ती? केवल संदर्भ परिवर्तन न कर पाने की जो पीड़ा है, कवि की जो आकुलता-व्याकुलता है, वह गुण-धर्म की दृष्टि से समानान्तर दिखाई पड़ती है। ऐसा लगता है, जैसे कबीर ही दूसरे युग में पुनर्जन्म लेकर अपनी पीड़ा अभिव्यक्त कर रहे हों। रामराज्य की कल्पना हमारा देश आज भी क्यों कर रहा है? इसलिए कि यह हमारे देश-योग्य स्वप्न है। ये गतिमान प्रारूप हैं जो हमें आगे ले जाते हैं। ऐसे प्रारूप कभी समाप्त नहीं होते है, क्योंकि नसों में बिजली की तरह कौंधते हैं।

समकालीन रचना का काम परंपरा के दरवाजे को ध्वस्त कर देना नहीं वरन् उसे खोलना है। कवि नए यथार्थ की खोज केवल अपने लिए ही नहीं करना चाहता वरन् समाज के लिए करता है। आज सामाजिक चेतना और तकनीकी उपलब्धि का अन्तर इतना अधिक हो गया है कि कम्प्यूटर या राडार द्वारा प्राप्त की गई सूचनाओं की एक भूल से पूरे विश्व का विनाश भी संभावित है। संपूर्ण मानवता के समक्ष ही प्रश्न-चिह्न लग गया है, जबकि मानवता के विनाश की कामना शायद ही कोई करता हो। रचनाकारों के भीतर नए सिरे से सब कुछ करने की नहीं, बल्कि जहां तक विकास हो चुका है, जो हमारी परंपरा का अंग बन चुका है, वहां से चीजों को आगे ले जाने की, प्रचलित शैली को नए शिल्प में रूपान्तरित करने की इच्छा का विकास करना होगा। यह संभव है कि कभी-कभी परंपरा समकालीनता के विरोधी प्रतीत होती हो। क्योंकि हर एक नई पीढ़ी पुरानी रचनाओं कि प्रशंसा करते हुए भी,

ऐसी रचनाओं की अकांक्षा रखती है, जो अनन्य और विशेष ढंग से समकालीन समस्याओं से टकराती हो और उनकी आकांक्षाओं की पूर्ति के निकट प्रतीत होती हों किन्तु परंपरा का अस्वीकार या नकार भी तो कोई स्थाई कलात्मक समाधान नहीं है। 'नहीं' का तभी कोई और अर्थ हो सकता है जब नहीं कि यह प्रवृत्ति किसी 'हाँ' की ओर संकेत करती हो। जिस प्रकार परछाई उस वस्तु की ओर संकेत करती है, जिसकी परछाई वह होती है। इसी प्रकार अपनी बात को अकाट्य सिद्ध करने हेतु परंपरागत मत विशेष का आग्रह भी रचनाकार को अंधा कर देता है। जिससे संपूर्ण वस्तुपरकता संशयग्रस्त हो उठती है। काफ़्का ने किसी संदर्भ में कहा है- ''चीजों को समझने या निर्णय करने में कोई भी तब तक समर्थ नहीं हो सकता जब तक वह यह निश्चित न कर ले कि उसे कहां खड़े होकर, अर्थात कौन-सा दृष्टिकोण अपनाकर चीजों को देखना है।''

कोई भी रचना अपने आप में समकालीन नहीं होती वरन् उसे पढ़ने पर जो घटित होता है, वह समकालीन होता है। क्योंकि पाठक यह जानना चाहता है कि रचनाकार स्वयं क्या कहना चाहता है? वह ऐसा क्यों कहना चाहता है? जाने-अनजाने वह किन वाह्यशक्तियों के इशारे पर, अपने समय के किन विशिष्ट दबावों के अन्तर्गत यह प्रसंग उठा रहा है? जैसे कबीरदास जब कपड़ा बुनते थे तब ऐसी रुचि से बुनते थे मानों वह कपड़ा अपनी प्रेमिका के लिए बुने रहे हों। वे अपनी निर्मिति में उल्लसित हैं क्योंकि जो कुछ बन रहा है उसके साथ अपनेपन का भाव प्रबल रूप से कार्य कर रहा है। वहीं समकालीन रचनाकार अब्दुल बिसमिल्ला की 'झीनी-झीनी बीनी चदरिया' में मतीन जब बनारसी साड़ी बुनता है तो मजदूरी के बदले अपनी कार्यक्षमता बेचने वाले श्रमिक के रूप में एक पर्याय भाव हो जाता है। जिसके चलते अपनेपन के भाव का अभाव हो जाता है। अपनी कुशल मेहनत से जब वह साड़ी बुनता है तो उस साड़ी के साथ ऐसा होता है, मानों वह कोई दूसरे की वस्तु है, जो उसे अपने वश में किए हुए है। कबीरदास के कपड़ा बुनने की क्रिया राम से मिलाप की स्थिति थी किन्तु मतीन के साड़ी बुनने की क्रिया स्वयं से पृथक होने की स्थिति है। अत: अतीत को वर्तमान आलोक में देखना होगा। परंपरा से जुड़ी रचना वर्तमान से जुड़कर ही समकालीन का बोध कराती है, जिससे संवेदनात्मक ताजगी का अहसास होता है। क्योंकि परंपरा समकालीनता की स्वीकृति में बाधक ही नहीं साधक भी होती है। समकालीन कविता का जहां तक संबंध है, वह जातीय-परंपरा से जुड़ी है। जिसके

कारण आशा और आस्था की चमक उसमें विद्यमान है। जब वह परंपरा में यात्रा करती है तो वर्तमान से कटकर नहीं वरन् परंपरागत कथाओं, चरित्र आदि के माध्यम से वर्तमान-सामाजिक-संकट को प्रत्यक्ष कर रही है, जिसके चलते युगीन संगति से उसका तादात्म्य स्थापित हो जाता है। एकान्त श्रीवास्तव की कविता की पंक्तियां देखिए-

क्या यह जड़ों कि पुकार, फुनगियों के लिए
क्या डूबते दिन की पुकार है, पखेरुओं के लिए
उस रास्ते की पुकार हो सकती है
जिसमें अभी लौटने को कहकर
मैं छोड़ आया हूँ।
यह पहाड़ों में भटकती कंदील की पुकार होगी
यह मां की पुकार होगी
मैं बरसों से घर नहीं लौटा।

('पुकार', एकान्त श्रीवास्तव, पहल :२७)

अपने घर लौटना हमारी सांस्कृतिक विरासत है ऐसी 'वापसी' समकालीन कविता के हर सशक्त कवि में पाई जाती है। कुछ लोग इसे परंपरावादी या पुनरुत्थानवादी चेतना की वापसी भी कह सकते हैं किन्तु हमारी जड़ें आज भी वहीं सुरक्षित हैं। अत: कवियों का वहां जाना सुरक्षा की दृष्टि से अनिवार्य-सा लगता है। परंपरा की रक्षणीयता के संदर्भ में मुझे 'गेटे' की एक लघु कथा याद आती है, जहाँ वह लिखता है- ''एक प्रकृतिवेत्ता था, उसके पास बहुत जीव-जन्तु थे। उनमें एक बन्दर भी था। एक बार बन्दर खो गया। प्रकृतिवेत्ता द्वारा बहुत देर तक तलाश करने के उपरान्त वह बन्दर उसके पुस्तकालय में मिला। बन्दर फर्श पर बैठा हुआ था और उसने प्रकृति विज्ञान की एक पुस्तक के सचित्र पन्ने अपने आसपास बिखेर रखे थे। प्रकृतिवेत्ता अपने पालतू बन्दर की विद्वत्ता देखकर चकित रह गया। लेकिन पास पहुँचकर उसने बड़े आश्चर्य और गुस्से के साथ देखा कि लालची बंदर उन पन्नों पर चित्रित उन तमाम भृंग कीटों को खा गया था।'' (टूथ एवं वेरी सिमीलिट्यूड ऑफ आर्ट्स)

समकालीन कविता लौट रही है मां की ओर, पिता की ओर तथा घर परिवार की ओर। मंगलेश डबराल कहते हैं- ''मैं भूल नहीं जाना चाहता था। अपने घर का रास्ता। इनकी रक्षा का संकट हमारी सांस्कृतिक अस्मिता की रक्षा का संकट है।''

कुमार अंबुज की 'किवाड़' शीर्षक कविता में इसे प्रत्यक्ष अनुभव किया जा सकता है-

ये सिर्फ किवाड़ नहीं हैं,
जब ये हिलते हैं, मां हिल जाती है,
और चौकस आँखों से
देखती है-क्या हुआ

आगे कवि कहता है-

भैया जब इन्हें बदलवाने को कहते हैं
मां दहल जाती है, और कई-कई रातों तक पिता
उसके सपनों में आते हैं।
ये पुराने हैं।
लेकिन कमजोर नहीं,
इनके दोलन में एक वज़नदारी है
जब ये नहीं होंगे
घर, घर नहीं होगा।

यह रचना सांस्कृतिक-सोच का परिणाम और उसकी उपज है। परंपरा में जाकर भी समकालीन रचनाकार को वर्तमान सामाजिक-यथार्थ से सीधे टकराना होगा तभी नई जमीन उद्घाटित होगी। हमारी सांस्कृतिक विरासत में मिथक भी परंपरा के अभिन्न अंग हैं। उदात्त-मूल्यों और आस्थावान चरित्रों की रक्षा भी करनी होगी। समकालीन यथार्थ के झोंक में, एवं उत्तर आधुनिक दिखने का ऐसा भ्रम पलने लगा है, जिससे परंपरा की पहचान अवश्य ही संकटग्रस्त हो रही है। उदाहरण के लिए राम का मिथ भारतीय जनमानस को अत्यन्त प्राचीन काल से आस्थावान किए हुए है, किन्तु युवा-कवि सुदीप बनर्जी जब लिखते हैं-

अयोध्या के राज के ख़ातिर,
एक मंथरा के कहने पर तुम्हें मिला था चौदह-वर्ष का वनवास
तुम छोड़ गए थे अपनी पादुकाएं
अब पूरे भारत की हुकूमत का सवाल है,
ज़रूरत हुई तो पूरे त्रिभुवन से खदेड़े जाओगे
निष्कासित होना होगा चौदह सौ वर्षों के लिए

(जख़्मों के कई नाम)

धर्म की राजनीति करने वालों के चलते भारतीय सांस्कृतिक-अस्मिता को ध्वस्त करना क्या उचित है? 'राम' केवल मिथ ही नहीं भारतीय संस्कृति की धड़कन भी हैं। उनका आदर्श वृहत्तर भारतीय समाज का मार्गदर्शक रहा है। अगर राम के नाम का दुरूपयोग, राजनीति की शतरंजी-चालों में हो तो राम को कोसना कितना उचित है, विचारणीय मुद्दा है। राम को त्रिभुवन से समकालीन कवि खदेड़ भले ही दें किन्तु भारत के विशाल जन-मानस में बैठे राम को भला किसी प्रकार खदेड़ा जा सकेगा? भारतीय जनता का यह विशाल जन समूह वहीं रहता है, जिस ज़मीन पर ये हिंदी कविताएं लिखी जा रही हैं। क्या उसे अनदेखा किया जा सकता है? रचनाकार के पास धार्मिक उन्माद और आस्था में भेद का विवेक अवश्य होना चाहिए। अत: समकालीन रचना संकल्पबोध और दायित्व-बोध से एकमेव होनी चाहिए, जिसमें सामाजिक-परिवर्तन का लक्ष्य प्राप्त हो सके। इस मानवीय-मूल्यों और न्याय के संघर्ष में, उसे अपनी शक्ति, परंपरा की अक्षुण्णता में ही प्राप्त होगी। जिसमें बेहतर दुनिया की कल्पना और सुखद जीवन की उत्कट अभिलाषा के दर्शन हो सकेंगे।

कविता अध्यापन : व्यावहारिक आलोचना

विगत दो दशक से कविता के अध्ययन-अध्यापन से जुड़े होने के कारण मैं इस निष्कर्ष पर पहुँचा हूँ कि कोई ऐसी सर्वमान्य-पद्धति या सिद्धांत कविता के अध्यापन में पूर्णत: निर्धारित नहीं की जा सकती। ऐसा कोई नियम, रीति, योजना या सिद्धांत सभी कुछ कविता के सामने बौने होकर टुकुर-टुकर निहारते रह जाते हैं और कविता कहीं बहुत ऊंचाई पर रहकर उनको ठेंगा दिखाती रहती हैं। अभी हमारे विश्वविद्यालय की एम.ए.की कक्षा में कविता का काव्यशास्त्र निर्धारित करते हुए राष्ट्रीय-ख्याति के एक आलोचक-विद्वान ने कहा कि बने हुए मानदण्डों एवं सिद्धांतों के आधार पर ही कविता की परख सच्चे ढंग से की जा सकती है वरना समीक्षा में आत्मपरकता का संकट विद्यमान हो जाता है। स्नातक एवं स्नातकोत्तर कक्षाओं में शिक्षक-धर्म का पालन करते हुए यह भी सोचना होगा कि उन्हीं मानदण्डों एवं सिद्धांतों के आधार पर पुरानी बातें दुहराते जाएंगें तो समझ के विकास में हम किस प्रकार सहयोगी हो सकेंगे। इस प्रकार के सिद्धांतों तक अपनी सोच और तर्क को सीमित कर लेने पर चिन्तन के विकास की सारी प्रक्रिया और उसकी संभावना समाप्त हो जाएगी। दूसरी बात यह भी है कि एक ही पैमाने से भक्तिकालीन या रीतिकालीन कविता तथा समकालीन कविता को लेकर कैसे समझा जा सकेगा। अत: जब हम कविता के पास एक अध्येता के रूप में जाते हैं, तो हमारे लिए वह एक चुनौती होती है क्योंकि प्रत्येक कवि की सोच और उस सोच को अभिव्यक्त करने वाली भाषा भिन्न-भिन्न हुआ करती है। यहां तक कि एक ही कवि अपनी समस्त काव्य-यात्रा में विचार-बोध, भाव-बोध एवं अभिव्यक्ति-बोध में एक समान नहीं होता। निराला या नागार्जुन की कुकुरमुत्ता, तोड़ती-पत्थर, प्रेत का बयान आदि कविताओं का अध्यापन उसी प्रकार नहीं किया जा सकता जिस प्रकार बादल-राग, जूही की

कली, बादल को घिरते देखा है या वह तुम थी का अध्यापन संभव है। एक कवि के विचार और भाषा लेकर दूसरे कवि को समझने-समझाने के प्रयास में अंधेपन का भय होता है। अत: पहली बात हमें ध्यान में रखनी होगी कि कविता पहिचान का विषय है। कविता की दुनिया में जाने और बने रहने का अर्थ इसमें निहित है वरना कविता के सामने सारे सिद्धांत बौने और छोटे हो जाएंगे और कवि उसमे अट नहीं पाएगा।

किसी कविता के बारे में कुछ बोलना-बतियाना, अच्छा लगता है, तो घंटों उस पर बोलते-बतियाते रहना, उसके सामने स्वयं को रखकर आत्मसाक्षात्कार करना। यानी कविता के अंदर से जितना कविता को जानना, उतना ही स्वयं की पहिचान करना और पुन: उसे अपने विद्यार्थियों तक संप्रेषित करना एक दुरूह कार्य है। किसी भी कविता को समझकर समझाने या व्याख्यायित करने के लिए हमें इस बात का ज्ञान होना चाहिए कि कवि क्या कहना चाहता है? मेरा स्पष्ट मत है कि कविता की बात को कवि की दृष्टि से समझाने का प्रयास किया जाये। इस प्रकार कवियों को समझने की **पहली शर्त कवि से तादात्म्य स्थापित** करने की होगी। कवि से तादात्म्य स्थापित करने से मेरा आशय यह नहीं है कि कवि के सिद्धांतों और आदर्शों से हम सहमत हों ही। हम उससे सहमत या असहमत हो सकते हैं किन्तु हमारी ईमानदारी का तकाजा यह है कि अध्यापक भी अपनी विचारधारा की बात स्पष्ट कर दे। तभी यह निर्णय सही होगा कि हमारी सहमति या असहमति का क्या कारण है? मतलब यह कि रचनाकार की मानसिकता के साथ ही साथ अध्यापक की मानसिकता का पता होना भी हमारे लिए आवश्यक है। कवि की मानसिक-स्थिति का विश्लेषण उसके द्वारा निर्मित काव्यात्मक चरित्रों, घटनाओं, प्रसंगों के आधार पर किया जा सकता है। कोई भी कविता पढ़ने पर कवि के विचारों, उसकी मनोभावना तथा मूल-प्रेरणा का सामान्य रूप से अंदाज़ा लग जाता है। कविता के पास जब हम अध्यापक एक पाठक के रूप में जाते हैं तो एक दृष्टि-मात्र लेकर ही नहीं जाते वरन् अपना अभाव अपने जीवन का सुख-दुख भी लेकर जाते हैं। इस कारण हम कविता को कैसे देखते हैं, इसी से कविता का सारा रवैया बदल जाता है। वह कविता अपनी बदली हुई पहिचान किस प्रकार स्थापित करती है। जब मैं एक कविता का पाठक होता हूँ तो **मेरे भीतर उसकी पुनर्रचना का एक दौर आरंभ हो जाता है।** अपने भीतर की सोच और सौंदर्य-बोध के बल पर मैं वही नहीं रह जाता, जो कविता पढ़ने के पहले था।

मेरे भीतर कुछ नया निर्मित होता है। इस तरह कविता मेरे भीतर पुनर्सृजित होती जाती है, और मैं एक दायित्व-बोध में बंध जाता हूँ, उतना ही जितना मैंने उस कविता को पढ़ने से बोध-ग्रहण किया है। इस प्रकार वह हमारी संवेदना का विस्तार करके युगीन-संवेदनाओं से सरोकार कराते हुए साहित्यिक आकलन की समझ पैदा करती है।

कविता के अध्यापन के समय हमारा ध्यान इस बात पर भी केन्द्रित होता है कि **रचना किन-किन परिस्थितियों की उपज है या कविता की सामाजिक पृष्ठभूमि क्या रही?** तथा हमारे जीवन पर उसका असर कैसा होगा? यदि कवि स्वयं किसी विशेष का आग्रही है तो यह भी ध्यान रखना होगा कि वह विचार-सरणी को काव्य- रूप में व्यक्त करने में कहां तक सफलता प्राप्त कर सका है और उसकी इस सफलता का मूल्य क्या है? इसकी जानकारी तभी हो सकेगी जब हम उस पर रचना को साहित्यिक सांस्कृतिक परंपरा के बीच रखकर जांचने की कोशिश करें। कविता की सच्ची पकड़ तो साहित्य, संस्कृत और समाज की त्रिवेणी पर निमग्न होकर ही संभव है किंतु कविता में 'अद्वितीयता' की तलाश करने वाले अज्ञेयीवादी लोग तो कहेगें-

तू छलता है, पर हर छल में, तू और विशद अभ्रांत अनूठा हो जाता है।

कविता का कार्य निश्चित रूप से छलने का नहीं होता यदि वह छलने में ही अपनी सार्थकता मानती है तो काव्य की समझ के बल पर संसार को समझने की दृष्टि का विकास असंभव हो जाएगा। इसी शक्ति से तो काव्य हमारे सांसारिक अनुभूत को समृद्ध करता है। अद्वितीयतावादी विचारक अज्ञेय जब लिखते हैं - ''आधुनिक-साहित्य में मानवीय व्यक्ति और उसकी सर्जनात्मकता का सबसे गहरा और सार्थक चिन्तन ही वात्स्यायन 'अज्ञेय' के कृतित्व में मिलता है।'' (डॉ. राम स्वरूप चतुर्वेदी हिंदी साहित्य और संवेदना का विकास- पृ. २३१) ऐसे मतवालों की सोच में कविता का अध्यापन करते समय कविता और उसके वर्ण्य-विषय में निमग्न होकर तटस्थता की भूमिका में रहा जाय तो सर्वोत्तम है। कविता को ज्ञान और अनुभव का विषय बनाने और विश्लेषण की धार पर रखकर उसमें समाहित-मूल्यों की जांच करने में खतरे की संभावना दिखाई पड़ती है। इस प्रकार व्यक्ति को महत्व देने वाले विचारक जव कविता का अध्यापन करेंगे तो उसी कविता को सराहेंगे जो अद्वितीयता के अहं से सुसज्ज, होगी जिसके सम्मुख कोई उद्देश्य

नहीं होगा, समाज के लिए कोई संदेश नहीं होगा। समाज में जीवन जीने के लिए जो संघर्षरतजन हैं उनके प्रति सहानुभूति और हमदर्दी नहीं होगी उनकी नजर तो कला पर टिकी रहेगी। निराला, मुक्तिबोध या नागार्जुन उनके लिए खुरदुरे कवि होंगे और उनकी रचना के अध्यापन में वह आनन्द नहीं आएगा, जो मजा अज्ञेय या भारती कि कविता पढ़ाने में आता होगा। रचनात्मक पीड़ा से रची गई कविता में समाज-कर्म और कवि-कर्म में अभिन्नता जन साधारण से असंपृक्ति-बोध के कारण ही सृजन सिद्धि होती है। कविता के अध्यापन में मैं तो **कविता का प्रभाव, उसकी उपादेयता तथा कविता और लोक के बीच के रिश्ते चाहे वे रागात्मक हैं, चाहे द्वन्द्वात्मक** को ही महत्व देता हूँ।

कविता का अर्थ कितना है और एक अध्यापक होने के नाते मैं उसमें कितना जोड़कर समझने-समझाने का कार्य करता हूँ, वह इस बात पर निर्भर करता है कि हमारी समझ की दृष्टि और आलोचना का विवेक कितना जागरूक है। बहुत बार कविता एक ही अर्थ में बंध-कर नहीं रहती। जैसे निराला की कविता 'वह तोड़ती पत्थर' और 'राम की शक्ति पूजा' की अनेक अर्थ च्छताएं हैं, जो अनंत संभावनाओं की ओर संकेत करती हैं। जब कविता का अध्यापन किया जाता है तो निश्चित रूप से अपनी ओर से कुछ-न-कुछ अवश्य जुड़ जाता है। कविता की समझ में अर्थ की अनेक रूपता का अन्य कारण यह भी है कि हमारा जीवन और जीवन-दृष्टि अनेक रूपात्मक हैं। जैसे जीवन के लिए कोई एक सर्व स्वीकृत रास्ता बनाना संभव नहीं है, उसी प्रकार कविता के लिए कोई ऐसा सिद्धांत प्रस्तुत कर पाना कठिन कार्य है। इस विचारभेद तथा तद्‌जन्य दृष्टि-भेद के कारण भी कविता को समझने-समझाने में भिन्नता दिखाई पड़ती है। जो अध्यापक कविता के अध्यापन को मात्र कविता तक ही सीमित करके इस दायित्व का निर्वाह करने के आकांक्षी हैं, वे एक प्रकार से काव्य-दृष्टि को गौण और काव्य-रूप को महत्ता देकर मुदित-भाव से गद्‌गद होकर कहते हैं कि कविता बहुत अच्छी है पर कविता अच्छी है इसका कारण उसका सामाजिक सरोकार और उपयोगिता नहीं वरन रूप-संरचना हो जाती है। उनका दृष्टिकोण होगा कि कविता की समझ जीवन से निरपेक्ष रहकर ही विकसित हो सकती हैं।

मेरे मन में प्रश्न है कि यह काव्य रूप क्या इतने महत्व की वस्तु है? तो वह रूप है क्या एक समाजशास्त्रीय ढंग से सोचने पर इसका अर्थ अलग होगा और रूप-शास्त्रीय और सौंदर्यशास्त्रीय-ढंग से अलग। इनकी मान्यता है कि कला

का जीवन रूप पर निर्भर है, माल पर नहीं। इसकी शालिनता, इसकी निर्मिति से निकलती है। अत: संरचना कृति का कलात्मक अंश है। अत: जब कविता का अध्यापन इस मानसिकता में किया जायेगा तो सबसे पहला स्थान कविता का होगा। **कवि की जीवन-स्थितियों, वर्ग-स्थिति, ऐतिहासिक-संदर्भ, सामाजिक-परिप्रेक्ष्य को उसकी व्याख्या से अलग करके देखा जाएगा।** इस प्रकार के अध्यापन से कविता के संपूर्ण चित्र की परिकल्पना तो दूर सत्य का प्रकट हिस्सा जो ठीक आँखों के सामने है, वह भी पकड़ में नहीं आता। सत्य की पकड़ तो दूर की बात है सत्याभास भी नहीं होता। आज इस बात की बहुत दुहाई दी जा रही है कि कविता अनुभूतियों का संश्लिष्ट रूप है पर कौन सी अनुभूतियां छद्म प्रगतिशील रोमैंटिक भाव-बोध वाली अनुभूति की या संघर्षरत जीवन के यथार्थ से जुड़ी अनुभूति की अनुभूति और अनुभूति के दृष्किोण में भी अंतर होता हैं। एक सच्ची कविता की अनुभूति में बदलती हुई पूरी दुनिया आती है। जब वह घोषणा करती है- ''जनता के ह्रदय जिया जीवन विष-विषम पिया।''अत: अध्यापक होने के नाते मेरा दायित्व है कि हम ऐसी रचनाओं के प्रति अनुराग जगाएं उनका जीवन-रस लेने, लगाव पैदा करने का कार्य करें। अध्यापक की कर्तव्यनिष्ठा, कर्मठता और जीवन की प्रगति को बलवती करने की चेतना भी कविता का सही मायने में अर्थ खोल सकेगी। ऐसी कविताओं के अभाव में जीवन और कर्म बोझ बन जायेगा। पाठ्यक्रम में निर्धारित हर कविता को पढ़ाते समय अध्यापक की दृष्टि बड़ी साफ होनी चाहिए वरना दिशा-भ्रम का खतरा खड़ा हो जाता है। 'अंधायुग' के अध्यापन के समय ऐसा प्रतीत होता है कि कवि एक उज्जवल दिशा की ओर हमें ले चलने का प्रयास कर रहा है। क्या यह सत्य है? भारती की कविता कि चेतना में ऐसा भ्रम अनेक बार हो जाता है। उनके पास एक ऐसा 'प्रमथ्यु' है जो सभी के लिए स्वर्ग से अग्नि लाने का प्रयास करता है। याद रखिए, शेली की कविता 'प्रामिथियस अनबाउंड' में भी इस प्रकार का भ्रम पैदा होता है। वह व्यावसायिक-युग के बंधनों में जकड़ा हुआ पूंजीपति-वर्ग का ही प्रतिनिधि है।कवि की सोच है कि इसकी मुक्ति से ही सारी दुनिया मुक्त हो जाएगी। शेली की भांति भारती भी बुर्ज्वा-वर्ग के ही प्रवक्ता हैं। कुछ लोग उन्हें इतिहास के इस दौर में समाज की गतिशील शक्ति के रूप में भी घोषित कर रहें हैं। ऐसा छद्म-प्रगतिकामी रचनाकार समाज में अपनी बात न करके समस्त पीड़ित-मानवता की बात करता है, क्योंकि उसे भ्रम है कि उसकी मुक्ति की आवश्यक शर्तें मिल जाती हैं तो

शेष मानवता खुद-बखुद आजादी का सुख भोग लेगी। एक दृष्टि यह है और दूसरी अनुभव की दृष्टि निराला की कविता 'अधिवास' में है। यहा निराला का 'व्यक्ति' समाज में बदल जाता है। सच्चा कवि अपने समय और समाज के माध्यम से अनुभव प्राप्त करता है। उस कवि का अनुभव अपने समाज के अन्य लोगों के अनुभव से अलग नहीं रहता वरन् उसके अनुभव की तीव्रता सचेतनता, संकेन्द्रितता अत्यंत प्रागाढ़ होती हे- ''मैंने मैं शैली अपनाई। देखा एक दुखी निज भाई' की भाँति । अत: उसमें कवि की आत्मपरकता का रूप होता है। इसी अनुभव के धरातल पर कवि नए सामाजिक संबंधों को उद्‌घाटित करता है, जिससे उसके समाज के लोगों में एक जागृति आ सके। इस प्रकार कवि का अनुभव समाज का अनुभव बन जाता है। उसका मैं 'हम' का रुप धारण कर लेता है। इस कारण काव्य पढ़ाते समय हर कविता को एक ही प्रकार की मानकर दायित्व का निर्वाह संभव नहीं है। इसी प्रकरण में मुझे 'मीर' के जीवन का एक हिस्सा याद आता है-मीर एक नवाब साहब की सेवा में थे और उनका काम था, नवाब को शेर सुनाना। एक बार उन्हें तलब किया गया और नवाब ने शेर सुनाने के लिए कहा। मीर सुना रहे थे, मगर नवाब का ध्यान किसी और चीज में था। आखिर सुनाते-सुनाते मीर रुक गए। नवाब ने पूछा -''रुक क्यों गए?'' मीर ने कहा- ''हुजूर सुन तो रहे नहीं हैं''। इस पर नवाब ने जवाब दिया- ''कोई शेर होगा तो खुद ही तवज्जो पा लेगा''। यह उत्तर हमारी कविता की सही पहिचान के सदर्भों में भी हो सकता है। उर्दू अदब के प्रसिद्ध शायर मज़ास ने लिखा है-

रोते हुओं को देख कर, क्यों रो न दे मजाज।
आखिर किसी के हम भी, सताए हुए तो हैं।।

अत: कविता में संवेदना की सक्रियता को खोजना होगा। इसी को टी० एस० इलियट ने 'सेंश ऑफ फैक्ट' कहा था। संवेदना की यह सक्रियता पूरी कविता में परोक्ष रूप से रहकर कभी-कभी एक पंक्ति या एक पद रचना में भी हो सकती है। निराला की कविता 'सरोज-स्मृति' में निराला की सारी वेदना-अर्थखेद में सिमटती है। 'जाना तो अर्थागमोपाय। पर रहा सदा संकुचित काय।' या- 'लखकर अनर्थ आर्थिक-पथ पर। हारता रहा मैं स्वार्थ- समर' तो कारण क्या था-

क्षीण का न छीना कभी अन्न, मैं रख न सका वे दृग विपन्न।

इस संवेदना को पकड़ना होगा तभी कविता का सही अध्यापन

संभव होगा।

काव्य-अध्यापन में प्रयुक्त शब्दों के प्रति अत्यंत सजग रहने की आवश्यकता होती है। क्योंकि कवि जब कोई शब्द चुनता है तो, उसके खतरे और उसके पूरे निहीतार्थ को जानता है। उसकी भाषा, उसके भावों और विचारों के अनुसार ही बनती है। यदि कविता में शब्द कम, भाव अधिक गहन हों, वहां काव्य-सौंदर्य निखरता है, किन्तु कविता की व्याख्या इसी सूत्र से संभव नहीं होती। यह मानना कि रचना भावनाओं के सहारे हो सकेगी, या उसका कार्य पाठकों में मात्र भावना जगाना है, यह गलत सोच है। अगर निराला के शब्दों में ही कहे तो- ''भाषा के पिंजरे में भाव-शेर बन्द है। बड़ा है, प्रखर नख है, पर कुछ कर नहीं सकता। थोड़ी देर पिंजरे के पास खड़े रहिए, धैर्य के साथ, उसके सब स्वभावों से परिचित हो जाइएगा। गर्जना भी सुनने को मिल जाएगी ,और उसकी गर्जना में,यदि आप समझदार हैं, तो उसका भाव भी ताड़ जाएंगे कि वह क्या कहना चाहता है।'' (रवीन्द्र-कविता-कानन, पृ.८९) भाषा के भेद को जानना बड़ा आवश्यक है। अर्थ के जल में डूबकी तभी लग सकेगी जब पानी को ही चट्टान मानने के भ्रम से मुक्त हो लिया जाय। एक नासमझी से भरकर काव्य-पंक्तियों की ओर मात्र ताकते रहना, किन्तु अर्थ-ग्रंथि अनसुलझी रह जाएगी, यदि भाषा के दृढ़-दुर्ग के दर्शन मात्र से परास्त होंने का बोध भर जाय। कविता में प्रयुक्त शब्दों का केवल वस्तु-परक अर्थ नहीं होता वरन् उनका करिश्मायी अर्थ भी होता है। ऐसे शब्द सिधे जीवन के स्रोत से आते है। यद्यपि वे बहुत जाने-पहिचाने होते हैं, फिर भी ऐसा प्रतीत होता है कि वे पहली बार प्रयुक्त हो रहे हों-यही और अभी वह भी इसी खास संदर्भ में, खास अर्थ का द्योतक होकर। इसी कारण काव्य में प्रयुक्त होकर ऐसे शब्द अनछुए, अनाघ्रात होते हैं। हर कवि यह चाहता है कि सीधी अभिव्यक्ति हेतु सर्वथा सक्षम नई भाषा गढ़ ले, या स्रोत की ओर, उस भाषा की गहन परंपरा की ओर यात्रा करे, जो उसकी सम्पदा है। इस भाषायी-विवेक से सम्पन्न होकर ही कविता का अध्यापन सफल हो सकेगा। अत: काव्य-अध्यापन के लिए चैतन्य विवेक, परम्परा और इतिहास का वैज्ञानिक बोध, रचनात्मक उर्जा, आदिम-जीवन-रस से आपूरित-जीवन, दृढ़-संकल्प-शक्ति और कुशल-मेधा आवश्यक है।

समकालीन कविता के प्रतिमान

भारत में आपातकाल कि काली रात के दु:स्वप्न के बाद सन् १९७७ में घटित परिवर्तन भी आम जनता का प्रहरी नहीं बना, वरन् एक अकल्पनीय शक्ति-जबरदस्त तकनीकी-विकास और आर्थिक-विकास ने अपनी अहम् भूमिका अदा की। इनके सम्मिलित विकास ने जनमानस के स्नायुतंत्र पर, संवेदना और रिश्तों पर गंभीर दबाव डाला। यही वह बिन्दु है, जहां संघर्ष की अवधारणा और प्रकृति तथा उसके विकास की दिशा में मूलभूत बदलाव लक्षित किया गया, जिसके कारण कविता में संघर्ष के नए संदर्भ, अर्थ और धरातल को स्वीकृति मिली। इसी कविता को समकालीन कव्रिता कहना उचित प्रतीत होता है। इस कविता की निर्मिति धारणाओं या मूल्यों के कारण नहीं हुई, वरन् इसके लिए धारणाएं या प्रतिमान कविता के भीतर से ही निकालना उचित है। संसार की समस्त रचनाशीलता जिस समग्र-जीवन की तलाश कर रही है, और चुनौती के रूप में उसके सामने खड़ी हो रही है, समकालीन कविता को भी इसी संदर्भ में जाँचना-परखना होगा। यह कविता परिवेश और जीवन की समग्रता से जुड़ी है। इसी अभिप्रेत को उसमें तलाशना होगा जो कभी पद में, उक्ति में या संपूर्ण कविता में, उनकी निर्मिति में व्याप्त रहता है। कविता की सुदीर्घ परंपरा में मूल्यों या प्रतिमानों के निर्धारण की चिंता सतत् विद्यमान रही है। इस प्रक्रिया में कभी अपने काल से पूर्व निर्धारित प्रतिमानों को चुनौती देते हुए नए विकल्पों के स्थापना का प्रयास हुआ, कभी उसमें किंचित् संशोधन, परिमार्जन किया गया। कविता में नये प्रतिमानों की खोज तब की जाती है, जब कविता के काल या समाज में कुछ नया घटित हो जाय, जो घटित कविता के सरोकारों को बदल देता है, तब उस कविता के आस्वाद या समझ के लिए पूर्व निर्धारित प्रतिमान या मूल्य निरर्थक सिद्ध होते हैं। कभी-कभी समझ में गति-अवरोधक की भूमिका भी निभाते हैं। किसी काल के काव्य में जब एक सार्थक

नयापन घटित होता है, तब काल और परिवेश का दबाव निश्चित ही उसके मूल में होता है। इन ऐतिहासिक दबावों के चलते उपजने वाली नवीनता हमेशा उसके अनुकूल ही नहीं होती। कई बार उनमें द्वन्द्वात्मकता का भी दर्शन होता है, जो उस रचना को सार्थक और विशिष्ट बना देती है। प्रसिद्ध विचारक ग्राम्शी ने सर्वप्रथम इस तथ्य की ओर ध्यान आकर्षित किया था कि जब कोई सिद्धांत विवाद, खण्डन-मंडन और विस्तार की अवस्था में हो, तब उस संदर्भ में सरल, सुबोध प्रतिमान बनाना मुश्किल कार्य है। समकालीन कविता के प्रतिमान-निर्धारण को इसी आलोक में देखने की जरूरत है। इस संदर्भ में केदारनाथ सिंह की कविता 'नए हिंदी कवि का दुख' बिलकुल सही प्रतीत होती है, जहां कवि कहता है- *दुख हूँ मैं एक नए हिंदी कवि का / बांधों, मुझे बांधों / पर कहां बांधोगे / किस लय, किस छन्द में / ये छोटे-छोटे घर / ये बौने दरवाजे / ताले ये इतने पुराने / और सांकल इतनी जर्जर / आसमान इतना जरा-सा / और हवा इतनी कम-कम / नफरत यह इतनी गुमसुम-सी / और यह प्यार इतना अकेला / और गोल-मोल / बांधों,मुझे बांधों / पर कहां बांधोगे / किस लय, किस छन्द में।*

समकालीन कविता को प्रचलित लय और छन्द से अलग बांधना होगा। वे घर, दरवाजे उनकी पुरानी सांकलें, ताले (सभी प्रतीकात्मक) अपर्याप्त हैं। वह तो असीम आकाश और अन्तहीन हवा की दरकार लिए है, जहां नफरत और प्रेम की अनन्त संभावनाएं भी हैं, यानी जीवन अपनी संपूर्णता और समग्रता में विद्यमान है - समकालीन कविता के भीतर। किसी समय कवि-कर्म के लिए आचार्य शुक्ल ने अनेक मानदण्ड निर्धारित किए थे, जिसमें उनकी एक अवधारणा पूर्ण कवि के संदर्भ में है। शुक्ल जी उसे पूर्ण कवि मानते हैं, जो जीवन की अनेक स्थितियों के भीतर सौंदर्य का साक्षात्कार करता है। वहां सच्ची जीवनोन्मुखता के दर्शन होते हैं, समग्र-जीवन का साक्षात्कार होता है। नागार्जुन जब कहते हैं - *'प्रतिबद्ध हूँ / सबद्ध हूँ / आबद्ध हूँ।' तो यहां जीवन की समग्रता का स्वरूप सामने आता हैं, जहां सारे प्रतिमान बौने हो जाते हैं। जीवन का सहज स्वीकार हीं काव्य का प्रतिमान बन जाता है, जब कवि घोषणा करता है - प्रतिबद्धता किसके प्रति ? 'बहुजन समाज की अनुपल प्रगति के निमित्त'। संबद्धता किससे ? - सचर, अचर सृष्टि से / शीत से, ताप से / धूप से, ओस से, हिमपात से / राग से, द्वेष से / क्रोध से, घृणा से / हर्ष से, शोक से / उमंग से।' और आबद्धता कैसी ?- 'स्वजन परिजन के प्यार की डोर से / प्रियजन की पलकों की कोर से / आक्रोश से।*

यहां व्यक्ति, उसका समाज, परिवार, परिवेश, भाव एवं काल सब कुछ उतर आया है, जिसके साथ कवि का आत्मीय जुड़ाव है। जीवनानुभव की यह व्यापकता

विशिष्ट जीवन-विवेक की गहनता का सूचक है। कवि का वही अनुभव सार्थक है, जो 'निज' से चलकर 'पर' तक की यात्रा करता है और 'निज-अनुभव' व्यापक आयाम ग्रहण कर सामाजिक सच्चाइयों का रूप धारण कर लेता है। आज विश्व एक खतरनाक संक्रमण की स्थिति से आगे बढ़ रहा है। दुनिया की अनेक विचारधाराओं एवं दर्शनों की अर्थवत्ता और आकर्षण धुंधले हो गए हैं, जिनकी रोशनी से कभी जीवन के समस्त क्षेत्र आलोकित होते रहे। मार्क्सवाद, अस्तित्ववाद, समाजवाद, साम्यवाद, गांधीवाद आदि जो लोकतंत्र और सर्वसत्तावाद कि व्यवस्थाओं का प्रतिपादन करते रहे, वे इतिहास की वस्तु बनते जा रहे हैं। इससे प्रभावित साहित्य की अनेकानेक विधाएं एवं धाराएं, स्रोत के सूखने के कारण, मिटती जा रही हैं। उपभोक्ता-संस्कृति की परिणति, अर्थतंत्र के परिवर्तन और टेकनालॉजी के दबाव के कारण समाज, संस्कृति और राजनीति के साथ ही साहित्य पर भी चिंता करने की स्थिति बन गई है, क्योंकि सभी कुछ, मनुष्यता के विरुद्ध, एक खतरनाक मोड़ पर पहुंच रहा है। अर्थव्यवस्था और तकनीक के दबाव के चलते सामाजिक अंतधाराओं में मूलभूत बदलाव आ रहा है, जिसे अनदेखा नहीं किया जा सकता। बीसवीं सदी के इस अंतिम चरण में समाज अनेक कोणों से खंडित और आत्म-विभाजित दिखाई दे रहा है। हमारी अस्मिता की रक्षा और आत्म-विभाजन मुक्ति-हेतु, हमें अपनी पूरी शक्ति के साथ विरोध में उठना होगा। हमें अपने जागृत-विवेक से उन अदृश्य भुजाओं की शक्ति पहचाननी होगी, जो इन परिस्थितिओं को जन्म देकर सक्रिय किये है। अपने आचारों-विचारों तथा चेतना को संयत रूप में क्रियाशील करके मूल्यों और मर्यादाओं की पहरेदारी करनी होगी। जिस भारतीयता को हम हेय समझकर अस्वीकार करते जा रहे हैं, उसके प्रति सामूहिक बोध से एकमेव होकर संघर्ष करना पड़ेगा। आज हमारी संवेदना के तार छिन्न-भिन्न हुए हैं, अपने मूल स्त्रोतों से विचारों की धूरी खिसक गयी है। आर्थिक-दबाव और परिवर्तित तकनीक के कारण प्रतिमानों और मूल्यों की निरर्थकता सिद्ध हुई है। इस भयावह यर्थाथ से बचने के लिए कोई विकल्प खोजना होगा। वह विकल्प संघर्ष का होगा। समकालीन कविता में जनता का दुख-दर्द, उसकी यातनामयी पीड़ा की पहचान का परिणाम संघर्ष का आना है। वह समाज, जो परिवर्तन के दौर से गुजर रहा है, उसकी कटु-सच्चाइओं से आंखे मिलाकर कविता हो रही हैं। जीवन-मूल्यों की प्रतिबद्ध दशा, सामान्यजन के प्रति लगाव या संसक्ति इसका राग है। ठोस-जीवन संदर्भों में चरितार्थता के अभाव में कविता में गहन-संवेदना के संचार की अनुपस्थिति में कविता कोई अर्थ नहीं रखती है। व्यवस्था का पहला आक्रमण इस पर ही होता है। कभी प्रलोभन

द्वारा तो कभी भय का वातावरण निर्माण करके इस कार्य को पूरा किया जाता है। किन्तु हमें याद होगा कि रचनात्मक धरातल पर कुछ हस्तगत करने में जीवन में बहुत कुछ खोना पड़ता है। आज के बदलते जीवन-मूल्य के बीच कवि की चेतना का उद्‌गार है-*''इधर जीवन ऐसा हो गया है / यदि कोई धोखा न दे / कर ले थोड़ा भी विश्वास / तो चकित रहता हूँ मैं कुछ दिनों तक।'' (क्रूरता - कुमार अंबुज)*

आज हमारे बीच अत्यंत क्षिप्रवेग से घटित परिवर्तन और संघर्ष के चलते कविता में उसके प्रतिफल के विविध रूपों, स्तरों एवं आयामों को देखते हुए हमें उत्तर आधुनिकता के शगूफे पर सोचना पड़ता है। असल में हमारे यहां ठीक से आधुनिकता की स्थिति नहीं आयी। पाश्चात्य देशों की देखा-देखी उत्तर-आधुनिकता बहसों के केन्द्र में आ गई। जो उसके परिवर्तन और सुधार की चेतना को नकार रही है। वह वस्तुओं की स्थानापन्नता (रिप्लेशमेंट) में विश्वास करती है।

सन् १९३६ में 'प्रगतिशील लेखक संघ' के अधिवेशन में प्रेमचंद ने कहा था, ''हमें हुस्न का मेयार तब्दील करना होगा, क्योंकि अभी तक उसका मेयार अमीराना एवं ऐशपरवाना था।'' वे जिस मेयार के पक्षधर थे - 'कशमकशे हयात में हुस्न का मेराज है।'' अर्थात् जीवन-संघर्ष में संघर्ष का परमोत्कर्ष है. इसी संघर्ष के माध्यम से जीवन की पूर्णता का उद्‌घाटन संभव है। समकालीन कविता का रचनाकार लिखता है - *मैं बच नहीं सकता भागकर / नहीं छिप सकता किसी कन्दरा में / मेरा यह जीवन मुझे ही जीना होगा / और बार-बार कहना होगा / अपने हिस्से का सच। (किवाड़ - कुमार अंबुज)।* समकालीन कविता का यह जीवनधर्मी संघर्ष सामाजिक, आर्थिक एवं सांस्कृतिक आदि परिस्थितियों में से छनकर आ रहा है, जो इसका उपजिव्य है। इसकी अन्तर्वस्तु एवं संरचना में यह संघर्षशीलता व्याप्त है। इसके भीतर उभरने वाला संघर्षधर्मी अर्थ, आशय, संकेत-संदर्भ तथा प्रतीक आदि की पहचान आवश्यक है। पूंजी एवं तकनीक के दबाव के चलते परिवर्तित समाज की वेदना, त्रासदी, विसंगति और विडम्बना आम आदमी की सोच और संवेदना में घटित परिवर्तन को, रिश्तों के आंतरिक विखराव और नये बनते-मिटते समीकरण को वाणी देती हुई भविष्य की ओर संकेत इसमें देखे जा सकते हैं। कुछ लोगों का मत है कि यह अभिव्यक्ति आक्रोशजन्य है, किन्तु केवल आक्रोश से बड़ी रचना नहीं हो सकती वरन आक्रोश और वरुणा के तनाव से इसकी निर्मिति संभव है। यह द्वंद्वात्मक तनाव समकालीन कविता की विशिष्ट पहचान है। कवि नागार्जुन अब अपनी कविता 'मन करता है' में इसका उपयोग करके, उसे एक सशक्त रचना बनाते हैं तब इसे समझने में कठिनाई नहीं होती। समकालीन कविता

का बीज इस रचना में है- *मन करता है / नंगा होकर कुछ घंटो तक सागर तट पर खड़ा रहूं / यों भी क्या कपड़ा मिलता है / धनपतियों की ऐसी लीला / फिर बनूं दिगम्बर बमभोला / नंगा होकर विषपान करूं सागर तट पर / ...*

...मन करता है / मैं चिल्लाऊं / मैं जोर जोर से चिल्लाऊं / यदि मरा न होगा सुन लेगा भगवान विष्णु सागरशायी / मन करता है / उस अगस्त्य-सा पी डालूं सारे समुद्र को अंजलि से / उस अतल-वितल में तब मुझको / मुर्दा भगवान दिखाई दे / उस महा मृतक को ले आऊं फिर इस तट पर / अंतेष्टि करूं, लकड़ी तो बेहद महगी है / इस बालूं में दफना दूं / नंगा करके / निर्लज्ज देवतागण, ले लेना तुम उसका वह पीताम्बर / अनमोल रेशमी पीताम्बर। ...मन करता है / नंगा होकर मैं खड़ा रहूं सागर तट पर / कुछ घंटों तक क्या , जीवन भर / नंगा होकर / यों भी क्या कपड़ा मिलता है ।

यहां मात्र रचनाकार का अभावग्रस्त जीवन नहीं है वरन उसके संपूर्ण समाज का अभाव मूर्तिमान हो उठा है। इसी से उपजी करुणा कविता में आक्रोश के रूप में फूट पड़ी है। इसे ही आचार्य शुक्ल ने 'विरुद्धों का सामंजस्य' माना है। कवि परिस्थितियों के समक्ष घुंटने नहीं टेकता। वह देश-काल निरपेक्ष तथा समाज के बोध से तटस्थ रहकर उत्तरदायित्वों से बचना नहीं चाहता। अर्थतंत्र पर आधारित व्यवस्था में व्यक्ति निष्क्रिय और निश्चेष्ट हो जाता है, किन्तु सुविधा-प्राप्ति के धरातल पर अधिक सजग और सचेष्ट दिखाई पड़ता है। इससे समाज में विद्रोह और विघटन का जन्म होता है। समकालीन कवि इससे सतर्क होकर कवि -कर्म का दायित्व निभा सकता है।

समकालीन कविता अपने वर्तमान और अतीत की पहचान में विवेकसम्मतता का आभास कराती है। कवि 'सिलेक्टिव फारगेटिंग एण्ड सेलिब्रेटिव रिमेंबरिंग' अर्थात् 'अतीत का कुछ भूलते हुए और कुछ याद करते हुए' कविता कर रहा है। जो याद करने योग्य है, वह हमारे वर्तमान से जुड़कर प्रासंगिक हो उठता है तथा भविष्य में अशान्वित करता है। अतीत को 'भूत' भी कहते हैं। भूत हमारे लोक-जीवन के अनुभव में खतरनाक है। उसके साथ अविवेकी छेड़छाड़ बड़ी दुखदायी स्थितियों को जन्म देती है। अत: अतीत (भूत) के पास विवेकयुक्त होकर जाना उचित है, जिसमें कुछ भूलना होगा,कुछ याद करना होगा, जो देश, समाज और व्यक्ति सबके हित में साधक होगा। सोचना होगा कि समकालीन कवि को निराला, मुक्तिबोध, नागार्जुन क्यों याद आते हैं?समकालीन कवि लिखता है- *भूमिहीन किसान जब / मकबरे में घुसा तो / अंदाजने लगा यह / कितने रकबे में है।*

(प्रार्थना के शिल्प में नहीं -देवीप्रसाद मिश्र)।

यहां कविता गुणवत्ता और उसके अभावों को निरपेक्ष न मानकर, उसे देश, काल, वर्ग-सापेक्ष मानती है। यहां मकबरा शोषण की पराकाष्ठा का बोध करा रहा है। वर्तमान में रहकर अतीत को देखना है न कि वर्तमान को अतीत के नजरिये से देखना। समकालीन कविता इस नजरिये के कारण अपनी शिनाख्त कायम कराती है। वह कविता अत्यंत सहज है। उसकी सहजता का कारण लोकधर्मिता का काव्यधर्मिता से जुड़ना है। कवि लोक-जीवन के अनेकानेक प्रसंगों, अनुभवों आदि को काव्य में ला रहा है। इन कविताओं को अगर बारीकी से जांचा जाय तो पता चलेगा कि इनमें जीवन अलग और कला अलग वस्तु नहीं है। शायद इसे ही मुक्तिबोध ने जीवनानुभूति और काव्यानुभूति का एक होना माना है। इसे ही वे सौन्दर्यानुभूति का कारण मानतें है। जीवन के सामान्य से प्रसंग कवि के हाथ लगा देने से अनन्त छटाओं से युक्त हो जाते है। कवि का यह समाजबोध अन्तर्दृष्टि के साथ जुड़कर कविता का रूप धारणा कर लेता है। इसे अगर हम महाकवि निराला के शब्दों में कहें तो-*'पिय के हाथ लगाए जागी / ऐसी मैं सो गयी अभागी।'*

प्रिय के जरा-सा हाथ लगा देने से सामान्य अनुभव से रोमांचित होकर कविता में बदल जाता है। समकालीन कविता की सहजता इनकी एक विशिष्ट पहिचान बन जाती है। कवि विश्वनाथ प्रसाद तिवारी जब लिखते हैं- *अचानक नही गई मां / जैसे चला जाता है टोटी का पानी / तानाशाह का सिंहासन / थोड़ा-थोड़ा रोज गई वह / जैसे जाती है कलम से स्याही / जैसे घिसता है शब्दों से अर्थ / जैसे जाती है आँख से रोशनी / या अतीत की स्मृति। - (माँ)।*

इस रचना का गहन आत्मीयता का सकारात्मक-बोध रचना को साठोत्तरी भावबोध से अलग कर देता है। माँ का जाना कवि-अनुभव से अलग सामाजिक-अनुभव की वस्तु बन जाता है; क्योंकि उसके अपमान, लोक-अनुभव के बीच से आए हैं। अत्यंत सहज, सामान्य प्रतीत होने वाली कविताएं अनन्त छवियों की छटा बिखेरती हैं, जिनकी अर्थ एवं सौंदर्य-व्याप्ति की अनुगूंज दूर तक सुनी जा सकती है। इनमें जो संसार निर्मित होता है- उसे गालिब के शब्दों में कहें तो - 'आइनेखाने में कोई लिए जाता है मुझे' कह सकते हैं। इसी बिन्दु पर कविता हमारी मनुष्यता की रक्षा करती है। डॉ. गंगाधर झा लिखते हैं - ''उदात्तीकरण के दूसरे रूप जहां हमें कुछ देते हैं, वहां कुछ ले भी लेते हैं। नैतिकता, धर्म, दर्शन, कानून मनुष्य बनने में हमारी मदद तो करते हैं, पर हमारे अन्दर एक छूछापन भी छोड़ जाते हैं। इस छूछेपन को कविता इतना भरती है कि प्राणों के छलके हुए पैमाने से जिन्दा होकर सृष्टि गुनगुनाने लगती है।'' (प्रतिबद्धता और मुक्तिबोध का काव्य

- प्रभात त्रिपाठी, पृष्ठ ४५ से उद्धृत) असीम छवियों के बीच खड़े होकर हम चिंतन के नवांकुरों का साक्षात्कार करने लगते हैं। अत्यंत सहज ढंग से कवि जब इस ओर बढ़ता है तो, वह आत्म-सजग रहता है और चेतना के धरातल पर सकारात्मक बोध से युक्त भी। यदि मुक्तिबोध के कथन से चलें तो - *फिर वही यात्रा सुदूर की / फिर वही भटकती हुई खोज भरपूर की / कि वही आत्मचेतस् अन्तःसंभवा / जाने किन खतरों से जूझे है जिन्दगी।*

समकालीन कविता को पूर्ववर्ती रचना से अलग करके मूल्यांकन करने का एक बिन्दु उसकी परिवर्तित भाषा-भंगिमा होगी। भाषा-प्रयोग की परंपरा में कोई रचना हमारा ध्यान अपनी ओर तब आकर्षित करती है, जब उसका मुहावरा बदलता है, उसका अन्दाजेबयां बदलता है, भाषा बदलती है। सबसे पहले भाषा हमें अपने साथ ले चलती है। भाषा में शब्द तो वही रहते हैं किन्तु उनके प्रति कवि का व्यवहार बदल जाता है, भाषा का व्याकरण बदलता है यानी कवि का भाषा के साथ सुलूक बिलकुल अलग किस्म का नया होता है। समकालीन कविता में यह घटित हुआ, जिसकी आकांक्षा उसे थी। हम सभी जानते है कि भाषा के विशिष्ट शिल्पी और प्रयोगकर्ता कबीर की पहिचान इसी बिन्दु पर अपनी परंपरा से अलग हुई थी। उन्हें द्विवेदी हजारीप्रसाद ने इसी कारण 'वाणी का डिक्टेटर' कहा था। कबीर ने अपने समकालीन एवं पूर्ववर्ती रचनाकारों की भाषा को नकारकर एक नई एवं जीवन्त-भाषा और मुहावरों से हमें अवगत कराकर, युग का अन्त करके नए की शुरुआत की थी। नई कविता की पहिचान के लिए अज्ञेय ने एक नई भाषा और मुहावरे दिए। नई चिंतनधारा का प्रवाह यहीं से फूटा था। आगे चलकर नई कविता में भाषा की एक रुढ़ि बन गई। प्रायः परिवर्तन के तत्व रुढ़ि में बदल जाते हैं और नयी रचना इस बिन्दु पर कुछ नया लेकर आती है। रुढ़ि में मौलिकता के नष्ट होने का संकट होता है। अनेक रचनाकार उसी भाषा और मुहावरे में अभिव्यक्ति करने लगते हें। उनकी रचनाओं की अपनी पहचान लुप्त होने लगती है। यदि कवियों का नाम हटा दिया जाय, तो यह बता पाना मुश्किल हो जाता है कि कौन-सी कविता किस कवि की रचना है। जैसा कि साठोत्तरी काल की कविताओं में हुआ था। वे कविता न लिखकर कवितात्मक-भाषा लिकने लगे थे। कई बार यह समय बहुत लम्बी अवधि तक गतिमान रहता है। रीतिकाल इसका उदाहरण है, जहां ऐसी स्थिति लगभग दो सौ वर्षों तक बनी रही। सारे कवि समूहधर्मिता के शिकार बनकर 'हुआं हुआं' करने लगे, तो खीझकर उसी काल के एक कवि ठाकुर को कहना पड़ा- *सीख लीनो मीन, मृग, खंजन कमल नैन / सीख लीनों जस औ प्रताप को कहानो है*

/ सीख लीनो कल्पवृक्ष, कामधेनु, चिन्तामणि / सीख लीनो, मेरु औ' सुमेर गिरि आनो है / ठाकुर कहत याकी बड़ी है कठिन बात / याको नहिं भूलि कहुं बांधियत बानो है / डेल लौं बनाय आय मेलत सभा के बीच / लोगन कवित्त कीबो खेल करि जानो है।

नई कविता से आगे समकालीन कविता में रघुवीर सहाय ने 'आत्महत्या के विरुद्ध' संग्रह में इस रुढ़ि को तोड़ने का कार्य अपने स्तर पर किया, तो साठोत्तरी कविता की रुढ़ि को धूमिल ने 'संसद से सड़क तक' संग्रह में ध्वस्त कर समकालीन कविता को एक नयी भाषा दी, जो उसकी मांग के अनुकूल थी। समकालीन कविता की भाषा के निर्माण में मुक्तिबोध के प्रदेय को भी नकारा नहीं जा सकता। इनकी कविताओं की भाषा अपने-अपने ढंग से कभी चुन्नटदार तहें डालती, कभी जबरदस्त धक्के देती और प्रश्नों के सामने खड़ी करती तो कभी चेताती, आत्मसजग करती हमारे सामने आई थीं किन्तु कबीर या धूमिल की भाषा में कोई और लिख सकेगा? या रघुबीर सहाय या मुक्तिबोध ने जिस भाषा पर अपनी छाप छोड़ी है, उसकी नकल करके कोई और लिख सकता है? समकालीन कविता अपनी इसी भाषा की ऋणी है। समकालीन रचनाधर्मिता इस बिन्दु पर अपनी पूर्ववर्ती साठोत्तरी कविता से अलग पहचान कायम करती है।

समकालीन कविता में परसेप्शन बदला है, जहां कविता में आने वाली चीजें वही रहती हैं, लेकिन ऐसी दिखाई पड़ती हैं कि हम अपनी ही जानी-पहिचानी दुनिया को नए रूप में पहचानने लगते हैं। इस कारण समकालीन कविता दृढ़ता और सौंदर्य प्राप्त करती है, जिसके लिए कवि को किसी काल्पनिक, कृत्रिम या दूसरी दुनिया में जाने की आवश्यकता नहीं होती। वह अपने जीवन के आसपास से, घर-परिवार से, सगे-संबंधियों से तथा अपने दैनिक-चर्या में घटित आंतरिक एवं बाह्य-प्रभावों से हमें ऐसे एकाकर करा देता है कि वह हमारे अपने जीवन का हिस्सा बन जाता है। उसमें हम स्वयं को उपस्थित पाने लगते हैं। कवि केदारनाथ सिंह की कविता 'उस आदमी को देखों' में एक झलक देखिए- (१) *पर इतना साफ है / वह सड़क के इस पार खड़ा है / और उस तरफ जाना चाहता है / उसका एक पांव हवा में उठा है / और दूसरा उठने का इंतजार कर रहा है / जो उठा है / में सुन रहां हूं वह दूसरे से कह रहा है / जल्दी करो, जल्दी करो / यह सड़क है / और सड़क ऐसी चीज है भाइयो! / जो हमेशा वहीं पड़ी रहती है / मुझे आदमी का सड़क पार करना / हमेशा अच्छा लगता हे / क्योंकि इस तरह / एक उम्मीद सी होती है / कि दुनिया जो इस तरफ है / शायद कुछ उससे बेहत हो / सड़क के उस तरफ /*

(२) जुर्म - *लड़का इतनी जोर से दौड़ रहा था / कि धरती फटने का डर था / जुर्म - और वह बच्चा इतना हंसता क्यों था? / बिना बता के? / इतना भारी षड़यंत्र / शांति के खिलाफ / व्यवस्था के खिलाफ / दुनिया में आज तक नहीं हुआ।* (अपनी केवल धार - 'बच्चा हंसता क्यों है' - अरुण कमल)।

यह केवल केदारनाथ सिंह की कविताओं की नई आशावादिता या अरुण कमल की दुखद पीड़ा की अभिव्यक्ति नहीं है, वरन् समकालीन रचना की पहचान है। जब जर्मन कवि एन्सेस ने यह कहा कि जिस जर्मन भाषा का उपयोग कर हिटलर और गोएबल्स जैसे लोगों ने किया है, मैं उस भाषा में कविता नहीं लिख सकता, तो चाहे उसका तत्कालीन आशय नाज़ी जर्मनी में एक सर्वसत्तावादी व्यवस्था द्वारा एक बड़े पेमाने पर फरेब और झूठ गढ़ने के लिए किए गए भाषा के अमानवीय प्रयोग और उसके कारण जर्मन भाषा की संवेदनात्मक विश्वसनीयता नष्ट हो जाने से ही हो, लेकिन उसके वक्तव्य में, उन सभी कवियों कि पीड़ा बोलती है, जो विभिन्न प्रकार की सत्ताओं द्वारा विभिन्न स्तरों पर, कइ–कई तरीकों से किए जा रहे भाषा के इस संवेदनात्मक शोषण को पहचानते हैं। समकालीन कविता यथास्थितिवादिता की जड़ों को झकझोर कर अशक्त करती है, ताकि चिन्तन के नए अंकुर फूटें। अपनी संवेदना की नवीनता के लिए अभिव्यक्ति के नए माध्यम प्रस्तुत करता है।

मौलिकता के अवधारक तत्वों में समकालीन कविता में पूरा एक नया सौंदर्यशास्त्र विकसित हुआ है। वह है - उसका 'सेंस ऑफ फैक्ट'। स्वयं एक कवि और आलोचक भी रहे टी. एस. इलियट ने कविता के भीतर 'सेंस ऑफ फैक्ट' की बात की थी। आज की कविताओं को भली-भांति पढ़कर एवं जांचकर इस तत्व को ढूंढा जा सकता हे। कभी-कभी यह तत्व एक पंक्ति में होता है, कभी पूरे बंध में, तो कभी पूरी कविता में भी समाया रहता है। जैसे हमारे शरीर के भीतर एक जीव है, उसी प्रकार कविता के भीतर कि वह जान है। इस जीव को समकालीन कविता में तलाशना होगा, तभी उसकी सही पहिचान बन सकती है। अगर हम केदारनाथ सिंह की कविता या नगार्जुन की कविता को लेकर देखें -(१) *भाइयो और बहनो! / यह दिन डूब रहा है / इस डूबते हुए दिन पर / दो मिनट का मौन / टूटी हुई घास पर / हर योजना पर / हर विकास पर / दो मिनट का मौन / इस महान शताब्दी पर / महान शताब्दी के / महान इरादों पर / महान शब्दों / और महान वादों पर / दो मिनट का मौन / भाइयों और बहनों / इस महान विशेषण पर / दो मिनट का मौन।* ('दो मिनट का मौन - यहां से देखो')

यहां 'दो मिनट का मौन' उस समय आया था, जब 'मेरा भारत महान' का नारा या नारा देने वाला नहीं आया था किन्तु इसकी अर्थव्याप्ति और उसकी मारक क्षमता कहां तक फैली है, छिपा नहीं रह जाता। इस प्रकार जब नागार्जुन 'शासन की बन्दूक' कविता लिखते हैं - *खड़ी हो गई चांपकर, कंकालो की हूंक / नभ में विपुल विराट - सी शासन की बन्दूक / उस हिटलरी गुमान पर, सभी रहे थे थूंक / जिसमें कानी हो गई, शासन की बन्दूक / बढ़ी बधिरता दस गुनी, बने विनोबा मूक / धन्य-धन्य वह धन्य है, शासन की बन्दूक / सत्य स्वयं घायल हुआ, गई अहिंसा चूक / जहां-तहां दगने लगी, शासन की बन्दूक / जली ठूंठ पर बैठकर, गई कोकिला कूंक / बाल न बांका कर सकी शासन की बन्दूक।*

इसमें एक दहशत की निर्मित होती हैं जहां व्यवस्था के अमानवीय अत्याचार के विरुद्ध जनता की शक्ति खड़ी होकर अपनी असली साहसिकता और विरोध का परिचय देती है। हर पंक्ति में 'शासन की बन्दूक' की आवृत्ति अर्थ की नवता, भाव-भंगिमा और छटाओं को विखरती हैं। बड़ी से बड़ी आततायी व्यवस्था जन-शक्ति के समक्ष घुटने टेक देती है और 'जली ठूंठ' पर बैठकर कूंकने का अवसर प्राप्त कर जनता गतिमान होती है। इसी प्रकार 'अकाल और उसके बाद में 'कई दिनों ' की बार-बार आवृत्ति या 'चंदू मैंने सपना देखा' में इस तथ्य की जांच संभव है।'

समकालीन कवि कविता की रचना के बाद उससे मुक्त नहीं हो पाता। उसी प्रकार पाठक को भी यह कविता पाठ के बाद मुक्त होने का अवसर नहीं देती। रचनाकार और पाठक दोनों अपने भीतर कविता की पुनर्रचना में जुट जाते हैं। रचना के पुनर्सृजन का दौर हमारे भीतर आरंभ हो जाता है। ठीक उसी प्रकार जिस प्रकार हम घूमने के लिए कश्मीर जाते हैं और हम लौटकर कहते हैं कि कश्मीर अत्यंत सुंदर और रमणीय है, तो इसका कारण क्या यह है कि दूसरों ने कश्मीर को ऐसा कहा है? क्या हमारा अपना कोई सौंदर्यबोध नहीं? यदि हममें कोई अपना सौंदर्यबोध है तो कश्मीर से वापस आने के बाद भावों के जगत में हम वही नहीं होंगे, जो कश्मीर जाने से पूर्व थे। हमारी भावात्मक दुनिया में कुछ नया और अपना नया भर उठेगा। इसी प्रकार समकालीन कविता भी रचनाकार या पाठक को अपने भीतर पुनर्रचती है और बोध प्राप्त कराती है। आज की इस खतरनाक भोगवादी-संस्कृति में विनोददास 'नीम' शीर्षक कविता में लिखते हैं -

'वह कहता है / क्या सूख गई है / तुम्हारे भीतर की करुणा / तरुणाई में करते हो मेरा संहार / और बाजार से मंगाते हो दंतमंजन।'

तो यहां तरुणाई में किए जाने वाले संहार और बाजार की गणित के साथ ही दुनिया का असंतुलित होता पर्यावरण, उससे उत्पन्न खतरे, सुरक्षा के प्रति चिन्ता आदि हमारे भीतर नहीं जन्म लेती। इस कविता से साक्षात्कार के बाद पाठक या श्रोता निश्चित रूप से एक विशिष्ट दायित्वबोध से बंध जाता है। यह दायित्वबोध हमारे भीतर उसी अनुपात में भरता है, जितना कि उस रचना को हमने ग्रहण किया है। कविता के साथ हमारा यह बंधन बड़ा महत्वपूर्ण है क्योंकि बिना इसके उसे समझकर मुक्त होंने का अनुभव नहीं किया जा सकता है। कवि रामदरश मिश्र जब लिखते हैं - *लड़की ससुराल जा रही है /माँ-बाप आंसुओं के साथ ढरका रहे हैं / आशीष और मर्यादाबोध की शिक्षा / इन्हें नहीं पता कि / अब ससुराल के लिए / लड़की को शिक्षा नहीं / तिजोरी चाहिए / वहां प्यार नहीं पैसा हंसते हैं / वहां आदमी नहीं / सौदागर बसते हैं।* (संबंध - जुलूस कहां जा रहा है।)

यहां परंपरा के भीतर युग की अपनी खास पहिचान दिखाई पड़ रही है। लड़की के ससुराल जाने में तिजोरी का नया रिश्ता आज कारगर हो रहा है, इसे जानना जरूरी है। यह जान लेने के बाद कर्तव्यबोध या दायित्वबोध यहीं समाप्त नहीं हो जाता वरन् इस नए जन्मे मूल्य के विरुद्ध कुछ करना भी जरूरी हो जाता है। मात्र यह जानने से काम नहीं चलेगा, इसके खिलाफ कुछ करना होगा। इस 'इन्हें नहीं पता' में कुछ करने का एहसास आज की कविता करा रही है। वह देखती है कि हमारा समाज कहा खड़ा है। इतिहास के किस दौर में, संक्रमण के किस मोड़ पर और किनके साथ? विघटन और विभाजन करने वाली किन अन्तर्धाराओं का शिकार व्यक्ति और समाज हो रहा है। यह हमें अपने विचारों और सरोकारों को पहचानने का अवसर देती है। आज सबसे बड़ा संकट उस खतरे की पहचान करने का है और फिर उसे अपनी कविताओं में अभिव्यक्ति देने का है।

आचार्य शुक्ल और मुक्तिबोध के काव्य-चिन्तन का सापेक्षित-अनुशीलन

हिंदी-साहित्य-समीक्षा का प्रथम शलाका-पुरुस होने का गौरव प्राप्त करने वाले आचार्य रामचन्द्र शुक्ल को भाववादी, रसवादी तथा आस्तिकतावादी कहा जाता है। अनुभववादी या विकासवादी धारणाओं के कारण वे आदर्शवादी भी ज्ञात होते हैं। यद्यपि इस धारणा से उनका उतना ही सरोकार था जितना युगानुकूल था, वस्तुनिष्ठ था। इसलिए वे भौतिकवाद के ज्यादा करीब थे। उनके यहाँ भाव और वस्तु तथा लोक और शास्त्र आपस में संलिष्ट हो गए हैं। वस्तुवादी-दृष्टिकोण के कारण सामाजिक-यथार्थ का विचार उन्नत एवं समृद्ध भी हुआ। उनकी चिंतन-पद्धति द्वन्द्वात्मक गतिशीलता को स्वीकार करती है। 'विश्वप्रपंच' की भूमिका शुक्लजी की वस्तुवादी दृष्टि का परिचय कराती है। यह उनकी मूल-दृष्टि थी जो कला को जिन्दगी के बुनियादी प्रयोजन से जोड़ते हुए, उसे सामाजिक और मानवीय-कर्म के रूप में प्रतिष्ठित करती है।

दूसरी ओर गजानन माधव मुक्तिबोध द्वंन्द्वात्मक भौतिकतावाद के समर्थक, समर्थ, सजग मार्क्सवादी समीक्षक थे। वैज्ञानिक भौतिकवाद् का अर्थ है- ''ऐसा दृष्टिकोण जो, भौतिक-जगत की हर वस्तु की, जिसमें मानव-जीवन की सभी घटनाएं शामिल हैं, व्याख्या स्वयं भौतिक-तत्वों के आधार पर ही करता है।''[178] अत: यह विषय कुछ अटपटा-सा लगता है। एक और परंपरा का पूर्ण रूप से परित्याग न करनेवाले, आग्रही शुक्ल तो दूसरी ओर वैज्ञानिक सोच के तहत परंपरा से हटते मुक्तिबोध, इन दो भिन्न दृष्टियों को भला एक साथ कैसे रखा-समझा जा सकता है। चूँकि दोनों समीक्षक, दो भिन्न चेतना-सरिणी से परिचालित हैं, अत: इनमें विचार-भिन्नता की अनंत संभावनाएं निहित हो सकती हैं, किंतु इस लेख में वे ही मुद्दे

उठाए जा रहे हैं, जिन पर कमोवेश आचार्य शुक्ल और मुक्तिबोध की सोच लगभग एक जैसी रही हो। यह समान सोच कई कारणों से बनी है, जिनमें कविता की सही पहिचान, सौंदर्य की वस्तुगत-सत्ता की मान्यता, काव्य में विभाव-पक्ष की प्रमुख स्वीकृति आदि विशेष हैं। इनकी विस्तृत विवेचना आगे प्रस्तुत है।

कविता का लक्ष्य और प्रयोजन पर चिंतन की समानता - आचार्य शुक्ल और मुक्तिबोध इस बिन्दु पर समानधर्मी हैं। 'कविता क्या है' निबंध में आचार्य शुक्ल का मत है कि कविता मनुष्यता को जिन्दा रखने के लिए आवश्यक है। कविता और मनुष्य-जीवन के बीच एक घनिष्ठ रिश्ता है। वे कहते हैं।- ''कविता जीवन से उत्पन्न और जीवन के भीतर ही अपनी विभूति का प्रकाश करती है।''[179] इसी कारण 'कविता भाषा में आदमी होने की तमीज है' (धूमिल) बन जाती है। पूँजीवादी समाज की जटिल-संरचना में सबसे अधिक मनुष्यता का ह्रास होता है। मनुष्यता की इयत्ता क्षीजती जाती है। शुक्ल जी का विचार है कि मनुष्य के जीवन पर जैसे-जैसे सभ्यता का आवरण चढ़ता जाएगा कवि-कर्म आवश्यक होता जाएगा, भले ही वह कठिन हो जाय। कविता के माध्यम से ही इन आवरणों को विदीर्ण कर मानवीय-मूल भावों और व्यापारों की रक्षा संभव होगी।

मुक्तिबोध भी कविता की रचना को सांस्कृतिक-प्रक्रिया मानते हैं तथा कविता की मानवीयता पर बल देते हैं। कविता की व्याख्या करते हुए, कविता की विकसनशील प्रक्रिया की बात करते हुए वे लिखते हैं- ''काव्य-रचना केवल व्यक्तिगत मनोवैज्ञानिक प्रक्रिया नहीं, वह एक सांस्कृतिक-प्रक्रिया है फिर भी वह एक आत्मिक प्रयास है, उसमें जो सांस्कृतिक-मूल्य परिलक्षित होते हैं, वे व्यक्ति की अपनी देन नहीं, समाज की या वर्ग की देन है।''[180] अत: कविता की रचना सामाजिक-सांस्कृतिक धरातल पर ही संभव है। मुक्तिबोध का यह समाज कोई स्थिर तत्व नहीं हैं, उसका विकास निरंतर होता है अर्थात् सामाजिक परिवर्तित कर देता है। उनकी रचना में आनेवाला जीवन ही साहित्य का निष्कर्ष है- ''जब साहित्य जीवन से प्रस्तुत होकर जीवन को प्रभावित करता है तो वस्तुत: उसकी कसौटी जीवन ही है।''[181] 'मुक्तिबोध बड़ी शक्ति और तड़प के साथ साहित्य-चिन्तन को जीवन के करीब लाते हैं और इसी कारण प्रकारान्तर से जीवन-विवेक को साहित्य-विवेक मानते हैं। वे कहते हैं- ''जीवन- चिन्ता के बिना साहित्य-चिन्ता नहीं हो सकती। यह जीवन-चिन्तन व्यापक जीवन-जगत में घनिष्ठ और

गंभीर भाग लिए बिना रीता है।''[182] मुक्तिबोध की मान्यता है कि काव्य, जीवन की पुनर्रचना है, इसी संदर्भ में उनका कथन है- ''आज ऐसे कवि-चरित्र की आवश्यकता है, जो मानवीय आवश्यकता का बौद्धिक और हार्दिक आकलन करते हुए, सामान्य जनों के गुणों और उनके संघर्षों से प्रेरणा ग्रहण करें, उनके संचित जीवन-विवेक को स्वयं ग्रहण करें, तथा उसे और अधिक निखार कर कलात्मक रूप में उन्हीं की चीज को उन्हें लौटा दे।''[183] कवि शिक्षा, संस्कार और परंपरा से संशोधित और परिमार्जित, अपनी व्यक्तिगत संवेदनाओं और भावसमुदाय को, निजी-विशिष्ट भूमि से ऊपर उठाकर सर्व-सामान्य भूमि पर स्थापित करते हुए उसे सर्व-विशिष्ट बना देता है। सामान्य आदमी की तरह कवि सामान्य, लेकिन विशिष्ट भावनाओं को अभिव्यक्त करता है। यही भावना जब कलात्मक रूप धारण कर प्रस्तुत होती है, तब वह पाठक को मानव-यथार्थ समझने के लिए अन्तर्दृष्टि प्रदान करती है, तथा संवेदनात्मक जीवन-मूल्य भी देती है।

'स्व' से परे होकर संपूर्ण सृष्टि से तदाकार होने की बात आचार्य शुक्ल और मुक्तिबोध दोनों करते हैं। कविता जब व्यक्ति-हृदय से चलकर लोक-हृदय से जुड़ती है, तभी सशक्त बनती है। आचार्य शुक्ल का मत है कि ''अपनी व्यक्तिगत सत्ता की अलग भावना से हटकर, निज के योग क्षेम के संबंध से मुक्त करके, जगत् के वास्तविक दशाओं में जो हृदय समय-समय पर रमता है, वही सच्चा कवि हृदय है।''[184] यह लोक-सामान्य की भाव-भूमि है ''इसी भूमि पर पहुँचे हुए रचनाकार और उसकी रचना के पाठक और श्रोता का हृदय 'स्व' और 'पर' की सीमाओं को पार करके मनुष्यता की उस ऊँचाई पर अवस्थित होता है, जहाँ से अशेष दृष्टि के साथ वह सहज ही प्रगाढ़ रागात्मक संबंध स्थापित कर लेता है।''[185] शुक्ल जी ने कविता या साहित्य को जनता की चित्तवृत्ति का संचित प्रतिबिम्ब माना है। साहित्य का कर्तव्य क्या होना चाहिए? अपने युग की सूक्ष्मतम गतिविधियों की सार्थकता और सामाजिक प्रासंगिकता पर विचार करते हुए तथा जन-कल्याण की स्थिर वैचारिकता का विरोध करते हुए आचार्य नन्ददुलारे बाजपेयी आचार्य शुक्ल पर आक्षेप करते हुए कहते हैं- ''अत्याचारी के प्रति रोष से आविष्ट और पीड़ित के प्रति दया से द्रवित होकर लोक-धर्म की जो प्रेरणा कर्तव्य रूप में विकसित होती है, क्या उसका कोई सुव्यस्थित आधार शुक्ल जी ने निरूपित किया है? उदाहरण के लिए क्या उन्होंने मार्क्स की भांति कोई सामाजिक या सांस्कृतिक

प्रगतियों में अत्याचार की पहचान किस प्रकार की जाय....अत्याचारी, अत्याचार के लिए क्यों सन्नद्ध होता है, क्या उसका सहज गुण है या समाज की देन है और अत्याचार की प्रतिक्रिया में क्रोध का क्या स्थान है? क्या यह आवश्यक है?''[186] जीवन की गति और उसे देखने की दृष्टि आचार्य शुक्ल की सपाट और सरलीकृत नहीं थी, उसकी जटिलताओं को समझने और सुलझाने की दृष्टि का विकास आचार्य शुक्ल ने संघर्षों में ही किया था। हाँ मार्क्सवाद की वैज्ञानिक, भौतिक, द्वन्द्वात्मकता का पाठ किसी पाठशाला में उन्होंने नहीं पढ़ा था। मात्र इसलिए उनके सुविचारित वस्तुवादी निष्कर्षों को खारिज नहीं किया जा सकता। शुक्ल जी के अपने चिंतन, विचारधारा तथा कार्य की सीमाएँ हैं, उनके अपने अन्तर्विरोध भी हैं किंतु इसके कारण उन्हें 'प्रगति' विरोधी तो नहीं कहा जा सकता। साहित्य और जीवन के संदर्भ में मुक्तिबोध बड़े स्पष्ट शब्दों में कहते हैं- ''जब साहित्य जीवन से प्रस्तुत होकर जीवन को प्रभावित करता है, तो वस्तुत: उसकी खरी कसौटी भी जीवन ही है।''[187] मुक्तिबोध कविता को जीवन की पुनर्रचना मानते थे। वह जीवन, जो उनके सामने खुला था, प्रीतीकर नहीं था। वे युग की पीड़ा को एक साधारण मनुष्य की तुलना में नहीं, वरन् किसी चिंतक की तुलना में भी कुछ अधिक तीव्रता के साथ अपने भीतर अनुभव करते थे। इस गहन विषाद और उसके विरुद्ध संघर्ष के युग में विकसित होती कविता से मुक्तबोध को उम्मीदें थी। वे कविता से उम्मीद लगाए थे मानों मनुष्य से उम्मीद किए बैठे हों।

प्रत्येक युग अपनी सामाजिक-ऐतिहासिक स्थिति की अनुभूत आवश्यकता के अनुसार साहित्य की मांग करता है। अत: आवश्यकता होती है, युग-यथार्थ को पहचानने की। इसी आधार पर आचार्य शुक्ल और मुक्तिबोध व्यक्तिवादी दृष्टि का खण्डन करते हैं तथा लोकजीवन के मार्मिक पक्षों के उद्घाटन का कार्य कविता करती है, की धारणा आचार्य शुक्ल बना लेते हैं। कवि समीक्षक मुक्तिबोध भी कहते हैं कि कविता मानव वास्तविकता के मार्मिक पक्षों का उद्घाटन करती है। इनकी लोकवादी काव्य-दृष्टि का परिणाम यह हुआ कि दोनों ने नए सौंदर्यशास्त्र की रचना-प्रक्रिया की बात उठाई, जो जीवनदायी शक्तियों के साथ मेल खाती थी। आचार्य शुक्ल के लोकवाद में जीवन के प्रति भौतिक-दृष्टि का पर्याप्त मात्रा में संयोग मिलता है। उनका कहना है- ''जगत अनेक रूपात्मक है, अत: हमारा हृदय भी अनेक भावात्मक है।''[188] अंत:जगत का भौतिक रूप है, लोकचित और

यही सामाजिक की रुचि का कारण है। वे बाह्य के अभ्यंतर की बात इसी आधार पर करते हैं। हम अगर ध्यान से देखें तो शुक्लजी के साहित्य में लोक की अनन्त छवियाँ उपस्थित हैं, यथा-लोकमंगल, लोकबद्ध, लोकरक्षक, लोकरंजक, लोकदृष्टि, लोकहृदय, लोकधर्म, लोकशील, लोक-मर्यादा आदि शब्द बार-बार आए हैं। लोक-दृष्टि के विकास का ही फल था कि उन्होंने सामन्ती-मूल्यों, नैतिकता और शुद्ध कलावादी सिद्धांतों का विरोध किया। उनकी विचार-सरिणी जन-साधारण की पक्षधर थी, भले ही सुसंगत रूप से वैज्ञानिक-समाजवाद का उनमें अभाव रहा हो। उनकी दृष्टि में साहित्य रईसों, सामन्तों के भोग-विलास का साधन-मात्र नहीं होता वरन् जनता की चित्तवतियों का प्रतिबिम्ब होता है। पूँजीवादी शोषण का विरोध करते हुए वे लिखते हैं - ''इस युग में सबकी टकटकी टके की ओर लग गई, लक्ष्मी की मूर्ति धातुमय हो गई, उपासक सब पत्थर के हो गए। धीरे-धीरे यह दशा आ गई कि जो पारस्परिक प्रेम की दृष्टि से धर्म की दृष्टि से की जाती थी, वे भी रुपए-पैसे की दृष्टि से होने लगी।''[189] काव्य में लोकमंगल की बात जब वे करते हैं, तब भाव-प्रसार के द्वारा कर्मप्रसार की बात उठाते है। इसी भूमि पर हम प्रयत्नाभिमुख और संघर्षशील होते हैं, क्योंकि प्रयत्न में ही जीवन का वास्तविक सौंदर्य हैं। लोक में उपस्थित बाधा, क्लेश, विषमता आदि से भिड़न्त करने वाला प्रयत्न सच्चा प्रयत्न है। इसी में आचार्य शुक्ल जीवन और काव्य दोनों का वास्तविक सौंदर्य देखते हैं।

मुक्तिबोध भी सोशियों-ऐस्थेटिक (समाजशास्त्रीय सौंदर्य) की ही बात करते हैं। उनकी चेतना प्रगतिशील रही थी। अत: आत्मपरक काव्य में प्रगतिशील जीवन-मूल्यों की तलाश करते हुए नजर आते हैं। वे लिखते हैं- ''सच तो यह है कि स्वयं के मनोभावों की कविता प्रत्यक्षत: व्यक्ति की होने से, जन-विरोधी नहीं हो जाती, बशर्ते कि वे मनोभाव समाज के बीच से रहकर स्वाभाविक हुए हों। असलियत यह है कि जिस मन की अन्तर्मुखता जन-मन की भावनाओं में भीगी हुई है, उसके क्षोभों और द्रोहों में सबल हुई है, पीड़ित मानवताका मर्मज्ञ वह मन, जनता से छिटक कर, व्यक्ति-स्वातंत्रय और अहं के कॉफी हाऊस में यूटोपिया और भारतीय-संस्कृति की गप नहीं लड़ा सकता।''[190]

इस कारण मुक्तिबोध की काव्य-दृष्टि अपनी कलापरक कविता से कुछ अलग हटकर है, जो जागरूक संयम का परिचायक है। उनकी काव्य-पंक्तियां इस बात

की ओर संकेत करती हैं-

फिर वही यात्रा सुदूर की,
फिर वही भटकती हुई खोज भरपुर की,
कि फिर वही आत्मचेतस अत:संभावना,
जाने किन, खतरों में जूझे यह जिंदगी।[१४]

जीवन- वैविध्य में कवि को आत्मचेतस् होकर संवदेनात्मक प्रतिक्रिया देनी होगी। प्रसिद्ध मार्क्सवादी समीक्षक अर्न्टफिशर इस संदर्भ में कहता है- ''प्रत्येक सर्जनात्मक कृति सजग-मानसिक प्रयास की परिणति है, जिसका जन्म यथार्थ से होता है, वह किसी उत्तेजनापूर्ण मन:स्थिति की उद्‌भावना नहीं होती''[191]

मुक्तिबोध का आत्मचेतम् समाज से जुड़ा था, इसलिए वहाँ जो कुछ उपलब्ध हुआ, वह केवल उनकी तुष्टि के लिए नहीं लोकहित के लिए भी है। जार्ज लूकाच का मत इस बात को सिद्ध करता है कि ''जहाँ लेखक साहित्य से जुड़ा है, वहां सौंदर्य-चेतना का क्षेत्र निरपेक्ष नहीं है, वह मानवीय व्यापारों की समग्रता में अथवा वस्तु-जगत् के प्रति मानवीय प्रक्रिया में है।''[192] मुझे यह कहने में संकोच नहीं कि आचार्य शुक्ल के बाद हिंदी का सौंदर्यशास्त्र उस तरह आगे नहीं बढ़ा, वहीं रह गया, जहां छूटा था। मुक्तिबोध ने इसी पर आगे की बात की और उसे पूर्ण वस्तुवादिता का स्वरूप प्रदान किया। कविता में जीवन की यथार्थता की अनिवार्यता के संबंध मे मार्क्सवादी विचारक क्रिस्तोफर काडवेल लिखते है-''कविता सिद्धांतों का कोरा दस्तावेज नहीं होती। कविता की मूलवस्तु का स्त्रोत वस्तुगत-यथार्थ में अवश्य होता हैं- ''किंतु कला में आकर वह भाव में संबद्ध हो जाता है।''[193]

इस कार्य के लिए कवि को विश्व-हृदय होना पड़ेगा, तभी वह सफल काव्य की रचना कर सकेगा ऐसी मान्यता आचार्य शुक्ल की है और कवि के लिए विश्व-दृष्टि के विकास की जरूरत को मुक्तिबोध भी रेखांकित करते हैं। इसी भूमि पर खड़े आचार्य शुक्ल कबीर को इस बात के लिए महत्व देते हैं कि, कबीर ने दलित और पिछड़ी जातियों में आत्मगौरव का भाव जगाने का प्रशंसनीय कार्य किया। मुक्तिबोध भी कलाकर के लिए विश्व-दृष्टि के आधार को स्वीकार करते हुए कहते है-''आज के बहुत से कवियों के अन्त:करण में जो बैचैनी, जो ग्लानि, जो अवसाद, जो विरक्ति है, उसका एक कारण ऐसी विश्वदृष्टि का अभाव है, जो उन्हें अभ्यांतर आत्मिक शक्ति और मनोबल प्रदान कर सके, तथा उसकी पीड़ागत अगतिकता को दूर कर सके।''[194]

यह मानवता की उदार-दृटि है। इस दृष्टि को जो जीवन-मूल्य बनाकर काव्य रचना करेगा, निश्चित ही बड़ा रचनाकार होगा। मुक्तिबोध इस तथ्य से अवगत होकर कहते हैं-''दुख-कष्टग्रस्त मनुष्यता के मूर्त रूप वास्तविक उद्धार-लक्ष्यों को उपलब्धि के लिए चलने वाले सांस्कृतिक, सामाजिक, राजनीतिक संघर्ष के संदर्भ में ही, तथा उनमें योग देते हुए, हम नैतिकता के मानदण्ड, अपनी दिशा-दृष्टि, अपने जीवन-मूल्य तथा अपनी विश्वदृष्टि विकसित कर सकते हैं।''[195]

आचार्य शुक्ल की मान्यता है कि संसार-सागर की रूप-तरंगों से ही कवि की कल्पना और भावना तरंगायित होती है। मुक्तिबोध इसी को बाह्य का आभ्यंतरीकरण और आभ्यंतर का बाह्यीकरण कहते हैं। बाह्य-जगत् ही कवि को अनुभूति, संवेदन और रचना की समस्त सामग्री उपलब्ध कराता है, यह दोनों की मान्यता है। ''रसात्मक बोध के विविध-रूप'' में आलम्बन के सामाजिक स्वरूप की महत्ता पर विचार करते हुए आचार्य शुक्ल कहते हैं कि जो व्यक्ति प्रत्यक्ष-जीवन अथवा साहित्य में सामाजिक कोटि के आलम्बों में रूचि नहीं रखता, वह रागात्मक-संबंध स्थापित करने में समर्थ नहीं होता, वह काव्य का सच्चा प्रभाव ग्रहण नहीं कर सकता, वह सच्ची कविता में रूचि नहीं ले सकता।''[२०] कविता को शुक्ल जी अबौद्धिक रचना नहीं स्वीकार करते। इसके एक छोर पर विचार और बौद्धिक चिंतन है तो दूसरी ओर इन्द्रियबोध और कल्पना की उपस्थिति है। इसी बिन्दु पर मुक्तिबोध भी आभ्यंतरीकरण और बाह्यीकरण की बात करते हैं। ''साहित्य एक कला है और कला आभ्यंतर के बाह्यीकरण का रूप है।''[२१] इससे साफ पता चलता है कि ग्रहण करने को मुक्तिबोध आभ्यंतरीकरण और अभिव्यक्त करने को बाह्यीकरण कहते हैं। आभ्यंतरीकरण को स्पष्ट करते हुए वे लिखते है- ''संवेदना, बोध-शक्ति, कल्पना और इच्छाएं ये मनुष्य की आभ्यंतर शक्तियाँ है, उसकी अंतर की चेतना की अंगभूत हैं। इन सभी शक्तियों या प्रवृत्तियों का बाह्य से जब सम्मिलन होता है, तब वह प्रक्रिया शुरू होती है, जिसे मैं बाह्य का आभ्यंतरीकरण कहता हूँ।''[२२] तथा ''बातचीत, बहस, लेखन, भाषण, साहित्य और काव्य द्वारा हम निरंतर स्वयं का बाह्यीकरण करते जाते हैं। बाह्य का आभ्यंतरीकरण और आभ्यंतरण का बाह्यीकरण एक निरन्तर चक्र है। यह आभ्यंतरीकरण और बाह्यीकरण मात्र मनन-जन्य नहीं है, वरन कर्म-जन्य भी है।[२३] आ भ्यंतरीकरण की क्रिया प्रत्येक व्यक्ति के भीतर होती है, इसी क्रिया के सहारे व्यक्ति के भीतर संवेदनात्मक अनुभवों की गहन-

अन्तर्दृष्टि-सम्पन्न -व्यवस्था का विकास होता है। वह अपनी चेतना का विकास करके दृष्टि को आकार देता है तथा उसकी जीवन-पद्धति आगे बढ़ती है। मुक्तिबोध लिखते है "केवल वे ही अनुभवात्मक सत्य कलात्मक अभिव्यक्ति पा लेते है, जो लेखक के रचना उपस्थित करने वाले संवेदनात्मक उद्देश्यों के अनुसार होते हैं।"[२४] आभ्यंतर किया गया यथार्थ बाह्य-जगत का ही आत्मसात रूप होता है, व्यक्ति के अन्दर वह शोधित-परिशोधित होता है, उसकी क्रिया-प्रतिक्रिया होती है, भीतर बाहर का मूल्यांकन होता है, अन्तत: वह सक्रिय सर्जना कर सकता है।संवेदना के बाह्यीकरण के बारे में मुक्तिबोध कहते हैं कि लेखक, पूर्व ज्ञान तथा बाहर का प्राप्त नए ज्ञान के प्रति संवेदनात्मक प्रतिक्रिया करता है। इस प्रकार लेखक का आभ्यंतर-व्यक्तित्व बाहर से एकमेव होने के लिए आतुर हो उठता है। प्रतिक्रिया स्वरूप होने वाली आभ्यंतर संवेदना, लेखक के बाह्यीकरण के मूल में होती है इसी स्थान पर सामान्य व्यापारों से सौंदर्यबोध भिन्न हो जाता है। मुक्तिबोध के शब्दों में "सौंदर्य तब उत्पन्न होता है, जब संवेदित अनुभव का ही विस्तार हो जाय।"[२४]

कविता में भावना और बुद्धि की परस्पर निर्भरता की बात मुक्तिबोध ने की और आचार्य शुक्ल भी बल देकर कहते हैं कि ज्ञानप्रसार के भीतर ही भाव-प्रसार होता है।" चिन्तामणि भाग एक की भूमिका में वे कहते है कि "यात्रा पर निकलती है बुद्धि पर हृदय को साथ लेकर" मुक्तिबोध इसी को संवेदनात्मक-ज्ञान कहते हैं। दर्शक का ज्ञान और भोक्ता की संवेदना, परस्पर विलीन होकर, अपने से परे उठने की भंगिमा को प्रोत्साहित करती है। "अनुभव और अनुभव होने की संवेदना, दोनों एक साथ होना कला के प्रथम क्षण में अनिवार्य है। यह दर्शकत्व और भोक्तृत्व का योग है।"[२६] ज्ञान के द्वन्द्वात्मक भौतिकतावाद के सहारे मुक्तिबोध के ज्ञानात्मक आधार को समझा जा सकता है। इसके कारण उनकी सृजन-प्रक्रिया, समीक्षा पद्धति, व्यावहारिक-समीक्षा सभी कुछ प्रभावित हुई है।

आचार्य शुक्ल रस को मानते हैं किंतु इतने रसवादी नहीं थे कि भावना को नकार कर भावुकता की महत्ता स्थापित करते। भावना की शक्ति को मुक्तिबोध ने भी स्वीकार किया है। आचार्य शुक्ल रस की या भाव की चर्चा करते समय बुद्धितत्व को मान्यता देते हैं। इसी कारण कामायनी पर लिखते हुए वे कोरे हृदयवाद का खंडन करते हैं और प्रसाद से असहमत होते हुए कहते हैं कि श्रद्धा और इड़ा में उन्होंने श्रद्धा का पक्ष लेकर इड़ा के महत्त्व को अस्वीकार किया। इड़ा की इस

बात से ''सिर चढ़ी रही पाया न हृदय'' पर अप्रसन्नता जाहिर करते हुए वे कहते है कि श्रद्धा के पक्ष में भी तो यह बात कही जा सकती है- ''रस-पगी रही पाई न बुद्धि।'' 'कामायनी एक पुनर्विचार' में मुक्तिबोध भी इड़ा के पक्षधर हैं और उसके चरित्र को कामायनी का सर्वोत्कृष्ट चरित्र मानते हैं। आचार्य शुक्ल ने छायावाद का विरोध किया था, उन्हीं का समर्थन, उन्हीं बिन्दुओं पर मुक्तिबोध भी करते हैं, अर्थात यहां पर भी दोनों की जमीन लगभग समान है। भावों का सामान्यीकरण होना शुक्ल जी अनिवार्य मानते हैं- ''जब तक किसी भाव का कोई विषय इस रूप में नहीं लाया जाता कि वह सामान्यत: सबके उसी भाव का आलम्बन हो सके, तब तक रसोद्‌बोधन की पूर्ण शक्ति नहीं आती। इसी रूप में लाया जाना हमारे यहां साधारणीकरण कहलाता है।''[२७] साधारणीकरण की यह क्रिया शुक्ल जी की निराली है, क्योंकि यहाँ साधारणीकरण आलम्बनत्व धर्म का होता है, जिसे हम आलम्बन की संज्ञा देते हैं। वस्तुत: वह कवि-अनुभूति का संवेद्य रूप है। भारतीय काव्यशास्त्र की विशेषता का उद्‌घाटन करते हुए वे कहते हैं- ''भारतीय काव्य-दृष्टि भिन्न-भिन्न विषयों के भीतर सामान्य के उद्‌घाटन की ओर बराबर रही है। किसी-न-किसी सामान्य के प्रतिनिधि होकर ही विशेष हमारे यहां के काव्यों में आते रहे हैं। हमारे यहां के कवि उस सच्चे तार की झंकार सुनने में ही संतुष्ट रहे, जो मनुष्य-मात्र के भीतर से होता हुआ गया है।''[२८] साधारणीकरण द्वारा कवि अपने व्यक्तित्व से ऊपर उठकर साक्षात् रूप में जगत के पदार्थों से रसमयी अनुभूति प्राप्त कर कलात्मक रूप में उनकी अभिव्यक्ति करता है। इसके लिए आवश्यक है कि उसका व्यक्तित्व लोकधर्म का अनुकर्ता हो, लोक साधारण भावों को अपनाए। साधारणीकरण के अभाव में काव्य वाक्ज़ाल और अलंकारिकता से भर जाएगा, पर काव्य नहीं होगा। जिससे विस्मय और कौतुहल तो पैदा हो सकेगा किंतु रस की सृष्टि संभव नहीं होगी। यदि कवि चाहता है कि उसकी अनुभूति-विश्व अनुभूति बने तो, उसे साधारणीकरण का सहारा लेना होगा। साधारणीकरण के कारण सहृदय अपनी अलग सत्ता से हटकर द्वन्द्वात्मक- भावों का अनुभव करता है। उसका वैयक्तिक स्वार्थ दूर हो जाता है और लोक सामान्य की भावभूमि से उसका तदाकार हो जाता है। वह देशकाल की परिधि लाँघकर-विश्व चेतना से जुड़ जाता है। साधारणीकरण के द्वारा ही मनुष्यता की उच्चभूमि का दर्शन होता है। ''रस मीमांसा'' में ''काव्य का लक्ष्य'' नामक निबंध में आचार्य शुक्ल ने साधारणीकरण में कवि विभावाद

तथा सहृदय तीनों के साधारणीकरण की बात उठाई है- "विषय के सामान्यत्व की ओर जब कवि की दृष्टि रहेगी, तभी यह साधारणीकरण हो सकता है।"[२९] मुक्तिबोध इसे द्वन्द्वात्मक-सिद्धांतों द्वारा पकड़ने की बात करते हैं। बाह्य-जगत की वस्तुओं के सानिध्य से ही ज्ञान की शुरुआत होती है। यह संवेदना की मंजिल से संबंधित है। दूसरे स्तर पर रचनाकार इस संवेदन-सामग्री को व्यवस्थित पुनर्गठित करके उनका समन्वय करता है। यह धारणा निर्णय और निष्कर्ष की स्थिति है। जब संवेदन-सामग्री अति समृद्ध होती है तब धारणाओं में बदल जाती है। इस प्रकार ज्ञान-संवेदनात्मक ज्ञान पर आधारित है, दूसरी ओर संवेदना ज्ञानात्मक संवेदना पर। भाव-संपदा के अभाव में कविता की कल्पना नहीं की जा सकती। यह भाव-संपदा आभ्यंतरीकरण द्वारा ही संभव है, जो साहित्यरचना के लिए आधार स्तंभ है। अत: बाह्य और आभ्यंतर की क्रिया-प्रक्रिया से ज्ञान का विकास होता है। बाह्य का प्रस्तुतीकरण यथास्थिति में नहीं होता वरन, वह पुन: सृजित होता है, जिसमें रचनाकार का संवेदनात्मक-ज्ञान और ज्ञानात्मक-संवेदना संश्लिष्ट होते हैं। सौंदर्य की वस्तुगत अवधारणा आचार्य शुक्ल और मुक्तिबोध दोनों के साहित्य में है। यह सौंदर्य विरोधों के सामंजस्य के कारण पैदा होता है। असाधारण में सौंदर्य-दृष्टि को दोनों ने अपूर्ण और एकांगी माना है। दोनों विचारकों ने काव्यानुभूति को जीवन से अलग नहीं माना। रस-अनुभव या सौंदर्य-अनुभव के क्षण राह चलते सामान्य-जीवन में भी होते हैं या हो सकते हैं। "रसात्मक- बोध के विविध रूप" शीर्षक निबंध में आचार्य शुक्ल कहते हैं कि काव्यानुभूति और जीवनानुभूति को अलग करके न देखा जाय। जीवनानुभूति का उदात्त या अवदात्त रूप ही काव्यानुभूति है। सौंदर्यानुभूति, काव्यानुभूति एक होने के कारण लौकिक है और जीवन-जगत से जुड़ी है। यहां का अनुभव ही कविता में शब्दबद्ध होता है। वह जगत और गोचर वस्तुओं का कल्पना-मिश्रित बिम्ब-प्रधान रूप है। आचार्य शुक्ल लिखते हैं- "इसी प्रकार कविता और कवि की स्तुति में जो बहुत से अलंकारपूर्ण काव्य इधर कुछ दिनों से कहे-सुने और लिखे जाने लगे हैं, उन्होंने अर्थशून्य शब्दों का एक ऐसा झूठा पर्दा खड़ा कर दिया है, जिसके कारण काव्यानुभूति बहुत कुछ अंधकार में पड़ती जाती है। कविता स्वर्ग से गिरती हुई सुधा-धारा है, नन्दनवन के कुसुमों से टपकी मकरंद की बूंद है, अनन्त के दिव्य-संगीत की स्वर-लहरी है। कवि इस लोक का जीव ही नहीं है, वह पार्थिव जीवन से परे है, उसका एक दूसरा ही जगत है, वह पैगम्बर है, औलिया है, रहस्यदर्शी

है। ऐसी-ऐसी लचर बातें समीक्षा के नाम से कही जाने लगी हैं। बुद्धि को रुग्ण करने वाली, पाखण्ड का प्रचार करने वाली यह हवा अंग्रेजी से बंगला और बंगला से हिंदी में आयी है।'' मुक्तिबोध का मत है कि ''सौंदर्यानुभव रास्ते चलते भी हो सकते हैं, जीवन की विभिन्न स्थितियों में भी होते रहे हैं। कलात्मक चेतना केवल ब्रश या कलम लेकर चित्रित करते समय, लिखते समय ही नहीं वरन जिंदगी में काम करते वक्त, मेहनत करते समय भी प्राप्त होते हैं।''[३०] मूर्त वस्तुओं का सौंदर्य कला में पहुँचकर शूक्ष्म होकर संवेदनात्मक बन जाते हैं। लेकिन यह सूक्ष्मता उस परिधि से परे नहीं चली जाती कि यथार्थ वस्तु से बिलकुल अलग होकर, वस्तुगत सौंदर्य से अलग कोई अलौकिक सौंदर्य का निर्माण नहीं हो जाता। मुक्तिबोध कला के सौंदर्य को जीवन के सौंदर्य से अलग करके देखनेवाली दृष्टि का समर्थन कभी नहीं करते। उनकी दृष्टि में सौंदर्यानुभाव और वास्तविक जीवनानुभव दोनों का स्वरूप एक ही है।

मुक्तिबोध ने सौंदर्य की सत्ता वस्तु में मानी है, इसका अर्थ यह नहीं कि वस्तुगत-यथार्थ कोई फोटोग्राफी है, वरन ये सौंदर्यानुभव विधायी कल्पना के हाथों में आकर निराला रूप धारण कर लेते हैं। वे लिखते हैं- ''जीवनानुभव के तरह-तरह के पैटर्न कल्पना तैयार करती है। इस प्रक्रिया में सौंदर्यानुभव तब घटित होता है, जब मनस्पटल पर बिंबित-कल्पना रूपों में डूबकर मन साधारण-जीवन की अपनी निजबद्धता का परित्याग करता है। संक्षेप में तन्मयता और तटस्थता, निज द्वन्द्वों की एक मनोदशात्मक परिणति ही सौंदर्यानुभव है।''[३१] यह सौंदर्यानुभव सृजन और आस्वादन तक ही नहीं रुक जाता। वास्तविक-जीवन जीते समय, संवेदनात्मक अनुभव करना और साथ ही ठीक उसी अनुभव के कल्पना-चित्र प्रक्षेपित करना दोनों कार्य एक साथ संभव नहीं। मुक्तिबोध स्पष्ट शब्दों में कहते हैं- ''सौंदर्य तब उत्पन्न होता है, जब सृजनशील कल्पना के सहारे, संवेदित का विस्तार हो जाय। कलाकार का वास्तविक अनुभव और अनुभव की संवेदनाओं द्वारा प्रेरित फैंटसी इन दोनों के बीच कल्पना का एक रोल होता है। यह भूमिका एक सृजनशील भूमिका है। वही कल्पना उसे वास्तविक अनुभव की व्यक्तिबद्ध पीड़ाओं से हटाकर, उस अनुभव को सदृश्यवत करके, उस अनुभव को नए रूप में उपस्थित कर देती है, किंतु यह अनुभव दृश्यवत् होते ही मूल अनुभव से पृथक होकर भिन्न हो जाता है। इस दृश्यवत् उपस्थिति और विस्तृत अनुभव या फेंटसी में जीवन के अर्थ खोजने

और उसमें आनन्द लेने की इस प्रक्रिया में ही जो प्रसन्न भावना पैदा होती है, वहीं ऐस्थटिक एक्सपिरीयेंस का मर्म है।''[३२] यह अनुभव विभिन्न मनोवैज्ञानिक तत्वों से निर्मित होता है। यह केवल कलाकारों के हृदय में नहीं होता वरन् एक मनोवैज्ञानिक-क्रिया होने के कारण हर एक व्यक्ति के भीतर होती है। किंतु साधारण व्यक्ति मन के भीतर ही सौंदर्य का आनन्द प्राप्त कर रह जाता है। आचार्य शुक्ल भी सौंदर्य की वस्तुगत-सत्ता स्वीकार करके लिखते हैं-''कुछ रूप-रंग की वस्तुएं ऐसी होती हैं, जो हमारे मन में आते ही थोड़ी देर के लिए हमारी सत्ता पर ऐसा अधिकार कर लेती हैं कि उसका ज्ञान ही हवा हो जाता है और हम उन वस्तुओं की भावना के रूप में परिणत हो जाते हैं। हमारी अन्त:सत्ता की यही तदाकार परिणति सौंदर्य की अनुभूति है।''[३३] काव्य में रहस्यवाद नामक निबंध में भी वे इसी मत की पुष्टि करते हुए दिखाई देते हैं। वे कहते हैं,-''कुछ लोगों का यह ख्याल है कि काव्यानुभूति एक और ही प्रकार की अनुभूति है, उसका प्रत्यक्ष या असली अनुभूति से कोई संबंध नहीं है, या तो कोई ख्याल ही नहीं, या गलत है।''[३४]

आचार्य शुक्ल उन अर्थों में भौतिक-द्वन्द्वात्मकता के कायल नहीं थे, किंतु मुक्तिबोध की ही भांति ''विरुद्धों के सामंजस्य'' की कल्पना की और उसे कर्मक्षेत्र के सौंदर्य से जोड़ने का प्रशंसनीय कार्य किया। वे लिखते है- ''विरुद्धों का सामंजस्य कर्मक्षेत्र का सौंदर्य है, जिसकी ओर आकर्षित हुए बिना मनुष्य का हृदय नहीं रह सकता। भीषणता और सरसता, कोमलता और कठोरता, क़टुरता और मधुरता, प्रचण्डता और मृदुता का सामंजस्य ही लोकधर्म का सौंदर्य है।''[३५]

दार्शनिक-चेतना के धरातल पर आचार्य शुक्ल प्रतिबद्ध भौतिकतावादी न होकर भी उस विचारधारा के नजदीक हैं। उन्हें पूर्णरूपेण भौतिकवादी उन अर्थों में नहीं कह सकते जिन अर्थों में मुक्तिबोध को कहा जा सकता है। कविता उनके लिए एक मानवीय कर्म है, जो इसी लोक में संभव रूप धारण करती है। इसी के सहारे आचार्य शुक्ल रहस्यवाद का जमकर विरोध करते हैं, और इसी पर टिककर लोकमंगल की स्थापना करते हैं। उनका लोकमंगल मुक्तिबोध की भांति वैज्ञानिक भले न हो, किंतु उसी संदर्भ का है। आचार्य शुक्ल ने कहा कि प्रयत्न रूप में जीवन का मंगल लक्ष्य है। यदि उसे सिद्ध रूप देखने के लिए कविता किसी अज्ञात लोक की ओर इशारा करती है, तो वह आलस्य, अकर्मण्यता और नैराश्य की वाणी है।[३६] जगत् की विघ्न बाधा, अत्याचार, हाहाकार के बीच ही प्रयत्नमूलक

सौंदर्य में शक्ति का दर्शन संभव हो सकेगा, जिससे क्षात्रधर्म के मार्ग चलकर लोकमंगल संभव हो सकेगा, ऐसा शुक्ल जी का विश्वास था। इसी चेतना को मुक्तिबोध ने अपने काव्य-चिंतन में आगे बढ़ाया। प्रसाद की कामायनी की व्यावहारिक समीक्षा में शुक्ल जी का काव्य-दर्शन मुक्तिबोध स्वीकार करते हैं और लिखते हैं-''प्रसाद जी मनु को कर्मक्षेत्र से हटाकर रहस्यात्मक आनंद की स्थापना करते हैं, मानो उसकी कमजोरियों का सुधार (अथवा पर्यावसान) उस भाववादी एकान्तिक व्यक्तिवाद में ही हो सकता है। कर्मक्षेत्र के वास्तविक संघर्ष से भागकर हिमालयीन अंचलों में, उसे नित्य लीला के, व सर्वव्यापी चेतना के दर्शन करवाए जाते हैं और वह समस्त प्रकृति तथा समस्त जगत से सामंजस्य का अनुभव करता है।''[३७] आगे भी मुक्तिबोध लिखते हैं-''मनु, श्रद्धा के अंचल छोर को पकड़कर, दिव्य-ज्ञान का अधिकारी होता और उस ज्ञान के अंजन से उसकी आँखें खुलती हैं। किंतु वह ज्ञान कौन सा है? प्रसाद जी ने जिन समस्याओं को उठाया, क्या उनके निराकण मार्गों का वह ज्ञान है? नहीं समस्या वास्तविक जीवन की है। उसका हल जो प्रसाद जी ने बताया है, कर्मक्षेत्र से संबंधित नहीं, उसके परे वह आध्यात्मिक है।''[३८] आचार्य शुक्ल ने काव्य में जिस आध्यात्मिकता और रहस्यवादिता का विरोध किया था मुक्तिबोध भी लगभग वही करते हैं। विरोध आनंद का नहीं है। काव्यगत आनंद मनुष्यता की उच्चभूमि की प्राप्ति का साधन मात्र है इसलिए वह काम्य है किंतु वही साध्य बन जाय तो कविता विलास की सामग्री बन जाती है। जगत की एक गंभीर और श्रेष्ठ वस्तु है मनुष्यता की सर्वोच्च भूमि, किंतु इसका माध्यम रहस्य का नहीं हो सकता। कामायनी के अंत के तीनों सर्ग-रहस्य, दर्शन और आनंद इस रहस्यवादिता और आध्यात्मिकता का घटाटोप खड़ा करते हैं और कृति निश्चित ही काव्य-सौष्ठव की दृष्टि से प्रभावित हो उठती है। आनंद प्राप्ति के लिए प्रत्यक्ष पक्ष, कर्मपक्ष का सहारा नहीं लेने से विश्वसनीयता निश्चित ही संदिग्ध हो उठी है। आचार्य शुक्ल और मुक्तिबोध का ज्ञान-साहित्य के प्रारंभिक विद्यार्थी का था या नहीं, मैं नहीं जानतापरन्तु बंबई के कुछ ध्वन्याचार्य आनंदवधर्नों, शुक्ल जी का ढोंग ओढ़े कुछ आचार्यों तथा समदर्शी भरत मुनियों का ज्ञान जरुर प्रारंभिक कक्षा के विद्यार्थी का जान पड़ता है। अगर इस पर भी मेरी बात अबूझ रह जाय और शंका पैदा करे तो मैं मति मूढ़ क्या कहूँ? किंतु गोस्वामी तुलसीदास तो कह ही सकते थे- यांहु पै करिहैं जेहिं शंका, मोहिं ते अधिक ते जड़ मति रंका।

निष्कर्षत : यह कहने की स्थिति बन गई है है कि रस या आनन्द के सामन्ती ढांचे को तोड़कर हृदय की मुक्तावस्था, और लोकहृदय में लीन होने की दशा की स्थापना देने वाले आचार्य शुक्ल और उनकी चिंतन-प्रतिक्रिया को कुछ हद तक आगे ले चलने वाले कवि मुक्तिबोध के काव्य चिंतन में अनेक धरातल पर समानता की स्थिति विद्यमान है। कविता की प्रकृति, उसके स्वरूप, उसकी निर्मिति और प्रयोजन इत्यादि को लेकर दोनों के दृष्टिकोण में लगभग साम्य है। दोनों अपने-अपने ढंग से अपने युग-संदर्भों के अनुरूप अपना मत प्रस्तुत करते हैं। यद्यपि शुक्ल जी का काव्य-दर्शन एक साथ पुस्तकबद्ध नहीं है, किंतु उनके समस्त लेखन में वह बिखरा पड़ा है। उसे सही संदर्भों में उसकी अपनी जमीन से जाँचने-परखने की आवश्यकता है। जहां तक मुक्तिबोध का सवाल है- वे आचार्य शुक्ल की उस परंपरा को, जिसमें अपने समाज तथा संस्कृति के प्रति सतर्क बोध भरा है, को अधिक पुष्ट और प्रशस्त करते हुए आगे बढ़ते है।

○

संदर्भ सूची

1. प्रगतिवाद- शिवकुमार मिश्र, पृष्ठ-146
2. हिंदी साहित्य का इतिहास- आचार्य शुक्ल, पृष्ठ-565
3. हिंदी आलोचना- विश्वनाथ त्रिपाठी, पृष्ठ-72/73
4. प्रगतिवाद- शिवकुमार मिश्र, पृष्ठ-9
5. हिंदी साहित्य का इतिहास- आचार्य शुक्ल, पृष्ठ-564
6. मलयज- रामचंद्र शुक्ल, पृष्ठ-25
7. समकालीन हिंदी आलोचक और आलोचना- रामवक्ष, पृष्ठ-1
8. चिंतामणि- भाग-2, पृष्ठ-88-95
9. हिंदी साहित्य का इतिहास- आचार्य शुक्ल, पृष्ठ-653
10. हिंदी साहित्य का इतिहास- आचार्य शुक्ल, पृष्ठ-656
11. समकालीन हिंदी आलोचना और आलोचक, रामवक्ष, पृष्ठ-10
12. छायावाद- डॉ. नामवर सिंह, पृष्ठ-154-155
13. कविता के नये प्रतिमान- डॉ. नामवर सिंह, पृष्ठ-32
14. चिंतामणि, पृष्ठ-113 (भाग-1)- आचार्य शुक्ल
15. समकालीन हिंदी आलोचक और आलोचना- डॉ. रामवक्ष, पृष्ठ-8
16. हिंदी साहित्य : बीसवीं शताब्दी- पं. रामचंद्र शुक्ल, पृष्ठ-3
17. रामचंद्र शुक्ल-- शिवकुमार मिश्र- वर्तमान साहित्य अंक-6, 2002
18. ग्रंथावली- हजारी प्रसाद द्विवेदी, पृष्ठ-9
19. ग्रंथावली- हजारी प्रसाद द्विवेदी, पृष्ठ-408
20. ग्रंथावली- हजारी प्रसाद द्विवेदी, पृष्ठ-271
21. समकालीन हिंदी आलोचक और आलोचना- डॉ. रामवक्ष, पृष्ठ-23
22. अशोक के फूल- हजारी प्रसाद द्विवेदी, पृष्ठ-16
23. हिंदी साहित्य का इतिहास- आचार्य शुक्ल, पृष्ठ-19
24. हिंदी साहित्य का इतिहास- आचार्य शुक्ल, पृष्ठ-71
25. हिंदी साहित्य का आदिकाल- आचार्य द्विवेदी, पृष्ठ-11
26. हिंदी साहित्य का इतिहास- आचार्य शुक्ल, पृष्ठ-71
27. हजारी प्रसाद द्विवेदी- नामवर सिंह- वर्तमान साहित्य अंक-5, 2002
28. कबीर- हजारी प्रसाद द्विवेदी, पृष्ठ-222
29. कबीर- हजारी प्रसाद द्विवेदी, पृष्ठ-220

30. हिंदी साहित्य- उदभव और विकास-- द्विवेदी, पृष्ठ-181
31. ग्रंथावली- आचार्य द्विवेदी, पृष्ठ-382
32. ग्रंथावली- आचार्य द्विवेदी, पृष्ठ-383
33. ग्रंथावली- आचार्य द्विवेदी, पृष्ठ-65
34. अशोक के फूल-- आचार्य हजारी प्रसाद द्विवेदी, पृष्ठ-13
35. अशोक के फूल-- आचार्य हजारी प्रसाद द्विवेदी, पृष्ठ-9-10
36. ग्रंथावली, भाग-10- हजारी प्रसाद द्विवेदी, पृष्ठ-25
38. हजारी प्रसाद द्विवेदी-- ग्रंथावली, भाग-9, पृष्ठ-440
39. हजारी प्रसाद द्विवेदी- ग्रंथावली-भाग-10, पृष्ठ-26
41. हजारी प्रसाद द्विवेदी-- ग्रंथावली, भाग-10, पृष्ठ-27
42. हिंदी आलोचना-- विश्वनाथ त्रिपाठी, पृष्ठ-145
43. हजारी प्रसाद द्विवेदी-- ग्रंथावली, भाग-10, पृष्ठ-8
43. हजारी प्रसाद द्विवेदी-- ग्रंथावली, भाग-10, पृष्ठ-34
44. दूसरी परंपरा की खोज-- डॉ. नामवर सिंह, पृष्ठ-21
46. आधुनिक हिंदी आलोचना- संदर्भ एवं दृष्टि- डॉ. रामचंद्र तिवारी, पृष्ठ-86
47. हजारी प्रसाद द्विवेदी ग्रंथावली- भाग-10, पृष्ठ-36
48. हजारी प्रसाद द्विवेदी ग्रंथावली- भाग-10, पृष्ठ-37
49. हजारी प्रसाद द्विवेदी ग्रंथावली- भाग-7, पृष्ठ-271
50. हजारी प्रसाद द्विवेदी ग्रंथावली- भाग-7, पृष्ठ-288
51. हजारी प्रसाद द्विवेदी ग्रंथावली- भाग-10, पृष्ठ-120
52. हजारी प्रसाद द्विवेदी ग्रंथावली- भाग-9, पृष्ठ-358
53. हजारी प्रसाद द्विवेदी ग्रंथावली- भाग-9, पृष्ठ-358
54. हजारी प्रसाद द्विवेदी ग्रंथावली- भाग-9, पृष्ठ-362
55. हजारी प्रसाद द्विवेदी ग्रंथावली- भाग-9, पृष्ठ-359
56. नए साहित्य नये प्रश्न-- आचार्य वाजपेयी, पृष्ठ-230
57. नए साहित्य नये प्रश्न-- आचार्य वाजपेयी, पृष्ठ-46
58. आधुनिक साहित्य : सृजन और समीक्षा- भूमिका, पृष्ठ-10
59. आधुनिक साहित्य- बाजपेयी, पृष्ठ-322
60. आधुनिक साहित्य : सृजन और समीक्षा- भूमिका, पृष्ठ-141
61. साहित्य और सामाजिक प्रगति- आचार्य वाजपेयी
62. आचार्य नंददुलारे वाजपेयी-- प्रेमशंकर- वर्तमान साहित्य, अंक-5-2001, पृष्ठ-31
63. महाकवि सूरदास-- आचार्य वाजपेयी, पृष्ठ-88
64. नया साहितय नये प्रश्न-- वाजपेयी, पृष्ठ-102
65. नया साहितय नये प्रश्न-- वाजपेयी, पृष्ठ-103
66. आधुनिक साहित्य- वाजपेयी, पृष्ठ-310
67. नया साहितय नये प्रश्न-- वाजपेयी, पृष्ठ-113
68. नया साहित्य नये प्रश्न-- वाजपेयी, पृष्ठ-122
69. तारसप्तक- सं. डॉ. अज्ञेय-1951, भूमिका
70. नयी कविता-- वाजपेयी, पृष्ठ-78

71. नयी कविता-- वाजपेयी, पृष्ठ-59
72. नयी कविता-- वाजपेयी, पृष्ठ-42
73. नयी कविता- निष्कर्ष और समापन-- धर्मयुग, 21-8-1967
74. हिंदी साहित्य- बीसवीं शताब्दी-- आचार्य वाजपेयी, पृष्ठ-147
75. महाकवि सूरदास-- वाजपेयी, पृष्ठ-114
76. महाकवि सूरदास-- वाजपेयी, पृष्ठ-113
78. हिंदी साहित्य- बीसवीं शताब्दी-- वाजपेयी, पृष्ठ-152
79. कवि निराला-- वाजपेयी, पृष्ठ-90
80. हिंदी साहित्य-- बीसवीं शताब्दी-- वाजपेयी, पृष्ठ-170
81. हिंदी साहित्य- बीसवीं शताब्दी, पं. रामचंद्र शुक्ल-1
82. नया साहित्य नये प्रश्न-- भूमिका, पृष्ठ-15
83. नया साहित्य नये प्रश्न-- वाजपेयी, पृष्ठ-91
84. केवल जलती मशाल-- नामवर सिंह- बसुधा, पृष्ठ-51, 2001
85. आज के सवाल और मार्क्सवाद, 2001, पृष्ठ-309
86. मार्क्सवाद और प्रगतिशील साहित्य-- डॉ. शर्मा, पृष्ठ-270
87. लोक जीवन और साहित्य-- डॉ. शर्मा, पृष्ठ-5
88. आस्था और सौंदर्य-- डॉ. शर्मा, पृष्ठ-10
89. भारतीय साहित्य का इतिहास-- भारतीय साहित्य-- डॉ. शर्मा, पृष्ठ-28
90. प्रेमचंद-- डॉ. शर्मा, पृष्ठ-109
91. भारतेंदु युग और हिंदी भाषा की विकास परंपरा-- डॉ. शर्मा, पृष्ठ-1
92. मार्क्सवाद और प्रगतिशील साहित्य, पृष्ठ-324
93. भारतेंदु युग और हिंदी भाषा की विकास परंपरा-- डॉ. शर्मा, पृष्ठ-17
94. भारतेंदु युग और हिंदी भाषा की विकास परंपरा-- डॉ. शर्मा, पृष्ठ-17
95. भारतेंदु हरिश्चंद्र-- डॉ. शर्मा, पृष्ठ-5-6
96. भारतेंदु हरिश्चंद्र-- डॉ. शर्मा, पृष्ठ-5-6
97. मार्क्सवाद और प्रगतिशील साहित्य-- डॉ. शर्मा
98. केवल जलती मशाल-- नामवर सिंह
99. मार्क्सवाद और प्रगतिशील साहित्य-- डॉ. शर्मा, पृष्ठ-327
100. निराला की साहित्य साधना- द्वितीय खंड-- डॉ. शर्मा, पृष्ठ-543
101. निराला की साहित्य साधना- द्वितीय खंड-- डॉ. शर्मा, पृष्ठ-174
102. निराला की साहित्य साधना- द्वितीय खंड-- डॉ. शर्मा, पृष्ठ-544
103. निराला की साहित्य साधना- द्वितीय खंड-- डॉ. शर्मा, पृष्ठ-544
104. निराला की साहित्य साधना- द्वितीय खंड-- डॉ. शर्मा, पृष्ठ-546
105. निराला की साहित्य साधना- द्वितीय खंड-- डॉ. शर्मा, पृष्ठ-379
106. आचार्य शुक्ल और आलोचना-- डॉ. शर्मा- तृतीय संस्करण भूमिका- पृष्ठ-7
107. आचार्य रामचंद्र शुक्ल और हिंदी आलोचना-- डॉ. शर्मा, पृष्ठ-101
108. आचार्य रामचंद्र शुक्ल और हिंदी आलोचना-- डॉ. शर्मा, पृष्ठ-122
109. भाषा, युगबोध और कविता-- डॉ. शर्मा, पृष्ठ-37
110. परंपरा का मूल्यांकन-- डॉ. शर्मा, पृष्ठ-86
111. भाषा, युगबोध और कविता-- डॉ. शर्मा, पृष्ठ-35

112. महावीर प्रसाद द्विवेदी और हिंदी नवजागरण-- डॉ. शर्मा, पृष्ठ-17
113. महावीर प्रसाद द्विवेदी और हिंदी नवजागरण-- डॉ. शर्मा, पृष्ठ-16
114. साप्ताहिक हिंदुस्तान- 14 सितंबर, 1969
115. नयी कविता और अस्तित्ववाद-- डॉ. शर्मा, पृष्ठ-28
116. नयी कविता और अस्तित्ववाद-- डॉ. शर्मा, पृष्ठ-168
117. नयी कविता और अस्तित्ववाद-- डॉ. शर्मा, पृष्ठ-141
118. नयी कविता और अस्तित्ववाद-- डॉ. शर्मा, पृष्ठ-142
119. समकालीन हिंदी आलोचना और आलोचक-- डॉ. रामवक्ष, पृष्ठ-114
120. नये साहित्य का सौंदर्य शास्त्र, पृष्ठ-99
121. नयी कविता का आत्मसंघर्ष, पृष्ठ-15, मुक्तिबोध
122. नयी कविता का आत्मसंघर्ष, पृष्ठ-16-17, मुक्तिबोध
123. मुक्तिबोध : रचनावली-खंड-4, पृष्ठ-58
124. छायावाद-- डॉ. नामवर सिंह, पृष्ठ-200
125. मुक्तिबोध रचनावली खंड-4, पृष्ठ-81
126. मुक्तिबोध रचनावली खंड-4, पृष्ठ-24
127. मुक्तिबोध रचनावली खंड-4, पृष्ठ-239
128. मुक्तिबोध रचनावली खंड-4, पृष्ठ-25
129. मुक्तिबोध रचनावली खंड-4, पृष्ठ-25
130. नयी कविता का आत्मसंघर्ष- मुक्तिबोध, पृष्ठ-63
131. मुक्तिबोध रचनावली, खंड-5, पृष्ठ-133
132. समीक्षा की समस्याएं, पृष्ठ-14, मुक्तिबोध
133. नयी कविता और अस्तित्ववाद-- डॉ. रामविलास शर्मा, पृष्ठ-168
134. मुक्तिबोध रचनावली, खंड-6, पृष्ठ-69
135. मुक्तिबोध रचनावली, भाग-5, पृष्ठ-88
136. मुक्तिबोध रचनावली, भाग-5, पृष्ठ-360
137. मुक्तिबोध रचनावली, भाग-5, पृष्ठ-362
138. मुक्तिबोध रचनावली, भाग-5, पृष्ठ-99
139. मुक्तिबोध रचनावली, भाग-5, पृष्ठ-99
140. मुक्तिबोध रचनावली, भाग-5, पृष्ठ-45
141. मुक्तिबोध रचनावली, भाग-4, पृष्ठ-219
142. मुक्तिबोध रचनावली, भाग-4, पृष्ठ-375-76
143. मुक्तिबोध रचनावली, भाग-4, पृष्ठ-234-35
144. कविता के नये प्रतिमान-- डॉ. नामवर सिंह, पृष्ठ-78
145. कविता के नये प्रतिमान-- डॉ. नामवर सिंह, पृष्ठ-78
146. कविता के नये प्रतिमान-- डॉ. नामवर सिंह, पृष्ठ-79
147. त्रिलोचन के बारे में- सं. गोविंद प्रसाद, पृष्ठ-31
148. त्रिलोचन के बारे में- सं. गोविंद प्रसाद, पृष्ठ-39
149. त्रिलोचन के बारे में- सं. गोविंद प्रसाद, पृष्ठ-41
150. मुक्तिबोध रचनावली, भाग-5, पृष्ठ-400
151. मुक्तिबोध रचनावली, भाग-4, पृष्ठ-456

152. मुक्तिबोध रचनावली, भाग-5, पृष्ठ-423
153. रचनावली खंड-4, पृष्ठ-456
154. भाषा, युगबोध और कविता, पृष्ठ-204
155. रचनावली भाग-5, पृष्ठ-44
156. रचनावली भाग-5, पृष्ठ-443
157. रचनावली भाग-5, पृष्ठ-473
158. रचनावली भाग-5, पृष्ठ-473
159. रचनावली भाग-5, पृष्ठ-476-77
160. रचनावली भाग-5, पृष्ठ-477
161. रचनावली भाग-5, पृष्ठ-436
162. हक अदा न हुआ- विश्वनाथ त्रिपाठी- वर्तमान साहित्य- अंक-6, जून-2002
163. नामवर सिंह- मैनेजर पांडेय, वर्तमान साहित्य, अंक-5, 2002, पृष्ठ-72
164. आलोचना नवांक-29, पृष्ठ-5, सं. डॉ. नामवर सिंह
165. कबीर, अंक-4, पृष्ठ-49- सं. भृगुनाथ त्रिपाठी, पटना, नवंबर, 1986
166. छायावाद- नामवर सिंह, पृष्ठ-156
167. इतिहास और आलोचना- डॉ. नामवर सिंह, पृष्ठ-140-142
168. इतिहास और आलोचना- डॉ. नामवर सिंह, पृष्ठ-155
169. इतिहास और आलोचना- डॉ. नामवर सिंह, पृष्ठ-157
170. इतिहास और आलोचना- डॉ. नामवर सिंह, पृष्ठ-155
171. आधुनिक साहित्य की प्रवृतियां- डॉ. नामवर सिंह, पृष्ठ-76
172. विवेचना संकलन, पृष्ठ-117
173. बसुधा- विश्वनाथ त्रिपाठी- अंक जुलाई-सितंबर-2001, पृष्ठ-417 (हिंदी के हित का अभियान वह, दान वह) डॉ. नामवर सिंह
174. कहानी : नयी कहानी- डॉ. नामवर सिंह, पृष्ठ-224
175. कविता के नये प्रतिमान- डॉ. नामवर सिंह, कवर पेज
176. कविता के नये प्रतिमान- डॉ. नामवर सिंह, पृष्ठ-131
177. आलोचना-अंक-82, 1987 संदर्भ-सूची
178. डाइरेक्टिकल मैटेरियलिज्म-मौरिश कौर्न फोर्थ, पृ.19
179. चिंतामणि भाग,-2, पृ.117
180. नई कविता का आत्मसंघर्ष तथा अन्य निबंध- पृ.190
181. एक साहित्यिक की डायरी-पृ.126
182. मुक्तिबोध रचनावली भाग-4, वस्तु और रूपः चार, पृ.127
183. नई कविता का आत्मसंवर्ष तथा अन्य निबंध- पृ.211
184. गोस्वामी तुलसीदास- पृ.67
185. चिन्तामणि भाग-2, पृ.226-28
186. हिंदी साहित्यः बीसवीं शताब्दी, पृ.77-79
187. मुक्तिबोध रचनावली भाग-4 ``कटुयान और काव्य सत्य''पृ.70
188. चिन्तामणि भाग-1, पृ.89
189. वही, पृ.73
190. मुक्तिबोध रचनावली भाग-5 पृ64-66

191. मुक्तिबोध रचनावली भाग-2, ´पृ.279
192. कला की जरूरत-पृ.9
193. इन्ट्रोडक्शन टू ए मोनोग्राम आन ऐस्थेटिक, पृ.9
194. विभ्रम और यथार्थ-पृ.3
195. नए साहित्य का सौंदर्यशास्त्र-पृ.53
196. कामायनीः एक पुनर्विचार-पृ.72
197. चिंतामणि भाग-1पृ.331
198. नए साहित्य का सौंदर्यशास्त्र-पृ.121
199. वही पृ.15
200. नई कविता का आत्मसंघर्षतथा अन्य निबंध-पृ.8
201. नए सहित्य का सौंदर्यशास्त्र-पृ.11
202. एक साहित्य की डायरी-पृ.12
203. मुक्तिबोध रचनावली-भाग-4,पृ.82
204. चिन्तामणि भाग-1,पृ.308
205. वही पृ.331
206. रस-मीमांसा,पृ.37-38
207. नई कविता का आत्मसंघर्ष तथा अन्य निबंध- पृ.41
208. वही,पृ.38
209. मुक्तिबोध रचनावली भाग-4, पृ.86
210. रस-मीमांसा,पृ.24
211. चिन्तामणि भाग-2,पृ.27
212. चिन्तामणि भाग-1,पृ68
213. चिन्तामणि भाग-2,पृ.58
214. मुक्तिबोध रचनावली भाग-5, कामायनीः एक पुनर्विचार, पृ.221(प्रथम अनुच्छेद, प्रथम 6 पंक्तियाँ)
215. वही- (तीसरा अनुच्छेद, पन्द्रहवीं पंक्ति से बीसवीं पंक्ति तक)